La psychométrie

TRAITÉ DE MESURE APPLIQUÉE

Jean-Jacques Bernier et Bogdan Pietrulewicz

La psychométrie

TRAITÉ DE MESURE APPLIQUÉE

gaëtan morin éditeur

Montréal □ Paris □ Casablanca

Données de catalogage avant publication (Canada)

Bernier, Jean-Jacques

La psychométrie : traité de mesure appliquée

Comprend des réf. bibliogr. et des index.

ISBN 2-89105-667-1

1. Psychométrie.   2. Tests psychologiques.   3. Personnalité – Tests.   4. Tests neuropsychologiques.
I. Pietrulewicz, Bogdan.   II. Titre.

BF39.B47 1997   150'.1'5195   C97-941295-1

Tableau de la couverture :   *Gauche-Droite* (détail)
Œuvre de **Harry Guttman**

Né en Roumanie en 1933, Harry Guttman obtient un diplôme en arts en 1954. Il se perfectionne par la suite à la Faculté des arts de Nicolae Grigovesco de Bucarest. Aujourd'hui, la renommée de cet artiste est internationale, et ses œuvres sont exposées à São Paulo, à Vienne, à Liège, à Bucarest, à Paris, à Tel Aviv. À Montréal, on trouve ses œuvres à la Galerie Michel-Ange.

> «H. Guttman est graphiste de la mémoire roumaine. Il vous donne à lire une ligne vive, souple, tantôt délicate et s'estompant derrière la couleur, tantôt tranchante et s'élevant avec élégance et amplitude. Mais partout s'y exprime la force d'un imaginaire mythologique fécond qui resurgit dans une évanescence coloriée chargée de présence féminine.».

(Véronique Tomaszeuski)

Montréal, Gaëtan Morin Éditeur ltée
171, boul. de Mortagne, Boucherville (Québec), Canada J4B 6G4. Tél. : (514) 449-2369

Paris, Gaëtan Morin Éditeur, Europe
27 bis, avenue de Lowendal, 75015 Paris, France. Tél. : 01.45.66.08.05

Casablanca, Gaëtan Morin Éditeur – Maghreb S.A.
Rond-point des sports, angle rue Point du jour, Racine, 20000 Casablanca, Maroc. Tél. : 212 (2) 49.02.17

Révision linguistique : Gaétane Trempe et Jean-Pierre Leroux

Imprimé au Canada

Dépôt légal 4e trimestre 1997 – Bibliothèque nationale du Québec – Bibliothèque nationale du Canada

1 2 3 4 5 6 7 8 9 0   G M E 9 7   6 5 4 3 2 1 0 9 8 7

PRÉFACE

Depuis des siècles, on tente d'évaluer les différentes composantes du comportement humain, mais ce n'est que depuis une centaine d'années environ que la psychométrie suit une démarche de plus en plus rigoureuse basée sur la statistique.

Même si le premier test considéré comme étant scientifique était français (le Binet-Simon), c'est surtout du côté américain que la psychométrie a pris un essor considérable grâce, entre autres, aux Terman, Wechsler et Strong; il n'est donc pas surprenant que les ouvrages généraux portant sur la psychométrie soient surtout en langue anglaise. Les professeurs des universités francophones qui avaient pour mission de former les étudiants à la psychométrie devaient donc imposer des textes anglophones ou, au mieux, fournir des notes de cours en français avec toutes les lacunes que ces textes pouvaient comporter.

En 1984 parut le livre de Jean-Jacques Bernier intitulé *Théorie des tests*; ce fut une date importante puisque c'était le premier ouvrage du genre à paraître en français dans notre milieu. On y exposait de façon détaillée toutes les notions statistiques nécessaires à la construction des tests, dont: les sortes de mesure, les différents types de tests, les modèles d'étalonnage, la variance, la corrélation, la fidélité, la validité et l'analyse des items. Ce traité pouvait servir tant au niveau de la maîtrise qu'à celui du doctorat, même si certaines parties étaient accessibles à un niveau moins avancé.

Dans le présent ouvrage intitulé *La psychométrie: traité de mesure appliquée*, Jean-Jacques Bernier et Bogdan Pietrulewicz reprennent le contenu de la *Théorie des tests*, auquel ils ajoutent une description des principaux tests d'intelligence et d'aptitudes, de personnalité, d'intérêts ainsi que des tests pour les personnes ayant des besoins spéciaux. Cet ajout en fait un ouvrage plus complet puisqu'il va au-delà des aspects théoriques en y intégrant les applications pratiques qui ont été réalisées en anglais et en français dans le monde.

En outre, les auteurs fournissent les éléments essentiels à l'interprétation des résultats des tests, décrivent les principes de base nécessaires à la présentation d'un rapport psychométrique et traitent des considérations déontologiques dont les usagers doivent tenir compte dans leur pratique. Ce traité sera donc d'une grande utilité pour tous les lecteurs francophones que la psychométrie intéresse.

Hubert Chéné

INTRODUCTION

La psychométrie est une discipline assez mal connue en sciences humaines en raison de sa reconnaissance tardive dans les milieux scientifiques et de la difficulté, pour les scientifiques et les lexicographes, à s'entendre sur sa définition et ses particularités. Toutefois, en 1732, Christian Van Wolf a su reconnaître le lien qui rattache la psychométrie à la psychologie et à la mesure; il reste maintenant à établir s'il s'agit d'une branche de la psychologie, d'une ramification de la mesure, ou des deux à la fois.

Selon Legendre (1993), la psychométrie serait «la mesure et le traitement statistique des faits psychiques, principalement par la méthode des tests». Pour De Landsheere (1979), la psychométrie consisterait en «un ensemble d'opérations qui, par des épreuves spéciales (tests) et des techniques scientifiques, cherchent à déterminer et à évaluer les capacités psychiques des individus: fixation de leur niveau mental, détection de leurs tendances caractérielles, estimation de leurs aptitudes professionnelles, etc.». Pour leur part, Paul Dickes, Jocelyne Tournois, André Flieller et Jean-Luc Kop (1994) soutiennent que «la psychométrie concerne l'ensemble des théories et des méthodes de la mesure en psychologie […], qu'elle ne se confond pas plus avec l'étude des tests qu'avec l'analyse des données […] et qu'elle peut se concevoir sans aucune référence aux tests».

Il nous paraît donc évident que la définition de la psychométrie passe par celle de la mesure, plus particulièrement par celle de la mesure appliquée aux phénomènes et aux attributs psychiques des individus. Bien que nous abondions dans le sens de Legendre et de DeLandsheere qui associent la psychométrie aux tests, nous convenons, tout comme nos collègues Dickes, Tournois et autres, que la psychométrie déborde le cadre des tests et de leur construction. En effet, il existe d'autres techniques de mesure qui conviennent parfaitement à la psychométrie. Dans cet ouvrage, nous avons adopté une définition du mot «test» qui permet non seulement d'appliquer leur utilisation aux individus, mais aussi de l'étendre aux objets. Aussi avons-nous choisi l'expression «mesure appliquée» pour décrire notre approche de la psychométrie.

Cet ouvrage, conçu et présenté dans une optique de formation et de consultation, s'adresse tant au spécialiste de la mesure qu'au lecteur peu initié désireux d'approfondir ses connaissances en psychométrie. Ainsi, nous exposons les principes de base de la théorie de la mesure, ses concepts, ses postulats et ses conclusions (théorie du score vrai, concepts de fidélité et de validité). De même, nous présentons les principaux outils statistiques (tels que la corrélation et la variance, ainsi que leurs applications dans différents contextes de prise de décisions (sélection et classement). Enfin, nous accordons une large place aux objets de la mesure, tels le rendement, l'intelligence, les aptitudes et la personnalité. Ce traité ne se veut exhaustif ni dans son contenu ni dans le traitement de ce dernier; nous avons plutôt misé sur la continuité, la logique de la présentation de même que sur une approche pragmatique, lesquelles reflètent notre conception de la «mesure appliquée».

Le présent ouvrage se divise en sept parties organisées selon la logique de la mesure appliquée. La première partie retrace les origines de la mesure et de la psychométrie et fournit les explications nécessaires à la compréhension du langage et des concepts fondamentaux se rattachant à la psychométrie. La deuxième partie traite des notions statistiques de base telles que la variance, la covariance, la corrélation et la prédiction. La troisième partie compte quatre chapitres qui, tous, portent sur la fidélité, un aspect particulièrement important dans le domaine de la mesure appliquée. On y explique d'abord les concepts de fidélité et d'erreur de mesure, puis on présente les méthodes d'estimation de la fidélité, lesquelles sont appuyées par des exemples de calcul concrets. On aborde ensuite la délicate question de l'interprétation des coefficients de fidélité et, enfin, on termine par les facteurs qui influent sur l'estimation et l'interprétation des coefficients de fidélité, telles la longueur du test, la variabilité et l'atténuation. La quatrième partie est entièrement consacrée à la validité, qui constitue en fait la suite logique de la fidélité. Les trois chapitres qui la composent portent sur la validité prédictive, la validité dans un contexte de sélection et de classement, et, enfin, la validité de contenu de même que la validité théorique. Il y sera démontré qu'un test, bien qu'il présente un bon degré de fidélité, n'est pas nécessairement valide, mais qu'un test valide est incontestablement fidèle.

La cinquième partie, qui traite de la construction des tests, expose quelques généralités sur les tests et leur classement et procède à l'analyse des items dans le but d'introduire les principes qui soutiennent la structure des tests disponibles sur le marché. L'analyse des items concerne l'ensemble des techniques qui permettent de déterminer le comportement de chacun des items. La sixième partie compte quatre chapitres portant chacun sur un type de tests précis; elle constitue en quelque sorte un répertoire des tests les plus largement utilisés. On y décrit la structure de chacun des tests présentés, l'usage auquel ils sont destinés, leur valeur psychométrique et leurs particularités. Ainsi, le chapitre 15 se rapporte aux tests d'intelligence et d'aptitudes, dont le Stanford-Binet et les échelles de Wechsler.

Le chapitre 16 introduit les tests conçus pour les personnes ayant des besoins spéciaux; bien que plusieurs de ces tests ne soient connus que des spécialistes œuvrant auprès de cette clientèle, il peut être enrichissant d'en prendre connaissance. Le chapitre 17, qui renferme les inventaires de personnalité, est capital pour tous ceux qui s'intéressent à l'évaluation et au diagnostic de la personnalité, et les quatre stratégies de construction des tests y sont représentées. Enfin, le chapitre 18 regroupe les tests d'orientation professionnelle; les plus importants, tel le SCII, font l'objet d'un traitement plus approfondi, mais l'échantillon des tests présentés devrait plaire aux personnes intéressées par le sujet.

En toute logique, la septième et dernière partie traite de l'interprétation des résultats. Le premier des deux chapitres qui la composent porte sur les paramètres obtenus à la suite de l'examen psychométrique; on y établit les relations entre les divers systèmes de scores et les résultats attendus, et on accorde une attention particulière à la confection des normes. Le dernier chapitre est consacré à l'interprétation détaillée des données provenant de l'analyse statistique et clinique, qui permettra de produire le rapport psychométrique. Enfin, le présent traité se referme sur des commentaires relatifs à l'éthique professionnelle et à l'utilisation adéquate des tests. Nous avons également inclus quelques principes fondamentaux du code de déontologie dans le but de sensibiliser le praticien et le consultant aux difficultés qui peuvent survenir dans le cadre de leur pratique générale et particulièrement dans un contexte de passation de tests.

En terminant, mentionnons que chacun des vingt chapitres qui composent ce traité comporte au moins un objectif général. Notre intention est d'indiquer à l'utilisateur les connaissances et les habiletés qu'il est censé acquérir après une lecture attentive du chapitre. De plus, les listes de mots clés placées à la fin de chaque chapitre constituent une synthèse des principaux concepts qui y sont traités. Nous croyons que ces deux rubriques contribueront à la réalisation des objectifs de formation et de consultation de cet ouvrage.

Avertissement

Dans cet ouvrage, le masculin est utilisé comme représentant des deux sexes, sans discrimination à l'égard des hommes et des femmes et dans le seul but d'alléger le texte.

T A B L E   D E S   M A T I È R E S

P A R T I E   I I I

La fidélité

P A R T I E   I V

La validité

P A R T I E   V

La construction des tests

PARTIE VI
Les différents tests

P A R T I E   V I I
L'interprétation des résultats

La psychométrie : historique, définitions et modèles d'étalonnage

C H A P I T R E 1

Un historique de la psychométrie

Il semble que, tout au long de l'histoire de l'humanité, on ait mis en place des méthodes de sélection en vue de s'adapter aux objectifs de formation ou de productivité. L'information obtenue sur l'utilisation des tests dans différents domaines d'application permet d'établir une chronologie de leur évolution historique (voir le tableau 1.1).

TABLEAU 1.1
Quelques jalons historiques en psychométrie

387 av. J.-C.	Platon fonde l'Académie, à Athènes, avec l'utilisation des évaluations pour atteindre un «idéal».
165 av. J.-C.	En Chine, on utilise l'évaluation dans le secteur du service public afin de mesurer la compétence des principaux fonctionnaires.
1575	Le médecin espagnol Huarte publie *Examen de ingenios* traitant des différences individuelles.
1636	L'examen oral pour les étudiants de l'université d'Oxford est introduit.
1732	Wolff émet la possibilité de créer une branche mathématique de la psychologie qu'il appelle «psychométrie».
1799	Itard évalue la différence entre un comportement normal et un comportement anormal avec le garçon sauvage d'Aveyron.
1834	Weber examine la détection de différences entre les stimuli.
1835	Quetelet étudie la courbe normale.
1837	Séguin ouvre le premier établissement social pour les déficients intellectuels et utilise dans son examen la planche de Séguin.
1838	Esquirol établit une distinction entre la maladie mentale et le retard intellectuel.
1860	Fechner formalise les résultats de Weber dans le domaine perceptif.
1869	Galton entreprend l'étude anthropométrique des différences individuelles.
1879	Wundt fonde le premier laboratoire psychologique comportant un volet psychométrique.
1890	Cattell introduit le terme *mental tests*.
1897	Ebbinghaus étudie les tests d'arithmétique, de mémoire et des phrases incomplètes.

TABLEAU 1.1
Quelques jalons
historiques en
psychométrie
(suite)

1904	Spearman présente la théorie bifactorielle d'intelligence. Pearson développe la théorie des corrélations.
1905	Binet et Simon construisent le premier test d'intelligence individuel.
1911	Rossolimo systématise les résultats de plusieurs tests sous la forme du profil.
1912	Stern propose la notion de *quotient intellectuel* (AM/AC).
1914	Porteus met au point le test de labyrinthes en Australie.
1916	Terman introduit le multiplicateur 100 dans le calcul du QI: (AM/AC) × 100.
1917	Yerkes et ses collaborateurs poursuivent des travaux avec les tests de groupes Army Alpha et Army Beta. Pintner et Paterson présentent la première échelle de rendement intellectuel.
1920	Woodworth met au point le premier inventaire de personnalité.
1921	Rorschach publie *Psychodiagnostic*.
1922	En France, un décret définit l'activité du conseiller d'orientation.
1923	Kohs réalise le test des cubes.
1926	Goodenough conceptualise le test du dessin d'un homme.
1927	L'inventaire d'intérêts professionnels de Strong est publié.
1933	Publication d'un premier manuel psychométrique au Québec par Gaston Lefebvre de Bellefeuille.
1935	Murray présente le Test d'aperception thématique (TAT).
1936	On décrète l'interdiction des pratiques psychométriques en ex-URSS. Doll présente son Échelle de maturité sociale.
1938	Bender met au point un test moteur de structuration visuelle. Introduction des matrices progressives de Raven. Première parution du *Mental Measurement Yearbook* de Buros. Gesell présente une échelle des tests de maturité.
1939	Wechsler présente sa première échelle d'intelligence pour adultes.
1959	Guilford conceptualise la théorie de la structure de l'intellect (SI).
1962	Hathaway et McKinley publient l'Inventaire multiphasique de personnalité du Minnesota (MMPI). Cattell propose la théorie de l'intelligence fluide et cristallisée.
1968	Brunet et Lezine terminent leurs travaux portant sur le premier *baby-test* français.
1972	McCarthy publie l'Échelle d'aptitudes pour enfants. Holland met au point la Self-Directed Search.
1985	Publication des Standards for Educational and Psychological Testing.
1986	Thorndike, Hagen et Sattler publient l'Échelle d'intelligence Stanford-Binet (quatrième version).

⟶

TABLEAU 1.1 Quelques jalons historiques en psychométrie (suite)		
1989	L'Inventaire multiphasique de personnalité du Minnesota — 2 (MMPI) paraît.	
1997	L'Échelle d'intelligence de Wechsler pour adultes (troisième version) est réalisée.	

1.1   LES ORIGINES DE L'ÉVALUATION

L'évaluation a marqué la civilisation grecque ; on trouve les premiers renseignements à ce sujet dans les principales œuvres de Platon, qui a fondé à Athènes, en 387 av. J.-C., une école, l'Académie. L'utilisation d'évaluations de plus en plus poussées a eu pour objectif la réalisation d'un idéal sur le plan des capacités mentales et physiques (Doyle, 1974).

DuBois (1970), qui est cité dans plusieurs manuels de psychométrie, dont Gregory (1992) et Sattler (1992), prétend que l'évaluation est apparue en Chine, il y a plus de 3 000 ans. Cette affirmation n'est pas corroborée par des sources historiques. En effet, Bowman (1989) avance que c'est à partir de 165 av. J.-C. que l'on a pratiqué, en Chine, la sélection dans le secteur du service public. Ainsi, les meilleures positions sont données aux candidats qui ont obtenu les meilleurs scores aux examens portant sur la musique, l'équitation, la loi civile, l'écriture, les principes de Confucius et la connaissance des cérémonies privées et publiques.

Les aptitudes seront évaluées plus tard, au Moyen Âge, dans plusieurs universités européennes. Christian Von Wolff mérite une mention spéciale pour avoir été le premier, en 1732, à entrevoir la possibilité de créer une branche mathématique de la psychologie, qu'il nomme « psychométrie ». Voici comment il définit ce domaine :

> Ces théorèmes appartiennent à la psychométrie, science qui est encore à construire et qui s'occupe de la connaissance mathématique de l'esprit humain. On doit y enseigner comment mesurer la grandeur de la perfection et de l'imperfection du jugement et sa certitude. Je parle ainsi afin que l'on comprenne qu'il y a une connaissance mathématique de l'esprit humain et que, dès lors, la psychométrie est possible. (Wolff, 1732, p. 403 ; traduction des auteurs.)

Plusieurs travaux de recherche marquent l'introduction de l'évaluation en psychologie, lesquels sont à l'origine des méthodes qui visent à déterminer de façon précise les différences individuelles. Parmi les premiers chercheurs qui ont contribué aux études préliminaires, il faut mentionner Itard, Séguin et Esquirol, dans le domaine de l'éducation, ainsi que Weber et Fechner, pour ce qui est de l'approche expérimentale.

1.2   DE L'ÉVALUATION À LA PSYCHOMÉTRIE

Selon le jugement de Mercier (1897), un historien de la psychologie, le psychologue Wundt fut le premier à s'intéresser « avant tout à la psychométrie ». En 1879, il crée à Leipzig le premier laboratoire de psychologie expérimentale. Issu de l'Allemagne, le mouvement s'étend partout. Les travaux effectués concernent, outre les processus sensoriels et les mécanismes perceptifs, certaines fonctions plus complexes telles que l'attention, la mémoire et l'émotion. Les méthodes d'observation et de contrôle se précisent et de nombreux appareils sont mis au point (Schultz, 1981). Wundt soumet les phénomènes étudiés à des contrôles instrumentaux et méthodologiques rigoureux. Ce n'est pas étonnant que, pendant une trentaine d'années, plusieurs psychologues-chercheurs, comme Cattell, Hall, Spearman et Titchener, visitent ce lieu et implantent ce modèle dans leurs propres universités.

En 1884, à Londres, Galton présente au public un laboratoire anthropométrique où les visiteurs sont soumis à des mesures semblables aux populaires mesures du laboratoire de Leipzig, mais applicables à des groupes nombreux. L'objectif de Galton, comme le constate Hearnshaw (1964), n'est pas d'établir des diagnostics individuels, mais de résoudre le problème de l'étalonnage exprimé dès 1869 dans *Hereditary Genius*. Notons aussi que Galton est le fondateur de l'eugénique. Ses travaux anthropométriques et certaines applications psychophysiques sont très proches de la psychométrie.

En 1888, Cattell ouvre un laboratoire de tests et, en 1890, il propose deux séries d'épreuves qu'il appelle *mental tests*. Thorndike et Lohman (1990) publient cette liste de «tests mentaux»:

1. pression dynamométrique;
2. vitesse de mouvement du bras;
3. aires de sensibilité et discrimination tactile;
4. pression causant une douleur;
5. mesure de la sensibilité différentielle pour un poids de 100 grammes;
6. temps de réaction simple au son;
7. temps pour nommer des couleurs;
8. division d'une longueur de 50 centimètres en deux parties égales;
9. évaluation d'un temps de 10 secondes;
10. nombre de lettres retenues après une seule audition.

À cette série s'ajoute une épreuve composée de 50 tests destinés aux enfants, soit 14 tests portant sur les sensations visuelles, 8 sur l'audition, 3 sur le goût et l'odorat, 7 sur le toucher et les sensations thermiques, 4 sur l'effort physique et les mouvements simples, 7 sur le temps de réaction, 2 sur les différences perceptibles et 5 sur la mémoire et l'attention.

Les travaux de Cattell sont suivis d'une série d'articles dans lesquels plusieurs auteurs proposent de nombreuses listes de tests (Claparède, 1924). En dépit de l'abondance de ces tests, la pratique du diagnostic des aptitudes ne progresse pas et ces instruments sont proposés principalement en tant que moyens de recherche. Binet et Henri (1896) reprochent à leurs concurrents d'avoir accordé, dans ces investigations, une place exagérée à l'exploration des processus psychiques infé-rieurs, des sensations et des mouvements élémentaires au détriment des fonctions supérieures qui caractérisent mieux un individu, parce que l'être humain se dis-tingue davantage par ses capacités d'attention, d'imagination et d'intelligence que par ses aptitudes tactiles ou olfactives. Les journaux psychologiques et médicaux de cette époque présentent plusieurs épreuves qui ne sont jamais organisées selon un ordre de difficulté croissant. Dans une tentative isolée de systématisation, Spearman (1904*a*) expose ses résultats quant à l'analyse factorielle; il constate que les coefficients de corrélation permettent de constituer un facteur général et d'autres facteurs spécifiques pour chaque test. Sa découverte est à l'origine de la théorie des deux facteurs.

1.3   DE BINET À NOS JOURS

En 1905, Binet et Simon mettent au point l'Échelle métrique de l'intelligence. Ce moyen leur permet d'évaluer le niveau mental d'un enfant en tenant compte de son âge. Le matériel est composé de 30 items placés dans un ordre de difficulté crois-sant pour les 3, 5, 7, 9 et 11 ans.

Quoique cet instrument soit orienté vers les fonctions mentales supérieures, il comporte aussi des épreuves pour estimer le développement sensorimoteur. La déficience intellectuelle est classée en trois catégories: l'idiotie, l'imbécillité et la débilité. Ce travail remarquable soulève beaucoup d'intérêt, surtout à l'étranger, mais passe presque inaperçu en France.

Les deuxième et troisième versions paraissent en 1908 et 1911. En 1909, Goddard traduit la deuxième version et publie en 1911 la «révision américaine», suivi par Kuhlman (1912) et Terman (1916).

Le test de Binet-Simon est également traduit et adapté partout en Europe: en Allemagne par Maumann et Bobertag, en 1914; en Italie par Saffiotti, en 1911; en Belgique par Decroly et Degaud, en 1909; et en Suède par Jaederholm, en 1914 (Decroly et Buyse, 1928). En Grande-Bretagne, en 1921, Burt, qui procède à l'adaptation de la méthode, confirme la valeur de celle-ci et y apporte quelques modifications.

L'échelle de 1908 est normalisée sur un échantillon de 300 enfants âgés de 3 à 13 ans et les auteurs introduisent la notion d'âge mental. Cette méthode, qui est extrê-mement simple, établit les «niveaux intellectuels» de chaque âge chronologique. La série d'épreuves constitue une échelle métrique.

La troisième version du test d'intelligence Binet-Simon paraît en 1911, soit l'année de la mort d'Alfred Binet. Cette version introduit de nouvelles épreuves, surtout pour l'âge adulte, et précise la technique de l'évaluation de l'âge intellectuel. Cette dernière notion est critiquée pour plusieurs raisons (Château et autres, 1977), mais en dépit de ses imperfections elle ouvre la voie à la mesure et au classement selon les capacités intellectuelles.

En 1912, Stern donne la formule du quotient intellectuel, qui établit le rapport entre l'âge mental et l'âge chronologique :

$$\text{Quotient intellectuel (QI)} = \frac{\text{Âge mental (AM)}}{\text{Âge chronologique (AC)}}.$$

À la suggestion de Stern, Bobertag utilise le premier ce procédé de mesure du quotient intellectuel où 1,00 représente la moyenne. Si le QI dépasse 1,00, le sujet est en avance sur son âge, et s'il est inférieur à 1,00, il est au-dessous de la moyenne pour son âge. Cette formule paraît avec le multiplicateur 100, dans la révision dite « Stanford » de Terman (1916), où

$$QI = \frac{AM}{AC} \times 100.$$

En 1911, à Moscou, Rossolimo reporte les résultats de 8 épreuves sur un graphique en 10 points qu'il appelle le profil.

La nécessité de classifier rapidement un grand nombre de recrues à la fin de la Première Guerre mondiale donne naissance à deux batteries de tests collectifs, connues sous le nom d'Army Alpha, en 1917, puis, plus tard, sous le nom d'Army Beta, à partir d'un test d'Otis, en 1918, et d'une échelle de Pintner et Paterson (1915, 1917).

La première série de tests est applicable aux personnes sachant lire l'anglais. Quant à la deuxième, elle est destinée aux sujets illettrés et comporte des épreuves de rendement verbal ou non verbal (Yoakum et Yerkes, 1920).

La question des tests occupe une place importante dans les congrès internationaux. La première Conférence internationale de psychotechnique se tient à Genève en 1920. Seize représentants de sept pays y participent et fondent l'Association internationale de psychotechnique (Claparède, 1924).

Toujours en 1920, aux États-Unis, Woodworth introduit le premier inventaire de personnalité (Personal Data Sheet) pour une utilisation individuelle et en groupe. La forme finale comprend 116 questions avec un choix de réponses affirmatives et négatives et permet de sélectionner les sujets qui donnent une représentation du désordre affectif.

Peu après, en Suisse, Rorschach (1921) présente une nouvelle technique diagnostique de la personnalité à l'aide de l'interprétation des taches d'encre.

En 1922, en France, un décret définit l'activité du conseiller d'orientation qui précède le placement des jeunes dans les établissements commerciaux et industriels en déterminant leurs aptitudes physiques, morales et intellectuelles. Dans ce domaine, Strong élabore, en 1927, le premier questionnaire d'intérêts professionnels.

En 1927, l'évolution de l'analyse méthodologique permet à Thorndike de réduire la mesure de l'intelligence en séries composées de quatre facteurs (CAVD) :

Complètement d'images, Arithmétique, Vocabulaire et Directions. Plusieurs activités mentales sont finalement regroupées en trois catégories : les activités sociales, les activités concrètes et les activités abstraites.

La première date importante dans l'histoire de la psychométrie au Québec est associée à la parution, en 1933, d'un *Manuel de technique psychométrique* de Gaston Lefebvre de Bellefeuille. Il s'agit d'une adaptation québécoise de la « révision Stanford » de Terman, laquelle comprend en plus les tests de Kuhlman.

La méthode centroïde d'analyse factorielle conduit Thurstone (1936) vers une découverte des facteurs qui sont communs non pas à tous les tests, mais seulement à une série de tests. Sa batterie PMA comprend une dizaine de facteurs principaux.

Aussi, en 1936, Doll présente son Échelle de maturité sociale, qui contribuera à l'évaluation des aptitudes adaptatives chez les déficients intellectuels.

Par ailleurs, le 4 juillet 1936, le comité central du Parti communiste de l'ex-URSS condamne la pratique psychotechnique, qu'elle juge pseudo-scientifique et anti-marxiste, ordonne la destruction de tous les livres de psychométrie et le transfert de psychotechniciens dans des professions d'enseignants (Zurfluh, 1976). Dernièrement, les applications des tests sont réapparues en Russie, quoiqu'elles soient encore peu nombreuses.

Pour l'année 1938, quatre événements sont dignes de mention. Bender propose une série de neuf figures géométriques à faire copier afin d'effectuer une recherche neuropsychologique et développementale. En outre, Raven (1938) publie la version finale de Progressive Matrices, qui comprend cinq séries de figures lacunaires permettant de mesurer l'intelligence générale sans apport culturel. Puis paraît la première revue systématique des tests psychologiques de Buros (1938), intitulée *Mental Measurements Yearbook*. Enfin, Gesell présente une échelle des tests de maturité pour les jeunes enfants.

En 1939, David Wechsler propose une échelle de diagnostic du niveau intellectuel des adultes ; la Wechsler-Bellevue Intelligence Scale. Cette échelle s'étendra par la suite aux enfants, soit la Wechsler Intelligence Scale for Children (1949) et la Wechsler Preschool and Primary Scale of Intelligence (1967). Wechsler fait une synthèse habile des épreuves déjà existantes et présente des résultats sous la forme d'un profil psychologique en renonçant au concept d'âge mental. Beaucoup plus tard, Frank (1983) retrace la méthodologie qu'a suivie Wechsler et les étapes qui l'ont mené à son système d'évaluation des habiletés cognitives.

À la suite de ses recherches sur l'analyse factorielle, Cattell (1940) introduit ses épreuves non verbales fortement marquées par le facteur général d'intelligence *g* et très peu biaisées par des influences culturelles.

Le questionnaire clinique le plus souvent utilisé, l'Inventaire multiphasique de personnalité du Minnesota (MMPI), publié par Hathaway et McKinley, voit le jour en 1942. Au Québec, en 1943, Paul L'Archevêque standardise le premier test canadien-français.

Un an plus tard, l'Institut canadien d'orientation professionnelle publie une autre batterie de tests collectifs, soit l'Épreuve d'aptitude intellectuelle, pour le classement scolaire. Ces travaux sont suivis par d'autres qui se basent sur le schéma de Wechsler, soit l'Épreuve individuelle d'intelligence générale (Barbeau et Pinard, 1951), l'Échelle d'intelligence Ottawa-Wechsler (Chagnon, 1953) et l'Épreuve verbale d'intelligence pour enfants (Chéné, 1955).

Les travaux que Guilford entreprend en 1959 présentent la structure factorielle de l'intelligence comme étant l'ensemble des habiletés intervenant dans l'aptitude à apprendre. Son modèle de structure de l'intellect (SI) comprend 3 dimensions qui composent 120 facteurs utilisant des axes orthogonaux, comme l'illustre la figure 1.1.

Chaque facteur est localisé à l'intersection des trois dimensions qui le déterminent. Il y a cinq opérations de l'intelligence, selon le mode d'action en cause, soit l'évaluation, la production convergente, la production divergente, la mémoire et la cognition.

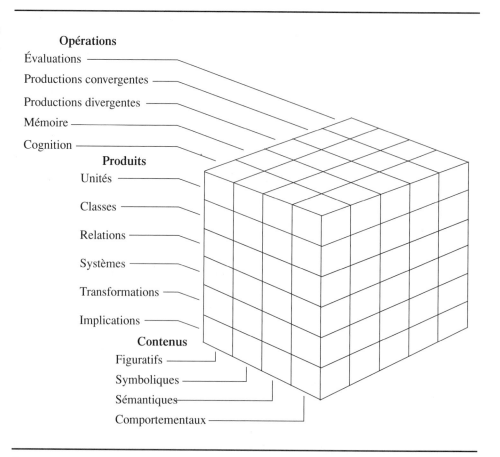

FIGURE 1.1
Structure de l'intelligence selon Guilford

Source : Guilford (1967, p. 63).

Le contenu correspond aux formes d'information selon lesquelles fonctionnent ces opérations, soit les formes figurative, symbolique, sémantique et comportementale. Quant au produit, il représente la forme selon laquelle l'information est conçue en unités, en classes, en relations, en systèmes, en transformations et en conséquences. La combinaison des trois dimensions «opération», «contenu» et «produit» donne un facteur particulier.

La tradition factorielle amène Cattell (1963) à adopter la théorie de l'intelligence «cristallisée» et «fluide». L'intelligence cristallisée se manifeste lorsque se présentent les réactions acquises dans les milieux social, scolaire et culturel, et renforcées par eux. Les tests qui s'y rapportent sont des tests d'intelligence générale ayant surtout un contenu éducationnel et scolaire. L'intelligence fluide est activée dans des situations nouvelles quand le sujet saisit des relations ou fait preuve de créativité. Ce type de potentiel est mesuré par les tests sans apport culturel (*culture-free tests* ou *culture-fair intelligence tests*).

En 1968, Lord et Novick ont fait une synthèse de l'interprétation de données provenant de tests psychologiques. Ainsi, ils ont fourni des définitions syntaxiques explicites (mathématiques) pour des concepts ayant une signification sémantique (réelle). Le concept de score vrai y est défini syntaxiquement et interprété sémantiquement comme le score observé qu'une personne obtiendrait à un test d'une longueur infinie. Il constitue un score observé attendu. Grâce à la théorie des grands nombres, Lord et Novick ont démontré que la définition de la théorie des tests est une définition pragmatique qui fournit une interprétation sémantique valide des scores observés.

En 1972, McCarthy publie l'Échelle d'aptitudes pour enfants. La même année, Holland met au point la Self-Directed Search. Plus tard, en 1985, sont publiés les Standards for Educational and Psychological Testing. L'année suivante, Thorndike, Hagen et Sattler publient l'Échelle d'intelligence Stanford-Binet (quatrième version). En 1989 paraît l'Inventaire multiphasique de personnalité du Minnesota — 2 (MMPI). Et, dernière date importante, en 1997, l'Échelle d'intelligence de Wechsler pour adultes (troisième version) est réalisée.

C H A P I T R E   2

Quelques définitions de base

OBJECTIF

Connaître les concepts de base en mesure et évaluation et comprendre les caractéristiques qui distinguent chacun de ces concepts.

2.1   LA MESURE ET L'ÉVALUATION

De nombreux auteurs s'entendent sur le fait que la **mesure** est une opération qui consiste à associer, selon certaines règles, des symboles (le plus souvent numériques) à des objets, à des événements ou à des individus de façon à évaluer le degré auquel ils présentent certains attributs. Une fois cette opération terminée, on qualifie ces symboles de «résultats de la mesure». Pour être significatifs, les symboles numériques doivent être accompagnés d'une unité de mesure. Par exemple, dans le cas d'une table longue de deux mètres, on associera le nombre 2 au mot «mètre», qui est l'unité de mesure utilisée et qui a été appliquée deux fois sur la longueur de la table. Le nombre 2 prend donc sa signification en vertu de sa relation à une longueur standard qui est le mètre.

Contrairement à la mesure des attributs physiques, dont l'interprétation des résultats ne soulève habituellement aucun problème, la mesure des attributs psychologiques, tels le jugement ou la motivation, est plus complexe en raison du plus grand nombre de variables à définir et à contrôler pour obtenir un résultat valable. Ainsi, en éducation, il est difficile de trouver une unité de mesure pouvant servir d'étalon. Par exemple, un résultat comme «40 réponses sur 50» à une épreuve de rendement est difficile à interpréter, parce que les 40 questions correctement résolues pour obtenir ce résultat ne comportent pas nécessairement un coefficient de difficulté égal d'une question à l'autre.

Comme on peut le déduire de la définition précédente, la mesure requiert un processus d'abstraction. Lorsqu'on associe des symboles à des objets ou à des individus, on veut en fait mesurer une ou quelques dimensions parmi toutes celles que comportent ces objets ou ces individus. On ne vise pas à mesurer les objets ou les individus eux-mêmes, mais plutôt certains de leurs attributs. Il est alors important d'étudier la nature de ces attributs avant de tenter de les mesurer. En effet, les attributs ne sont pas nécessairement tous mesurables; de plus, une mesure s'applique parfois à plusieurs attributs plutôt qu'à un seul. Dans ce cas, à moins de pouvoir isoler les caractéristiques de l'attribut à mesurer, les informations obtenues sont souvent peu utiles.

L'utilisation des symboles numériques sert donc à quantifier les attributs. Cette quantification facilite la communication des résultats relatifs au degré de présence ou de manifestation d'un attribut dans un objet ou chez un individu, fournit des résultats plus détaillés et plus précis que ne le feraient des jugements personnels et, enfin, permet de recourir à des méthodes d'analyse mathématique puissantes.

Les procédés d'obtention d'une mesure doivent être explicites. Pour cette raison, il existe des règles précises qui régissent le processus de mesure. Ces règles sont fondamentales dans la construction et l'utilisation d'un instrument de mesure puisque leur validité détermine celle de l'instrument et, par conséquent, celle des résultats. Ainsi, le non-respect de ces règles conduirait à des résultats erronés, instables, voire aberrants. Tout ensemble de règles permettant de quantifier de façon non équivoque les attributs d'un objet ou d'un individu constitue donc une mesure légitime.

La formulation rigoureuse des règles qui permettent d'associer des symboles numériques à des attributs contribue à ce que les résultats obtenus à l'aide d'un instrument de mesure soient reproductibles. De ce fait, elle est un élément essentiel à la standardisation d'un instrument de mesure. Un instrument de mesure est standardisé lorsque tous les utilisateurs obtiennent des résultats similaires. Cette similarité découle de l'invariabilité du contenu, de l'uniformité des procédures et des conditions d'administration ainsi que de la constance des critères de correction. Autrement dit, les questions seront toujours les mêmes pour tous les répondants, les instructions seront clairement énoncées, la durée et le contexte d'administration seront constants, et les critères de correction seront invariables et objectifs.

En conclusion, la mesure standardisée, en plus de permettre une quantification, donne une description plus objective et s'avère plus économique en temps et en argent qu'une évaluation « subjective » consciencieuse conçue pour fournir des informations comparables.

Contrairement à la mesure qui se veut le plus objective possible, l'évaluation comporte une part de subjectivité. On peut définir l'**évaluation** comme étant une opération qui consiste à porter un jugement de valeur ou à accorder une valeur à un objet, à un événement ou à une personne en comparant cet objet, cet événement ou cette personne avec un critère donné. Cette opération peut aussi s'appliquer aux résultats de la mesure. Ainsi, des expressions comme « excellent », « médiocre », « supérieur à la moyenne », « succès » ou « échec » sont des termes d'évaluation utilisés en éducation. Il faut préciser que l'évaluation d'un résultat de mesure est d'autant plus importante que ce résultat est difficile à interpréter en raison de l'absence d'une unité de mesure pouvant lui donner une signification.

Un exemple permettra de mieux saisir la distinction qui vient d'être établie entre mesurer et évaluer. Un ami vous informe qu'un de ses oncles est âgé de 90 ans.

L'expression «90 ans», ou le nombre 90, est le résultat d'une mesure. Pour associer le nombre 90 à son oncle, votre ami a appliqué une règle précise qui consiste à déterminer combien de fois une certaine unité de mesure, en l'occurrence l'année d'existence, est contenue dans l'écart qui sépare deux moments précis: la date de naissance de son oncle et la date d'aujourd'hui. Par contre, si votre ami vous dit qu'un de ses oncles est très âgé, il vous communique alors le résultat d'une évaluation. À la lumière de cet exemple, on constate donc que le résultat de la mesure est purement descriptif, c'est-à-dire qu'aucun jugement de valeur n'est porté, alors que le résultat de l'évaluation, lui, est subjectif. Il s'agit là d'une des principales caractéristiques qui distinguent la mesure de l'évaluation.

On objectera que cette distinction n'est pas très claire puisque tout le monde sait qu'un être humain âgé de 90 ans est très âgé. On fait face ici à une situation très fréquente dans la vie courante, et dans laquelle le résultat d'une mesure s'inscrit facilement dans un cadre de référence qui correspond à l'expérience vécue. Ainsi, on connaît l'unité de mesure, qui est l'année d'existence, et on connaît les possibilités actuelles de la longévité humaine. Ce sont ces deux informations, l'une concernant l'unité de mesure et l'autre, les possibilités ou les limites du phénomène étudié, qui permettent très souvent de porter un jugement de valeur uniquement à partir des résultats de la mesure. Notons que dans l'exemple présenté plus haut, le critère qui a servi de base à l'évaluation est la caractéristique d'un ensemble d'individus. Il suffit que cette caractéristique soit modifiée pour que l'évaluation qui s'y rapporte soit elle aussi modifiée. Par exemple, si l'on parvenait un jour à prolonger la vie humaine jusqu'à 200 ans, alors le jugement de valeur «très âgé» ne conviendrait plus pour une personne âgée de 90 ans. Cet exemple illustre bien le caractère subjectif de l'évaluation.

En conséquence, il est très fréquent, en éducation, que l'on ignore l'unité de mesure et les limites du phénomène à l'étude. C'est le problème qu'il faut résoudre lorsqu'il s'agit d'évaluer l'intelligence d'un étudiant, ses aptitudes, ses intérêts ou la qualité de son rendement scolaire à partir d'un résultat de la mesure. Le plus souvent, ce résultat est un nombre qui indique une quantité de bonnes réponses à un ensemble de questions posées dans le cadre d'un test ou d'une épreuve. Ainsi, le résultat «60» obtenu par un étudiant à une épreuve de rendement ne révèle rien de la qualité de cet étudiant ni de sa compétence; pour porter un jugement de valeur, il faudrait connaître l'une ou l'autre de ces deux informations.

Si l'on connaissait la nature des problèmes auxquels l'étudiant a dû faire face lors de cette épreuve, on pourrait inférer les capacités ou les habiletés dont cet étudiant peut faire preuve. Il s'agirait alors d'une évaluation qui fait abstraction des résultats obtenus par les autres étudiants. De plus, la connaissance de la nature des problèmes résolus ou du contenu de l'épreuve est un compromis face à la difficulté d'établir une unité de mesure ou un standard. Par contre, si l'on connaissait les possibilités de résultats à cette épreuve, telles qu'elles ont été révélées par les résultats obtenus par d'autres étudiants, on pourrait alors porter un jugement de valeur comme «excellent», «médiocre», «supérieur à la moyenne» ou «normal». Dans ce cas, il s'agirait d'une évaluation dont le critère de base est la caractéristique d'un ensemble d'étudiants.

Le critère pouvant servir de base à l'évaluation d'un étudiant est une notion fondamentale dans la distinction qui peut être établie entre la mesure critériée et la mesure normative.

2.2   LA MESURE ET LES MATHÉMATIQUES

Une distinction importante entre la mesure et les mathématiques réside dans le fait que la **mesure** s'appuie sur des faits concrets et s'applique au monde réel. En effet, bien qu'elle utilise le plus souvent la symbolique des nombres, la mesure a toujours comme point de départ des données empiriques. Elle se rapporte au monde réel par ses buts (quantification des attributs d'un objet ou d'un individu), par les opérations qu'elle requiert (processus d'obtention des données empiriques) et par ses critères de validité (caractère des données empiriques). Les **mathématiques**, au contraire, constituent un système abstrait et purement déductif, un ensemble de règles permettant la manipulation de symboles relatifs ou non aux nombres, et qui ne requiert pas essentiellement d'appui dans le monde réel. Les mathématiques sont un langage hautement logique, sinon une branche de la logique. Cependant, la mesure et les mathématiques ont ceci en commun qu'elles nécessitent toutes deux des règles consistantes.

La fonction générale des mathématiques est de procurer des modèles utiles et commodes qui permettent de décrire des phénomènes de la nature. La mesure emprunte donc des éléments du système mathématique, entre autres, pour l'examen des relations internes entre des données obtenues par une procédure de mesure et pour la mise en relation des résultats issus de différentes procédures de mesure. Cependant, aucun modèle mathématique ne peut décrire exactement ni parfaitement un phénomène de la nature. Toutes les descriptions sont approximatives, même si cela est vrai à des degrés variables. Toutefois, la structure de la nature telle qu'on la connaît présente des propriétés qui sont relativement parallèles avec celles de la structure des systèmes logiques mathématiques : cette équivalence de forme, à laquelle on donne le nom d'isomorphisme, justifie l'utilisation de modèles mathématiques dans la description d'événements de la nature. Par ailleurs, l'application de tout système mathématique à un aspect donné de la nature peut et devrait être justifiée empiriquement. Ce point de vue, qualifié de « fondamentaliste » par certains, fera l'objet d'une discussion ultérieure.

Pour comprendre la nature de la mesure, on doit connaître les propriétés des mathématiques, et plus précisément celles des nombres. Du point de vue de la mesure, le nombre est considéré comme une abstraction symbolisée par un ou plusieurs chiffres pouvant servir à classifier ou à ordonner des objets, des événements ou des individus d'une façon systématique, en fonction du degré auquel ils présentent une caractéristique donnée. De plus, les nombres peuvent être manipulés et combinés conformément à des règles mathématiques de façon à faire ressortir leur signification de manières différentes ou plus précises. Ainsi, la moyenne fournit une description quantitative plus précise du comportement usuel d'un individu dans un ensemble de situations.

Il peut aussi être démontré expérimentalement que certaines propriétés des nombres telles que l'identité, l'ordre et l'addition sont présentes dans les phénomènes de la nature. De plus, on trouve dans les postulats rattachés au système des nombres les principaux **postulats de la mesure**, lesquels peuvent être représentés sous les formes suivantes :

1. $a = b$ ou $a \neq b$.
2. Si $a = b$ alors $b = a$.
3. Si $a = b$ et $b = c$ alors $a = c$.
4. Si $a > b$ alors $b < a$.
5. Si $a > b$ et $b > c$ alors $a > c$.
6. Si $a = p$ et $b > 0$ alors $a + b > p$.
7. $a + b = b + a$.
8. Si $a = p$ et $b = q$ alors $a + b = p + q$.
9. $(a + b) + c = a + (b + c)$.

Enfin, de nombreux auteurs s'entendent pour reconnaître un autre postulat de la mesure, à savoir l'existence de quatre principaux niveaux de mesure correspondant à quatre types fondamentaux d'échelles de mesure, qui se distinguent les uns des autres par plusieurs critères.

2.2.1   La classification des échelles de mesure

Fondamentalement, le problème de la classification des échelles de mesure concerne diverses utilisations des nombres (par exemple, les nombres peuvent faire référence à des quantités, mais aussi à des qualités). Il implique aussi qu'il y aurait des types distincts d'échelles de mesure dans lesquels pourraient être classifiés tous les attributs mesurés. En sciences humaines, le problème de la classification des échelles de mesure constitue une préoccupation majeure pour de nombreux chercheurs. En effet, plusieurs d'entre eux allèguent que pour comprendre la précision d'une mesure psychologique, on doit considérer la nature de l'échelle utilisée lors de la procédure de mesure. En d'autres termes, la nature de l'échelle de mesure utilisée détermine le genre d'interprétation ou la quantité d'informations qu'on peut tirer des résultats obtenus à l'aide de cette échelle. Bref, le problème concerne la légitimité de l'utilisation de certaines procédures mathématiques dans la mesure des attributs humains, surtout les attributs psychologiques.

Le premier critère définissant un type d'échelle de mesure se rapporte aux règles qui déterminent la façon dont les nombres sont associés aux attributs mesurés. D'un point de vue strict, une échelle n'a de raison d'être que s'il y a isomorphisme entre certaines propriétés des attributs mesurés et certaines propriétés des séries numériques. Les propriétés ou la nature des attributs et le choix des procédures concrètes visant à mesurer ces attributs constituent des facteurs qui limitent les opérations empiriques de base applicables aux attributs mesurés.

Par exemple, à un attribut comme le sexe des individus peuvent être associés des nombres qui n'auront qu'une simple valeur d'étiquette; en effet, la nature même de l'attribut mesuré (chacune des possibilités étant d'égale valeur) n'autorise que les opérations empiriques de classification et de dénombrement des individus. Un second exemple permettra de bien illustrer l'influence du choix des procédures concrètes de mesure sur les opérations empiriques applicables aux résultats. Supposons que, ne possédant pas d'instrument de mesure standard, on désire comparer la taille de plusieurs individus; les opérations empiriques applicables aux résultats de cette mesure se limiteront alors à placer en ordre des individus selon leur taille. Par contre, si on possède un instrument standard comportant des unités étalons et qu'on reprend les mesures, l'étendue des opérations empiriques applicables à ces résultats sera plus vaste; on pourra alors non seulement placer les individus par ordre de grandeur, mais aussi comparer les différences de grandeur entre les individus et même établir un rapport entre les tailles des individus. De ces calculs il pourrait ainsi ressortir que monsieur Côté est deux fois plus grand que son fils Michel, constatation que l'on n'aurait pu mettre en relief en l'absence d'une unité étalon.

Ce qui caractérise le mieux chaque type d'échelle, c'est l'étendue de son invariance, c'est-à-dire les transformations qui s'appliqueront à chaque échelle sans provoquer de distorsion à la structure de l'échelle en question. Par exemple, si l'on veut exprimer des données en unités différentes de l'unité de mesure originale, il est primordial de pouvoir effectuer cette transformation sans modifier la signification des données. L'étendue de l'invariance d'une échelle établit donc les limites quant aux manipulations mathématiques et statistiques qui pourront être légitimement appliquées aux données obtenues par la procédure de mesure. Ainsi, dans le cas d'une échelle qui établit le rang des individus en fonction d'un attribut donné, toute transformation mathématique des données résultant en une modification du rang de ces individus faussera les résultats; en conséquence, ce type de transformation ne pourrait être légitimement appliqué à cette échelle.

Au choix d'un modèle donné d'échelle de mesure se rattachent les implications suivantes. Premièrement, chaque type d'échelle comporte des postulats; si les données issues d'une procédure de mesure sont conformes aux postulats d'un type d'échelle donné, la mesure sera considérée comme possédant les propriétés inhérentes à ce type d'échelle. Toutefois, un modèle d'échelle n'est ni meilleur ni pire que ses postulats. Deuxièmement, plus un modèle d'échelle sera complexe, plus les règles qui déterminent l'association des nombres aux attributs mesurés seront restrictives et plus les informations fournies par l'échelle seront précises, ce qui aura pour effet de réduire l'étendue de l'invariance de cette échelle; de plus, les postulats mathématiques d'une échelle plus complexe permettront l'utilisation d'un plus grand nombre d'opérations mathématiques et statistiques.

Examinons maintenant les caractéristiques des quatre principaux types d'échelles de mesure, qui sont présentés selon un ordre croissant de complexité.

L'échelle nominale

La forme la plus simple d'observation consiste probablement à percevoir si deux objets ou deux individus sont qualitativement semblables ou différents quant à leur réponse à une situation donnée ou quant à la présence d'une ou de plusieurs propriétés données. On peut alors grouper les objets ou les individus en fonction d'une ou de plusieurs caractéristiques communes. Il suffit d'abord de préciser les critères utilisés pour juger de l'inclusion de l'objet ou de l'individu dans une classe ou une catégorie. Puis, lorsque ce point d'entente est établi, on peut alors utiliser un «nom de classe» ou de catégorie pour désigner les objets ou les individus inclus dans cette classe, ce nom de classe pouvant tout aussi bien être un nombre qu'un mot.

Lors de cette procédure de classement, la rigueur de la discrimination dépend de la capacité d'observation de l'évaluateur ainsi que de la marge d'imprécision tolérée. En sciences humaines, lorsqu'on parle d'égalité entre les objets ou les individus d'une même classe, on veut dire qu'ils sont approximativement égaux en raison de la complexité du comportement humain, de la faillibilité du jugement humain et de l'imprécision relative des moyens d'observation.

Les opérations de classement et d'énumération engendrent une échelle nominale. Un cas particulier de classement est celui où chaque classe ou catégorie ne comporte qu'un objet ou un individu. Le nom de classe devient alors une simple étiquette attribuée à cet objet ou à cet individu.

Dans le cas où des symboles numériques sont attribués à des objets ou à des individus, ou encore à des catégories d'objets ou d'individus, ces symboles ne représentent pas de quantités d'attributs, n'offrent à proprement parler aucune possibilité d'analyses mathématiques ou statistiques et ne fournissent qu'une information qualitative. Il peut y avoir une corrélation accidentelle entre ces nombres et les quantités de l'attribut sous-jacent, mais ce fait ne peut être l'objet d'aucune interprétation sensée. Les seules opérations statistiques réalisables à partir des données nominales sont le calcul des fréquences (nombre de cas dans chaque catégorie), l'identification du mode (catégorie la plus populeuse) et le calcul du coefficient de contingence (vérification d'hypothèse concernant la distribution des cas dans les catégories, évaluation de l'interdépendance de deux principes de classement).

Ces opérations statistiques sont aussi réalisables à partir des échelles de mesure plus complexes. Une distinction doit être établie entre l'utilisation des nombres à des fins d'identification et l'utilisation des nombres qui représentent les fréquences des objets ou des individus dans chaque catégorie : cette dernière utilisation des nombres ne constitue pas une mesure mais plutôt un décompte. Ajoutons que le principe sous-jacent à l'échelle nominale est celui de l'égalité, et que les postulats 1, 2 et 3 (voir les neuf postulats de la mesure à la section 2.2) doivent être respectés.

Certains auteurs sont d'avis que l'échelle nominale n'est en fait qu'une forme de classement plutôt qu'un niveau de mesure. Cependant, la majorité des auteurs considère que les opérations de classement correspondent aux critères de la définition d'une mesure ; selon eux, l'échelle nominale constitue donc un niveau de mesure primaire. Toutefois, son utilisation est limitée en sciences humaines, car elle ne fournit pas d'indications sur l'amplitude des attributs.

L'échelle ordinale

Les opérations d'énumération et de classement sous-entendent que chaque classe ou catégorie est homogène, c'est-à-dire que tous les individus ou objets d'une classe sont considérés comme étant équivalents quant à un attribut rattaché à l'appartenance à cette classe. Toutefois, à l'intérieur d'une classe donnée, les individus ou les objets peuvent être comparés en fonction du degré de présence de l'attribut commun. On se préoccupe alors de l'ordre relatif des objets ou des individus. Cette hiérarchie peut être basée sur un jugement portant sur un attribut observé, sur une comparaison directe ou indirecte. Une telle échelle est obtenue lorsqu'on peut constater que chaque objet ou individu possède l'attribut en question à un plus haut degré que l'objet ou l'individu le précédant dans la série, ce qui peut s'exprimer symboliquement ainsi :

$$S_1 < S_2 < S_3 \ldots < S_n \text{ (pour } n \text{ sujets).}$$

L'opération de mise en ordre suppose une discrimination plus rigoureuse que celle requise pour la simple catégorisation puisque, pour chaque objet ou individu, on doit comparer le degré de présence de l'attribut, ce qui ne signifie pas que l'échelle ordonnée puisse indiquer la quantité absolue d'attributs présents ni l'ampleur des différences ou des rapports entre les quantités d'attributs présents. En d'autres termes, l'attribut ne s'exprime pas nécessairement en unités égales même si les nombres qui le représentent sont également espacés ; de plus, un individu qui se situe au quatrième rang, par exemple, ne présente pas nécessairement deux fois plus d'attributs que l'individu se situant au deuxième rang. Enfin, l'échelle ordinale ne permet pas de savoir s'il y a absence totale d'un attribut ; elle n'admet donc pas le zéro absolu.

Les symboles numériques attribués aux objets ou aux individus sont donc des rangs : ils indiquent tout au plus la position relative des objets ou des individus sur un continuum représentant l'attribut que l'on désire mesurer, comme le montre l'illustration suivante :

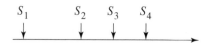

Sur le plan ordinal, seule la direction du continuum est connue. Les seules informations qu'apporte ce continuum correspondent à des relations du type « plus petit que», «plus grand que», «égal» ou «différent» ($<$, $>$, $=$, $\neq$) entre les individus ou les objets en fonction de l'attribut mesuré. Ainsi, le continuum présenté précédemment permet de savoir que $S_1 < S_2$, $S_4 > S_3$, $S_2 \neq S_3$, etc. Il serait possible de changer les nombres attribués aux objets ou aux individus en fonction de l'attribut sans changer l'ordre de ces objets ou de ces individus.

L'échelle ordinale n'est pas modifiée dans sa structure si on lui applique une fonction monotonique croissante, c'est-à-dire une fonction qui augmente constamment et qui ne présente pas de point maximal. Des exemples de l'effet de transformations de ce genre sont illustrés à la figure 2.1 ; l'échelle originale y est représentée en abscisse, et l'ordonnée présente quatre exemples de tracés modifiés à la suite de l'application de fonctions monotoniques croissantes.

Par exemple, si on accorde une pondération diversifiée aux variables, la résolution correcte d'un item pourra donner un nombre de points différent de ce que pourrait donner la résolution correcte d'un autre item : cette pondération résulte en une transformation monotonique de l'échelle originale.

FIGURE 2.1
Fonctions
monotoniques
croissantes

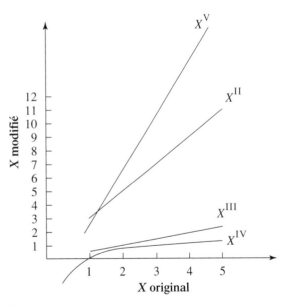

Forme générale : $X^{\mathrm{I}} = f(X)$ où $f(X)$ représente toute transformation monotonique croissante.

Exemples : $X^{\mathrm{II}} = 2X + 1$

$X^{\mathrm{III}} = 0{,}5X$

$X^{\mathrm{IV}} = \log X$

$X^{\mathrm{V}} = X^2$ (où $X \geq 0$)

Les données ordinales peuvent faire l'objet d'analyses de la statistique non paramétrique ; en plus de permettre le recours aux opérations statistiques rattachées à l'échelle nominale, les données ordinales peuvent donc servir à calculer la médiane, les centiles, les coefficients de corrélation de rang et le khi-carré. Toutefois, les opérations algébriques d'addition, de soustraction, de multiplication et de division appliquées à des données ordinales n'ont pas de sens. Il en va de même des calculs de la moyenne et de l'écart type, lesquels nécessitent plus que la simple connaissance des positions relatives des objets ou des individus, ce qui limite considérablement les informations que peut fournir l'échelle ordinale, puisque ces statistiques sont le fondement même des méthodes statistiques les plus puissantes utilisées en sciences humaines. Les relations fonctionnelles établies à partir des échelles ordinales ne procurent donc qu'un indice plus ou moins satisfaisant en comparaison de ce que seraient ces mêmes relations exprimées selon des échelles plus complexes.

Certains auteurs sont d'avis que la plupart des échelles de mesure psychologique fournissent des informations portant sur l'ordre des individus en fonction de l'attribut mesuré, plutôt que sur le degré auquel chaque individu présente cet attribut. Ces auteurs formulent parfois de sévères critiques à l'égard des utilisateurs des méthodes statistiques puissantes dans l'analyse des données psychologiques et ils recommandent une grande prudence dans l'utilisation des techniques statistiques et dans l'interprétation des résultats obtenus à l'aide d'échelles ordinales.

L'échelle à intervalles égaux

L'arrangement ordinal pourrait donner des résultats plus complets s'il était possible de connaître la distance qui sépare les objets ou les individus en fonction de l'attribut mesuré. Si plusieurs objets ou individus sont également distants, selon le degré auquel ils présentent l'attribut, la distance qui les sépare peut être considérée comme une unité linéaire de mesure, et l'échelle ainsi constituée est appelée échelle à intervalles égaux ou échelle d'intervalles. L'égalité des intervalles est nécessaire si on veut connaître les différences interindividuelles (c'est-à-dire les différences entre les individus relativement à un même attribut sur un seul continuum) ou les différences intra-individuelles (c'est-à-dire les différences entre les positions d'un même individu relativement à plusieurs attributs sur plusieurs continuums). Une unité constitue un choix arbitraire, mais elle doit avoir une relation avec l'attribut qu'on tente de mesurer ; ainsi, des distances numériques égales représentent en principe des distances empiriques égales entre les objets ou les individus en fonction d'un attribut. Cependant, le choix de la bonne unité n'est pas toujours évident.

Il arrive souvent que les scientifiques formulent des énoncés à propos des différences entre les degrés auxquels des objets ou des individus présentent un attribut. Cependant, la formulation sensée de ces énoncés suppose une propriété de juxtaposition des objets ou des individus, c'est-à-dire que les degrés de présence de l'attribut doivent pouvoir être soumis à des opérations d'addition et de soustraction; si cette propriété est satisfaite, on est en présence d'une échelle dite « additive ».

Cependant, même les échelles additives offrent des possibilités de mesure limitées si le zéro absolu n'est pas établi. Ainsi, les échelles à intervalles égaux permettent la mesure des différences entre les degrés de présence des attributs, mais elles n'indiquent pas l'amplitude absolue de ces degrés, car elles n'admettent pas le zéro absolu; toutefois, elles comportent un point zéro défini arbitrairement. Le zéro n'étant qu'arbitraire dans l'échelle d'intervalles, le degré de présence d'un attribut définissant ce point zéro a peu de chances de correspondre à une limite réelle où l'attribut disparaît complètement. De ce fait découle l'impossibilité d'établir des proportions à partir des degrés de présence d'un attribut exprimés sur une échelle à intervalles égaux. Cependant, on traite très souvent les distances sur l'échelle d'intervalles comme si elles possédaient parfaitement la propriété d'addition, c'est-à-dire le zéro absolu.

Deux énoncés principaux peuvent définir l'échelle à intervalles égaux, soit :

$$S_1 < S_2 < S_3 \ldots < S_n \text{ (comme pour l'échelle ordinale)}$$

$$S_2 - S_1 = S_3 - S_2 = S_4 - S_3 \ldots = S_n - S_{n-1}$$

où $S_{1 \ldots n}$ sont les degrés relatifs auxquels les différents sujets présentent un même attribut.

L'échelle d'intervalles permet donc de connaître la direction du continuum, mais aussi d'établir les différences entre les positions des objets ou des individus et d'effectuer ainsi des comparaisons du genre de celles soulevées à partir de l'illustration suivante :

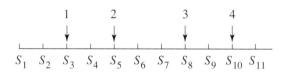

Cette illustration d'un continuum à intervalles égaux permet d'établir que la différence entre les résultats (*S*) des individus 1 et 2 est plus petite que la différence entre ceux des individus 2 et 3, que la différence entre les résultats des individus 2 et 3 équivaut à 1,5 fois la différence entre les résultats respectifs des individus 1 et 2 ou entre ceux des individus 3 et 4, etc.

Les scores d'une échelle d'intervalles n'indiquant pas l'amplitude absolue d'un attribut en raison de l'absence de zéro absolu, les opérations algébriques de multiplication et de division n'auraient de sens que lorsqu'elles s'appliqueraient aux intervalles, alors que les opérations d'addition et de soustraction seraient applicables aux intervalles et aux scores eux-mêmes.

Les scores issus d'une échelle d'intervalles peuvent subir une transformation linéaire sans que la structure de l'échelle en soit modifiée. On pourrait donc additionner ou soustraire à chacun de ces scores une valeur constante, ou encore diviser ou multiplier chaque score par une constante sans affecter ni la position relative des objets ou des individus sur le continuum, ni l'égalité des intervalles, ni les rapports entre les intervalles, ni la forme générale de la relation entre les scores de l'échelle et ceux d'une autre échelle. La figure 2.2, qui illustre des exemples de transformations linéaires applicables à une échelle d'intervalles, présente trois échelles qui résultent de ces transformations appliquées à l'échelle originale (*X*).

Les échelles à intervalles égaux offrent le grand avantage de permettre, en plus des manipulations statistiques applicables aux échelles moins complexes, le calcul de données fondamentales comme la moyenne, l'écart type et le coefficient de corrélation de Pearson, le recours à des tests de signification fréquemment utilisés (par exemple, *F*, *t*) et à de nombreuses autres techniques statistiques puissantes. Pour

FIGURE 2.2
Exemples
de transformations
linéaires

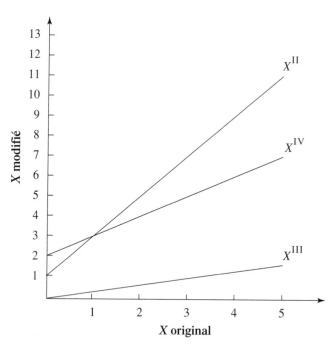

Forme générale : $X^{\mathrm{I}} = a + bX$

Exemples : $X^{\mathrm{II}} = 2X + 1$

$X^{\mathrm{III}} = 0{,}3X$

$X^{\mathrm{IV}} = X + 2$

cette raison, il serait souhaitable de pouvoir utiliser l'échelle à intervalles égaux en sciences humaines, mais des concepts comme l'intelligence, les aptitudes et la personnalité ne peuvent être mesurés que sur des échelles ordinales parce qu'ils ne répondent pas aux exigences des échelles de mesure plus complexes. En conséquence, les seules manipulations statistiques légitimement acceptables avec ce genre de données seraient celles associées aux échelles ordinales.

La recherche en sciences humaines a tout de même fréquemment recours à des analyses statistiques plus puissantes. Cette situation soulève toujours, entre les chercheurs du domaine de la mesure en sciences humaines, de nombreux débats portant sur la légitimité de considérer les attributs humains comme pouvant s'exprimer en unités égales. De fait, avant de traiter les résultats d'une échelle de mesure conformément aux possibilités qu'offrent les échelles d'intervalles, il est essentiel d'établir empiriquement l'égalité des intervalles de cette échelle de mesure. Dans le cas où on utilise plusieurs méthodes de mesure, il est possible de déterminer au moyen d'opérations appropriées si les unités sont égales ou non. Le choix de ces opérations s'effectue en fonction de la variable traitée et des concepts théoriques rattachés à la nature de cette variable.

Diverses techniques permettent toutefois de contourner la difficulté liée au choix de l'échelle et de procéder comme si les postulats sous-jacents à l'utilisation d'une échelle à intervalles égaux étaient satisfaits. Une première technique consiste à n'utiliser qu'une définition opérationnelle de l'attribut mesuré, c'est-à-dire à ne définir la variable qu'en fonction des résultats obtenus à un test. Du fait que cette technique n'interfère pas avec les habiletés sous-jacentes aux résultats du test, elle présente donc une certaine pureté mathématique, mais elle peut conduire à des erreurs d'interprétation conceptuelle. Enfin, une deuxième technique consiste à transformer les résultats bruts en scores dérivés, qui seront eux-mêmes exprimés sur une échelle à intervalles égaux.

Toutefois, la plupart des chercheurs en sciences humaines se préoccupent peu du problème de l'égalité des intervalles. Leur approche est pragmatique et s'appuie sur trois arguments principaux leur permettant de postuler que les intervalles sont égaux, même s'il semble logique que les échelles relatives aux attributs humains soient strictement ordinales. Ces trois arguments sont les suivants. Premièrement, si les procédures de construction d'une échelle à intervalles égaux ne garantissent pas l'obtention d'une telle échelle, du moins les caractéristiques de l'échelle obtenue se rapprochent-elles de celles d'une échelle à intervalles égaux. Deuxièmement, si deux ou trois mesures d'un même attribut sont reliées linéairement, alors on peut présumer que les échelles utilisées présentent des intervalles égaux. Troisièmement, les résultats obtenus par l'utilisation de méthodes d'analyse statistique puissantes semblent démontrer que ces méthodes conviennent à l'analyse des données humaines. Bref, pour ces chercheurs, il semblerait que les données expérimentales humaines présentent des caractéristiques s'approchant suffisamment des conditions liées à l'utilisation de l'échelle d'intervalles pour que l'erreur commise en appliquant aux données humaines les méthodes statistiques reliées à ce type d'échelle soit acceptable.

Il existe certaines circonstances où, même si l'inégalité des unités est prouvée, cette inégalité a peu d'importance pratique et peut même ne pas être prise en considération. Ainsi, si les unités sont inégales mais que ces dimensions variables sont distribuées aléatoirement tout le long de l'échelle, les différences auront tendance à s'annuler, surtout si les intervalles sont nombreux. En outre, la relation entre les scores de l'échelle et les degrés réels de l'attribut mesuré peut être linéaire : les unités situées à une extrémité de l'échelle refléteraient alors des petites portions de l'attribut alors que celles de l'autre extrémité refléteraient de grandes portions de l'attribut. Cependant, si l'on s'intéresse seulement à une petite partie de l'échelle entière, alors les différences entre les unités placées dans cette partie de l'échelle peuvent être tellement minimes que l'on risque de les négliger.

Ces quelques propos soulignent donc l'absence de consensus sur la question de la légitimité de considérer et de traiter les variables humaines comme si elles s'exprimaient sous forme de portions ou d'unités égales ; nous reviendrons ultérieurement sur ce point.

L'échelle des proportions

Abordons maintenant le dernier des quatre principaux niveaux de mesure : l'échelle des proportions ou échelle des rapports. Cette échelle, qui s'applique à la mesure physique, est aussi l'échelle des nombres eux-mêmes. Dans la mesure d'un attribut, le zéro absolu indique l'absence totale de cet attribut dans un objet ou chez un individu. Une échelle des proportions peut être établie pour un attribut qui, à première vue, ne présente pas de possibilité d'absence totale quand on peut démontrer l'existence d'une relation fonctionnelle entre cet attribut et un autre attribut ou phénomène présentant parfaitement la propriété d'addition (c'est-à-dire le zéro absolu). Par exemple, si on ne peut parler d'absence totale de chaleur, on peut tout de même vérifier l'existence d'une relation fonctionnelle entre la chaleur et le mouvement thermique. À l'absence totale de mouvement thermique on pourra faire correspondre le zéro absolu de la température (0 °Kelvin). Cependant, cette procédure ne se prête pas à toutes les situations, car dans le cas de nombreux attributs, et particulièrement les attributs psychologiques, l'établissement d'un tel type de relation est en pratique impossible à effectuer.

La première caractéristique de l'échelle des proportions réside donc dans la possibilité de connaître la distance entre le zéro absolu et la position d'un objet ou d'un individu sur un continuum défini selon un attribut donné. L'amplitude absolue d'une quantité d'attributs est une donnée connue et il est possible de connaître la position d'un score individuel sans qu'il soit nécessaire de situer les autres individus ou objets sur le continuum. Les nombres représentent donc de façon réelle le degré de présence d'un attribut chez un individu ou dans un objet.

De plus, comme pour les échelles moins complexes, la direction du continuum est connue, de même que le rang des individus en fonction de l'attribut et de l'étendue des intervalles entre les scores, intervalles qui sont évidemment égaux. L'échelle des proportions est donc celle qui procure les informations les plus complètes. L'illustration suivante montre une échelle des proportions:

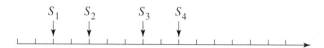

Non seulement peut-on comparer les positions des individus sur le continuum, mais on peut aussi établir que l'individu 2 présente le double du degré d'attribut que présente l'individu 1; que l'individu 3 présente 3,5 fois le degré d'attribut que présente l'individu 1; que l'individu 4 présente 4,5 fois le degré d'attribut de l'individu 1, etc. La possibilité d'obtenir ce genre d'informations donne son nom à l'échelle des proportions.

Si on multiplie ou si on divise les scores d'une échelle des proportions par une constante, l'échelle conserve ses propriétés: l'ordre des individus ou des objets reste le même, les proportions entre les intervalles et entre les scores restent inchangées, le point zéro est toujours présent (figure 2.3, p. 28). Par contre, si on additionne ou qu'on retranche une constante aux résultats, la nature de l'échelle sera modifiée: l'ordre des objets ou des individus de même que les proportions entre les intervalles resteront les mêmes, mais les proportions entre les scores seront modifiées et le zéro absolu disparaîtra (figure 2.4, p. 29).

Les échelles issues de ces deux transformations présentent non plus les caractéristiques de l'échelle des proportions, mais celles de l'échelle à intervalles égaux.

Il est maintenant possible de constater l'application d'une remarque formulée précédemment, à savoir que plus les informations fournies par une échelle sont précises, moins grande est la liberté de transformer l'échelle sans modifier les informations originales. Ainsi, on a vu qu'une échelle ordinale peut subir toute transformation monotonique sans que les informations relativement primaires qu'elle procure soient modifiées; avec une échelle d'intervalles, les possibilités de transformation sont déjà plus restreintes. Enfin, avec l'échelle des proportions, les transformations permises doivent se limiter à la multiplication ou à la division à l'aide d'une constante si l'on veut que les informations soient identiques.

Les postulats sous-jacents au modèle de l'échelle des proportions autorisent l'utilisation de toutes les opérations algébriques ($+$, $-$, $\times$, $\div$) autant avec les intervalles qu'avec les scores. La possibilité d'utiliser les quatre opérations algébriques autorise le recours aux méthodes d'analyse mathématique et statistique les plus puissantes, incluant, en plus de toutes les opérations permises avec les échelles moins complexes déjà mentionnées, des opérations statistiques comme le calcul du coefficient de variation.

Ainsi, lorsqu'on corrige un test et qu'on additionne le nombre d'items correctement résolus par le répondant, on obtient un nombre situé sur une échelle des proportions. Mais si on utilise ce nombre pour indiquer la position du répondant sur

FIGURE 2.3
Exemple
de transformation
laissant l'échelle des
proportions invariable

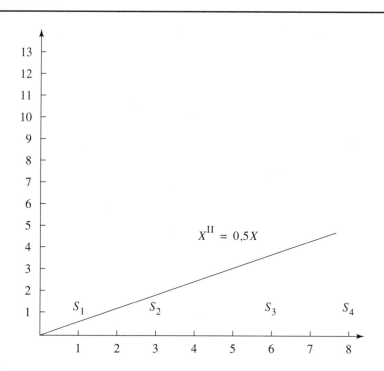

Forme générale : $X^{I} = aX$

Exemple : $X^{II} = 0,5X$

Résultat	X	X^{II}
S_1	1	0,5
S_2	3	1,5
S_3	6	3,0
S_4	8	4,0

On peut constater dans cet exemple que le 0 absolu est toujours présent et que les rapports entre les intervalles et entre les résultats eux-mêmes demeurent inchangés :

$$\frac{S_1 X}{S_2 X} = \frac{1}{3} = \frac{S_1 X^{II}}{S_2 X^{II}} = \frac{0,5}{1,5}$$

$$\frac{S_2 X - S_1 X}{S_3 X - S_2 X} = \frac{2}{3} = \frac{S_2 X^{II} - S_1 X^{II}}{S_3 X^{II} - S_2 X^{II}}.$$

FIGURE 2.4
**Exemple
de transformation
modifiant la structure
de l'échelle des
proportions**

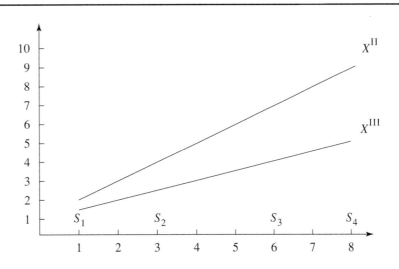

FIGURE 2.4
**Exemple
de transformation
modifiant la structure
de l'échelle des
proportions**

Forme générale : toute transformation autre que $X^{\mathrm{I}} = 2X$.

Exemples : $X^{\mathrm{II}} = X + 1$

$\qquad\quad X^{\mathrm{III}} = \dfrac{X}{2} + 1$

Résultat	X	X^{II}	X^{III}
S_1	1	2	1,5
S_2	3	4	2,5
S_3	6	7	4,0
S_4	8	9	5,0

Les rapports entre les *intervalles* sont invariables :

$$S_2X - S_1X = 1{,}5 = S_3X - S_2X$$

$$S_2X^{\mathrm{II}} - S_1X^{\mathrm{II}} = 1{,}5 = S_3X^{\mathrm{II}} - S_2X^{\mathrm{II}}$$

$$S_2X^{\mathrm{III}} - S_1X^{\mathrm{III}} = 1{,}5 = S_3X^{\mathrm{III}} - S_2X^{\mathrm{III}}$$

alors que les rapports entre les *scores* varient :

$$\frac{S_4X}{S_3X} = \frac{8}{6} \qquad \frac{S_4X^{\mathrm{II}}}{S_3X^{\mathrm{II}}} = \frac{9}{7} \qquad \frac{S_4X^{\mathrm{III}}}{S_3X^{\mathrm{III}}} = \frac{5}{4} \qquad \frac{8}{6} \neq \frac{9}{7} \neq \frac{5}{4}.$$

TABLEAU 2.1   Synthèse des caractéristiques des quatre échelles de mesure

Échelle	Postulats, propriétés, limites	Opérations empiriques de base	Conditions d'invariance	Opérations algébriques permises	Opérations statistiques permises	Exemples
Nominale	– Postulats d'égalité : Si $S_1 = S_2$ alors $S_2 = S_1$ $S_1 = S_2$ ou $S_1 \neq S_2$ Si $S_1 = S_2$ et $S_2 = S_3$ alors $S_1 = S_3$ où $S_1...S_n$ représente le score de chacun des n sujets. – Attribut codifiable se prêtant à des catégories exclusives. – Utilisation de symboles numériques (scores) à des fins qualitatives. – N'indique pas le degré de présence des attributs.	– Détermination des égalités – Identification – Classement – Dénombrement	$X' = f(X)$ où $f(X)$ indique toute substitution d'un symbole à un autre	=, ≠	– Calcul des fréquences – Identification du mode – Calcul du coefficient de contingence	– Numéros des joueurs de hockey – Attribution de symboles numériques à des classes d'objets ou d'individus
Ordinale	– Postulats hiérarchiques : $S_1 < S_2 < S_3 ... < S_n$ Si $S_2 < S_1$ alors $S_1 > S_2$ Si $S_3 > S_2$ et $S_2 > S_1$ alors $S_3 > S_1$ – Attribut mesuré varie du + au − et vice versa. – Continuum dont on ne connaît que la direction. – Symboles numériques (scores) indiquent l'ordre des individus et non le degré de présence des attributs.	– Détermination du plus grand et du plus petit – Mise en ordre	$X' = f(X)$ où $f(X)$ indique toute fonction monotonique croissante	=, ≠, <, >	– Celles de l'échelle nominale – Calcul de la médiane – Calcul des centiles – Calcul du coefficient corrélatif de rang – Calcul du khi-carré	– Solidité des minéraux – Qualités de laine, de cuir ou d'autres matériaux – Ordre des arrivées dans une course – Ordre des individus selon leur rendement à un examen

	Propriétés	Opérations empiriques	Transformation	Opérations mathématiques	Statistiques	Exemples
À intervalles égaux	– Postulat d'addition – Postulats de l'échelle nominale et de l'échelle ordinale $S_2 - S_1 = S_3 - S_2 = S_4 - S_3 \ldots = S_n - S_{n-1}$ – Attribut mesuré varie du + au – et vice versa. – Continuum dont on connaît la direction et dont les unités sont égales. – Symboles numériques indiquent l'ordre des individus, les distances séparant ces derniers en fonction d'un attribut, mais n'indiquent pas l'amplitude absolue de l'attribut.	– Détermination de l'égalité des intervalles – Mise en ordre – Comparaison des positions	$X' = a + bX$ (fonction linéaire)	$=, \neq, <, >$ $-, +$ (appliquées aux intervalles et aux scores) $\times, \div$ (appliquées aux intervalles)	– Celles de l'échelle nominale et de l'échelle ordinale – Calcul de la moyenne – Calcul de l'écart type – Calcul du coefficient de corrélation de Pearson	– Température °F et °C – Énergie – Dates du calendrier – Scores standard à un test de rendement
Des proportions	– Propriété parfaite d'addition – Postulats des échelles moins complexes – Attribut mesuré varie du + au – et vice versa. – Continuum indique la direction des unités égales et présente un zéro absolu. – Symboles numériques fournissent les mêmes informations que celles de l'échelle à intervalles égaux et indiquent l'amplitude absolue de l'attribut.	– Détermination de l'égalité des proportions – Mise en ordre – Comparaison des intervalles – Comparaison de l'amplitude absolue des attributs	$X' = aX$ (*similarity transformation*)	$=, \neq, <, >$ $+, -, \div, \times$ (appliquées aux intervalles et aux scores)	– Celles des trois échelles précédentes – Calcul de la moyenne géométrique – Calcul du coefficient de variation	– Longueur, poids, densité, résistance – Température °Kelvin – Échelle de force

une échelle qui mesure un attribut psychologique, alors ce nombre ne peut plus être interprété selon les règles de l'échelle des proportions. En effet, à un nombre nul de réponses correctes ne correspondra probablement pas une absence totale de l'attribut psychologique mesuré. Par exemple, un score de 0 à un test de rendement lexical n'implique pas que les habiletés en lecture sous-jacentes soient nulles. De plus, 50 items correctement résolus dans un test ne correspondent probablement pas au double du degré d'attribut requis pour résoudre correctement 25 items du même test. Par exemple, on ne peut pas dire d'un individu qui présente un QI de 130 qu'il a le double de l'intelligence d'un individu qui obtient un QI de 65. De plus, on ne peut pas parler d'un QI nul, le zéro absolu n'existant pas dans la mesure des attributs psychologiques. Enfin, des attributs psychologiques ne permettraient pas d'appliquer la procédure d'établissement d'une relation fonctionnelle entre deux attributs dont l'un présente la possibilité d'absence totale. Bref, l'échelle des proportions ne peut convenir à la mesure des attributs psychologiques.

Le tableau 2.1 (p. 30-31) présente une synthèse des principales caractéristiques des quatre échelles de mesure.

2.2.2   Les conventions relatives à la classification des échelles de mesure

Dans le domaine de la mesure en sciences humaines, une controverse tenace oppose les tenants de l'école des mesures faibles, ou école fondamentaliste (Saunders, 1956; Siegel, 1980; Stevens, 1951), à ceux de l'école des statistiques puissantes (Anderson, 1962; Hays, 1973; Lord, 1953; McNemar, 1942; Nunnally, 1982).

La préoccupation des fondamentalistes réside dans le respect du principe d'isomorphisme entre la réalité et les systèmes mathématiques utilisés pour la représenter. Cette préoccupation se traduit donc par le refus d'utiliser, dans la mesure de certains attributs psychologiques, des techniques statistiques propres à l'échelle des intervalles égaux. Le postulat de l'égalité des unités est donc au cœur de cette polémique. De fait, il est difficile, voire impossible, de démontrer hors de tout doute qu'un attribut psychologique puisse se manifester en unités égales. Or, aux yeux des fondamentalistes, cette démonstration constitue une condition essentielle à l'utilisation des techniques statistiques puissantes.

Quant aux tenants de l'école des statistiques puissantes, ils soutiennent que les statistiques s'appliquent aux nombres et non aux attributs eux-mêmes, et que les caractéristiques réelles des échelles de mesure n'ont pas à influer sur le choix des techniques statistiques. En d'autres termes, un test statistique répond aux questions auxquelles il est censé répondre, que l'échelle soit ordinale ou qu'elle présente des intervalles égaux. Cet argument a d'ailleurs fait l'objet de démonstrations empiriques établissant que l'obtention d'une échelle à intervalles égaux n'est pas un préalable à l'utilisation d'un test paramétrique à des fins d'inférence statistique. Toutefois, si ces démonstrations empiriques ont établi que, en statistique inférentielle, des techniques statistiques puissantes pouvaient fort bien convenir à des données ordinales, elles ont aussi forcé les tenants de l'école des statistiques puissantes à reconnaître que le point de vue restrictif des fondamentalistes est pertinent lorsqu'on se préoccupe de la détermination d'une statistique dans un but descriptif.

Finalement, l'opinion la plus répandue chez les chercheurs qui se préoccupent de ce problème est qu'il n'y a pas d'unités correctes ou véritables pour une échelle de mesure. La classification d'une échelle serait plutôt une affaire de convention et d'utilité. La controverse qui oppose l'école des mesures faibles à l'école des statistiques puissantes ne semblant pas en voie de se régler, et les scores ayant normalement tendance à satisfaire le postulat de l'égalité des unités lorsque des précautions suffisantes entourent la construction des échelles de mesure, les conventions établies en sciences humaines permettent habituellement de traiter les données comme si elles satisfaisaient au postulat de l'égalité des intervalles. Autrement dit, les techniques puissantes d'analyse statistique sont, par convention, compatibles avec les données relatives aux attributs humains (incluant les attributs psychologiques) à moins que des données n'aient été obtenues originairement par une procédure de « mise en rang » résultant d'une échelle de mesure ordinale.

2.2.3   La classification des données issues de la mesure

Les observations issues d'une procédure de mesure peuvent être soit constantes d'un individu à l'autre ou d'une situation à l'autre pour un même individu, soit variables. À leur tour, les variables peuvent être non ordonnées (ex.: sexe) ou ordonnées (mises en ordre; ex.: score à un test de rendement). Les variables ordonnées peuvent être non graduées (ex.: bon, moyen, faible) ou graduées (exprimées à l'aide de symboles numériques). Enfin, les variables graduées peuvent, quant à elles, être continues (possibilité de prendre toute valeur numérique y compris les fractions; ex.: temps, poids) ou discrètes (les scores ne peuvent prendre que des valeurs entières; ex.: nombre d'individus dans une catégorie). Les variables dichotomiques (qui ne peuvent prendre que deux valeurs; ex.: 0 et 1) constituent un cas particulier de variables discrètes.

2.3   LA MESURE ET LES STATISTIQUES

Le terme « statistique » étant largement utilisé, il serait bon d'établir quelques distinctions entre les différents usages du terme afin de saisir la portée de ces usages sur la théorie psychométrique.

Distinguons d'abord la statistique inférentielle de la statistique descriptive. La première vise à produire des énoncés probabilistes reliant des valeurs obtenues d'échantillons à des paramètres de population; quant à la seconde, elle sert à décrire les divers aspects d'un ensemble de données empiriques. Ainsi, les analyses mathématiques relatives aux mesures de tendance centrale, aux mesures de dispersion et à la corrélation peuvent fournir une description d'un ensemble de données empiriques relatives à un échantillon plus ou moins grand. Dans une étape ultérieure, on pourrait appliquer à ces données descriptives d'ensemble des techniques statistiques inférentielles (calcul des intervalles de confiance, tests de significa-tion, etc.) qui permettraient d'étendre à l'ensemble de la population étudiée les données relatives à l'échantillon.

Par ailleurs, en psychologie, on fait face à un problème d'échantillonnage parce qu'on doit recourir d'une part à un échantillon d'individus, et d'autre part à un échantillon de contenu (item du test). On doit donc distinguer les techniques statis-tiques qui se rapportent à l'échantillon des sujets de celles qui se rapportent à l'échantillon des items. On peut concevoir l'ensemble des items d'un test particu-lier comme étant un échantillon d'une population hypothétique infinie d'items (univers des items) mesurant un même trait. La théorie de la mesure porte sur les relations statistiques entre les scores obtenus à l'aide du test, et les scores hypothé-tiques qui auraient été obtenus si tous les items de l'univers des items avaient été testés. Une fois qu'un instrument de mesure est construit et qu'il a fait l'objet de recherches empiriques, il est important d'effectuer des analyses statistiques (inférentielles) concernant la généralisation des données de l'échantillon des sujets à la population correspondante. Cependant, lors de la construction de l'instrument, on se préoccupe principalement d'examiner les possibilités d'étendre à la popula-tion des items les résultats obtenus à l'aide de l'échantillon des items.

En effet, il serait virtuellement impossible de tenir compte simultanément, dans les analyses statistiques, des deux dimensions du problème d'échantillonnage. Une façon typique de régler ce problème dans la pratique est de tenir compte explicite-ment de l'une des deux dimensions, tout en gardant à l'esprit que l'autre dimension peut éventuellement influer sur les résultats.

Cependant, une autre approche permettrait de faire face au problème d'une façon beaucoup plus sûre : il s'agirait que l'un des deux échantillons soit assez vaste pour que l'on n'ait à se préoccuper de l'erreur d'échantillonnage que par rapport à l'autre échantillon. C'est l'approche préconisée en psychométrie : lors de l'élabo-ration d'un instrument de mesure, on utilise un échantillon d'individus suffisam-ment grand pour que l'erreur d'échantillonnage se rapportant aux individus soit peu importante. Le problème de la représentativité de l'échantillon des sujets étant ainsi réglé, la représentativité de l'échantillon du contenu devient alors la préoccu-pation centrale.

Dans le contexte de la construction d'un test, cette approche est la plus sensée. En effet, un échantillon de sujets relativement restreint ne serait pas techniquement suffisant pour mener à bien les études de validation auxquelles doit être soumis tout nouvel instrument ; de plus, pour autant que l'échantillon des sujets soit suffi-samment grand, la précision d'un test sera indépendante du nombre de sujets de l'échantillon et sera directement reliée au contenu du test, c'est-à-dire au nombre d'items.

2.4   L'APPROCHE ET LES OBJETS DE LA MESURE

En sciences humaines, la mesure ne s'applique pas directement aux individus, mais plutôt à certaines de leurs caractéristiques auxquelles on fait référence par une terminologie variée : que l'on parle d'attribut, de propriété ou de trait, on fait référence à une particularité qui est présente et qui se manifeste à des degrés divers chez des individus d'une classe donnée, tout en n'étant pas nécessairement présente chez tous les individus. En fait, il y a autant de façons de se représenter un individu que ce dernier possède de propriétés, ce qui n'exclut pas que des individus puissent présenter plusieurs propriétés communes.

Qu'une propriété concerne les habiletés d'un individu ou qu'elle se rapporte à sa personnalité, la mesure devra porter sur des comportements observables et mesurables. En effet, la propriété n'est en fait qu'une création de l'esprit, un concept qui se rapporte à un aspect précis de l'individu et auquel semble pouvoir être rattaché un ensemble de comportements qualifiés d'indicateurs de la propriété. Ce concept auquel on attribue un nom (autoritarisme, rendement, intelligence, classe sociale, persévérance, etc.) n'existe pas en dehors des individus : il trouve sa raison d'être dans la nécessité de donner une certaine cohérence à des comportements observés, de les organiser et de les structurer. Bref, c'est à partir d'observations ayant trait aux indicateurs d'une propriété que l'on peut inférer la présence plus ou moins marquée de cette propriété chez un individu, cette inférence impliquant la formulation d'un ou de plusieurs postulats ou d'une démonstration pour établir une relation entre la propriété et ses manifestations (comportements indicateurs).

Un concept peut être défini de deux façons, soit à l'aide d'autres concepts (définition théorique ou constitutive) ou à l'aide de procédures expérimentales (définition empirique ou opérationnelle). Cependant, si certains traits se prêtent à des définitions relativement claires et précises (habileté numérique, habileté verbale, etc.), d'autres, par contre, sont plus diffus et moins clairement définissables (honnêteté, impulsivité, etc.). Lorsqu'on désire inférer une propriété à l'aide de mesures qui ont trait à des indicateurs, cette propriété doit nécessairement faire l'objet d'une définition opérationnelle rigoureuse, laquelle précise les activités ou les opérations requises par la procédure de mesure.

Les chercheurs visent habituellement à isoler une propriété ; ainsi, ils limitent leurs observations directes et indirectes à la catégorie des comportements pertinents à leur étude, à savoir les indicateurs de la propriété. La valeur de l'inférence issue de la procédure de mesure est toutefois dépendante de la nature des observations, laquelle est fonction de l'interaction de plusieurs facteurs. Ainsi, les caractéristiques naturelles de la propriété que l'on désire inférer, la théorie conceptuelle de soutien, la nature des instruments de mesure et l'expérience des chercheurs sont des facteurs qui, parmi tant d'autres, détermineront le type d'observations (directes ou indirectes) de même que la justesse de ces observations. Or, la science visant l'établissement de consensus à propos des énoncés relatifs aux concepts qu'elle développe, il est important que les observations puissent être reproduites. C'est pourquoi les conditions d'observation telles que le temps, le lieu et les circonstances doivent toujours être précisées soigneusement. Ainsi, la procédure de mesure pourra être réitérée et ses résultats, vérifiés. De plus, la valeur des observations humaines étant limitée par des sources variées d'erreur, les résultats de la mesure ne sont en fait que des estimations des indicateurs de la propriété étudiée.

De là l'importance de fournir des données concernant la précision des résultats : ces données permettront de définir, de part et d'autre des valeurs observées, des intervalles « de confiance » à l'intérieur desquels les valeurs réelles seraient situées selon des probabilités données.

Afin d'amoindrir l'erreur attribuable aux lacunes des observations humaines, on élabore des instruments de mesure qui permettent des approximations plus précises des indicateurs et, conséquemment, une meilleure inférence de la propriété. L'élaboration de ces instruments exige toutefois une bonne compréhension des concepts. Les premières bases de l'identification de la propriété peuvent être imparfaites en raison des limites de l'observateur et des conceptions erronées portant sur la propriété elle-même. Au cours de l'élaboration d'une mesure, de nombreux changements sont apportés aux conceptions rattachées à la propriété mesurée. Les premières estimations peuvent être grossières et entachées d'erreur. Le chercheur peut clarifier son échelle lorsqu'il détermine la relation existant entre la propriété mesurée par cette échelle et d'autres propriétés : la mesure se raffine ainsi en même temps que sont acquises de nouvelles connaissances.

Malgré le recours à des instruments qui sont susceptibles de diminuer l'erreur de mesure et qui permettent un enregistrement plus objectif des manifestations d'une propriété, la perfection est loin d'être atteinte dans le domaine de la mesure psychologique ; en fait, même les mesures physiques ne sont pas parfaites. Le simple fait d'entreprendre une procédure de mesure, de faire intervenir un observateur et d'utiliser un instrument donné affecteront les résultats ; et s'il existe des méthodes correctives permettant de contrer, du moins en partie, l'effet de la procédure de mesure, il y aura toujours une interaction indéterminée entre le sujet et l'observateur.

Le fait de reconnaître que la mesure comporte toujours une erreur affecte la certitude de l'établissement d'une relation de causalité. Les concepts modernes de mesure ont substitué au modèle conventionnel « cause-effet » des énoncés relatifs à la probabilité de manifestation d'un événement ou d'une propriété. La notion statistique accorde une valeur probable à la relation entre un organisme et un environnement ou à l'interaction entre des observations. En statistique, la propriété est mesurée en termes d'accumulation d'événements (moyenne) et de variation (variance).

Enfin, dans le domaine de la mesure, le cheminement s'effectue du concept à son estimation scientifique, puis à l'explication de ses relations avec d'autres propriétés, la préoccupation centrale de la mesure étant la compréhension totale du champ de connaissance : les manipulations statistiques ne doivent pas être considérées comme une fin en soi, mais plutôt comme un moyen de faciliter cette compréhension.

2.5 L'ÉVALUATION NORMATIVE ET L'ÉVALUATION CRITÉRIÉE

En éducation et en psychologie, il existe plusieurs façons de mesurer et d'évaluer. Ces façons de faire sont fonction du contexte qui caractérise les prises de décisions. Ainsi, il est essentiel de distinguer certaines notions telles que l'évaluation normative et l'évaluation critériée, de même que l'évaluation sommative et l'évaluation formative, pour ne mentionner que celles-là.

Dans le domaine de l'apprentissage et du rendement scolaire, l'évaluation des étudiants repose sur deux critères de base, soit la moyenne et le rendement minimal. L'évaluation faite en fonction de la moyenne est du type normatif tandis que l'évaluation faite en fonction du rendement est du type critérié. Soulignons ici que les appellations d'évaluation normative et d'évaluation critériée signifient que les instruments de mesure ou les tests sont utilisés en fonction de chaque situation. Des différences apparaissent aussi dans les modes d'évaluation, le mode de communication des résultats, la rédaction des questions et le contexte de la prise de décisions. Avant de faire ressortir les caractéristiques de ces deux approches d'utilisation des tests, il est primordial de s'entendre sur les concepts d'évaluation formative et d'évaluation sommative.

L'**évaluation formative** se décrit comme un système d'évaluation qui consiste à recueillir, en plusieurs occasions dans le déroulement d'un programme d'études ou d'un cours, des informations utiles dans le but de vérifier périodiquement la qualité de l'apprentissage des étudiants. La préoccupation majeure consiste ainsi à mesurer, pour chaque étudiant, le degré d'atteinte de chacun des objectifs et aussi à comparer ce degré d'atteinte avec un seuil de rendement déterminé. L'**évaluation sommative**, quant à elle, se déroule à la fin d'une étape importante de la scolarité de l'étudiant, telle la fin d'un cours ou d'un programme. Contrairement à l'évaluation formative, l'évaluation sommative ne vise pas à dépister les difficultés d'apprentissage dans le but d'y apporter des correctifs ; elle a plutôt un caractère terminal et débouche sur une promotion ou sur la remise d'un diplôme dans le cas d'un succès. Scallon (1988) a présenté un exposé clair et accessible sur ce sujet.

2.5.1   Le parallèle

L'expression « évaluation normative » est imprécise et incomplète, car elle ne renvoie qu'à un seul aspect d'une grande catégorie de tests et ne semble s'appliquer qu'au test de rendement alors qu'en réalité, il existe plusieurs types de tests qui se prêtent facilement, voire uniquement, à cette forme d'évaluation. L'expression « test normatif » a été utilisée par Glaser au début des années 60 pour désigner des tests destinés à mesurer l'apprentissage dans le contexte de l'enseignement programmé et de l'apprentissage de base. Les tests d'admission, d'habiletés et d'aptitudes, standardisés ou conçus en classe par chaque enseignant, font partie de la catégorie des tests à usage normatif ou des tests de rendement.

Ebel, ardent défenseur des tests normatifs, leur attribue plusieurs avantages, dont une meilleure conception que celle des tests destinés à l'évaluation critériée, car ils existent depuis beaucoup plus longtemps. Ainsi, leurs qualités et leurs défauts sont bien connus, de même que les correctifs à leur apporter. Plusieurs autres différences entre ces deux types de tests doivent aussi être soulignées.

- Les deux types de tests donnent des mesures différentes du rendement. Le test normatif résume sommairement le rendement d'un étudiant dans une matière donnée, alors que le test critérié donne une description détaillée de l'apprentissage de l'élève.

- L'échantillonnage des questions qui composent un test normatif est fait de telle façon que chacune apporte une information différente et particulière sur le rendement dans la discipline mesurée par le test. Quant aux tests critériés, ils sont composés de groupes d'items relatifs à un même objectif ou à une même partie de matière. Le test normatif donne une idée plus précise du degré d'apprentissage d'un élève dans une matière donnée, tandis que le test critérié indique si l'élève a atteint chacun des objectifs mesurés.

- Les buts pédagogiques ne sont pas les mêmes. Les tests normatifs conviennent bien à une évaluation sommative ou à la mesure de l'apprentissage global, tandis que les tests critériés sont davantage utilisés dans un contexte d'évaluation formative ou de diagnostic pédagogique.

- Les tests normatifs servent à mesurer la qualité du rendement, alors que les tests critériés mesurent un niveau précis de rendement. C'est le principe du seuil minimal de rendement.

- La conception de l'apprentissage justifie l'utilisation des deux types de tests. Les tests normatifs sont plus appropriés lorsque les parties de matières et les objectifs visés sont interreliés et nombreux. À l'inverse, lorsque les parties de matières et les objectifs particuliers sont facilement distinguables, le test critérié est plus approprié.

Malgré ces différences, il est difficile de distinguer un test de type normatif d'un test de type critérié. En fait, la différence résulte davantage de la formulation des questions et de l'usage de normes d'interprétation.

La plupart des critiques adressées aux tenants de la mesure normative soulignent l'ampleur, considérée comme exagérée par les détracteurs, de la variance entre les résultats. Ce sont les différences individuelles qui produisent cette variance, et le principe de ces différences semble aujourd'hui assez évident, quelle que soit la variable mesurée. Si ces différences ne sont pas considérées comme étant significatives, alors il n'est pas justifié de mesurer le rendement. Un test, quel qu'il soit, doit permettre de faire ressortir des différences intra-individuelles, interindividuelles et intergroupes. De plus, toute interprétation des résultats aux tests des deux types requiert l'usage de normes qui sont essentielles pour effectuer les comparaisons exigées par le système. Le seuil de rendement minimal essentiel au test critérié ne peut être obtenu que par l'étude des normes pertinentes.

Ebel (1978) a aussi présenté une argumentation favorable aux tenants de la mesure normative, auxquels les détracteurs reprochaient le rejet des items trop faciles. Ces items ne devraient pas être rejetés automatiquement, mais à deux conditions. D'une part, l'item doit mesurer avec certitude une tâche ou une habileté fondamentale. Les items qui engendrent un taux de réussite parfait, ou presque, sont susceptibles d'être non pertinents ou mal construits ; en outre, un taux de réussite parfait est un événement fort improbable lorsque le nombre de répondants est élevé.

D'autre part, les items réussis par tous les répondants ne contribuent aucunement à la mesure du rendement relatif ni à celle du progrès individuel. Le nombre de bonnes réponses à un test donne un score absolu qui est plus important que tous les scores dérivés, donc relatifs, tels que centiles, scores *Z*, scores *T*, CEEB (*California Entrance Examination Board*), STEN (*Standard Ten*), STANINE (*Standard Nine*), etc. Les critères standard essentiels au test critérié varient grandement d'un auteur à l'autre et même d'un correcteur à l'autre, ces derniers ayant fortement tendance à être subjectifs. De toute façon, même si on s'entendait sur des critères absolus de rendement, ces critères risqueraient de ne pas être très congruents avec la réalité.

Tout en admettant que les tests critériés ont leur utilité, surtout pour le dépistage de lacunes ou de difficultés d'apprentissage, ils ne peuvent remplacer les tests normatifs, lesquels présentent plusieurs avantages :

— une mesure plus large de l'apprentissage et de la connaissance en général en fonction des objectifs poursuivis ;

— la mesure de divers degrés d'apprentissage ;

— un échantillon d'items plus diversifié et plus représentatif du rendement à mesurer ;

— une mesure relativiste ;

— un résultat simple résumant le niveau moyen de l'étudiant ;

— l'utilité de ces tests dans un contexte d'évaluation sommative de l'étudiant et du professeur ;

— l'importance du travail en tant que contribution de l'élève à son propre succès.

Les tenants de la mesure critériée, tel Popham (1981), soutiennent qu'un test critérié sert avant tout à situer un individu face à des comportements bien définis. Il faut admettre que la technique de base servant à l'élaboration de ces tests est encore bien imparfaite et qu'elle continue à faire l'objet de recherches et d'essais. Il s'agit davantage de bien délimiter le champ d'application de tests dont la forme n'a guère changé en apparence, et de choisir parmi deux stratégies : la première compare l'individu à d'autres, et la seconde évalue l'individu selon un critère de base. Il est probable que le tout se résume à définir le contexte d'une mesure, ce dont parle Scallon (1974, 1988).

MOTS CLÉS

— Échelle à intervalles égaux
— Échelle des proportions
— Échelle nominale
— Échelle ordinale
— Évaluation

— Évaluation critériée
— Évaluation normative
— Mesure
— Statistiques

Les modèles d'étalonnage

OBJECTIF

Connaître les modèles d'étalonnage et leurs propriétés et appliquer les règles de la mesure en fonction de chacun.

Les modèles d'étalonnage sont des méthodes qui servent à élaborer et à appliquer les règles de la mesure, lesquelles consistent en un ensemble d'opérations précises visant à attribuer des nombres à des objets.

En mesure, on utilise généralement une matrice de données, que plusieurs auteurs ont représentée sous trois dimensions:

1° les colonnes, qui concernent les stimuli;

2° les rangées, qui représentent les réponses d'une même personne à plusieurs stimuli;

3° des colonnes, qui représentent les réponses de différentes personnes à plus d'un stimulus.

La situation est beaucoup moins complexe lorsqu'on n'a que deux dimensions à considérer, c'est-à-dire, par exemple, quand une seule réponse est possible pour chaque stimulus. Les échelles de cotation et les échelles à réponses dichotomiques sont habituellement de cette catégorie. Cependant, on n'utilise pas toujours ce type d'échelles et, par compromis, on considère les éléments de l'une des dimensions comme étant des répliques de l'autre. Les répliques, en langage statistique, sont des observations successives distribuées de façon identique et indépendante.

De toute façon, avec la plupart des méthodes utilisées, l'une des dimensions n'apparaît pas: soit qu'il n'y ait qu'un stimulus, qu'une seule personne ou encore qu'un seul type de réponse à chaque stimulus.

Les auteurs précisent que les méthodes d'étalonnage des stimuli sont différentes de celles utilisées pour les personnes, et qu'il est plus facile de mesurer des personnes à partir d'une mesure étalon. Ainsi, à un test d'arithmétique portant sur les opérations de base, une bonne réponse pour une opération (un stimulus) mérite la note 1 et une mauvaise réponse, la note 0. La dimension «opérations arithmétiques» est mesurée en additionnant tous les 1 obtenus par chaque répondant.

Ainsi, la somme des bonnes réponses est utilisée pour mesurer l'habileté des individus à effectuer les opérations arithmétiques.

Il est cependant plus compliqué de mesurer un stimulus car certains principes doivent être respectés. Premièrement, il faut déterminer si les personnes doivent donner une réponse absolue à chaque stimulus séparément, ou plutôt porter des jugements ou exprimer des sentiments sur l'ensemble des stimuli ; tous les items à choix multiple des tests d'habileté et de personnalité sont de cette dernière catégorie. Un deuxième principe est lié à l'échelle de mesure ; il peut s'agir d'une échelle ordinale, d'une échelle à intervalles égaux ou d'une échelle des proportions, et la personne doit, par exemple, ranger les stimuli du pire au meilleur selon une caractéristique déterminée.

Il existe plusieurs façons de mesurer selon une échelle ordinale ; ainsi, les comparaisons jumelées, le stimulus constant, les catégories successives, le *Q sort* sont des méthodes utilisées pour obtenir une information de type ordinal sur des stimuli. En ce qui concerne l'échelle à intervalles égaux, on postule que les catégories successives de nombres représentent des intervalles égaux, c'est-à-dire que les différences entre les paires de nombres (par exemple, 10-20 et 80-90) sont égales et correspondent de ce fait à des degrés égaux du trait mesuré. C'est ce qui distingue cette mesure de la mesure ordinale. Toutes les techniques d'estimation des intervalles, telle la technique de la dichotomisation, sont de ce type. Enfin, l'échelle des proportions suppose l'existence du zéro absolu et se caractérise par la possibilité d'établir des rapports.

Il existe différentes façons de présenter les niveaux de mesure, telles les méthodes psychophysiques ; toutes diffèrent grandement d'un auteur à l'autre. Le lecteur est donc prié de consulter Hays (1973) et Guilford (1967) ainsi que le chapitre 2 du présent ouvrage. Notre but consiste surtout à préciser les différents types de réponses et à présenter sommairement les diverses échelles qui s'y rattachent.

3.1   LES MÉTHODES D'ÉTALONNAGE DES STIMULI

En sciences humaines, il convient généralement de construire ou de postuler une échelle à intervalles égaux ou une échelle des proportions. Une fois que les réponses sont obtenues selon les indications précises de l'une ou l'autre de ces méthodes, il peut être pertinent de convertir les données puis de les considérer selon une échelle différente. Le spécialiste dispose alors de deux grandes catégories de modèles pour obtenir une échelle à intervalles égaux ou une échelle des proportions : il s'agit des modèles basés sur des estimations subjectives et des modèles discriminatifs destinés à développer des échelles de mesure de stimuli.

Pour la première catégorie de modèles, on postule que les répondants sont capables de produire l'échelle directement ; il suffit donc de recueillir l'information de façon appropriée, et le tour est joué. La plupart du temps, on calcule la moyenne des réponses des répondants pour chaque stimulus. Pour la seconde catégorie de modèles, l'habileté des répondants à produire directement une échelle à intervalles égaux est fortement mise en doute ; c'est donc au spécialiste à faire ce travail. Pour y parvenir, il doit considérer trois points importants :

1°   la variabilité des réponses à chaque stimulus,

2°   la dispersion des réponses des divers répondants à un même stimulus,

3°   la dispersion possible des réponses d'un même répondant à un même stimulus en plusieurs occasions.

Enfin, deux concepts sont fondamentaux en psychométrie, soit le processus discriminant et la distribution discriminante pour chaque stimulus. Nous conseillons au lecteur de consulter un ouvrage comme celui de Nunnally ou celui de Thorndike pour un exposé détaillé et compréhensible de la méthode utilisée.

3.2   LES MÉTHODES D'ÉTALONNAGE DES PERSONNES

Il s'agit ici de présenter brièvement la façon d'organiser la dimension « personnes » pour pouvoir les mesurer. Le problème qui consiste à mesurer des individus selon un trait, une caractéristique ou une habileté se résume à combiner les réponses à un certain nombre d'items de façon à obtenir un résultat qui soit le fruit de la mesure pour chaque personne. On peut presque toujours représenter les modèles pour mesurer les individus en traçant une courbe qui relie une caractéristique à la probabilité d'obtenir une bonne réponse. La figure 3.1 illustre quelques courbes possibles lorsque les items sont à correction dichotomique et que le trait mesuré est continu.

FIGURE 3.1
Courbes d'items

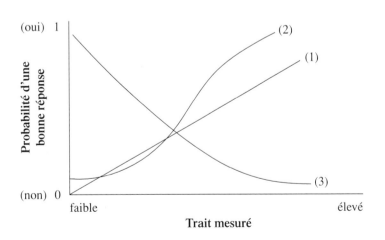

(1) Relation linéaire croissante pour un item

(2) Relation monotonique croissante pour un item

(3) Relation monotonique décroissante pour un item

Les caractéristiques placées en abscisse représentent des scores vrais. Même si on n'est jamais certain de bien mesurer celles-ci, il est exact de penser que les scores obtenus par une combinaison d'items en constituent de bonnes approximations.

3.3 LES MODÈLES DÉTERMINISTES

S'il n'y a pas d'erreur dans les courbes d'items, le modèle est dit déterministe. Ainsi, pour les items dichotomiques, les probabilités considérées sont 1 ou 0. De façon plus générale, lorsqu'un certain degré du trait mesuré est atteint, on accorde 1 point et en deçà, on donne 0 ; on obtient alors un modèle déterministe. Dans ces cas-là, chaque item présente une corrélation bisériale de 1 avec le trait, ce qui signifie que chaque item discrimine parfaitement à un certain degré de l'attribut mesuré.

L'échelle de Guttman est un exemple typique de ce modèle. Ce type d'échelle permet d'ordonner des items de façon qu'une réponse positive à n'importe quel item entraîne une réponse positive aux items suivants. Il existe plusieurs façons de construire une échelle de Guttman, mais le processus général porte le nom d'« analyse scalogrammique » (*scallogram analysis*). Lorsque le modèle est appliqué, au moins à un certain degré, il suffit de connaître le nombre de réponses positives pour une personne afin de déterminer approximativement toutes les réponses de cette personne. C'est ce qu'on appelle la reproductibilité des résultats, laquelle conduit aux pourcentages de reproductibilité pour toutes les personnes et pour tous les items. C'est là l'intérêt principal des échelles de Guttman.

Ces échelles présentent toutefois des difficultés majeures. Ainsi, il n'existe pas d'item en relation parfaite avec un trait mesuré, même si une bonne approximation est possible. Cette « bonne » approximation est généralement de l'ordre de 0,40 à 0,45. De plus, des items qui mesurent des traits différents peuvent constituer une échelle de Guttman. Il en va ainsi d'un petit nombre d'items qui présentent des niveaux de difficulté fort différents l'un de l'autre. Deux critiques sont fréquemment formulées à l'endroit des échelles de Guttman : la première concerne le fait que ces échelles n'offrent qu'une mesure de niveau ordinal des caractéristiques humaines, lesquelles peuvent être mesurées par des échelles à intervalles égaux ; la seconde affirme qu'il y a de meilleures bases intuitives pour mesurer ces caractéristiques.

3.4 LES MODÈLES PROBABILISTES

Lorsqu'il n'est pas nécessaire de postuler que les courbes d'items ont une pente continuellement montante ou descendante, on se trouve en présence de modèles probabilistes, lesquels se divisent en trois grandes catégories.

1. Les **modèles non monotoniques** : avec ces modèles, les courbes d'items changent de pente à un certain point. Il suffit généralement que le trait mesuré soit continu et que les courbes d'items aient une forme qui ressemble à celle de la distribution normale. Ces courbes ressemblent à celles de la figure 3.2.

FIGURE 3.2
Courbes d'items
non monotoniques
normales pour
trois items

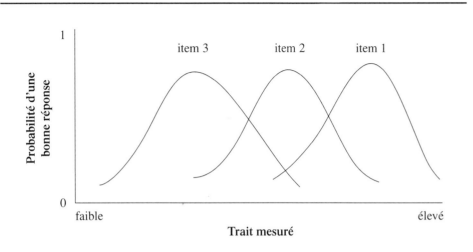

Ce type d'échelle, baptisé «échelle d'attitude de Thurstone» du nom de son créateur, est presque exclusivement utilisé pour mesurer des attitudes. Mais il appert aujourd'hui que ce n'est pas là le meilleur moyen pour mesurer des caractéristiques humaines.

2. Les **modèles monotoniques avec distributions spécifiques**: la plupart du temps, des ogives de forme normale ou des distributions cumulatives normales caractérisent ces modèles qui correspondent à la logique puisque, pour chaque item, il existe une partie du trait mesuré qui soulève une incertitude chez les répondants. Il est probable que les personnes situées en deçà de cette partie vont échouer et que celles situées au-dessus vont réussir à cet item. De plus, ces modèles présentent quelques propriétés mathématiques importantes. La somme d'un certain nombre de courbes donne aussi une courbe normale, et les items les plus discriminatifs, à n'importe quel degré du trait mesuré, sont ceux dont la somme des courbes donnera une pente abrupte à ce degré, donc une pente de courbe plus discriminative. Malgré tous ces avantages, la méthode traditionnelle consistant à additionner le résultat obtenu pour chaque item demeure la plus populaire. Les modèles de cette catégorie intéressent surtout les théoriciens de la mesure, lesquels ont aussi contribué à l'étude des caractéristiques psychométriques de la mesure.

3. Les **modèles monotoniques sans distribution spécifique**: ces modèles supposent, entre autres, que chaque item présente une courbe mathématique qui peut différer de celle des autres items, que la somme des courbes d'un ensemble précis d'items est plus ou moins linéaire, et que les items d'un même groupe mesurent le même trait. Il s'agit donc de modèles linéaires, ou sommatifs, qui peuvent être appliqués ou utilisés très souvent: il suffit d'effectuer une simple addition des résultats de façon à constituer une combinaison linéaire de ces résultats, ce qui, par son caractère simple et pratique, est presque toujours

possible. Ce sont les modèles les plus adéquats pour mesurer des caractéristiques humaines, car ils respectent la particularité de chaque item de même que l'erreur de mesure, ce qui est réaliste.

MOTS CLÉS

- Discrimination
- Échelle d'attitude de Thurstone
- Échelle de Guttman
- Modèles d'étalonnage
- Modèle déterministe
- Modèle probabiliste
- Monotonique

PARTIE II
Les notions statistiques de base

La variance et la covariance

OBJECTIF

Calculer les principales statistiques de tendance centrale et de variabilité et comprendre les relations entre chacune.

Le but de la science est de chercher à comprendre et à expliquer les variations entre les variables interreliées. Il y a donc un intérêt à étudier un phénomène ou une situation si on peut y observer des différences individuelles; il y a un intérêt aussi à observer des degrés de présence d'une caractéristique ou d'un trait, ou le degré de manifestation de variables chez plusieurs personnes. Dans une expérimentation, ce sont les différences entre les moyennes de groupe qui présentent un intérêt. Une théorie doit donc permettre de généraliser des résultats si elle veut prétendre à expliquer la variance.

La variance est cependant étudiée par la covariance entre diverses caractéristiques. L'idée consiste à expliquer le plus de variations possible à l'aide du plus petit nombre de variables possible. Évidemment, il est essentiel qu'il y ait corrélation ou covariance entre les variables, qu'il y ait des liens entre elles. Ainsi, s'il existe une corrélation entre l'habileté à résoudre des problèmes mathématiques et l'habileté à résoudre des variables comme le rendement en français ou en analyse logique, ou entre la physiologie et la motivation, alors on peut dire que l'habileté concernée est expliquée, sinon prédite, par d'autres variables.

Parmi toutes les mesures de variabilité ou de différence, la variance est certes la plus efficace. On la dénote par S_X^2 ou σ_X^2, où la lettre X ne sert qu'à désigner la variable. La **variance** est égale à

$$\sigma_X^2 = \frac{\sum x^2}{N} = \frac{N \sum X^2 - (\sum X)^2}{N^2}$$

où x = score-déviation $(X - \overline{X})$,

   N = nombre d'observations ou de personnes.

La variance est ainsi conçue comme une moyenne de variations autour de la moyenne arithmétique. Il faut que les observations soient mises au carré car, par

définition, la somme d'une mesure de variation autour d'une moyenne arithmétique est toujours nulle. Une fois la variance calculée, il suffit d'en extraire la racine
carrée pour obtenir un outil statistique qui offre plusieurs caractéristiques intéressantes, dont celle de se présenter selon la même échelle de mesure que les scores
bruts eux-mêmes : il s'agit de l'**écart type**.

Supposons un test dont l'étendue possible des scores est de 0 à 50 ; un écart type
de 5 est bien plus explicite sur l'importance de la variation que la variance correspondante (25) qui présente des difficultés d'interprétation. Par contre, la variance
est fort utile pour les opérations ou les développements mathématiques. La lettre
grecque σ est alors utilisée pour décrire l'écart type d'une population tandis que
la lettre S désigne la même mesure d'un échantillon tiré de cette population.
Lorsque N, le nombre de personnes, est petit, on devrait utiliser le nombre de
degrés de liberté $(N-1)$ au dénominateur de la formule, mais en pratique, surtout
en théorie des tests, on se contente de N. On utilise $(N-1)$ lorsqu'on désire trouver
des estimations de paramètres de population à partir d'échantillons. De plus, la
valeur absolue d'une déviation à la moyenne est peu importante par rapport à sa
valeur relative, car la valeur absolue dépend de trop de facteurs futiles. La valeur
relative d'un score-déviation est obtenue en divisant la valeur absolue par l'écart
type, soit

$$Z_X = \frac{x}{\sigma_X} = \frac{X - \overline{X}}{S_X}$$

où Z_X est un score standard (valeur relative).

Exemple

Si
$$X = 80, \overline{X} = 70$$

et
$$\sigma_X = 5$$

alors
$$Z_X = \frac{80 - 70}{5} = 2$$

où une personne qui affiche un score-déviation de 10 au-dessus de la moyenne
présente un score standard de +2.

Ces scores sont faciles à interpréter car leur signe (+ ou −) indique si l'écart se situe
au-dessus ou au-dessous de la moyenne, et la valeur de ce dernier dépasse

rarement les diverses possibilités comprises entre −4 et +4, quoique cela soit possible. Ces scores conservent les propriétés des scores bruts, soit une même corrélation et un même résultat à l'analyse de la variance par exemple, en plus d'ajouter de sérieux avantages tels que permettre le calcul des scores Z.

4.1   L'EFFET D'UNE TRANSFORMATION SUR LA VARIANCE

On peut transformer les scores par divers moyens tels que l'ajout ou la multiplication d'une constante. Ces opérations transforment les scores originaux et produisent un effet sur la moyenne ou sur la variance et l'écart type.

4.1.1   L'addition d'une constante à chaque score

Pour obtenir une nouvelle moyenne (X_N), on ajoute la constante C à la moyenne originale ($\overline{X}_O$) :

$$\overline{X}_N = \overline{X}_O + C.$$

Toutefois, la variance et l'écart type demeurent inchangés :

$$S_N^2 = S_O^2 \text{ et } S_N = S_O.$$

Exemple

La variable X_i prend les valeurs 1, 2, 3, 4, 5.

La moyenne ($\overline{X}_O$) égale 3, la variance (S_O^2) égale 2 et l'écart type (S_O) égale $\sqrt{2}$.

Si on ajoute la constante +2 à chaque valeur de X, on obtient 3, 4, 5, 6, 7.

La nouvelle moyenne égale alors 5, soit $\overline{X}_N = 3 + 2$, tandis que S_N^2 égale toujours 2 de même que S_N égale toujours $\sqrt{2}$.

Le lecteur peut en faire la preuve à partir de n'importe quelles données.

4.1.2   La multiplication par une constante

Il est parfois utile de multiplier les scores d'un ensemble par une constante, que ce soit par souci de présentation et d'interprétation ou pour faciliter les calculs subséquents. Une telle opération influe nécessairement sur les principales statistiques de l'ensemble.

Ainsi, la moyenne est multipliée par la constante :

$$\overline{X}_N = C\overline{X}_O.$$

La variance est multipliée par le carré de la constante :

$$S_N^2 = C^2 S_O^2.$$

L'écart type est multiplié par la constante :

$$S_N = CS_O.$$

À partir de l'exemple précédent, si on multiplie chaque score original par 3 on obtient

$$\overline{X}_N = 3 \times 3 = 9 \ \text{soit} \ 3 \times \overline{X}_O$$

$$S_N^2 = 9 \times 2 = 18 \ \text{soit} \ 9 \times S_O^2$$

$$S_N = 3 \times \sqrt{2} = 4{,}24 \ \text{soit} \ 3 \times S_O.$$

La preuve de ce résultat peut être faite de la façon suivante :

$$S_N^2 = \frac{\sum(Cx)^2}{N}$$

$$= \frac{\sum C^2 x^2}{N} = \frac{C^2 \sum x^2}{N}$$

$$= C^2 S_O^2$$

où $x^2 = (X - \overline{X})^2$,

S_O^2 = variance originale.

4.1.3   La transformation d'une distribution

Il est parfois intéressant de modifier les caractéristiques d'une distribution, soit sa moyenne et son écart type. Supposons qu'on ait une moyenne $\overline{X}_O = 50$ avec un écart type $S_O = 5$, et que pour comparer les scores avec ceux d'une autre source il faille modifier chaque score original de façon à obtenir une moyenne $\overline{X}_M = 60$ et $S_M = 10$, où M représente le nouvel ensemble de scores. La règle de transformation sera la suivante :

$$X_M = \frac{S_M}{S_O}(X_O - \bar{X}_O) + \bar{X}_M$$

où X_M = score modifié,

X_O = score original,

S_M et $\bar{X}_M$ = écart type et moyenne modifiés,

S_O et $\bar{X}_O$ = écart type et moyenne originaux.

En appliquant cette règle à notre exemple, on obtient la transformation

$$X_M = \frac{10}{5}(X_O - 50) + 60$$

$$= 2X_O - 40$$

ce qui signifie qu'un score $X_O = 70$ se transforme en un score $X_M = 100$. On peut s'assurer que la transformation linéaire obtenue est exacte en y vérifiant la modification faite au score moyen. Notons aussi que cette règle de transformation ne modifie pas la forme de la distribution des résultats: la distribution originale et la nouvelle distribution sont identiques de forme et sont seulement décalées sur le même plan ou sur un même axe.

4.2   LA VARIANCE D'UN ITEM

Dans un contexte d'étude des différences individuelles, la place d'un individu sur une échelle ou un continuum est en relation avec la place d'autres individus, quelle que soit la forme des données.

Les données sont habituellement enregistrées dans une matrice des résultats (tableau 4.1, p. 54) où chaque répondant occupe une rangée et chaque item, une colonne. Le score brut est représenté par X_{ji} où j indique le répondant (la rangée) et i, l'item (la colonne). Le score total pour un répondant est désigné par X_j, soit la somme de X_{ji} pour le répondant j, c'est-à-dire

$$X_j = X_{j.} = \sum_{i=1}^{n} X_{ji} \text{ pour } n \text{ items.}$$

De même, le nombre de réussites à l'item i est désigné par X_i, soit la somme de X_{ji} pour l'item i, c'est-à-dire

$$X_i = X_{.i} = \sum_{j=1}^{N} X_{ji} \text{ pour } N \text{ sujets.}$$

TABLEAU 4.1
Matrice
des résultats bruts

Répondants (j)	Items (i)					X_j
	1	2	3	...	n	
1	X_{11}	X_{12}	X_{13}	...	X_{1n}	$\displaystyle\sum_{i=1}^{n} X_{1i}$
2	X_{21}	X_{22}	X_{23}	...	X_{2n}	$\sum X_{2i}$
3	X_{31}	X_{32}	X_{33}	...	X_{3n}	$\sum X_{3i}$
N	X_{N1}	X_{N2}	X_{N3}	...	X_{Nn}	$\displaystyle\sum_{j=1}^{N} X_{Nj}$
F_i	$\displaystyle\sum_{j=1}^{N} X_{j1}$	$\sum X_{j2}$	$\sum X_{j3}$	...	$\sum X_{jn}$	$\displaystyle\sum_{j=1}^{N}\sum_{i=1}^{n} X_{ji}$

Le grand total de tous les N sujets à tous les n items est

$$X... = \sum_{j=1}^{N}\sum_{i=1}^{n} X_{ji} = \sum_{j=1}^{N} X_j = \sum_{i=1}^{n} X_i .$$

Il s'ensuit que la moyenne à chaque item i est

$$\overline{X}_i = \frac{\displaystyle\sum_{j=1}^{N} X_{ji}}{N} = \frac{X_i}{N}$$

et que la moyenne du test total est

$$\overline{X} = \frac{\displaystyle\sum_{j=1}^{N}\sum_{i=1}^{n} X_{ji}}{N} = \frac{\displaystyle\sum_{i=1}^{n} X_i}{N} = \sum \overline{X}_i$$

soit la somme des moyennes d'items.

La variance et la moyenne d'une distribution de résultats peuvent facilement être obtenues, ainsi que celles de chaque item. La variance totale est une indication de la variabilité observée dans les résultats des répondants. C'est aussi une façon de décrire l'importance avec laquelle les données permettent de différencier ces derniers. D'un autre point de vue, la variance est considérée comme étant la surface d'un carré dont l'écart type représente le côté. Si tous les répondants à un test obtiennent le même résultat, quel qu'il soit, la variance est nulle car il n'y a pas de variation.

L'une de ces formes est la bonne ou la mauvaise réponse à chaque item. Il arrive souvent, en fait, que l'on accorde 1 point pour une bonne réponse à un item, et 0 pour une mauvaise. Lorsque la correction est dichotomique (1, 0), il suffit de compter le nombre de 1 dans une rangée pour obtenir le résultat d'un répondant, et de compter le nombre de 1 dans une colonne pour obtenir la fréquence de bonnes réponses à un item, ce qui revient à compter le nombre d'individus qui ont réussi l'item.

Lorsque la correction est dichotomique (1, 0), il convient de définir et de calculer p_i, la proportion des répondants qui ont réussi l'item i, et son complément q_i, la proportion de ceux qui l'ont échoué. On notera tout de suite que dans ce cas particulier, p_i est en fait la moyenne à l'item i:

$$p_i = \frac{X_i}{N} = \bar{X}_i$$

$$q_i = 1 - p_i.$$

La valeur p_i est aussi désignée comme étant le coefficient de difficulté d'un item; c'est une proportion qui prend une valeur entre 1 et 0. Un item dont $p_i = 1$ est un item réussi par tous les répondants, tandis qu'un item dont $p_i = 0$ est manqué par tous. Lorsque la moitié des individus réussissent un item ($p_i = 0,5$), on dit que l'item comporte un coefficient de difficulté moyen. Plus p_i s'approche de 1, plus un item est considéré comme facile alors que, au contraire, plus p_i s'approche de 0, plus l'item est considéré comme difficile.

La variance d'un item corrigé (1, 0) peut être obtenue à l'aide de la formule

$$S_i^2 = \frac{\sum (X_i - \bar{X})^2}{N}$$

qui peut être simplifiée par le développement de la formule

$$S_i^2 = \frac{\sum X_i^2}{N} + \frac{\sum \bar{X}^2}{N} - \frac{2\bar{X}\sum X_i}{N}.$$

Toutefois, $p_i = \bar{X}_i$ et $X_i^2 = X_i$ car X ne prend que les valeurs 1 ou 0 et

$$p_i = \frac{\sum X_i}{N}.$$

Donc, en remplaçant l'expression $\dfrac{\sum X_i}{N}$ par son équivalent dans l'expression précédente, on obtient

$$S_i^2 = p_i + p_i^2 - 2p_i^2$$

où le dernier terme provient de la relation $\dfrac{\sum p_i^2}{N} = \dfrac{Np_i^2}{N}$, et

$$S_i^2 = p_i - p_i^2 = p_i(1 - p_i)$$

$$= p_i q_i$$

où $q_i = 1 - p_i$.

La variance d'un item est donc égale au produit de l'indice de difficulté multiplié par son complément.

L'exemple suivant permet d'illustrer la relation entre p_i et x_i.

Exemple

Si on observe une moyenne X égale à 2,833 où $N = 6$, soit

$$\bar{X} = \frac{17}{6} = 2,833$$

on sait que la somme des indices de difficulté sera égale à cette valeur, soit

$$\bar{X} = \sum p_i = 2,833 .$$

De plus, la variance étant égale à 0,7503, on sait que la somme du produit de chaque indice de difficulté et de son complément $1 - p_i$, désigné par q_i, sera égale à cette même valeur, soit

$$S_i^2 = \sum p_i(1 - p_i)$$

$$= \sum p_i q_i$$

$$= 0,7503.$$

$$S_X^2 = \frac{N\sum X^2 - (\sum X)^2}{N^2} = \frac{6 \times 59 - 289}{36} = \frac{65}{36} = 1,8055$$

$$= \sum S_i^2 + \sum \text{Covariances interitems}.$$

À partir des scores de la matrice des résultats présentée au tableau 4.2, on observerait de fortes corrélations entre les items. En fait, les répondants qui réussissent les items difficiles réussissent généralement les plus faciles.

TABLEAU 4.2
Matrice des résultats de six répondants à un test de cinq items

Répondants	Items					X_j	X_j^2
	1	2	3	4	5		
A	1	1	1	1	1	5	25
B	1	1	0	1	1	4	16
C	0	0	0	1	1	2	4
D	0	0	0	1	1	2	4
E	1	0	0	1	1	3	9
F	0	0	0	0	1	1	1
$\sum X_i$	3	2	1	5	6	17	59
p_i	0,5	0,333	0,161	0,839	1,00		
q_i	0,5	0,667	0,833	0,167	0		
$S_i^2 = p_i q_i$	0,25	0,2221	0,1391	0,1391	0		

Cet exemple permet d'illustrer la façon dont la variance d'un item est directement liée à la fréquence de bonnes réponses, c'est-à-dire au nombre de répondants qui réussissent un item. Le maximum de variance est atteint lorsque la moitié des individus réussissent un item. Les items parfaitement réussis ou manqués ne contribuent pas à la variance du test ni à la différenciation des répondants. La forme de la distribution des résultats est directement liée au coefficient de difficulté de chaque item.

La figure 4.1 (p. 58) met en relief la relation entre la variance et la valeur p_i avec le maximum de variance atteint avec un p_i égal à 0,5. La figure 4.2 illustre la distribution des scores de N personnes à un test. Cette distribution étant étirée vers la gauche, on peut donc conclure à un test facile, car un grand nombre de répondants ont obtenu des scores élevés. Par contre, la figure 4.3 illustre la distribution des scores à un test relativement difficile; le nombre de réussites étant plus faible, on trouve une courbe étirée vers la droite. On peut supposer l'existence d'une majorité d'items plus faciles ($p \geq 0,50$) dans le cas de la figure 4.2 (p. 58), et d'une majorité d'items plus difficiles ($p \leq 0,50$) dans le cas de la figure 4.3 (p. 58).

FIGURE 4.1
Variance d'un item
en fonction de
la valeur de p_i

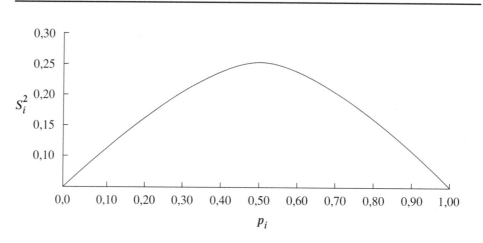

FIGURE 4.2
Distribution
de résultats étirée
vers la gauche

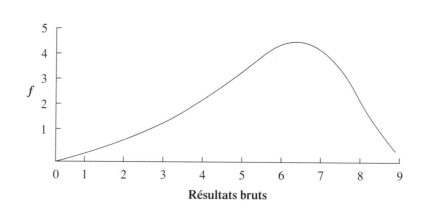

FIGURE 4.3
Distribution
de résultats étirée
vers la droite

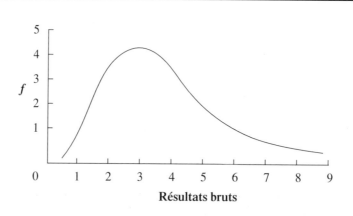

4.3   LA VARIANCE DE TEST ET LA COVARIANCE

On a déjà affirmé que la forme de la distribution des résultats à un test est directement dépendante des caractéristiques des items qui composent ce test; la longueur de la courbe en est dépendante aussi. Il est important d'étudier davantage cette relation afin de déterminer les effets de telle ou telle propriété d'un item.

La variance d'un item étant déjà définie, soit

$$S_1^2 = \frac{\sum X_{j1}^2}{N}$$

celle d'un autre item d'un même test prendra la même forme. La variance sera obtenue de la manière

$$S_2^2 = \frac{\sum X_{j2}^2}{N}$$

et la variance combinée de ces deux items prendra la forme

$$S_{j2}^2 = \sum (X_{j1}^2 + X_{j2}^2)$$

ce qui, par développement de formule, donne

$$S_{1+2}^2 = S_1^2 + S_2^2 + 2r_{12}S_1S_2$$

où le dernier terme en est un de covariance.

Donc, si un test est composé de ces deux items, la covariance sera égale à la somme des variances des items et sera de deux fois la covariance entre ces deux items. Ce principe de base conduit à la formulation suivante, pour un test composé de n items :

$$S_X^2 = \sum S_i^2 + 2\sum_{i<j} r_{ij}S_iS_j$$

où $\sum S_i^2$ est la somme des variances d'items et $\sum r_{ij}S_iS_j$ est un terme de covariance comprenant la somme des $n\,(n-1)$ covariances des items du test.

Ainsi, l'ampleur de la distribution des scores à un test dépend des variances d'items et des covariances. En d'autres mots, les deux facteurs importants sont la fréquence de bonnes réponses à chaque item et les corrélations entre les items. Le symbole r_{ij} représente la corrélation entre deux variables ou items i et j. La variance d'un test peut donc être partagée en deux sources et elle atteint son maximum lorsque les items ont une variance maximale ou que les intercorrélations sont maximales.

L'expression $r_{ij}S_iS_j$ peut s'écrire C_{ij} pour désigner la covariance. Cette formulation provient d'une façon de définir la corrélation comme une covariance standardisée, soit

$$r_{ij} = \frac{\sum x_i x_j}{N S_i S_j}$$

où $x_i = X_i - \overline{X}_i$,

$\quad x_j = X_j - \overline{X}_j$,

$$\frac{\sum x_i x_j}{N} = \text{définition de la covariance.}$$

En effet, la covariance est la moyenne des produits croisés des scores-déviations. Le fait de diviser la covariance par le produit des écarts types la rend indépendante des échelles de mesure et donne la corrélation qui, en fait, est une covariance standardisée. La covariance dépend des caractéristiques des distributions des deux variables; c'est une mesure de la tendance, pour deux variables, à changer de valeur de façon concomitante.

Lorsque les deux variables ou items sont dichotomiques, c'est-à-dire qu'ils prennent les valeurs 1 ou 0 seulement, la covariance s'exprime de la façon suivante :

$$C_{ij} = p_{ij} - p_i p_j$$

où p_{ij} est la proportion des répondants qui ont réussi les deux items.

L'exemple présenté à la page 61, conçu à partir des données du tableau 4.3, sert à démontrer la façon dont on obtient ces diverses valeurs ainsi que leurs différentes caractéristiques.

TABLEAU 4.3
Matrice des résultats de dix répondants à un test de huit items

Répondants	Items								X	X^2
	1	2	3	4	5	6	7	8		
A	1	0	0	0	0	0	0	0	1	1
B	1	1	1	1	0	0	1	1	6	36
C	1	0	1	0	0	0	0	0	2	4
D	1	1	1	1	1	1	1	0	7	49
E	1	1	1	1	0	0	0	0	4	16
F	1	1	0	0	0	0	0	0	2	4
									⟶	

TABLEAU 4.3
Matrice des résultats
de dix répondants
à un test de huit items
(suite)

Répondants	Items								X	X^2
	1	2	3	4	5	6	7	8		
G	1	0	1	1	1	1	0	0	5	25
H	1	1	1	0	0	0	0	1	4	16
I	1	1	0	1	1	1	0	0	5	25
J	0	0	0	1	1	1	1	0	4	16
Σ	9	6	6	6	4	4	3	2	40	192
p_i	0,9	0,6	0,6	0,6	0,4	0,4	0,3	0,2		
S_i^2	0,09	0,24	0,24	0,24	0,24	0,24	0,21	0,16		

Exemple

$$\sum S_i^2 = 1,66$$

$$S_X^2 = \frac{10 \times 192 - (40)^2}{100} = 3,2$$

$$S_X^2 = \sum S_i^2 + 2 \sum_{i<j} r_{ij} S_i S_j$$

$$3,2 = 1,66 + 1,54$$

$$\sum \text{Cov}_{ij} = 1,54$$

Chaque item contribue à la variance totale de deux façons, soit par sa variance et par ses covariances avec les autres items. La matrice de variance-covariance présentée au tableau 4.4 (p. 62) illustre bien ce fait. On y trouve, le long de la diagonale principale, les variances d'items S_i^2, et, au-dessus et au-dessous de cette diagonale, on trouve $n(n-1)/2$ éléments de covariances. Il y a donc $n(n-1)$ éléments de covariances au total.

TABLEAU 4.4
Matrice de variance-covariance pour un test de quatre items

Items \ Items	1	2	3	4	...	n
1	S_1^2	C_{12}	C_{13}	C_{14}	...	C_{1n}
2	C_{21}	S_2^2	C_{23}	C_{24}	...	C_{2n}
3	C_{31}	C_{32}	S_3^2	C_{34}	...	C_{3n}
4	C_{41}	C_{42}	C_{43}	S_4^2	...	C_{4n}
$\vdots$	$\vdots$	$\vdots$	$\vdots$	$\vdots$	$\vdots$	$\vdots$
n	C_{n1}	C_{n2}	C_{n3}	C_{n4}	...	S_n^2

L'examen de ce tableau permet de constater que plus il y a d'items, plus il y a de covariances et aussi que, croissant plus rapidement par le produit de $(n - 1)$, la covariance contribue pour une part de plus en plus grande à la variance du test par rapport à la somme des variances d'items. Cette constatation s'avère très importante lorsque l'on considère la longueur d'un test et son effet sur sa consistance interne. Si l'on prend les données de l'exemple précédent, on peut construire la matrice de variance-covariance illustrée au tableau 4.5.

TABLEAU 4.5
Matrice de variance-covariance pour un test de huit items

Items \ Items	1	2	3	4	5	6	7	8
1	0,09	0,06	0,06	−0,04	−0,06	−0,01	0,02	0,02
2		0,24	0,14	0,04	−0,04	−0,04	0,02	0,08
3			0,24	0,04	−0,04	−0,04	0,02	0,08
4				0,24	0,16	0,16	0,12	−0,02
5					0,24	0,24	0,08	−0,08
6						0,24	−0,02	−0,08
7							0,21	0,04
8								0,16

Il est à noter que cette matrice est symétrique par rapport à sa diagonale principale et qu'il suffit de calculer les éléments placés au-dessus ou au-dessous de la diagonale, de faire la somme de ces $n(n - 1)/2$ covariances et de la multiplier par deux. Voici des exemples de calcul de covariance, qui sont généralement effectués à l'aide d'un logiciel.

Exemples

1. $C_{12} = p_{12} - p_1 p_2 = 0,6 - (0,9 \times 0,9) = 0,06$

2. $C_{78} = 0,1 - (0,3 \times 0,2) = 0,04$

$$\sum_{i=1}^{n} \sum_{j=1}^{n-1} C_{ij} = 0,76$$

$$2\sum \text{Cov} = 1,54$$

4.4 QUELQUES EXEMPLES DE CALCUL: MOYENNE, VARIANCE, ÉCART TYPE

Formule pour obtenir la moyenne:

$$\overline{X} = \frac{\sum X}{N} \text{ d'où } N\overline{X} = \sum X.$$

Formule pour obtenir la variance:

$$S_X^2 = \frac{\sum (X - \overline{X})^2}{N} = \frac{\sum x^2}{N}$$

ou

$$S_X^2 = \frac{N\sum X^2 - (\sum X)^2}{N^2}.$$

Formule pour obtenir l'écart type:

$$S_X = \sqrt{\frac{\sum (X - \overline{X})^2}{N}}$$

ou

$$S_X = \sqrt{\frac{N\sum X^2 - (\sum X)^2}{N^2}}.$$

Premier exemple

Méthode n° 1

	Score X	$X - \bar{X} = x$	x^2	X^2
	4	−0,4	0,16	16
	6	+1,6	2,56	36
$N = 5$	5	+0,6	0,36	25
	3	−1,4	1,96	9
	4	−0,4	0,16	16
	$\sum X = 22$	$\sum x = 0$	$\sum x^2 = 5{,}20$	$\sum X^2 = 102$

$$\bar{X} = \frac{22}{5} = 4{,}4$$

$$S_X^2 = \frac{5{,}20}{5} = 1{,}04$$

$$S_X = \sqrt{1{,}04} = 1{,}019$$

Méthode n° 2

$$S_X^2 = \frac{5(102) - (22)^2}{25} = \frac{510 - 484}{25} = \frac{26}{25} = 1{,}04$$

Deuxième exemple

Tableau de distribution de fréquences

X	f	fX	fX^2	fc	Pc
10	3	30	300	30	1,000
9	10	90	810	27	0,899
8	4	32	256	17	0,566
7	5	35	245	13	0,433
6	3	18	108	8	0,266
5	2	10	50	5	0,166
4	1	4	16	3	0,099
3	1	3	9	2	0,066

→

Tableau de distribution de fréquences (suite)

X	f	fX	fX^2	fc	Pc
2	1	2	4	1	0,033
1	0	0	0	0	0,000
	$N = 30$	$\sum X = 224$	$\sum X^2 = 1798$		

$$\text{Variance} = \frac{(30 \times 1\,798) - 50\,176}{900} = \frac{53\,940 - 50\,176}{900} = 4,182$$

$$\text{Écart type} = 2,045$$

$$\text{Moyenne} = \frac{224}{30} = 7,46$$

Médiane = entre 7,5 et 8,5 ($\pm$ 8)

Mode = 9

Troisième exemple

$X = 10, 10, 10, 3, 7, 9, 14, 16, 11, 10, 15, 12, 9, 14, 15, 18, 8, 19, 20, 20$

$N = 20$

$\sum X = 250$

$\bar{X} = \dfrac{250}{20} = 12,5$

$\sum X^2 = 3\,532$

$S_X^2 = \dfrac{(20 \times 3\,532) - 62\,500}{400} = \dfrac{8\,140}{400} = 20,35$

$S_X = 4,51$

Médiane = 11,5

4.5 QUELQUES EXERCICES

1. Écrire en notation de la somme.   *Réponses*

    a) $X_1 + X_2 + \ldots + X_{15}$ $\displaystyle\sum_{i=1}^{15} X_i$

b) $Y_1 + Y_2 + ... + Y_N$ $\displaystyle\sum_{i=1}^{N} Y_i$

c) $(X_1 + Y_1) + (X_2 + Y_2) + ... + (X_7 + Y_7)$ $\displaystyle\sum_{i=1}^{7} X_i + \sum_{i=1}^{7} Y_i$

d) $X_1 Y_1 + X_2 Y_2 + ... + X_N Y_N$ $\displaystyle\sum_{i=1}^{N} X_i Y_i$

e) $X_1^3 Y_1 + X_2^3 Y_2 + ... + X_N^3 Y_N$ $\displaystyle\sum_{i=1}^{N} X_i^3 Y_i$

f) $(X_1 + c) + (X_2 + c) + ... + (X_8 + c)$ $\displaystyle\sum_{i=1}^{8} X_i + 8c$ ou $\displaystyle\sum_{i=1}^{8} X_i + c$

g) $cX_1 + cX_2 + ... + cX_{25}$ $\displaystyle c\sum_{i=1}^{25} X_i$

h) $X_{1/c} + X_{2/c} + ... + X_{N/c}$ $\displaystyle 1/c \sum_{i=1}^{N} X_i$

i) $cX_1^2 Y_1 + cX_2^2 Y_2 + ... + cX_N^2 Y_N$ $\displaystyle c\sum_{i=1}^{N} X_i^2 Y_i$

2. Écrire la sommation au complet.   *Réponses*

a) $\displaystyle\sum_{i=1}^{2} X_i$ $X_1 + X_2$

b) $\displaystyle\sum_{i=1}^{3} X_i Y_i$ $X_1 Y_1 + X_2 Y_2 + X_3 Y_3$

c) $\displaystyle\sum_{i=1}^{5} (X_i + Y_i)$ $(X_1 + Y_1) + (X_2 + Y_2) + ... + (X_5 + Y_5)$

d) $\displaystyle c\sum_{i=1}^{3} X_i^2 Y_i$ $cX_1^2 Y_1 + ... + cX_3^2 Y_3$

e) $\sum\limits_{i=1}^{4} X_i + 4c$ $\qquad\qquad\qquad$ $X_1 + c + \ldots + X_4 + c$

f) $\dfrac{1}{c}\sum\limits_{i=1}^{5} X_i + c\sum\limits_{i=1}^{5} Y_i$ $\qquad\qquad$ $X_{1/c} + \ldots + X_{5/c} + cY_1 + \ldots + cY_5$

3. Faire la sommation suivante. $\qquad\qquad\qquad$ *Réponse*

$\sum\limits_{i=1}^{N} (X_i + c)^2$ $\qquad$ $\sum\limits_{i=1}^{N} X_i^2 + 2c\sum\limits_{i=1}^{N} X_i + Nc^2$ ou $\sum\limits_{i=1}^{N} (X_i^2 + 2cX_i + c^2)$

4. À partir des paires d'observations ci-dessous, calculer : $\qquad$ *Réponses*

a) $\sum X_i^2$ $\qquad\qquad\qquad\qquad\qquad\qquad\qquad$ 139

b) $\sum Y_i^2$ $\qquad\qquad\qquad\qquad\qquad\qquad\qquad$ 120

c) $\sum (X_i - 5)^2$ $\qquad\qquad\qquad\qquad\qquad\qquad$ 14

d) $\sum (Y_i - 4)^2$ $\qquad\qquad\qquad\qquad\qquad\qquad$ 40

e) $\sum X_i Y_i$ $\qquad\qquad\qquad\qquad\qquad\qquad\qquad$ 86

f) $\sum (X_i - 5)(Y_i - 4)$ $\qquad\qquad\qquad\qquad\quad$ -14

g) $\sum (5X_i - 4Y_i)^2$ $\qquad\qquad\qquad\qquad\qquad$ 1955

h) $\sum (X_i - 3^2)^2$ $\qquad\qquad\qquad\qquad\qquad\quad$ 94

i) $\sum (X_i / Y_i)$ $\qquad\qquad\qquad\qquad\qquad\qquad$ 11,30

$X_1 = 3$	$X_1^2 = 9$	$Y_1 = 9$
$X_2 = 5$	$X_2^2 = 25$	$Y_2 = 2$
$X_3 = 5$	$X_3^2 = 25$	$Y_3 = 1$
$X_4 = 4$	$X_4^2 = 16$	$Y_4 = 5$
$X_5 = 8$	$X_5^2 = 64$	$Y_5 = 3$

5. Vrai ou faux?   *Réponses*

$a)$ $\sum\limits_{i=1}^{N} X_i \sum\limits_{i=1}^{N} Y_i = \sum\limits_{i=1}^{N} X_i Y_i$ Faux

$b)$ $\left(\sum\limits_{i=1}^{N} X_i \right)^2 = \sum\limits_{i=1}^{N} X_i^2$ Faux

$c)$ $\sum\limits_{i=1}^{N} [(X_i + c)(X_i - c)] = \sum\limits_{i=1}^{N} X_i^2 + Nc^2$ Vrai

$d)$ $\sum\limits_{i=1}^{N} (X_i + Y_i)^2 = \sum\limits_{i=1}^{N} X_i^2 + \sum\limits_{i=1}^{N} Y_i^2 + 2\sum\limits_{i=1}^{N} XY$ Vrai

6. Quelle est la somme des 100 premiers entiers?

$$\frac{100(101)}{2} = 101 \times 50 = 5\,050$$

MOTS CLÉS

- Covariance
- Écart type
- Indice p_i
- Moyenne
- Score-déviation
- Valeur dichotomique
- Variance

La corrélation et la prédiction

OBJECTIF

Comprendre la théorie et les techniques rattachées à la relation entre deux variables et calculer les différents indices.

L'étude des relations entre les variables est une préoccupation majeure. Qui, par exemple, n'a jamais tenté d'estimer le degré de relation ainsi que le sens de celle-ci entre quelques paires de variables d'intérêt? Ainsi, dans le domaine scolaire, on veut savoir si ceux qui obtiennent le plus de points à un test de quotient intellectuel sont les mêmes qui réussissent le mieux à l'école, ou encore si les enfants qui manifestent un haut degré d'anxiété à un test standardisé éprouvent des difficultés de rendement scolaire. La relation entre certaines variables est parfois négative, c'est-à-dire que des scores élevés pour une variable correspondent en moyenne à des scores faibles pour l'autre. C'est le cas de variables telles que l'égocentrisme et la générosité.

Il y a aussi des variables qui ne démontrent pas de corrélation, soit parce qu'elles sont indépendantes ou que leur relation n'est pas linéaire. La mesure de la couleur des yeux et celle de la sociabilité sont certes indépendantes, alors que des variables telles que l'agressivité et le rendement peuvent être reliées de façon curvilinéaire.

5.1   LE COEFFICIENT DE CORRÉLATION DE PEARSON

La statistique la plus souvent utilisée pour estimer le degré de relation linéaire entre deux variables est le coefficient de corrélation de Pearson. On désigne cette variable par le symbole r_{XY} où X et Y représentent les deux variables. Le symbole ρ_{XY} est utilisé pour des données de population. La formule du coefficient de corrélation peut être exprimée de diverses façons selon l'intention de l'utilisateur. La formule de définition correspond à la description d'une mesure de covariance standardisée, soit:

$$r_{XY} = \frac{\text{Cov}_{XY}}{S_X S_Y} \quad \text{ou} \quad \frac{\sum xy}{NS_x S_y}$$

où x et y sont des scores-déviations.

La covariance est la moyenne des produits des scores-déviations à la moyenne. C'est un indice de la tendance, pour deux variables, à varier de façon concomitante. Lorsque les scores sont présentés sous la forme de scores standard, on peut utiliser la formule suivante :

$$r_{Z_x Z_y} = \frac{\sum Z_X Z_Y}{N}$$

où N correspond au nombre de paires d'observations.

Pour le calcul d'une corrélation, on peut dériver de la formule de définition l'équation suivante qui, malgré son aspect compliqué, est simple d'utilisation et permet d'éviter les erreurs qui découlent souvent du besoin de tenir compte des signes :

$$r_{XY} = \frac{N \sum XY - \sum X \sum Y}{\sqrt{N \sum X^2 - (\sum X)^2} \sqrt{N \sum Y^2 - (\sum Y)^2}}$$

L'exemple présenté à la page 71, conçu à partir des données du tableau 5.1, illustre bien l'application de cette formule qui donne le même résultat que la formule utilisant la covariance et l'écart type.

Une façon pratique de voir à quoi correspond une relation entre deux variables est d'en faire le graphique. Chaque point de ce graphique est déterminé par les valeurs correspondantes des deux variables X et Y. Par exemple, le point qui représente le répondant « a » sera situé à l'intersection des coordonnées 2 et 4 conformément aux deux scores inscrits au tableau 5.1. La figure 5.1 présente le graphique des données du tableau 5.1. L'étude de ce graphique illustre bien l'importance de la relation entre les deux variables. Il ressort que les répondants qui présentent un score élevé

TABLEAU 5.1
Données pour le calcul du coefficient de corrélation de Pearson

Répondants	X_i	Y_i	X_i^2	Y_i^2	$X_i Y_i$
a	2	4	4	16	8
b	4	5	16	25	20
c	6	5	36	25	30
d	3	4	9	16	12
e	7	9	49	81	63
f	5	6	25	36	30
g	8	7	64	49	56
h	6	6	36	36	36
i	5	3	25	9	15
j	4	4	16	16	16
$\sum$	50	53	280	309	286

Exemple de calcul du coefficient de corrélation de Pearson

$$\overline{X} = \sum X_{i/N} = 50/10 = 5,0$$

$$\overline{Y} = \sum Y_{i/N} = 53/10 = 5,3$$

$$S_X^2 = \frac{N\sum X^2 - (\sum X)^2}{N^2} = \frac{(10 \times 280) - (50)^2}{100} = \frac{300}{100} = 3,00$$

$$S_Y^2 = \frac{N\sum Y^2 - (\sum Y)^2}{N^2} = \frac{(10 \times 309) - (53)^2}{100} = \frac{281}{100} = 2,81$$

$$r_{XY} = \frac{N\sum XY - \sum X\sum Y}{\sqrt{N\sum X^2 - (\sum X)^2}\sqrt{N\sum X^2 - (\sum Y)^2}}$$

$$= \frac{(10 \times 286) - (50 \times 53)}{\sqrt{300}\sqrt{255}} = \frac{2\,860 - 2\,650}{17,32 \times 15,96} = \frac{210}{276,42} = 0,76$$

FIGURE 5.1
Graphique
des données
du tableau 5.1

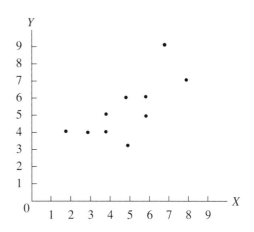

en X ont aussi un score élevé en Y et vice versa. De façon générale, les deux variables ont une tendance assez forte à se comporter de la même façon et dans le même sens; on dit alors que la relation entre ces deux variables est forte et positive. D'ailleurs, le signe et la grandeur du coefficient servent à décrire la corrélation ou la relation entre deux variables.

Si deux variables ont tendance à varier dans le même sens, le signe de la corrélation sera positif; si la tendance est dans le sens contraire, le signe sera alors négatif. Enfin, si la tendance est peu marquée, le signe n'a pas d'importance car le coefficient sera proche de 0. La grandeur du coefficient indique la force de la relation: le maximum positif qui peut lui être attribué est +1 et le maximum négatif est −1. Cet ordre de grandeur permet d'estimer jusqu'à quel point on peut prédire les scores à une variable à partir des scores obtenus à l'autre; on peut aussi l'interpréter comme étant le degré de variance des deux variables qui se recoupe ou qui est commun.

Les exemples présentés en bas de page, conçus à partir des données du tableau 5.2, permettent de mieux démontrer les relations possibles entre deux variables. Supposons deux variables, X et Y, et les scores de cinq personnes à chacune des variables pour chaque exemple.

TABLEAU 5.2
Données permettant de démontrer les relations possibles entre deux variables

a)		X	Y	b)		X	Y	c)		X	Y
	A	1	2		A	1	5		A	2	5
	B	2	3		B	2	4		B	4	1
	C	3	4		C	3	3		C	5	3
	D	4	5		D	4	2		D	3	5
	E	5	6		E	5	1		E	1	1
	Σ	15	20		Σ	15	15		Σ	15	15

Exemples démontrant les relations possibles entre deux variables

a) $\bar{X} = 3\ \bar{Y} = 4$

$S^2_X = 2\ S^2_Y = 4$

$r_{XY} = +1$

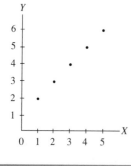

b) $\bar{X} = 3\ \bar{Y} = 3$

$S^2_X = 2\ S^2_Y = 2$

$r_{XY} = -1$

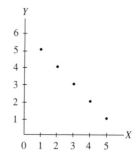

c) $\bar{X} = 3\ \bar{Y} = 3$

$S^2_X = 2\ S^2_Y = 3,2$

$r_{XY} = 0$

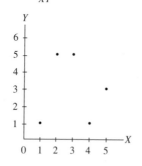

FIGURE 5.2
Graphique
des corrélations
des exemples du
tableau 5.2

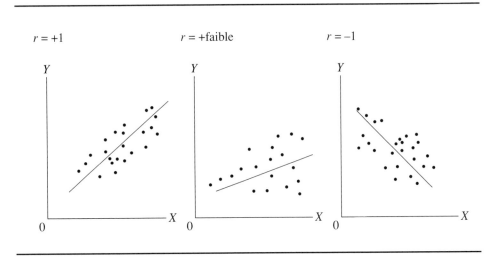

La corrélation prend des valeurs entre les maximums +1 et −1. Lorsqu'on essaie de tracer une droite qui représente le mieux les points du graphique (figure 5.2), on se fait une idée de la force et du sens de la relation linéaire entre les deux variables.

La covariance, et de fait la corrélation, étant une indication du degré auquel la variation dans une variable est accompagnée d'une variation dans l'autre, son interprétation se résume aux quelques principes suivants :

- si plusieurs répondants ont un score élevé en X et en Y, le produit $(X_i - \overline{X})(Y_i - \overline{Y})$ sera élevé pour chacun ;
- si plusieurs répondants ont un score faible en X et en Y, le même produit sera encore élevé pour chacun, la somme des covariances sera élevée et la corrélation sera fortement positive ;
- si plusieurs des répondants qui présentent un score élevé à une variable ont tendance à obtenir un score faible à l'autre, le produit $(X_i - \overline{X})(Y_i - \overline{Y})$ sera élevé, et la somme des covariances ainsi que la corrélation seront fortement négatives ;
- si la plupart des répondants n'ont pas une tendance marquée à se comporter de la même façon ou de façon systématiquement contraire aux deux variables, la somme des produits sera faible et la corrélation approchera 0.

Lorsqu'il s'avère impossible de tracer une droite et qu'une courbe représente le mieux la relation entre les deux variables (figure 5.3, p. 74), on dit que la relation existe mais qu'elle est curvilinéaire.

Cependant, la grandeur du coefficient n'est pas modifiée par une transformation linéaire. Le tableau 5.3 (p. 74) permet de comprendre le résultat de certaines transformations du genre $bX + a$ et $dY + c$.

FIGURE 5.3
Graphique d'une
relation curvilinéaire

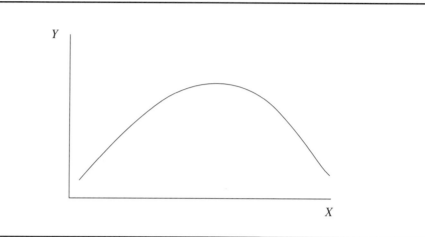

TABLEAU 5.3
Effets des
transformations
linéaires sur la
corrélation

$bX + a$		$dY + c$	r_{XY}
Si b est positif	et	d positif	demeure le même*
Si b est négatif	et	d positif	change de signe
Si b est positif	et	d négatif	change de signe
Si b est négatif	et	d négatif	demeure le même

*   À la condition que b et d soient différents de 0.

Le coefficient de corrélation n'est pas directement interprétable comme étant une proportion ou un pourcentage de relations. Ainsi, on ne peut dire qu'une corrélation $r_{XY} = +0,50$ indique deux fois plus de relations qu'une corrélation égale à +0,25. On ne peut dire non plus qu'une différence entre deux corrélations telles que +0,40 et +0,60 soit équivalente à la différence qui existe entre les corrélations +0,70 et +0,90. De même, la présence de corrélation entre deux variables ne signifie pas nécessairement qu'il y ait un lien de causalité entre les deux. Et même s'il y a causalité, le coefficient n'en indique pas la cause et, souvent, d'autres variables que celles considérées jouent un rôle discret mais important. Les relations entre la plupart des variables sont souvent trop complexes pour être expliquées par une seule cause. Par exemple, la corrélation entre l'intelligence et le rendement scolaire est généralement forte et positive, mais le succès scolaire découle d'un ensemble de facteurs, dont la motivation et le travail.

Une façon intéressante d'interpréter un coefficient de corrélation est développée à partir de son carré (r_{XY}^2), appelé coefficient de détermination. Il correspond à la proportion de variance de Y qui est expliquée par la relation linéaire avec X. Pour mieux illustrer ce principe, examinons la figure 5.4 qui représente le graphique des deux séries de résultats, et supposons que l'on y dessine les deux distributions de fréquences en dehors des axes.

FIGURE 5.4
Représentation d'une
prédiction linéaire
entre *X* et *Y* avec les
distributions
marginales

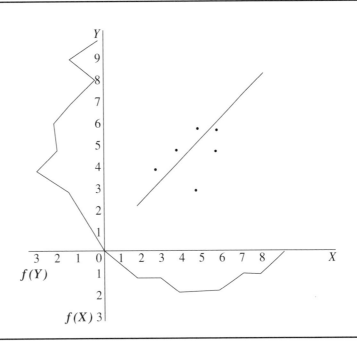

FIGURE 5.4
Représentation d'une
prédiction linéaire
entre *X* et *Y* avec les
distributions
marginales

Les distributions de fréquences ainsi dessinées sont appelées **distributions marginales**. Considérons maintenant le score $X_i = 6$; les deux répondants qui présentent ce score ont des résultats $Y_i = 5$ et $Y_i = 6$. Les distributions des scores Y pour chaque valeur spécifique de X s'appellent les **distributions conditionnelles** de Y étant donné X. Idéalement, les distributions marginales et conditionnelles sont toutes normales, comme le montre la figure 5.5.

FIGURE 5.5
Représentation idéale
des distributions
marginales de *X* et *Y* et
de la distribution
conditionnelle de *Y*
étant donné *X*

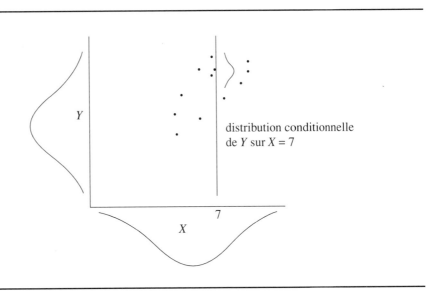

L'équation de la droite qui représente le mieux les données de notre exemple est $\tilde{Y}_i = 0{,}765\,X_i + 1{,}473$ dans le cas où l'on veut prédire les scores Y des scores X. Ainsi, pour $X_i = 7$, $\tilde{Y}_i = 6{,}83$. Pour chaque valeur de X_i il y a une distribution conditionnelle de Y et l'on peut calculer la moyenne des écarts au carré de Y_i de $\tilde{Y}_i$; il s'agit de $S^2_{Y.X}$, la variance de Y étant donné X.

Ainsi, pour $X_i = 6$, on a

$$S^2_{Y.X} = \frac{1}{2}(5 - 6{,}06)^2 + (6 - 6{,}06)^2 = 0{,}563$$

car pour $X = 6$, $\tilde{Y}_i = 6{,}06$.

Pour toutes valeurs de X_i on peut calculer une moyenne de déviation au carré de Y_i de $\tilde{Y}_i$:

$$S^2_{Y.X} = \frac{1}{N} \sum_{i=1}^{N} (Y_i - \tilde{Y}_i)^2.$$

Selon les données du tableau 5.1, $N = 10$ et $S^2_{Y.X} = 1/10$. En utilisant les valeurs de X en ordre numérique, soit 2, 3, 4, 4, 5, 5, 6, 6, 7, 8, l'application de la formule $S^2_{Y.X}$ peut être exprimée de la façon suivante :

$$(2 - 3{,}00)^2 + (3 - 3{,}77)^2 + (4 - 4{,}53)^2 + (4 - 4{,}53)^2$$

$$+ (5 - 5{,}29)^2 + (5 - 5{,}29)^2 + (6 - 6{,}06)^2 + (6 - 6{,}06)^2$$

$$+ (7 - 6{,}83)^2 + (8 - 7{,}59)^2 = \frac{13{,}4871}{10} = 1{,}3487.$$

L'erreur standard d'estimation est la racine carrée de cette variance, soit $S_{Y.X} = 1{,}16$. C'est l'écart type de chaque distribution conditionnelle, pourvu que chacune de ces distributions de Y étant donné X ait la même variance pour chaque valeur de X. Si la prédiction de Y à partir de X était parfaite, $S_{Y.X}$ égalerait 0. En fait, la variance conditionnelle $S^2_{Y.X}$ représente la variance en Y qui n'est comprise dans la prédiction qu'à partir des scores X. On peut en déduire que la proportion de variance expliquée ou comprise dans la distribution est

$$\frac{S^2_Y - S^2_{Y.X}}{S^2_Y}$$

et qu'elle est égale à r^2_{XY}, soit le coefficient de détermination.

Étant donné que la prédiction linéaire dépend de la valeur de r_{XY}, si ce coefficient est maximal ($r_{XY} = +1$ ou -1), toute la variance de Y est expliquée par la prédiction des scores X et $S^2_{Y.X} = 0$. Dans le cas où r_{XY} égale 0, il n'y a pas de prédiction possible, et aucune variance de Y n'est expliquée par X. On peut démontrer que la proportion maximale de variance de Y qui peut être expliquée par prédiction linéaire égale r_{XY}^2. Ce maximum est atteint lorsque la régression linéaire est uti-lisée (méthode des plus petits carrés).

Enfin, précisons que si deux variables sont indépendantes leur corrélation est nulle. Par contre, si la corrélation entre deux variables est nulle, cela ne signifie pas nécessairement qu'elles sont indépendantes, mais plutôt qu'elles ne sont pas liées linéairement; la relation peut être curvilinéaire. Si chacune des deux variables a une distribution normale, seule la relation linéaire est possible. Il découle de cela que si deux variables sont distribuées normalement et que leur corrélation est nulle, elles sont vraiment indépendantes.

5.2 L'ÉQUATION DE RÉGRESSION

La corrélation indique l'importance de la relation entre deux variables et donne aussi une idée de la précision d'une prédiction linéaire faite selon une droite: la ligne de régression. Les techniques de régression permettent justement de déter-miner l'équation de cette ligne. Lorsqu'on a un graphique de données (voir la fi-gure 5.1, p. 71), plusieurs possibilités de lignes droites peuvent représenter le mieux l'ensemble des points. L'une de ces possibilités est la meilleure, et le critère utilisé pour déterminer l'équation est celui des moindres carrés.

Cette méthode permet de construire la ligne qui réduit le plus possible la somme des carrés des erreurs de prédiction. L'erreur de prédiction est la différence entre le score Y_i d'un individu et son score prédit $\tilde{Y}_i$. La meilleure ligne de régression, selon la méthode des moindres carrés, est celle qui diminue l'expression

$$\sum_{i=1}^{n} (Y_i - \tilde{Y}_i)^2 \text{, la somme des carrés des erreurs, ou encore } S_{Y.X}^2.$$

Selon la méthode des moindres carrés, il s'agit de déterminer les constantes dans l'équation suivante:

$$\tilde{Y} = a + bX$$

de sorte que la somme des écarts au carré $\sum (Y - \tilde{Y})^2$ soit la plus petite possible. Par calcul différentiel, on peut démontrer que les valeurs des constantes sont déter-minées en solutionnant un ensemble d'équations linéaires appelées équations nor-males (normales signifiant ici « utilisées pour déterminer un standard »):

$$Na + (\sum X)b = \sum Y$$

$$\sum Xa + (\sum X^2)b = \sum XY.$$

Ces équations augmentent en nombre et en complexité avec le nombre de prédicteurs. (Elles sont obtenues en prenant la dérivée partielle de $Q = \sum (Y - a + bX)^2$ par rapport à a et b respectivement et en rendant chaque dé-rivée égale à 0.)

On obtient finalement l'équation de régression

$$\tilde{Y} = r_{XY}\left(\frac{S_Y}{S_X}\right)(X_i - \overline{X}) + \overline{Y}$$

$$= b_{Y.X}(X_i - \overline{X} + \overline{Y})$$

car

$$b_{Y.X} = \frac{\sum XY - n\overline{X}\overline{Y}}{\sum X^2 - NX^2}$$

et

$$a_{Y.X} = \overline{Y} - b\overline{X}$$

où $b_{Y.X} = r_{XY}\left(\frac{S_Y}{S_X}\right)$ est le coefficient de régression d'échantillon.

Selon les données du tableau 5.1, $r_{XY} = 0{,}76$, $\overline{X} = 5{,}0$, $\overline{Y} = 5{,}3$, $S_X = 1{,}73$ et $S_Y = 1{,}676$. L'équation de régression est alors

$$\tilde{Y} = 0{,}76\left(\frac{1{,}676}{1{,}73}\right)(X_i - 5{,}0) + 5{,}3$$

$$= 0{,}7363(X_i - 5{,}0) + 5{,}3$$

$$= 0{,}7363X_i + 1{,}6186\,.$$

Le score $\tilde{Y}$ est le meilleur score prédit représentant Y étant donné X. C'est aussi la meilleure estimation de Y_i selon la méthode des moindres carrés.

On utilise des équations de régression dans plusieurs situations, et la plupart du temps avec plusieurs prédicteurs. Ainsi, on peut vouloir prédire le score final des étudiants qui demandent à être inscrits dans un programme d'études donné pour choisir ceux qui seront admis. La procédure d'usage consiste alors à prendre les scores d'examen d'admission et le score final (critère) d'étudiants ayant déjà complété et réussi ce programme, et de construire l'équation de régression à partir de ceux-ci. Ensuite, on utilise cette équation et le score des nouveaux candidats pour prédire leur chance de succès et ainsi procéder à la sélection. La technique de la régression est aussi utilisée dans des études de validation, dans des études concernant la construction de tests et de batteries de tests, dans divers programmes de sélection et de classement, et ce dans plusieurs secteurs.

En raison de l'imprécision relative des tests ($r_{XY} < 1{,}00$), la probabilité que le score prédit $\tilde{Y}$ et le score-critère Y d'une personne soient égaux n'est pratiquement jamais la même. On construit un intervalle de confiance pour estimer les limites de valeurs entre lesquelles se situera chaque score Y_i compte tenu de chaque score prédit $\tilde{Y}$. L'intervalle de confiance se présente sous la forme d'une équation exprimant les valeurs minimale et maximale de Y_i, soit

$$\tilde{Y}_i - ZS_{Y.X} < Y_i < \tilde{Y}_i + ZS_{Y.X}$$

où $S_{Y.X} = S_Y\sqrt{1 - r_{YX}^2}$ (erreur type d'estimation).

$S_{Y.X}$ est analogue à l'erreur d'estimation en théorie des tests. La valeur de Z correspond à une probabilité d'occurrence dans la courbe normale.

L'utilisation de cette équation dépend de trois postulats importants, soit :

1° que la relation entre X et Y soit linéaire ;

2° que la distribution conditionnelle de Y étant donné X soit normale ;

3° que $S_{Y.X}$ soit la même pour chaque valeur de X.

Le premier postulat a déjà été discuté et le deuxième est nécessaire si l'on veut utiliser les valeurs Z sous la courbe normale. Le troisième postulat est celui de l'homoscédasticité par lequel on suppose que tous les $S_{Y.X}$ sont identiques. Cette estimation ne doit pas varier en fonction de X. Il y a hétéroscédasticité lorsque, par exemple, $S_{Y.X}$ augmente avec la valeur de X.

5.3   LES FACTEURS QUI INFLUENT SUR LE COEFFICIENT DE CORRÉLATION

Les deux facteurs qui influent le plus sur le coefficient de corrélation sont la diminution de l'étendue des scores et la combinaison de groupes.

En effet, s'il y a une diminution de l'étendue des scores dans l'une ou l'autre des variables, il y a atténuation du coefficient de corrélation pour le nouveau groupe. On constate ce phénomène lorsque l'on compare les coefficients de corrélation entre une paire de variables avant et après une sélection (figure 5.6, p. 80).

Le fait de considérer ensemble deux groupes affectés différemment par l'une ou l'autre de deux variables mises en corrélation a pour effet de réduire considérablement la corrélation, même si elle est forte pour chacun des deux groupes. Supposons que la corrélation entre le choix de valeurs sociales selon une échelle américaine et le choix d'un programme d'études soit considérée pour des Chinois et des Québécois (figure 5.7, p. 80). Pour chacun des groupes, la corrélation pourrait fort bien être inversée et modérément forte, mais si l'on considère les deux ensembles, on risque de trouver une corrélation presque nulle.

Il ne faudrait pas conclure qu'il n'y a pas de corrélation entre les deux variables. L'effet de variables dites modératrices, par exemple, est fort important dans la mesure d'association entre deux variables. L'exemple classique est celui de la

FIGURE 5.6
Graphique de
corrélation avant et
après sélection

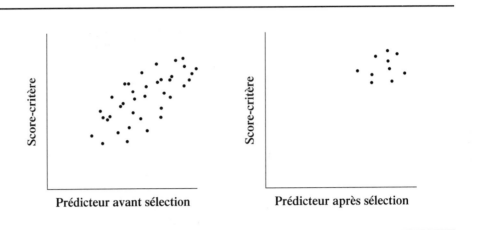

FIGURE 5.7
Graphique
de corrélation
pour deux groupes

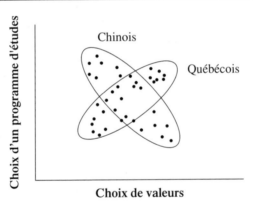

FIGURE 5.8
Exemples
de cas possibles
de combinaison
de groupes

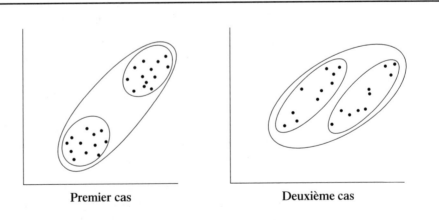

corrélation entre le nombre d'accidents d'automobiles et le sexe, le kilométrage moyen effectué devant être considéré pour interpréter cette corrélation. La figure 5.8 illustre des cas possibles de combinaison de groupes. Dans le premier cas, chacun des deux groupes présente une corrélation nulle, tandis qu'ensemble ils offrent une corrélation positive. Dans le second cas, la corrélation est positive pour chaque groupe mais elle est considérablement diminuée lorsque l'on considère les deux groupes ensemble.

5.4   AUTRES MESURES D'ASSOCIATION

L'utilisation du coefficient de corrélation de Pearson suppose que les deux variables considérées sont continues et qu'elles peuvent atteindre le niveau d'une mesure à intervalles égaux. Il y a cependant plusieurs variables qui sont naturellement dichotomiques et artificiellement dichotomisées; de telles variables peuvent prendre deux valeurs seulement. Ainsi, le rendement scolaire peut être examiné sous l'angle «succès» ou «échec»: la variable est alors artificiellement dichotomisée. Le tableau 5.4 présente les divers types de coefficients de corrélation applicables dans chacune des situations selon le type de variable.

TABLEAU 5.4
Coefficients de corrélation applicables selon le type de variable

Coefficient de corrélation	Variable X	Variable Y
Pearson	continue	continue
Point-bisériale*	vraiment dichotomique	continue
Bisériale	artificiellement dichotomisée	continue
Phi*	vraiment dichotomique	vraiment dichotomique
Tétrachorique	artificiellement dichotomisée	artificiellement dichotomisée
Bisériale phi	artificiellement dichotomisée	vraiment dichotomique
Spearman*	ensemble de rangs	ensemble de rangs

*   Ces coefficients sont des équivalents algébriques de la corrélation de Pearson.

5.4.1   Les corrélations point-bisériale r_{pbis} et bisériale r_{bis}

La **corrélation point-bisériale** r_{pbis} est utilisée lorsque l'une des deux variables est vraiment dichotomique (par exemple le sexe) et que l'autre est continue. On obtient ce coefficient de corrélation à l'aide d'une formule qui est l'équivalent algébrique du coefficient de corrélation de Pearson; donc, la valeur obtenue devrait être sensiblement la même, selon la valeur de p_X. Si ce dernier n'est pas approximativement égal à 0,5, l'étendue des valeurs qu'il peut prendre est relativement réduite. Par ailleurs, on postule toujours que la variable dichotomique a une distribution sous-jacente normale. L'interprétation de sa valeur doit donc être fonction de la valeur de p_X. On fait un grand usage de la corrélation point-bisériale en construction de tests, où l'étude des corrélations item-test est importante. Sa formule est :

$$r_{\mathrm{pbis}} = \frac{\overline{X}_p - \overline{X}}{S_X} \sqrt{\frac{p}{q}}.$$

Dans l'exemple suivant, nous illustrerons simultanément l'application de cette formule et de celle de la corrélation bisériale.

Quant à la **corrélation bisériale** r_{pbis}, elle est utilisée pour obtenir un coefficient de corrélation entre une variable artificiellement dichotomisée, normalement distribuée, et une variable continue. La formule prévoit une correction pour cette dichotomisation artificielle afin d'obtenir une bonne estimation de la corrélation de Pearson que l'on aurait pu obtenir s'il n'y avait pas eu cette dichotomisation. Elle est surtout utilisée pour la sélection d'items dans un test. Sa formule est :

$$r_{\mathrm{bis}} = \left(\frac{\overline{X}_p - \overline{X}_q}{S_X}\right)\left(\frac{pq}{y}\right)$$

où y est l'ordonnée de la courbe normale au point de dichotomie.

L'exemple présenté à la page 83, conçu à partir des données du tableau 5.5, montre des calculs effectués à l'aide de ces deux formules.

TABLEAU 5.5 Données pour le calcul de r_{pbis} et r_{bis}		
Répondants	**Score hypothétique à un test (X)**	**Score à un item***
A	6	0
B	8	1
C	8	0
D	11	0
E	16	1
F	25	0
G	27	0
H	31	0
I	31	1
J	39	0
K	44	0
L	50	1
M	56	1
N	68	1

*   Variable vraiment dichotomique ou artificiellement dichotomisée.

Exemple de calcul de r_{pbis} et de r_{bis}

$M_p = \overline{X}_p$ = moyenne, à la variable continue, de ceux qui ont obtenu 1 à la variable dichotomique

$\overline{X}_p = 38,17$

$\overline{X} = 30$, $S_X = 18,19$, $p = 6/14 = 0,43$, $q = 8/14 = 0,57$

$$r_{\text{pbis}} = \frac{\overline{X}_p - \overline{X}}{S_X}\sqrt{\frac{p}{q}} = \frac{\overline{X}_p - \overline{X}_q}{S_X}\sqrt{pq}$$

$$= \frac{38,17 - 30}{18,19}\sqrt{\frac{0,43}{0,57}} = \frac{38,17 - 23,88}{18,19}\sqrt{0,43 \times 0,57}$$

$$= 0,39 = 0,388$$

$$r_{\text{bis}} = \frac{(\overline{X}_p - \overline{X})p}{yS_X} = \frac{\overline{X}_p - \overline{X}_q}{S_X}\left(\frac{pq}{y}\right)$$

$$= \frac{(38,17 - 30)0,43}{0,393(18,19)} = \frac{38,17 - 23,88}{18,19}\left(\frac{0,43 \times 0,57}{0,393}\right)$$

$$= 0,49 = 0,4899$$

La valeur de y se trouve en prenant $(0,57 - 0,50)$, soit $0,07$, comme surface sous la courbe normale.

Pour un même ensemble de données, il arrive assez fréquemment, lorsqu'on calcule les corrélations r_{XY}, r_{pbis} et r_{bis}, de constater que $r_{\text{bis}} > r_{XY} \geq r_{\text{pbis}}$.

L'exemple présenté à la page 84, conçu à partir des données du tableau 5.6, confirme cette constatation.

TABLEAU 5.6
Données pour le calcul de r_{XY}, r_{pbis} et r_{bis}

		X									
		1	2	3	4	5	6	7	8	9	10
Y	Succès = 1						19*	14	9	6	2
	Échec = 0	2*	6	9	14	19					

* Ces nombres représentent des fréquences, c'est-à-dire que deux répondants ont 0 en Y et 1 en X.

Exemple de calcul de r_{XY}, r_{pbis} et r_{bis}

$$\overline{X}_p = M_p = 7,16$$

$$\overline{X} = M_X = 5,5\,,\ S_X = 2,0322\,,\ Y = 0,3989$$

$$r_{\mathrm{bis}} = \frac{(7,16-5,5)0,5}{0,3989 \times 2,0322} = 1,023$$

$$r_{\mathrm{pbis}} = \left(\frac{7,16-5,5}{2,0322}\right)(1) = 0,8168$$

$$r_{XY} = \frac{0,83}{1,0161} = 0,8168$$

$$r_{\mathrm{bis}} > r_{XY} \geq r_{\mathrm{pbis}}$$

$$1,023 > 0,8168 = 0,8168$$

Guilford (1967) donne une explication logique à ce fait. L'utilisation des valeurs p, q et y dans la formule du r_{bis} exige nécessairement une distribution normale de la variable dichotomisée ; il s'agit de la distribution dans la population. Il est évident qu'un écart à la normalité peut résulter en des estimations faussées. À partir d'une distribution binomiale, il est possible que la corrélation bisériale calculée donne une valeur au-dessus de 1. De plus, la corrélation point-bisériale utilise l'expression $\sqrt{p/q}$, de sorte que r_{bis} est $\sqrt{pq}/y$ plus grand que r_{pbis} lorsqu'ils sont estimés à partir des mêmes données :

$$r_{\mathrm{bis}} = r_{\mathrm{pbis}}\frac{\sqrt{pq}}{y} = \frac{0,81 \times 0,5}{0,3989} = 1,02\,.$$

La corrélation point-bisériale est une équivalence algébrique de la corrélation de Pearson ; de plus, elle est moins limitée par le postulat de distribution normale de la variable dichotomique. Lord et Novick (1968) démontrent que r_{pbis} n'est jamais plus grand que les quatre cinquièmes de r_{bis}. L'expérience pratique permet de conclure que la corrélation bisériale tend à être plus stable que la corrélation point-bisériale pour différents groupes de répondants de même que pour des items faciles ($p > 0,50$). L'exemple présenté à la page 85 démontre l'équivalence algébrique entre le coefficient de Pearson et la corrélation point-bisériale.

**Exemple d'équivalence algébrique entre le coefficient de Pearson
et la corrélation point-bisériale**

Supposons que X soit la variable continue et que Y soit une variable dichotomique. Alors

$$r_{XY} \;=\; \frac{\sum (XY)/N}{S_X S_Y} \;=\; \frac{\dfrac{N\sum XY - \sum X \sum Y}{N^2}}{S_X S_Y}$$

$$=\; \frac{\dfrac{\sum XY}{N} - \bar{X}\bar{Y}}{S_X S_Y}$$

$$=\; \frac{\dfrac{\sum X_p}{N} - \dfrac{\bar{X} N_p}{N}}{S_X \sqrt{\dfrac{N_p N_q}{N^2}}} \;=\; \frac{\sum X_p - \bar{X} N_p}{S_X \sqrt{N_p N_q}}$$

$$=\; \frac{\dfrac{\sum X_p}{N_p} - \dfrac{\bar{X} N_p}{N_p}}{S_X \sqrt{\dfrac{N_p N_q}{N_p}}} \;=\; \frac{\bar{X}_p - \bar{X}}{S_X \sqrt{\dfrac{N_p N_q}{N_p^2}}}$$

$$=\; \frac{\bar{X}_p - \bar{X}}{S_X \sqrt{\dfrac{N_q}{N_p}}} \;=\; \frac{\bar{X}_p - \bar{X}}{S_X} \sqrt{\dfrac{N_p}{N_q}}$$

$$r_{\text{pbis}} \;=\; \frac{\bar{X}_p - \bar{X}}{S_X} \sqrt{\dfrac{p}{q}}$$

5.4.2   Le coefficient phi

Le coefficient phi (ϕ) est une mesure du degré de relation entre deux variables vraiment dichotomiques. C'est un équivalent algébrique de la corrélation de Pearson, et l'application de l'équation de ce dernier à des données, dont les valeurs peuvent être 1 ou 0, donne un coefficient phi. La formule de calcul est

$$\phi_{XY} \;=\; \frac{p_c - p_X p_Y}{\sqrt{p_X(1 - p_X) p_Y(1 - p_Y)}}$$

où p_c est la proportion de répondants ayant obtenu le score 1 aux deux variables X et Y, et $p_X p_Y$ sont des proportions de répondants ayant réussi respectivement X et Y.

Une équation fort populaire pour calculer le coefficient ϕ prend la forme

$$\phi = \frac{bc - ad}{\sqrt{(b+d)(a+c)(a+b)(c+d)}}$$

où l'on se base sur un tableau tel que :

X

		0	1	
	0	a	b	$a + b$
Y				
	1	c	d	$c + d$
		$a + c$	$b + d$	

Notons que le postulat de distribution normale de chacune des deux variables dans la population n'est pas requis. L'exemple présenté en bas de page, conçu à partir des données du tableau 5.7, illustre le calcul du coefficient phi. La variable X provient des réponses à la question « Votre travail est-il intéressant ? », et la variable Y provient des réponses à la question « Êtes-vous satisfait de votre lieu de travail ? »

TABLEAU 5.7
Données pour le calcul
du coefficient phi (ϕ)

Y / X	Mon travail est peu intéressant	Mon travail est très intéressant	
Très satisfait de mon lieu de travail	7 a	b 18	25 $a + b$
Peu satisfait de mon lieu de travail	44 c	d 25	69 $c + d$
	51 $a + c$	43 $b + d$	

Exemple de calcul du coefficient phi

$$\phi = \frac{(18 \times 44) - (7 \times 25)}{\sqrt{51 \times 43 \times 25 \times 69}} = 0{,}32 .$$

Ce coefficient indique une relation très modérée entre la satisfaction reliée au travail et la satisfaction reliée au lieu de travail.

L'équivalence algébrique entre la corrélation de Pearson et le coefficient phi est démontrée dans l'exemple suivant.

Exemple d'équivalence algébrique entre le coefficient de Pearson et le coefficient phi

Supposons le tableau suivant.

$$X$$

		0	1	
	1	a	b	$a + b$
Y	0	c	d	$c + d$
		$a + c$	$b + d$	

Partant de l'équation de la corrélation de Pearson $r_{XY} = \dfrac{\sum \text{Cov}_{XY}}{S_X S_Y}$ et considérant que X et Y sont des variables dichotomiques, alors

$$\sum Y = \sum Y^2 = a + b \text{ et } \bar{Y} \text{ ou } p_Y = \frac{a + b}{N}$$

$$\sum Y = \sum Y^2 = b + d \text{ et } \bar{X} \text{ ou } p_X = \frac{b + d}{N}$$

où $N = a + b + c + d$ et $\sum XY = b$.

L'expression

$$S_X = \sqrt{p_X p_Y} \sqrt{\left(\frac{b + d}{N}\right)\left(\frac{a + c}{N}\right)}$$

(où $q = 1 - p_X = a + c/N$) devient

$$\frac{1}{N}\sqrt{(b + d)(a + c)}$$

et l'expression

$$S_Y = \sqrt{\left(\frac{a + b}{N}\right)\left(\frac{c + d}{N}\right)}$$

devient

$$\frac{1}{N}\sqrt{(a+b)(c+d)}.$$

Ainsi

$$S_X = \frac{1}{N}\sqrt{(b+d)(a+c)} \text{ et } S_Y = \frac{1}{N}\sqrt{(a+b)(c+d)}.$$

L'équation de Pearson peut être exprimée sous la forme

$$r_{XY} = \frac{\dfrac{\sum XY}{N} - \overline{X}\,\overline{Y}}{S_X S_Y}$$

et

$$r_{\text{phi}} = \frac{\dfrac{b}{N} - \left(\dfrac{b+d}{N}\right)\left(\dfrac{a+b}{N}\right)}{\dfrac{1}{N}\sqrt{(b+d)(a+c)}\dfrac{1}{N}\sqrt{(a+b)(c+d)}}$$

$$= \frac{N_b - (b+d)(a+b)}{\sqrt{(b+d)(a+c)(a+b)(c+d)}}$$

où $N = a + b + c + d$.

$$r_{\text{phi}} = \frac{bc - ad}{\sqrt{(b+d)(a+c)(a+b)(c+d)}}$$

5.4.3 La corrélation tétrachorique r_{tet}

Ce coefficient est utilisé pour estimer la relation entre deux variables dichotomisées artificiellement. Il faut que X et Y aient une distribution bivariée normale, ce qui signifie que la distribution en Y de tous les répondants qui ont le même score X est normale, et que la distribution en X de tous ceux qui ont le même score Y est elle aussi normale. Donc, X et Y sont des variables continues et normalement distribuées. Comme dans le cas de la corrélation bisériale, le calcul du coefficient tétrachorique prévoit un ajustement qui permet d'obtenir une estimation de ce que la corrélation de Pearson serait si les variables avaient été traitées comme continues. La formule de calcul est

$$r_{\text{tet}} = \text{Cos} \frac{180°}{1 + \sqrt{\dfrac{bc}{ad}}} \quad \text{où l'on considère}$$

a	b
c	d

$$= \text{Cos} \frac{1800}{1 + \sqrt{\dfrac{18 \times 44}{7 \times 25}}} = \text{Cos} \frac{180°}{3,127}$$

$$= \text{Cos } 57,56° = 0,54 \,.$$

Avec les données utilisées pour le calcul du coefficient phi, on obtiendrait donc un coefficient tétrachorique de 0,54.

Les coefficients phi et tétrachorique sont parfois utilisés pour estimer la relation entre les items corrigés de façon dichotomique. Le coefficient phi, comme l'ont bien décrit Lord et Novick, est relié de façon simple et directe à la corrélation item-test, à la variance du test et aussi à la précision du test. D'ailleurs, dans le cas précis où tous les items sont parallèles, on peut utiliser le coefficient phi dans la formule de Spearman-Brown, laquelle s'exprime de la façon suivante :

$$\rho_{XX'} = \frac{n\rho_{ij}}{1 + (n-1)\rho_{ij}}$$

où ρ_{ij} est le coefficient phi.

Le problème que soulève le coefficient tétrachorique est l'incertitude concernant le postulat de la distribution bivariée normale. Les deux types de coefficients (phi et tétrachorique) ne sont pas recommandés pour un usage en analyse factorielle et ne possèdent pas vraiment la propriété d'invariance qu'on veut bien leur prêter. Pour une discussion approfondie sur le sujet, le lecteur pourra consulter Lord et Novick (1968).

5.4.4   La corrélation de Spearman ρ_{XY}

Lorsque deux variables continues sont mesurées sur une échelle ordinale, le coefficient de corrélation de rangs de Spearman (rhô) s'applique. Si les données originales peuvent être considérées selon l'échelle à intervalles égaux, alors le coefficient de Spearman donne une bonne approximation du coefficient de Pearson, duquel il est l'équivalent algébrique. Cependant, l'expérience démontre que le coefficient de Spearman a généralement tendance à prendre une valeur plus faible que celle obtenue avec le coefficient de Pearson en raison de la transformation en rangs.

On peut démontrer l'équivalence algébrique de la façon suivante: puisque la moyenne d'une série de N rangs, en commençant par 1, est égale à

$$\frac{(N+1)}{2} = \frac{\sum X}{N}$$

alors

$$SC_{\text{rang}} = \frac{N(N+1)(2N+1)}{6}$$

et

$$S_X = \sqrt{\frac{\sum X^2}{N} - \overline{X}^2} \rightarrow \sqrt{\frac{N(N+1)(2N+1)}{6N} - \frac{(N+1)^2}{4}}$$

$$= \sqrt{\frac{(N+1)(2N+1)}{6} - \frac{(N^2+2N+1)}{4}} \rightarrow \sqrt{\frac{N^2-1}{12}}.$$

Ainsi,

$$\rho_{XY} = \frac{\dfrac{\sum XY}{N} - \overline{X}\overline{Y}}{S_X S_Y} \rightarrow \frac{\dfrac{\sum R_X R_Y}{N} - \left(\dfrac{N+1}{2}\right)^2}{\dfrac{N^2-1}{12}}$$

$$= \frac{12\sum R_X R_Y - 3N(N+1)^2}{N(N^2-1)}$$

où

$$\rho_{XY} = 1 - \frac{6\sum\limits^{N} D^2}{N(N^2-1)}$$

où D est la différence entre les rangs aux deux variables pour une même personne.

Le tableau 5.8 contient des données permettant de calculer le coefficient de corrélation de Spearman.

On peut donc affirmer qu'il y a un bon degré de concordance entre les deux juges quant au classement des répondants.

Le degré de concordance entre des juges est représenté par le tau (τ) de Kendall; en effet, Kendall a proposé une autre méthode pour calculer le degré de corrélation entre les rangs, telle que

$$\tau = \frac{\text{Variance des sommes de rangs}}{\text{Variance maximale possible des sommes de rangs}}.$$

Ce coefficient n'est toutefois pas comparable au rhô de Spearman ni au r de Pearson. À partir du tau, Kendall a aussi dérivé un coefficient W de concordance entre plusieurs juges.

TABLEAU 5.8
Données pour le calcul du coefficient de corrélation de Spearman

Répondants	Juge I	Juge II	D_i	D_i^2
a	10	9	1	1
b	8	6	2	4
c	4	5	1	1
d	9	8	1	1
e	2	1	1	1
f	5	3	2	4
g	1	2	1	1
h	3	4	1	1
i	6	10	4	16
j	7	7	0	0
				$\sum D_i^2 = 30$

$$\rho_{\text{Spearman}} = 1 - \frac{6(30)}{10(99)} = 1 - \frac{180}{990} = 0{,}818$$

MOTS CLÉS

- Coefficient de corrélation de Pearson
- Coefficient de détermination
- Coefficient de régression
- Corrélation
- Corrélation bisériale
- Corrélation de Spearman
- Corrélation phi
- Corrélation point-bisériale
- Corrélation tétrachorique
- Distribution conditionnelle
- Distribution marginale
- Équation de régression
- Erreur standard d'estimation
- Relation curvilinéaire
- Relation linéaire

PARTIE III

La fidélité

Le concept de fidélité

OBJECTIF

Comprendre le concept de fidélité et les autres concepts introduits par la théorie classique des tests, ainsi que les relations entre chacun d'entre eux.

6.1   QUELQUES PRINCIPES DE BASE

Les scores obtenus à des tests psychologiques proviennent de réponses données par des êtres humains. L'une des caractéristiques du comportement humain est qu'il varie d'une fois à l'autre; aussi faut-il se préoccuper de la consistance des scores. L'échantillonnage des items, les circonstances particulières entourant l'administration du test et les caractéristiques des répondants introduisent une certaine inconsistance dans la mesure. Les mesures physiques sont généralement stables et les différences entre les scores sont facilement explicables, ce qui n'est pas le cas des mesures psychologiques dont les scores sont soumis aux conditions extérieures.

En étudiant la théorie de la précision (terme générique pour désigner l'étude de la consistance), nous nous sommes intéressés à deux problèmes fondamentaux. Le premier concerne le degré de consistance des résultats, c'est-à-dire le degré de relation entre les scores obtenus dans diverses conditions de passation des tests. Le second se rapporte aux causes des différences observées entre les scores, à savoir les facteurs qui engendrent des scores inconsistants, et à l'importance de leurs effets.

La théorie classique des tests fournit les éléments de base nécessaires pour résoudre ces deux problèmes. Elle se fonde sur quelques postulats, quelques définitions et quelques relations que nous allons maintenant présenter.

Selon la théorie classique des tests, tout score observé (X) est composé de deux parties: un score vrai (V) et l'erreur (E). Cette relation peut être représentée par l'équation suivante:

$$X = V + E.$$

Le concept fondamental de toute la théorie est sans aucun doute celui du score vrai. Ce concept, ou construit hypothétique, peut être défini de diverses façons.

Ainsi, on peut le concevoir comme le score pouvant être obtenu à un test parfait, c'est-à-dire un test qui mesure sans erreur. De fait, si on pouvait effectuer des mesures sans erreur, tout score observé pourrait être considéré comme vrai; le problème, c'est qu'il y a toujours un degré d'erreur.

Il existe d'autres façons de concevoir le score vrai. Celle que l'on vient de nommer est qualifiée de «platonique» par certains auteurs, dont Sutcliffe (1980) et Lord et Novick (1968). Un court mais bon exposé portant sur ces diverses conceptions est présenté dans l'ouvrage de Lord et Novick (1968). Dans le présent texte, nous avons adopté une conception de la fidélité qui s'appuie sur les mêmes bases que celles de ces deux auteurs. En d'autres termes, nous avons gardé la même définition du score vrai et les mêmes postulats de base concernant les relations entre les scores vrais et l'erreur.

Le score vrai d'un répondant (i) à un instrument donné (g) est défini comme la valeur attendue du score observé, c'est à-dire

$$V_{ig} = \varepsilon X_{ig}$$

où V_{ig} est une constante, X_{ig} une variable quelconque, et ε la valeur attendue.

Une autre façon d'exprimer la relation entre un score vrai et un score observé consiste à décrire le score vrai comme étant le score moyen d'un individu pour un nombre infini d'utilisations d'un même instrument de mesure.

Un autre concept important en théorie classique des tests est celui de l'erreur (E). Il s'agit de l'erreur de mesure non liée aux buts du test, qui peut être positive ou négative. Si elle est positive, il y a surestimation du score vrai par rapport au score observé; si elle est négative, il y a sous-estimation du score vrai par rapport au score observé. Cette erreur peut être définie comme étant la différence entre le score vrai et le score observé, c'est-à-dire $X_{ig} - V_{ig} = E_{ig}$. Ce type d'erreur est essentiellement dû au hasard, ce qui exclut toute source de variation d'erreur systématique.

Parmi les constatations les plus importantes que l'on puisse faire, il y a celles concernant la moyenne et la variance. En partant de l'équation première $X = V + E$ (1), qui est vraie pour chaque individu d'un groupe donné, on peut faire la sommation pour N observations (2) puis diviser par N (3) pour obtenir la **moyenne** (4). Ainsi,

$$X = V + E \tag{1}$$

$$\sum X = \sum (V + E) \tag{2}$$

$$= \sum V + \sum E$$

$$\frac{\sum X}{N} = \frac{\sum V}{N} \quad \text{où} \quad \frac{\sum E}{N} = 0 \tag{3}$$

$$\overline{X} = \overline{V}. \tag{4}$$

Le terme $\sum E/N$, qui égale $\overline{E}$, disparaît de l'équation car la valeur attendue des erreurs (variable aléatoire) tend vers 0. Les effets positifs et négatifs de l'erreur ont tendance à s'annuler lorsque le nombre d'observations tend vers l'infini.

La même procédure peut s'appliquer pour la **variance**: il suffit de mettre au carré chaque score-déviation, d'en faire la somme puis de diviser par le nombre d'observations (N). (Le lecteur intéressé peut consulter Gulliksen, 1950.) Ainsi,

$$\frac{\sum (X - \overline{X})^2}{N} = \frac{\sum [(V - \overline{V}) + (E - \overline{E})]^2}{N} \tag{1}$$

$$S_X^2 = \frac{\sum (V - \overline{V})^2}{N} + \frac{\sum (E - \overline{E})^2}{N} + \frac{2\sum (V - \overline{V})(E - \overline{E})}{N} \tag{2}$$

$$= S_V^2 + S_E^2 \ \text{ car } \ \sum \frac{VE}{N} = 0 \ ^1. \tag{3}$$

Le résultat obtenu est d'une grande importance puisqu'il permet de construire une définition simple et intéressante de la fidélité d'un test.

Le tableau 6.1 (p. 98) présente des données fictives qui permettent d'illustrer les principales relations de la théorie classique des tests.

À partir des données du tableau, la moyenne des erreurs est ainsi obtenue:

$$\frac{(-1) + (-1) + (0) + \dots + (2) + (0)}{10} = 0.$$

On remarque que la corrélation (degré d'association) entre les scores vrais et les scores d'erreur égale 0 (on peut le vérifier à l'aide de la formule suivante), car en fait le numérateur (de même que la covariance) est égal à 0:

$$r_{VE} = \frac{\sum (V - \overline{V})(E - \overline{E})}{N S_V S_E}$$

$$r_{VE} = \frac{[(7 - 5)(-1 - 0)] + [(7 - 5)(-1 - 0)] + \dots + [(5 - 5)(0 - 0)]}{10 \times 1,55 \times 1,30} = 0.$$

---

1. Un postulat important de cette théorie est que les scores vrais et les scores d'erreur correspondants ne sont pas en corrélation, c'est-à-dire $r_{VE} = 0$. Il est ainsi postulé que les scores d'erreur à diverses mesures ne sont pas en corrélation, c'est-à-dire $r_{E_1 E_2} = 0$ ou, de façon générale, $r_{EgEh} = 0$.

TABLEAU 6.1
Illustration de la
théorie classique du
score vrai, résultats
fictifs de dix étudiants
à un test quelconque

Résultats observés* (X)	Score vrai (V)	Erreur (E)
6	7	−1
6	7	−1
3	3	0
7	6	1
1	3	−2
5	6	−1
6	4	2
3	3	0
8	6	2
5	5	0
Moyenne 5,00	5,00	0
Variance 4,00	2,40	1,60
Écart type 2,00	1,55	1,30

*   Chaque résultat X est la somme de deux composantes ($V + E$).

La variance des résultats observés peut s'exprimer en fonction de la variance des résultats vrais et de la variance d'erreur.

On sait que $X = V + E$.

Si l'on calcule la déviation à la moyenne :

$$X - \overline{X} = (V - \overline{V}) + (E - \overline{E}) \tag{1}$$

et que l'on mette au carré :

$$(X - \overline{X})^2 = [(V - \overline{V}) + (E - \overline{E})]^2 \tag{2}$$

qui devient :

$$(X - \overline{X})^2 = (V - \overline{V})^2 + (E - \overline{E})^2 + 2[(V - \overline{V})(E - \overline{E})]$$

puis que l'on additionne et que l'on divise par N :

$$\frac{\sum(X - \overline{X})^2}{N} = \frac{\sum(V - \overline{V})^2}{N} + \frac{\sum(E - \overline{E})^2}{N} + \frac{2\sum[(V - \overline{V})(E - \overline{E})]}{N} \tag{3}$$

on trouve que :

$$S_X^2 = S_V^2 + S_E^2 + 2\text{COV}_{VE}.$$

Étant donné que la covariance entre V et $E = 0$, alors il ne reste que :

$$S_X^2 = S_V^2 + S_E^2$$

une équation fondamentale qui est vérifiée dans l'exemple du tableau 6.1 :

$$4,00 = 2,40 + 1,60.$$

6.2 DEUX DÉFINITIONS IMPORTANTES DE LA FIDÉLITÉ

Il existe au moins deux approches principales pour définir la fidélité, soit celle concernant la proportion de variance et celle concernant la corrélation entre des tests parallèles. Ces deux approches correspondent à deux modèles qui, à première vue, semblent différents : il s'agit du modèle des tests parallèles et du modèle de l'échantillonnage dans un domaine ou un univers. Les deux modèles permettent de formuler les mêmes conclusions concernant l'erreur de mesure ; de plus, il est relativement facile de déduire que le modèle des tests parallèles est un cas différent de l'autre. En effet, il y a un cas où la corrélation entre deux tests est égale à la moyenne des corrélations entre tous les tests, et la racine carrée de cette corrélation est égale à la corrélation de chaque test avec les scores vrais. Cela se produit lorsque tous les tests échantillonnés ont le même écart type et la même corrélation avec le score total au test. Pour être considérés comme parallèles, deux tests doivent, en plus de respecter des exigences de contenu et de difficulté :

– présenter le même écart type,
– présenter la même corrélation avec les scores vrais,
– présenter une variance d'erreur due au hasard seulement.

On peut déduire, en plus de ces postulats, que les erreurs aléatoires ont tendance à s'équilibrer, ce qui se traduit par une somme et une moyenne nulles.

Enfin, disons que des erreurs dues au hasard ne peuvent normalement être en corrélation avec d'autres variables, ce qui implique que les erreurs à un test ont une corrélation nulle avec les erreurs à un autre test ($r_{E_1 E_2} = 0$), comme nous l'avons déjà mentionné, et que les erreurs à l'un ou l'autre test sont en corrélation nulle avec les scores vrais ($r_{E_1 V}$ ou $r_{E_2 V} = 0$).

En fait, ce modèle admet sept principes formulés symboliquement de la façon suivante :

1. $S_1 = S_2$

2. $r_{1V} = r_{2V}$

3. $r_{E_1 V} = 0$

4. $r_{E_2 V} = 0$

5. $r_{E_1 E_2} = 0$

6. $\overline{X}_{E_1} = 0$

7. $\overline{X}_{E_2} = 0$.

De ces principes on déduit facilement que

$$S_1^2 = S_V^2 + S_{E_1}^2$$

$$S_2^2 = S_V^2 + S_{E_2}^2$$

$$S_{E_1}^2 = S_{E_2}^2$$

étant donné que les autres éléments sont égaux. Les variances d'erreur des tests parallèles sont elles aussi égales.

La corrélation entre deux tests parallèles est égale au rapport de la variance des scores vrais sur la variance de l'un ou l'autre des tests :

$$r_{12} = r_{11} = \frac{S_V^2}{S_1^2 \text{ ou } S_2^2}$$

et généralement

$$r_{11} = r_{22} = r_{XX'}.$$

Le modèle des tests parallèles est fort populaire en raison, principalement, de sa simplicité. Il suffit d'obtenir la corrélation entre les deux tests pour déterminer la fidélité d'un test. Le modèle de l'échantillonnage dans un domaine permet de générer les mêmes formules et aussi d'estimer la fidélité. De plus, ce modèle fournit de nombreuses formules et principes que l'on ne peut obtenir autrement, tout en ne postulant qu'une chose : que la corrélation moyenne d'un item avec les autres soit identique pour tous les items.

Il suffit d'utiliser l'égalité fondamentale pour définir la fidélité. En effet, en divisant chacun de ses éléments par une même quantité, soit S_X^2 la variance des résultats observés, on obtient :

$$\frac{S_X^2}{S_X^2} = \frac{S_V^2}{S_X^2} + \frac{S_E^2}{S_X^2} \rightarrow 1 = \frac{S_V^2}{S_X^2} + \frac{S_E^2}{S_X^2}$$

où $\dfrac{S_V^2}{S_X^2}$ = proportion de variance observée qui est de la variance vraie,

$\dfrac{S_E^2}{S_X^2}$ = proportion de variance observée qui est de la variance d'erreur.

La précision peut ainsi être définie comme étant un rapport de variance :

$$r_{XX'} = \frac{S_V^2}{S_X^2}$$

où $r_{XX'}$ désigne le coefficient de fidélité. On peut réécrire la formule ainsi :

$$r_{XX'} = 1 - \frac{S_E^2}{S_X^2}.$$

La relation qui existe entre les trois variances peut être illustrée de la façon suivante :

où le cas (1) montre un rapport de fidélité plus grand que le cas (2).

En résumé et de façon générale, l'estimation de la fidélité d'un test dépend de la corrélation entre deux tests parallèles. Considérant qu'un répondant obtient le même score vrai à deux tests parallèles et que l'équation du score vrai est $X = V + E$, on déduit la relation suivante :

$$r_{X_1X_2} = \frac{\sum (v_j + E_{j_1})(v_j + E_{j_2})}{NS_{X_1}S_{X_2}}$$

$$= \frac{\sum v_j^2 + \sum v_j E_{j_2} + \sum E_{j_1}v_1 + \sum E_{j_1 j_2}}{NS_{X_1}S_{X_2}}$$

où $x_{1_v} = v_j + E_{j_1}$ avec X_1 et v_1 comme scores-déviations.

Étant donné que les covariances entre les scores vrais et les erreurs sont supposées nulles, les deuxième et troisième termes du numérateur disparaissent. Le dernier terme disparaît lui aussi, car les erreurs à deux tests ne sont pas en corrélation. Il reste donc :

$$r_{XX'} = \frac{\sum v_j^2}{N S_{X_1} S_{X_2}}.$$

Mais $S_{X_2} = S_{X_1}$ car les deux tests sont parallèles. Ainsi, on peut réécrire l'équation de la façon suivante :

$$r_{XX'} = \frac{\sum v_j^2}{N S_X^2}$$

où $\sum v_j^2$ correspond à

$$\frac{\sum (V - \bar{V})^2}{N}$$

qui égale S_V^2 ; donc il reste

$$r_{XX'} = \frac{S_V^2}{S_X^2}.$$

Le lien est ainsi fait entre les deux définitions. Le coefficient de fidélité correspond à un rapport de variance et prend des valeurs entre 0 et 1, lesquelles ne peuvent être que positives. L'équation suivante illustre bien ce fait :

$$r_{XX'} = 1 - \frac{S_E^2}{S_X^2}.$$

Lorsque la variance d'erreur (S_E^2) est maximale, elle est égale à la variance du test (S_X^2) ; on dit alors que la variance observée est complètement entachée d'erreur et que le coefficient de fidélité est nul. La fidélité est la certitude qu'un test mesure des scores vrais, alors que le coefficient de fiabilité donne le degré de fidélité.

Un autre rapport peut être établi entre les scores vrais et les scores observés. Si l'on considère des scores de déviation, pour simplifier l'écriture des équations, en partant de

$$r_{XV} = \frac{\sum (V + E)V}{N S_X S_V}$$

$$= \frac{\sum V^2 + \sum VE}{NS_X S_V}$$

où $\frac{\sum V^2}{N} = S_V^2$ et $\sum VE = 0$,

alors on obtient

$$r_{XV} = \frac{S_V^2}{S_X S_V}$$

$$= \frac{S_V}{S_X}.$$

Donc de

$$r_{XX'} = \frac{S_V^2}{S_X^2}$$

on déduit la relation

$$r_{XV} = \sqrt{r_{XX'}}.$$

La corrélation entre les scores vrais et les scores observés est égale à la racine carrée du coefficient de fidélité. Cette corrélation est connue comme étant l'indice de fidélité.

À partir des données du tableau 6.1 (p. 98), on peut maintenant calculer les diverses valeurs.

$$r_{XV} = \frac{\sum (X - \bar{X})(V - \bar{V})}{NS_X S_V} \tag{1}$$

$$= \frac{[(6-5)(7-5)] + [(6-5)(7-5)] + \ldots + [(5-5)(5-5)]}{10 \times 2,00 \times 1,55} = 0,775$$

$$r_{XV} = \frac{S_V}{S_X} = \frac{1,55}{2,00} = 0,775 \tag{2}$$

$$r_{XX'} = r_{XV} = \frac{2,40}{4,00} = 0,60 \tag{3}$$

$$r_{XX'} = 1 - \frac{1,60}{4,00} = 0,60 \tag{4}$$

$$1 = \frac{S_V^2}{S_X^2} + \frac{S_E^2}{S_X^2} = \frac{2,40}{4,00} + \frac{1,60}{4,00} \tag{5}$$

Les démonstrations précédentes comportent quatre résultats importants, soit trois coefficients et un indice :

— coefficient de corrélation : $r_{XV} = 0,775$,

— coefficient de fidélité : $r_{XX'} = 0,60$,

— coefficient de détermination : $r_{XV}^2 = 0,60$,

— indice de fidélité : $\sqrt{r_{XX'}} = 0,775$.

6.3   UNE DÉFINITION DE L'ERREUR

La variabilité des scores observés S_X peut être connue directement et il existe des procédés pour estimer le coefficient de fidélité, tels les procédés expérimentaux que nous vous présenterons plus loin. Si l'on représentait la variabilité des erreurs (S_E ou S_E^2) selon ces deux paramètres, un problème d'ordre pratique serait résolu. Il serait alors possible d'écrire :

$$S_E^2 = S_X^2 - S_V^2$$

$$= S_X^2 - S_X^2 r_{XX'} \text{ car } r_{XX'} = \frac{S_V^2}{S_X^2}$$

$$= S_X^2(1 - r_{XX'})$$

$$S_E = S_X\sqrt{1 - r_{XX'}}.$$

S_E est connu sous le nom d'erreur type de mesure, d'erreur probable ou d'erreur standard. Selon les données du tableau 6.1, cela donne :

$$S_E = 2,00\sqrt{1 - 0,60} = 1,3.$$

S_E représente l'erreur aléatoire qui n'est jamais complètement éliminée de toute mesure, même si des précautions sont prises pour la rendre le plus petite possible.

Ainsi, on dit qu'une mesure est fidèle ou précise dans la mesure où il y a le moins d'erreur possible ou lorsque S_E est le plus petit possible. Théoriquement, l'erreur est nulle.

Cette notion de fidélité implique celle de la reproduction des scores, c'est-à-dire la possibilité d'obtenir les mêmes résultats pour les mêmes personnes dans les mêmes conditions et en des occasions différentes, mais avec des tests mesurant le même trait. On connaît l'importance de la répétition des expériences en sciences expérimentales à des fins de généralisation scientifique. Ce concept est important, car il concerne la consistance d'un ensemble de mesures; c'est en fait une propriété hypothétique d'un ensemble de résultats. Si l'on considère que la validité est cette autre propriété qui concerne la nature de ce qui est mesuré, et non pas la précision de la mesure, il appert qu'un bon degré de fidélité ne signifie pas nécessairement un bon degré de validité. La fidélité est une condition nécessaire mais non suffisante de la validité.

La théorie classique des tests est une solution que l'on a appliquée à la théorie de l'erreur de mesure. Il y est précisé que pour un score vrai donné, plusieurs mesures équivalentes du même trait effectuées dans les mêmes conditions en donneraient en moyenne une bonne approximation. Les scores obtenus se répartiraient symétriquement au-dessus et au-dessous de ce score vrai. De telles distributions d'erreurs aléatoires se répartissent normalement, et on s'attend à ce que la distribution des scores observés autour du score vrai le soit aussi. Plus la répartition est grande, plus il y a d'erreurs. En supposant que la dispersion des erreurs soit la même pour chaque répondant, un écart type des erreurs peut être conçu et estimé. On l'appelle «erreur standard de mesure», qui s'exprime par

$$S_E = S_X \sqrt{1 - r_{XX'}}.$$

Cette erreur est le problème de la mesure et on cherche à l'éliminer le plus possible, c'est-à-dire à contrôler les facteurs qui influent sur les scores observés. En partant des données du tableau 6.1, soit $S_E = 1,3$, $r_{XX'} = 0,60$ et $S_X = 2,00$, et en supposant que l'on cherche à interpréter un résultat observé en fonction de l'erreur, il faudra déterminer les limites dans lesquelles peut se situer le résultat vrai des répondants qui ont le même résultat observé. Ainsi,

$$X - 1S_E < V < X + 1S_E \quad \text{pour une probabilité de 0,68}$$

$$X - 2S_E < V < X + 2S_E \quad \text{pour une probabilité de 0,95}$$

$$X - 3S_E < V < X + 3S_E \quad \text{pour une probabilité de 0,99}$$

soit $X = 7$. On a alors:

$$7 - 1,3 < V < 7 + 1,3$$

$$7 - 2,6 < V < 7 + 2,6$$

$$7 - 3,9 < V < 7 + 3,9 \rightarrow 3,1 < V < 10,9$$

ce qui signifie que pour un résultat observé de 7, le résultat vrai peut se situer entre 3,1 et 10,9 selon une probabilité de 99,7 %.

6.4   LES SOURCES D'ERREUR DE MESURE

Puisqu'il est important de diminuer autant que possible l'erreur de mesure, il est important d'en cerner les sources. Pour ce faire, définissons l'erreur comme toute variance non pertinente au but d'un test et qui produit de l'inconstance dans les résultats. Ainsi, une variable engendre de l'erreur si, d'une part, elle est non pertinente et si, d'autre part, elle produit de l'instabilité d'une occasion à l'autre. Les trois principales catégories d'erreur sont :

1°   l'erreur engendrée par le test lui-même,

2°   l'erreur reliée aux conditions de passation du test,

3°   l'erreur reliée aux répondants au test.

La première catégorie comprend les facteurs contrôlables tels que : l'échantillonnage des items, surtout si le test est supposé mesurer un trait bien précis ; le langage utilisé, l'ambiguïté des énoncés, des questions ou des choix ; l'imprécision des instructions relatives à la façon de répondre ; tout ce qui incite le répondant à répondre au hasard ; une limite de temps inappropriée. Tous ces facteurs engendrent des réponses instables et contribuent à réduire la fidélité d'un test.

La deuxième catégorie concerne les procédures de passation du test. Si ces procédures sont standard, les risques d'erreur sont réduits. L'inexpérience des groupes non habitués à passer des tests peut être un facteur d'erreur. Le manque de concentration de la personne qui fait passer le test et les erreurs dans les instructions ou le minutage entrent aussi dans cette catégorie.

Bien que les deux premières catégories contiennent des sources d'erreur facilement contrôlables ou relativement faciles à éviter, la situation est fort différente pour la troisième catégorie, soit celle qui concerne le répondant. Plusieurs sources d'erreur y ont déjà été détectées par les spécialistes ; la liste fournie par Thorndike (1971) est impressionnante. Nous nous contenterons cependant de mentionner les plus importantes, soit la motivation, l'habitude de passer des tests, l'anxiété, l'apprentissage différentiel et les variables d'ordre physiologique.

Il y a erreur de mesure si certaines personnes faisant partie d'un groupe ont une motivation différente de celle de l'ensemble du groupe. Si les conditions de passation du test pour un même groupe changeaient lors d'une autre occasion, on n'obtiendrait probablement pas les mêmes résultats. Ce sont surtout les tests de rendement maximal qui sont touchés par ce facteur.

En passant un test, il est toujours postulé que les répondants ont une expérience équivalente tant de la procédure utilisée que de la matière testée. Toutefois, deux situations indésirables (car elles introduisent une erreur de mesure) peuvent se produire. D'une part, l'inexpérience de certains répondants résulte en une incapacité plus ou moins grande de donner leur rendement maximal, auquel cas leur score ne reflète pas correctement le degré de présence du trait mesuré. D'autre part, certaines personnes se spécialisent dans les tests : ce sont des experts qui ont atteint un degré de sophistication tel qu'ils peuvent obtenir une bonne réponse à des items en détectant des indices autres que ceux devant normalement servir. Ils donnent un bon rendement là où leur compétence le demande, et ainsi leur résultat est surestimé. Ces deux situations engendrent une erreur de mesure, ce qui diminue la fidélité du test.

Plusieurs personnes ressentent une certaine nervosité lorsqu'elles doivent passer un test. La plupart du temps, c'est un manque de confiance, justifié ou non, face au degré de présence du trait mesuré qui en est la cause. L'anxiété affectant le rendement, on doit donc tenter de la réduire autant que possible.

Quant à l'apprentissage différentiel des répondants, il ne joue vraiment que lorsque certains reçoivent une préparation ou une aide spéciale, ou encore un entraînement différent plus ou moins efficace. Dans les conditions prétest ou posttest, on retrouve cette situation où, généralement, la corrélation entre les résultats aux deux tests décroît avec la durée de l'intervalle entre les deux tests.

Le dernier facteur est constitué de variables dites physiologiques. Il est le plus inévitable car ces variables sont imprévisibles et vraiment individualisées. En effet, personne n'est à l'abri de la fatigue, de la maladie, d'indispositions de tous ordres, etc. Le manque de concentration et l'inattention qui en résultent influent sur le rendement et tendent à fausser les résultats de la mesure.

6.5 LES CONCEPTS DE BASE DE LA THÉORIE DES TESTS

La théorie classique des tests s'appuie sur certains postulats et relations tels que le score observé, le score vrai, l'erreur de mesure et leur variance, de même que les corrélations entre ces derniers concepts et résultats statistiques. Dans la présente section, nous présentons de façon séquentielle ces concepts et résultats déjà introduits précédemment.

Soit X le résultat observé, V le résultat vrai (concept) et E le résultat d'erreur.

$$V = \lim_{n \to \infty} \frac{\sum_{i=1}^{n} X}{n} = \varepsilon X$$

où ε = valeur attendue.

Donc, le résultat vrai est la valeur attendue d'un résultat X qui se distribue au hasard. Selon la théorie, on sait que $X = V + E$. Ainsi, l'erreur de mesure est définie par $E = X - V$. Puisqu'il s'agit d'erreur aléatoire se distribuant au hasard, on peut démontrer que εE ou $\sum E = 0$.

En effet,

$$\sum E = \sum (X - V) = \sum X - \sum V$$

et, en raison de la définition de V où $V = \sum X$, on obtient, par substitution, $\sum V - \sum V = 0$, donc $\sum E = 0$.

6.5.1   Quelques définitions importantes

Parmi les définitions importantes de la théorie classique des tests, mentionnons celles des scores équivalents, des scores parallèles, des scores tau (τ) équivalents et des scores essentiellement tau (τ) équivalents. Voici les caractéristiques de chacun de ces scores.

1. Deux scores, X_{ga} et $X_{g'a}$, sont **équivalents** si leurs scores vrais sont égaux, soit $V_{ga} = V_{g'a}$, et si les distributions des erreurs de mesure sont identiques, soit $F(E_{ga}) = F(E_{g'a})$.
2. Deux scores, X_{ga} et $X_{g'a}$, sont **parallèles** si leurs scores vrais sont égaux, soit $V_{ga} = V_{g'a}$, et si les écarts types des erreurs sont égaux, soit $\sigma(E_{ga}) = \sigma(E_{g'a})$.
3. Deux scores, X_{ga} et $X_{g'a}$, sont **tau (τ) équivalents** si leurs scores vrais sont égaux, soit $V_{ga} = V_{g'a}$.
4. Deux scores, X_{ga} et $X_{g'a}$, sont **essentiellement tau (τ) équivalents** si leurs scores vrais sont égaux à une constante vraie, soit $V_{ga} = a_{gh} + V_{ha}$ où a_{gh} est la constante.

Ces définitions sont particulièrement importantes lorsque arrive le temps d'interpréter le coefficient de fidélité d'un ensemble de scores obtenus d'un groupement d'items qui sont, par postulat, équivalents, parallèles, tau équivalents ou essentiellement tau équivalents. L'estimation de la précision sera plus ou moins juste selon le postulat considéré. Par exemple, si les items sont jugés équivalents, l'un remplaçant l'autre, ou s'ils sont considérés comme des répliques, l'estimation de la précision sera juste.

6.5.2   Les postulats et les relations de base

Voici les principales relations de base de la théorie classique des tests.

1. Tout score observé est composé d'un score vrai et d'une erreur:

$$X = V + E.$$

2. La valeur attendue du score observé $\varepsilon(X)$, sa moyenne en quelque sorte, est égale à celle des scores vrais:

$$\varepsilon(X) = \varepsilon(V)$$

car

$$\varepsilon(X) = \varepsilon(V) + \varepsilon(E)$$

où $\varepsilon(E) = 0$ par définition.

3. La variance observée (S_X^2) est composée de la somme de la variance due aux scores vrais (S_V^2) et de la variance d'erreur (S_E^2):

$$S_X^2 = S_V^2 + S_E^2.$$

Certains auteurs, tels Lord et Novick (1968), préfèrent l'utilisation de paramètres:

$$\sigma_X^2 = \sigma_V^2 + \sigma_E^2.$$

4. Plusieurs postulats concernent la relation entre les trois concepts de base, soit le score observé (X), le score vrai (V) et le score d'erreur (E). Les principaux **postulats** et **corollaires** sont les suivants:

1° $\varepsilon E = 0$ puisque E est aléatoire.

2° $r_{VE} = 0$ Il n'y a pas de relation linéaire entre les scores vrais et l'erreur.

3° $r_{E_1 E_2} = 0$ Il n'y a pas de relation linéaire entre les erreurs à une mesure E_1 et les erreurs à une mesure E_2.

4° $r_{E_1 V_2} = 0$ A fortiori, à cause de 2°, il n'y a pas de relation linéaire entre les erreurs à une mesure et les scores vrais à une autre mesure.

5° $0 < \sigma_X^2 < \infty$ La variance des scores observés est positive et n'est pas limitée théoriquement.

6° $0 < \sigma_V^2 < \infty$ La variance vraie est positive et n'est pas limitée théoriquement.

7° $0 < \sigma_E^2 < \infty$ La variance des erreurs est positive et n'est pas limitée théoriquement.

(Pour 5°, 6° et 7°, on aurait pu utiliser le symbole S plutôt que σ.)

5. La fidélité d'un test est représentée par une corrélation entre deux mesures parallèles, soit $r_{XX'}$, où X et X' sont des mesures parallèles.

6. La valeur du coefficient de fidélité $r_{XX'}$ est théoriquement égale au rapport entre deux variances, soit le rapport de la variance vraie S_V^2 sur la variance totale S_X^2, et s'interprète comme un coefficient de détermination (r_{XV}^2), soit une proportion de variance commune:

$$r_{XV}^2 = r_{XX'} = \frac{S_V^2}{S_X^2}.$$

La démonstration de cette relation part du postulat selon lequel on a des mesures parallèles X et X', et $X = V + E$, et $X' = V + E'$. Il s'ensuit que $S_E^2 = S_{E'}^2$ et que $\varepsilon X = \varepsilon X'$.

Démonstration :

$$r_{XX'} = \frac{S_{XX'}}{S_X S_{X'}} = \frac{\varepsilon(XX') - \varepsilon X \varepsilon X'}{S_X S_{X'}}.$$

En remplaçant par X et X' on obtient

$$r_{XX'} = \frac{\varepsilon[(V+E)(V+E')] - \varepsilon(V+E)\varepsilon(V+E')}{S_X S_{X'}}$$

$$= \frac{\varepsilon(V^2 + VE' + VE + EE') - [(\varepsilon V + \varepsilon E)(\varepsilon V + \varepsilon E')]}{S_X S_{X'}}$$

$$= \frac{\varepsilon V^2 + \varepsilon VE' + \varepsilon VE + \varepsilon EE' - \varepsilon V^2 - (\varepsilon V)(\varepsilon E') - (\varepsilon V)(\varepsilon E) - \varepsilon(E)\varepsilon(E')}{S_X S_{X'}}.$$

Compte tenu des postulats précédents (1°, 2°, 3°, 4°),

$$\varepsilon VE' = \varepsilon VE = \varepsilon EE' = 0$$

car leurs corrélations sont nulles. Par conséquent,

$$(\varepsilon V)(\varepsilon E') = (\varepsilon V)(\varepsilon E) = \varepsilon(V)\varepsilon(E') = 0.$$

En éliminant ces termes de l'équation, il reste donc

$$r_{XX'} = \frac{\varepsilon V^2 - (\varepsilon V)^2}{S_X S_{X'}} = \frac{S_V^2}{S_X^2} \text{ ou } \frac{S_V^2}{S_{X'}^2}$$

où $\varepsilon V^2 - (\varepsilon V)^2 = S_{XV}$ mais $S_{XV} = S_X^2$ (par démonstration) et S_{XV} est l'expression de la covariance entre X et V. Donc,

$$r_{XX'} = r_{XV}^2 = \frac{S_V^2}{S_X^2}$$

ou encore

$$S_V^2 = S_X^2 r_{XX'}$$

ce qui implique qu'avec des mesures parallèles on peut déterminer la variance vraie d'un test de même que l'erreur de mesure S_E.

7. L'erreur de mesure S_E est estimée à partir de l'écart type observé et du coefficient de fidélité. En effet,

$$S_E = S_X \sqrt{1 - r_{XX'}}$$

car

$$S_X^2 = S_V^2 + S_E^2$$
$$= \boxed{S_X^2 r_{XX'}} + S_E^2.$$

→ résultat précédent

En isolant S_E^2 on obtient

$$S_E^2 = S_X^2 - S_X^2 r_{XX'} \quad \text{ou} \quad S_X^2(1 - r_{XX'})$$

et

$$S_E = S_X \sqrt{1 - r_{XX'}}$$

où S_E = erreur de mesure,

σ_E = erreur de mesure dans la population.

Il s'ensuit de ces résultats que

$$r_{XV} = \frac{S_V}{S_X} = \sqrt{r_{XX'}}$$

un indice de fidélité correspondant au maximum de validité prédictive d'un test.

MOTS CLÉS

– Coefficient de fidélité
– Consistance
– Erreur de mesure
– Fidélité
– Inconsistance
– Indice de fidélité
– Scores équivalents

– Scores essentiellement tau (τ) équivalents
– Scores parallèles
– Scores tau (τ) équivalents
– Scores vrais
– Théorie classique des tests
– Variance d'erreur

L'estimation de la fidélité

OBJECTIF

Appliquer les différentes méthodes d'estimation
de la fidélité et en distinguer les caractéristiques
et les limites.

Ce chapitre comprend deux parties : la première présente les méthodes et les problèmes reliés à l'estimation de la fidélité, et la seconde donne des exemples pratiques de calcul et d'interprétation des divers coefficients de fidélité.

7.1   LA VARIANCE D'ERREUR

Bien que l'on ait déjà traité de l'erreur de mesure, il nous semble important d'apporter des précisions supplémentaires sur ce sujet de première importance. La composante « erreur » dans le score observé d'un répondant peut être considérée comme la somme des erreurs qui proviennent de sources précises d'erreur. On a déjà précisé que ces sources d'erreur sont indépendantes l'une de l'autre, de sorte qu'elles ne sont jamais en corrélation : il s'agit là d'un postulat assez faible.

Pour chaque source d'erreur, il est possible de tracer la courbe des erreurs de plusieurs répondants en sachant que la variance de la distribution des erreurs de chacun d'eux sera composée de la somme des distributions provenant de chaque source d'erreur. L'estimation de la fidélité dépend de l'estimation de la variance d'erreur, c'est-à-dire de la distribution des erreurs (S_E^2). Les méthodes pour estimer la fidélité donnent des estimations différentes de S_E^2 parce que ce sont des sources d'erreur différentes qui interviennent à chaque fois.

Pour évaluer un coefficient de fidélité, il est donc primordial de connaître la méthode utilisée pour obtenir ce dernier et de repérer les sources de variance qui ont pu intervenir. On peut classer ces sources de la façon suivante :

- la variance de la distribution des erreurs résultant d'un changement, d'une occasion à une autre ou d'un milieu à un autre (S_E^2);

- la variance découlant de la subjectivité lors de la correction (S_{ES}^2);

- la variance attribuable au hasard (S_{EH}^2) et à diverses autres sources, telles la mémoire et la fatigue (S_{EM}^2 et S_{EF}^2).

La fidélité d'un instrument de mesure se définit comme étant la corrélation ou le degré de concordance entre deux tests parallèles ou deux tests parallèles dont les items sont des échantillons tirés d'une même population. L'indice est donc un coefficient de corrélation entre des mesures qui donnent précisément le même score vrai pour chaque répondant. Cet indice indique la précision avec laquelle les items permettent de mesurer une caractéristique. On sait aussi qu'un coefficient de corrélation au carré indique une proportion de variance entre deux mesures, et étant donné que

$$r_{XX'} = r_{XV}^2 = \frac{S_V^2}{S_X^2}$$

on peut avancer, comme définition de la fidélité, que le coefficient indique la proportion de la variance totale qui résulte de différences entre des scores vrais ou qui découle de vraies différences entre les individus.

Ainsi, ce coefficient est une indication de l'inconsistance de l'erreur, qui atteint sa valeur minimale lorsque les tests sont vraiment parallèles. Il s'agit alors d'un **coefficient de précision**. En pratique, il existe peu de facteurs ou de sources d'erreur qui influent sur les mesures. Certains spécialistes, tels Lord et Novick (1968), ont démontré que les procédures standard servant à estimer le coefficient de fidélité et la variance d'erreur d'un test supposent au moins deux mesures (scores) pour chaque répondant, et que la précision de ces estimations augmente avec le nombre de ces mesures.

Par contre, la variance d'erreur pour un répondant S_{Ega}^2 suppose au moins deux mesures pour ce dernier, en supposant que la précision de l'estimation augmentera avec le nombre d'observations sur la personne mesurée. Il va de soi qu'il est plus raisonnable de penser à deux mesures parallèles plutôt qu'à trois ou plus, et c'est en partie la raison pour laquelle, dans la théorie classique des tests, on se préoccupe d'estimer des paramètres tels que le coefficient de fidélité $r_{XX'}$, la variance vraie S_V^2 et la variance d'erreur S_E^2 plutôt que la variance d'erreur pour chaque personne S_{Ega}^2.

Donc, bien que le coefficient de précision ne soit ni très pertinent ni très pratique, il constitue tout de même un indice du degré d'imprécision attribuable à des vices de forme ou de procédure.

Lorsque les items de tests parallèles sont tirés d'une même population, le coefficient de fidélité est une corrélation qui indique le degré de certitude avec lequel peut être mesuré un trait, tel qu'il le serait par cette population d'items. Ainsi, plusieurs échantillons aléatoires contenant un même nombre d'items peuvent constituer des tests parallèles et permettre d'obtenir plusieurs coefficients de corrélation. Leur moyenne est la meilleure estimation du coefficient de corrélation attendu et vraisemblable pour des tests parallèles de cette longueur, échantillonnés aléatoirement. Le nombre d'items et le degré d'homogénéité de cette population d'items, c'est-à-dire le degré où ils mesurent la même variable, sont les deux facteurs qui déterminent cette moyenne.

Le coefficient qui indique le degré de relation entre des tests parallèles formés d'échantillons tirés aléatoirement est un **coefficient de consistance interne**. En pratique cependant, les tests ne satisfont pas aux exigences des tests strictement parallèles, quoique dans l'ensemble ils mesurent le même score vrai et que la corrélation entre les tests est positive. Le coefficient de fidélité, conçu comme étant la corrélation entre des tests parallèles, sera affecté par une variance propre à chaque test. Même s'il s'agit de variance vraie, elle est considérée comme de l'erreur. Le coefficient d'équivalence est le coefficient représenté par la corrélation entre des tests ou des formes parallèles, et la variance spécifique a pour effet de sous-estimer le vrai coefficient de fidélité.

7.2   LES MÉTHODES D'ESTIMATION

7.2.1   La méthode des tests parallèles

Cette méthode, destinée à estimer la fidélité à partir de mesures parallèles, consiste à calculer la corrélation entre deux formes d'un même test composé d'items différents; elle donne une approximation du degré d'équivalence entre les tests lorsqu'on les fait passer à un même groupe dans un intervalle minimal de temps. Selon Gulliksen (1950), la variance totale pour n'importe quel test peut s'écrire

$$S_X^2 = S_V^2 + S_{EM}^2 + S_{VEQ}^2 + S_{EA}^2 + S_{EH}^2 + S_{ES}^2 + S_{VF}^2$$

où S_X^2 = variance totale,

S_V^2 = variance vraie,

S_{EM}^2 = variance d'erreur due à la mesure,

S_{VEQ}^2 = variance vraie spécifique,

S_{EA}^2 = variance d'erreur due aux conditions de passation du test,

S_{EH}^2 = variance d'erreur due au hasard dans les réponses,

S_{ES}^2 = variance d'erreur due à la subjectivité dans la correction,

S_{VF}^2 = variance due à des fluctuations dans les scores vrais, d'une occasion à une autre.

Quant au coefficient de fidélité, il peut s'écrire

$$r_{XX'} = 1 - \frac{S_{VEQ}^2 + S_{EA}^2 + S_{EH}^2 + S_{ES}^2 + S_{VF}^2}{S_X^2}.$$

Ce type de coefficient est généralement plus faible que le coefficient de précision, car il indique la corrélation entre des formes presque parallèles. L'imprécision de la mesure et la variance vraie découlant du manque de parallélisme entre les formes (variance vraie spécifique) sont traitées comme de l'erreur et tendent à réduire le coefficient d'équivalence. L'intervalle de temps entre deux passations de tests doit être minimal, car on désire le moins de fluctuations possible entre les scores vrais aux deux passations, ce qui permet de réduire S_{VF}^2 et par conséquent S_E^2.

7.2.2 La méthode du test-retest

Selon cette méthode, un même test est passé deux fois par un même groupe de répondants, dans un intervalle de temps plus ou moins long. Les composantes pour obtenir la variance totale du test, lorsque cette méthode est utilisée, peuvent s'écrire

$$S_X^2 = S_V^2 + S_{EM}^2 + S_{EA}^2 + S_{EH}^2 + S_{ES}^2 + S_{VF}^2$$

où chacune des expressions possède la même signification que celles définies précédemment.

Bien entendu, il n'y a pas de corrélation entre chaque expression. L'erreur totale, lorsque cette méthode est utilisée, est égale à la somme des quatre derniers termes de l'équation. La variance vraie comprend celle qui apparaît aux deux passations (S_V^2) et celle attribuable à la mémoire (S_{VEM}^2). Le coefficient de fidélité prend la forme

$$r_{XX'} = 1 - \frac{S_{EA}^2 + S_{EH}^2 + S_{ES}^2 + S_{VF}^2}{S_X^2}$$

où S_{EA}^2, en particulier, représente des sources de variance survenant en une occasion seulement.

L'application de cette méthode comporte plusieurs difficultés. Ainsi, l'effet de pratique ou de mémoire peut influencer les répondants à la deuxième passation, de sorte que les erreurs enregistrées aux deux passations ont tendance à être en corrélation. De plus, des modifications de l'habileté des répondants contribuent aussi à l'erreur. Il est souvent difficile de préciser si l'erreur aura pour effet d'augmenter ou de diminuer la corrélation entre les résultats. Selon Gulliksen (1950), la corrélation sera augmentée surtout si l'intervalle de temps entre les deux passations est court et que le facteur «fatigue» intervient peu. Dans ce cas, la corrélation obtenue est une surestimation du coefficient de précision. Par contre, plus l'intervalle entre les deux passations est long, moins la mémoire intervient, et plus les modifications dans l'habileté des répondants deviennent importantes et ont pour effet de réduire la corrélation.

Lorsque l'on considère la fluctuation des scores vrais dans l'erreur, la fidélité est sous-estimée, et lorsque l'effet de la mémoire est considéré comme de la variance vraie, la fidélité est surestimée. La variance attribuable aux fluctuations dans les scores vrais augmente avec la durée de l'intervalle entre les deux passations, alors que l'effet de mémoire diminue. L'intervalle idéal doit permettre de réduire autant que possible l'effet combiné de ces deux facteurs. Lorsqu'on désire corriger pour atténuer, la méthode du test-retest trouve une application intéressante, car une surestimation de la fidélité résulte en une correction pour atténuation moins importante, ce qui est souhaitable.

7.2.3   La méthode de l'analyse interne de la variance

La méthode des moitiés

En raison des difficultés que présentent les deux méthodes précédentes et du fait que la fidélité est estimée empiriquement par un coefficient d'équivalence, la méthode des moitiés (*split half*) est utile pour mesurer la fidélité. La procédure habituelle consiste, après avoir corrigé un test homogène, à placer les items par ordre de difficulté. Ensuite, on construit les deux moitiés en équilibrant le degré de difficulté de chacune d'elles à partir de l'indice p_i de chaque item. Parfois, les items sont répartis au hasard ou encore jumelés selon leur coefficient de difficulté, puis distribués au hasard dans l'une ou l'autre moitié. De toute façon, on essaie de construire deux tests de difficulté et de variabilité équivalentes de sorte que les distributions aient une moyenne et un écart type le plus égaux possible. Ainsi, les tests mesurent les mêmes scores vrais, car ils mesurent le même contenu et présentent une corrélation positive parfaite entre les scores vrais.

Cette méthode exige que l'on obtienne un score pour chaque répondant à chaque moitié et que l'on calcule la corrélation entre chacun de ces scores. Cette corrélation est une estimation de la fidélité d'une moitié de test, et si l'on peut supposer que ces deux moitiés sont raisonnablement parallèles, on peut utiliser la formule de Spearman-Brown pour obtenir la fidélité du test en entier. Le résultat obtenu sera une estimation ajustée de la fidélité (*stepped-up reliability*) alors que si les moitiés peuvent être considérées comme vraiment parallèles, la formule donnera une sous-estimation de la fidélité. Mais dans le cas où les moitiés sont uniquement plus ou moins équivalentes, le coefficient α donnera une sous-estimation de la fidélité, alors que si les composantes sont τ équivalentes, le coefficient α donnera une estimation exacte de la fidélité du test.

Dans tous les cas cependant, on doit s'assurer que tous les individus ont eu suffisamment de temps pour répondre à tous les items avant de diviser le test original en parties. Il faut des tests raisonnablement homogènes et d'une longueur suffisante pour que le coefficient α donne une bonne approximation de la précision, mais à la condition qu'on ne fasse pas de corrections pour atténuation.

Dans le cas où l'on ne peut postuler de variances égales pour les parties du test, Rulon (1939) a pris en considération la distribution des différences de scores aux moitiés pour estimer la fidélité du test en entier au moyen de l'équation suivante :

$$r_{XX'} = 1 - \frac{S_D^2}{S_X^2}.$$

Guttman (1955), pour sa part, a dérivé une équation qui donne des résultats tout à fait identiques à ceux de Rulon, tout en étant plus simples :

$$r_{XX'} = 2\left(1 - \frac{S_A^2 + S_B^2}{S_X^2}\right)$$

où A et B désignent les moitiés.

Magnusson (1967), quant à lui, a démontré pourquoi les deux équations donnent le même résultat, en faisant l'expansion de la formule de Rulon. Étant donné que

$$S_D^2 = S_A^2 + S_B^2 - 2r_{AB}S_A S_B$$

et que

$$S_Y^2 = S_A^2 + S_B^2 + 2r_{AB}S_A S_B$$

on obtient $r_{XX'} = \dfrac{4r_{AB}S_A S_B}{S_X^2}.$

L'expansion de l'équation de Guttman donne le même résultat. Lorsque les moitiés ont des variances semblables, les formules de Rulon et de Guttman donnent une estimation de la fidélité égale à celle obtenue par la formule de Spearman-Brown. Toutefois, lorsque les variances diffèrent, la formule de Spearman-Brown donne toujours une estimation plus grande que les deux autres.

La variance totale de chaque moitié de test, lorsque cette méthode est utilisée, se décompose de la façon suivante :

$$S_A^2 = S_V^2 + S_{VEQ}^2 + S_{EA}^2 + S_{EH}^2 + S_{ES}^2$$

où S_A^2 est la variance d'une moitié, et

$$r_{AB} = 1 - \frac{S_{VEQ}^2 + S_{EA}^2 + S_{EH}^2 + S_{ES}^2}{S_A^2}$$

où r_{AB} est à la fois la corrélation entre les deux moitiés et l'estimation de la fidélité pour la moitié du test original.

Les coefficients obtenus par cette méthode sous-estiment le coefficient de fidélité pour le test entier, même si les moitiés sont semblables. Dès lors, on surestime la corrélation moyenne entre les combinaisons possibles de moitiés parallèles.

Disons en terminant que la méthode des moitiés ne doit pas être utilisée pour des tests de vitesse, et que plusieurs tests de puissance sont utilisés dans des conditions qui les font ressembler à des tests de vitesse.

Le coefficient alpha et le coefficient Kuder-Richardson

Il est possible de penser à diviser un test en autant de parties qu'il y a d'items. En postulant que tous les items sont parallèles, donc de même moyenne, de même variance et d'intercorrélations égales, Kuder et Richardson (1937) sont arrivés à dériver des équations qui permettent d'obtenir des coefficients de fidélité.

Ainsi, la variance totale d'un test de n items est égale à

$$S_X^2 = \sum S_i^2 + 2\sum r_{ij} S_i S_j \quad \text{pour i} \neq \text{j.}$$

En raison des postulats et du nombre de covariances à inclure, on obtient

$$S_X^2 = \sum S_i^2 + n(n-1)\bar{r}_{ij}\bar{S}_i^2$$

et étant donné que

$$n\bar{S}_i^2 = \sum S_i^2$$

alors

$$\bar{r}_{ij} = \frac{S_X^2 - \sum S_i^2}{(n-1)\sum S_i^2}$$

où $\bar{r}_{ij}$ est la moyenne des intercorrélations.

Si l'on considère que $\bar{r}_{ij}$ est une corrélation entre des items parallèles, il est aussi un coefficient de fidélité d'un item. Il ne reste alors qu'à utiliser la formule de Spearman-Brown pour déterminer l'expression du coefficient de fidélité pour un test composé de n items. Le lecteur intéressé au développement de cette formule est prié de consulter Magnusson (1967). Le résultat final donne la «formule 20» de Kuder et Richardson, soit

$$r_{XX'} = \frac{n}{n-1}\left(\frac{S_X^2 - \sum S_i^2}{S_X^2}\right) = \alpha \text{ de Cronbach.}$$

Étant donné que $S_i^2 = p_i q_i$ lorsque la correction est dichotomique, on a aussi

$$r_{XX'} = \frac{n}{n-1}\left(\frac{S_X^2 - \sum p_i q_i}{S_X^2}\right) = KR_{20}.$$

Cronbach a aussi démontré que le KR_{20} (cas spécial de α) est égal à la moyenne de tous les coefficients obtenus par la méthode des moitiés calculées par la corrélation corrigée, par la formule de Rulon ou celle de Guttman, pour toutes les moitiés possibles d'un test. Le KR_{20} est un coefficient d'homogénéité ou de consistance interne qui donne la meilleure estimation de la fidélité. On peut le concevoir comme étant la corrélation entre des tests parallèles dont les items ont été échantillonnés au hasard. Ainsi, les coefficients obtenus par la méthode des moitiés sont des estimations du KR_{20}.

Dans la dernière partie de l'équation, la différence $S_X^2 - \sum S_i^2$ apparaissant au numérateur est égale à la covariance de $n(n-1)$ items d'un test. Ainsi, on peut réécrire cette équation, fort utile lorsqu'on estime la fidélité par l'analyse de la variance :

$$r_{XX'} = \frac{n}{n-1}\left(\frac{\sum\sum COV_{ij}}{S_X^2}\right) \text{ pour } i \neq j.$$

La variance vraie est donc dépendante de la valeur de la covariance entre les items d'un test qui, elle, est déterminée par les intercorrélations et les variances d'items. C'est ce qui permet d'avancer que le coefficient KR_{20}, indice de consistance interne, dépend des corrélations entre les items, donc du degré auquel il mesure la même variable, c'est-à-dire le degré d'homogénéité des items.

Note 1: La formule KR_{21} a ainsi été développée pour estimer la fidélité lorsqu'on peut postuler que les items ont un même coefficient de difficulté :

$$KR_{21} = r_{XX'} = \frac{n}{n-1}\left(\frac{S_X^2 - n\bar{p}\bar{q}}{S_X^2}\right).$$

Note 2: Il serait pertinent, à ce point de notre exposé sur la fidélité, de faire connaître une autre méthode pour estimer la fidélité d'un test. Il s'agit de la combinaison des méthodes test-retest et tests parallèles. La procédure utilisée comporte la passation d'une forme de test par un groupe de répondants, puis, après un intervalle de temps donné, la passation d'une deuxième forme de test par le même groupe. La corrélation ainsi obtenue est un coefficient de stabilité-équivalence. Étant donné que les sources d'erreur qui interviennent lors de l'utilisation des deux méthodes peuvent apparaître lors de l'usage de cette procédure, le coefficient de stabilité-équivalence est souvent le plus faible de tous et constitue une sous-estimation de la fidélité. Cette méthode est donc plus sensible.

Note 3 : Au début de cette section, nous avons précisé que n'importe quel coefficient de fidélité dépendait du groupe de répondants testés et des sources d'erreur qui interviennent. Cela revient à dire qu'il y a plusieurs coefficients de fidélité possibles pour un même test. On ne peut donc parler de la « fidélité » d'un test. Les divers types de coefficients de fidélité ont des significations différentes. Cronbach, Rajaratnam, Gleser et Nanda (1972) ont présenté la théorie de la « généralisabilité » selon laquelle ils tentent de démontrer les possibilités de généraliser des observations, à partir d'un ensemble, à d'autres ensembles d'une même population. Le point de départ de cette théorie est la distinction entre l'étude G (généralisabilité), qui permet d'obtenir des données pour estimer la fidélité d'un test lorsqu'on veut généraliser, et l'étude D (décision), qui permet d'évaluer la pertinence des décisions prises concernant des individus ou des groupes. Avec l'analyse de la variance, on étudie les possibilités de généraliser un résultat à diverses conditions considérées.

7.3   DES EXEMPLES DE CALCUL ET D'INTERPRÉTATION DES DIVERS COEFFICIENTS

Supposons qu'un test de 18 items, sous deux formes équivalentes, ait été passé par un groupe de 20 répondants en trois occasions, soit :

- la forme A le 1er décembre $= A_1$,

- la forme B le 1er décembre $= B_1$,

- la forme A le 1er mars $= A_2$.

Le tableau 7.1 présente les scores obtenus ainsi que les principales statistiques s'y rattachant.

TABLEAU 7.1
Données et principales statistiques pour le calcul des coefficients de fidélité

Répondants																			
1	2	3	4	5	6	7	8	9	10	11	12	13	14	15	16	17	18	19	20
A_1 17	17	16	15	15	14	14	12	12	12	12	13	12	12	10	10	10	10	9	7
B_1 18	17	17	15	16	13	14	12	12	12	11	13	11	12	12	10	9	10	9	8
A_2 16	16	18	17	14	14	12	14	13	13	11	13	13	13	11	11	12	10	10	9

TABLEAU 7.1
Données et principales
statistiques pour
le calcul des
coefficients de fidélité
(suite)

	Principales statistiques				Produit croisé $\sum XY$			
	$\sum X$	$\sum X^2$	$\overline{X}$	S		A_1	B_1	A_2
A_1	249	3 239	12,45	2,70	A_1	—	3 266	3 347
B_1	251	3 305	12,55	2,85	B_1	3 266	—	3 376
A_2	260	3 490	13,00	2,40	A_2	3 347	3 376	—

7.3.1 Le coefficient de stabilité

Le coefficient de stabilité, appelé aussi «précision test-retest», est la corrélation entre les scores obtenus en deux passations d'un même test, chaque passation étant séparée par un intervalle de temps. Ainsi, à partir des données du tableau 7.1, établissons la corrélation entre A_1 et A_2 :

$$r_{A_1 A_2} = \frac{[N(\sum XY)] - (\sum X \sum Y)}{\sqrt{[N(\sum X^2)] - (\sum X)^2}\sqrt{[N(\sum Y^2)] - (\sum Y)^2}} \quad \text{ou} \quad \frac{\sum XY/N - (\overline{X}\,\overline{Y})}{S_X S_Y}$$

$$= \frac{[20(3\,347)] - (249 \times 260)}{\sqrt{[20(3\,239)] - (249)^2}\sqrt{[20(3\,490)] - (260)^2}} \quad \text{ou}$$

$$\frac{3\,347/20 - (12,45 \times 13)}{2,70 \times 2,40}$$

$$= 0,8897.$$

On obtient des estimations différentes de coefficients de stabilité en faisant varier l'intervalle de temps entre les deux passations. En général, le coefficient de stabilité diminue au fur et à mesure qu'augmente l'intervalle de temps entre la passation des deux tests. Ce sont principalement les expériences individuelles qui engendrent ces changements dans les scores.

Les trois **postulats** à partir desquels se calcule le coefficient de stabilité sont les suivants.

1. La caractéristique mesurée est stable dans le temps.

2. Il n'y a pas d'effet de pratique (ce postulat peut toutefois être critiqué si l'intervalle est court car alors les répondants peuvent se souvenir de leurs réponses, ce qui a pour conséquence d'augmenter $r_{A_1 A_2}$).

3. Il ne doit pas y avoir d'apprentissage différentiel entre les deux passations du test.

Ainsi, entre le prétest et le post-test, la corrélation reflète l'apprentissage différentiel et non la stabilité, car les répondants ont entre-temps acquis des connaissances. Dans ce cas, l'estimation de la précision est faible. Si l'intervalle entre les deux tests est trop long, l'apprentissage différentiel peut intervenir, et s'il est trop court, les effets de la pratique entrent en jeu. L'échantillon de questions n'affecte pas le coefficient de stabilité puisque l'on utilise le même échantillon de questions en deux occasions.

7.3.2 Le coefficient d'équivalence ou de formes parallèles

Le coefficient d'équivalence est la corrélation entre les scores obtenus à deux formes parallèles d'un test passé dans un intervalle de temps minimal.

À partir des données du tableau 7.1, établissons la corrélation entre A_1 et B_1:

$$r_{tt'} = r_{A_1 B_1} = \frac{(20 \times 3\,266) - (249 \times 251)}{\sqrt{(20 \times 3\,239) - (249)^2}\sqrt{(20 \times 3\,305) - (251)^2}} = 0,9612 \,.$$

Lorsqu'il est difficile de procéder par un test-retest, il est très utile d'avoir deux formes parallèles d'un même test. Dans ce cas, il faut se demander jusqu'à quel point les scores obtenus à une forme de test sont consistants avec les scores obtenus à une autre forme du même test.

En pratique, on essaie de contrebalancer les effets provenant de l'ordre des passations en procédant de la façon suivante : la moitié du groupe passe d'abord la forme A puis la forme B du test, et vice versa pour l'autre moitié du groupe.

Le **postulat** à partir duquel se calcule le coefficient d'équivalence est le suivant : les formes du test sont parfaitement équivalentes quant au contenu, au format, à la longueur, au degré de difficulté, avec une même moyenne et un même écart type.

L'inconsistance peut être attribuée à des différences dans l'échantillonnage des items. La principale source de variance dans la précision provient des différences entre les items aux deux formes du test.

7.3.3 Le coefficient d'équivalence et de stabilité

Le coefficient d'équivalence et de stabilité est la corrélation entre les deux formes parallèles d'un test passé à des moments différents.

À partir des données du tableau 7.1, établissons la corrélation entre B_1 et A_2:

$$r_{B_1 A_2} = \frac{(20 \times 3\,376) - (251 \times 260)}{\sqrt{(20 \times 3\,305) - (251)^2}\sqrt{(20 \times 3\,490) - (260)^2}} = 0,8655 \,.$$

La très forte valeur du coefficient d'équivalence (0,9612), en plus de la quasi-égalité des moyennes et des écarts types, indique que les formes A et B sont, de fait, des formes parallèles. Étant donné que les coefficients de stabilité (0,8897 et 0,8655) sont élevés, on peut dire que, selon toute évidence, les traits mesurés sont stables pour une période d'au moins trois mois. Cependant, parce que les coefficients de stabilité sont plus faibles que le coefficient d'équivalence, il semble qu'il y ait une certaine instabilité et que d'autres expérimentations devraient être faites. On peut noter aussi que la double passation du même test par les mêmes personnes a produit peu d'effet pratique puisque la moyenne en A_2 (13,00) est plus élevée que celle en A_1 (12,45).

Le coefficient d'équivalence et de stabilité étant exposé aux sources d'erreur propres à ces deux types de procédures, il donne une estimation plus faible de la fidélité et constitue un seuil inférieur (plus basse estimation) de la précision du test.

7.3.4   Le coefficient obtenu par la méthode des moitiés

La méthode des moitiés (*split half*) est très pratique dans bien des situations. Il s'agit de diviser le test (de façon statistique) en deux parties équivalentes. Pour satisfaire aux postulats d'un coefficient d'équivalence, les deux moitiés doivent être indépendantes et égales quant au contenu, au degré de difficulté, à la moyenne et à l'écart type. Une façon très simple d'obtenir ces deux moitiés est de composer une moitié avec les items de numéros pairs et l'autre avec les items de numéros impairs. Si cette première méthode ne donne pas des moitiés équivalentes, on doit utiliser une autre procédure, telle celle qui consiste à se baser sur le degré de difficulté des items (p_i).

Les répondants passent un test puis on calcule deux scores pour chaque individu, soit un pour chaque moitié. Cette méthode pose cependant un problème majeur puisque la corrélation entre les deux moitiés donne une estimation de la fidélité pour la moitié du test seulement. La précision étant dépendante de la longueur d'un test, la corrélation obtenue entre les moitiés est toujours plus faible que la précision du test à sa longueur originale. Pour résoudre ce problème, il suffit d'estimer la précision du test à sa vraie longueur à partir de la corrélation entre les deux moitiés, en appliquant la formule de Spearman-Brown :

$$r_{XX'} = \frac{2r_{MM'}}{1 + r_{MM'}}$$

où $r_{XX'}$ = estimation du coefficient de précision du test entier,

  $r_{MM'}$ = corrélation entre les deux moitiés.

La forme générale de cette équation s'exprime ainsi :

$$r_{nn'} = \frac{nr_{tt'}}{1 + (n-1)r_{tt'}}$$

où n = facteur par lequel la longueur du test est augmentée (nouvelle longueur/longueur actuelle),

$r_{tt'}$ = précision du test original,

$r_{nn'}$ = estimation de la précision du test n fois plus long.

Note: n peut être fractionnaire, c'est-à-dire qu'on peut raccourcir un test et obtenir une estimation de la précision du test raccourci d'un certain nombre d'items.

Cette formule générale permet aussi, en solutionnant n, de trouver jusqu'à quel point il faut allonger un test pour obtenir le degré de précision désiré.

La formule de Spearman-Brown postule que la variabilité des deux moitiés du test est égale. Guttman (1955), quant à lui, a proposé une formule qui permet d'obtenir une estimation de la précision à partir de deux moitiés présentant une variabilité différente, soit :

$$r_{XX'} = 2\left(1 - \frac{S_A^2 + S_B^2}{S_X^2}\right)$$

où S_A^2 et S_B^2 = variances de chacune des deux moitiés A et B,

S_X^2 = variance du test entier.

Grâce à cette formule, il n'est pas nécessaire de calculer la corrélation entre les deux moitiés.

Le tableau 7.2 présente des données pour le calcul de la précision par la méthode des moitiés.

TABLEAU 7.2
Données et principales statistiques pour le calcul de la précision par la méthode des moitiés

	Répondants																			
	1	2	3	4	5	6	7	8	9	10	11	12	13	14	15	16	17	18	19	20
M_1	9	9	7	8	8	6	7	6	6	6	6	6	5	6	6	5	4	5	4	4
M_2	9	8	10	7	8	7	7	6	5	6	5	7	6	6	6	5	5	5	5	4
Total	18	17	17	15	16	13	14	12	11	12	11	13	11	12	12	10	9	10	9	8

→

TABLEAU 7.2
Données et principales
statistiques pour
le calcul de la précision
par la méthode
des moitiés
(suite)

	Principales statistiques				
	$\sum X$	$\sum X^2$	$\overline{X}$	S	
M_1	123	799	6,15	1,4586	$\sum M_1 M_2 = 816$
M_2	127	851	6,35	1,4925	
Total	250	3282	12,50	2,8018	

Exemple de calcul de la précision par la méthode des moitiés

La précision estimée par la méthode des moitiés est obtenue par la corrélation entre les scores à la moitié M_1 et à la moitié M_2 (les données sont tirées du tableau 7.2) :

$$r_{M_1 M_2} = \frac{(20 \times 816) - (123 \times 127)}{\sqrt{(20 \times 799) - (123)^2}\sqrt{(20 \times 851) - (127)^2}} = 0,8027.$$

Comme chaque moitié du test contient 9 items et que le test en contient 18, on peut utiliser la formule de Spearman-Brown pour estimer la précision du test à 18 items :

$$r_{XX'} = \frac{2r_{M_1 M_2}}{1 + r_{M_1 M_2}} = \frac{2(0,8027)}{1 + 0,8027} = 0,8906.$$

La valeur obtenue est un coefficient de précision corrigé.

On peut aussi appliquer la formule de Guttman :

$$r_{XX'} = 2\left(1 - \frac{(1,4586)^2 + (1,4925)^2}{2,8018}\right) = 0,9125.$$

On remarque que les deux formules produisent des coefficients essentiellement égaux (0,89 et 0,91) et que ces valeurs sont approximativement égales à la valeur du coefficient d'équivalence et de stabilité (0,8655).

Un coefficient obtenu par la méthode des moitiés s'interprète de la même manière qu'un coefficient d'équivalence. Cependant, étant donné que les deux moitiés sont passées en même temps (un seul test), seulement quelques facteurs peuvent influer sur l'estimation.

7.3.5   L'estimation de la fidélité par le calcul du KR_{20}

Voyons maintenant la façon d'estimer la fidélité d'un test par la formule du KR_{20}. Le tableau 7.3 présente les résultats de la passation d'un test de 20 items par 20 répondants; la correction de chaque item est dichotomique.

TABLEAU 7.3   Données pour le calcul du KR_{20}

Répondants	Items																				Total
	1	2	3	4	5	6	7	8	9	10	11	12	13	14	15	16	17	18	19	20	
1	1	1	1	1	1	1	1	1	1	1	0	1	1	1	1	0	1	1	0	1	17
2	1	0	1	1	1	1	1	1	1	1	1	1	1	0	0	1	1	1	1	1	17
3	1	0	1	1	1	1	1	1	0	1	1	1	1	0	1	1	1	1	1	0	16
4	1	1	1	1	0	0	1	1	1	1	0	1	1	0	1	1	1	1	0	1	15
5	1	1	1	0	1	0	0	1	1	1	0	1	1	0	1	1	1	1	1	1	15
6	1	1	0	1	0	0	1	1	0	1	1	0	1	1	0	1	1	1	1	1	14
7	1	1	0	1	1	1	1	1	1	1	0	0	1	0	1	1	1	0	0	1	14
8	1	0	1	1	1	0	0	0	1	1	1	1	1	1	1	1	1	0	0	0	13
9	1	1	0	0	1	0	1	1	1	1	0	0	0	0	1	1	1	0	1	1	12
10	1	1	1	1	1	1	0	1	0	1	1	0	0	0	0	1	1	0	1	1	12
11	1	1	1	1	0	1	1	0	0	0	0	0	1	1	1	1	0	1	0	1	12
12	1	1	0	1	1	1	0	0	1	0	0	0	1	1	0	1	1	1	0	1	12
13	1	1	1	1	1	1	1	0	1	1	1	0	0	0	0	1	0	0	0	0	11
14	0	0	1	1	1	0	1	0	1	0	1	1	0	0	0	1	1	0	1	0	10
15	1	1	0	1	1	1	0	0	0	0	0	1	1	1	0	1	0	0	0	1	10
16	1	1	1	1	1	1	0	0	0	0	0	0	0	0	0	1	1	0	1	1	10
17	1	1	0	1	1	0	0	0	0	1	1	0	1	0	0	1	1	0	0	1	10
18	1	1	0	1	1	0	0	0	0	1	0	0	0	0	0	1	1	1	1	1	10
19	1	0	0	1	1	0	0	0	1	1	0	0	0	0	0	1	1	0	1	1	9
20	1	0	0	1	1	0	0	1	1	0	0	0	0	0	0	1	0	0	1	0	7
Total	19	14	11	18	17	10	10	11	12	14	8	8	12	6	8	19	16	9	11	15	
p_i	0,95	0,70	0,55	0,90	0,85	0,50	0,50	0,55	0,60	0,70	0,40	0,40	0,60	0,30	0,40	0,95	0,80	0,45	0,55	0,75	
q_i	0,05	0,30	0,45	0,10	0,15	0,50	0,50	0,45	0,40	0,30	0,60	0,60	0,40	0,70	0,60	0,05	0,20	0,55	0,45	0,25	
Variance $p_i q_i$	0,0475	0,2100	0,2475	0,0900	0,1275	0,2500	0,2500	0,2475	0,2400	0,2100	0,2400	0,2400	0,2400	0,2100	0,2400	0,0475	0,1600	0,2475	0,2475	0,1875	

On peut donc utiliser ces données pour démontrer le calcul d'un coefficient de fidélité KR_{20} à l'aide de la formule suivante :

$$r_{XX'} = \text{KR}_{20} = \frac{n}{n-1}\left(\frac{S_X^2 - \sum S_i^2}{S_X^2}\right).$$

La somme des variances d'items est $\sum S_i^2 = 3{,}98$, le nombre d'items est $n = 20$ et la variance du test est $S_X^2 = 6{,}9475$. Alors :

$$\text{KR}_{20} = \frac{20}{19}\left(\frac{6{,}9475 - 3{,}98}{6{,}9475}\right) = 0{,}4497.$$

Ce résultat permet de mettre en évidence les différences d'estimation possibles selon la méthode choisie.

7.4 D'AUTRES FACTEURS QUI INFLUENT SUR UN COEFFICIENT DE PRÉCISION

Nous avons déjà indiqué, d'une part, que le coefficient d'équivalence et de stabilité produit la plus basse estimation de la précision parce que de nombreux facteurs peuvent influer sur les scores, et d'autre part, que le coefficient obtenu par la méthode des moitiés produit généralement l'estimation la plus élevée parce que peu de facteurs interviennent. Cependant, d'autres facteurs peuvent influer sur une corrélation et on doit en tenir compte dans l'interprétation d'un coefficient de précision.

L'étendue des différences individuelles. La corrélation (le coefficient de précision en est un type) est influencée par la distribution des scores de l'échantillon utilisé pour calculer le coefficient. Si la variabilité (écart type) décroît, le coefficient de corrélation décroîtra aussi, alors que si elle augmente, le coefficient de corrélation augmentera aussi. Cela peut s'expliquer par le fait qu'une plus grande étendue des résultats permet aux produits croisés (XY) de prendre des valeurs plus grandes parce que ce produit croisé est au numérateur de la formule de la corrélation :

$$r_{XY} = \frac{N\sum XY - (\sum X \sum Y)}{\sqrt{N\sum X^2 - (\sum X)^2}\sqrt{N\sum Y^2 - (\sum Y)^2}}.$$

Plus la somme $\sum XY$ est grande, plus le coefficient est grand. En somme, les coefficients de précision obtenus à partir de groupes combinés plus hétérogènes sont des surestimations de la précision par rapport à ceux obtenus à partir d'un groupe homogène.

Le degré de difficulté du test. Pour maximiser la précision, le degré de difficulté d'un test doit être tel qu'on obtient une grande distribution de scores. Des tests trop faciles ou trop difficiles proviennent souvent des sous-estimations de la précision.

La longueur du test. En général, si on ajoute des items équivalents à ceux déjà inclus dans un test, on augmente la précision du test. Cela peut se vérifier par la formule de Spearman-Brown. Cependant, le fait d'ajouter un très grand nombre d'items n'engendre pas automatiquement une augmentation équivalente de la précision : lorsqu'on ajoute des items, on permet simplement une plus grande distribution des scores.

La limite de temps. Lorsqu'une limite de temps est imposée pour répondre aux questions d'un test, la méthode des moitiés devient inefficace pour estimer la fidélité.

7.5 DEUX EXEMPLES DE CALCUL DU COEFFICIENT DE CONSISTANCE INTERNE[1]

Les deux exemples qui suivent démontrent la façon de calculer le coefficient de consistance interne (KR_{20}) pour un test de type traditionnel et pour un test à correction dichotomique.

7.5.1 Un exemple de calcul du coefficient KR_{20} pour un test de type traditionnel

Le tableau 7.4 (p. 130) présente les données et la matrice de variances-covariances servant à calculer le KR_{20} pour un test de type traditionnel.

Calcul du KR_{20} : approche théorique

$$KR_{20} = \frac{K}{K-1}\left(\frac{\text{Somme des covariances d'items}}{\text{Somme des éléments de la matrice}}\right)$$

$$= \frac{5}{5-1}\left(\frac{74,50}{105,64}\right) = 0,88$$

où K représente le nombre d'items.

Calcul du KR_{20} : approche pratique

$$KR_{20} = \frac{K}{K-1}\left(\frac{S_X^2 - \text{Somme des variances d'items}}{S_X^2}\right)$$

$$= \frac{5}{5-1}\left(\frac{105,64 - 31,14}{105,64}\right) = 0,88.$$

---

1. Ces exemples sont tirés des notes de cours de Gérard Scallon, professeur à l'Université Laval.

TABLEAU 7.4
Résultats fictifs
de dix étudiants
à un test de type
traditionnel
comportant cinq
questions

Code de l'étudiant	Questions					Résultat X obtenu au test entier
	1	2	3	4	5	
H	7	8	6	10	10	41
J	5	10	10	9	6	40
R	3	6	5	3	4	21
C	5	3	5	6	4	23
G	2	4	6	1	2	15
V	9	8	5	9	5	36
E	4	3	3	1	2	13
M	3	1	3	5	0	12
D	4	5	4	8	4	25
P	7	6	5	7	5	30
Résultats moyens*	4,9	5,4	5,2	5,9	4,2	$\overline{X} = 25,6$
Variance	4,29 S_1^2	6,84 S_2^2	3,56 S_3^2	9,89 S_4^2	6,56 S_5^2	105,64 S_X^2

*   Le corrigé prévoit un résultat pouvant varier de 0 à 10 pour chaque question.

Matrice des variances et des covariances d'items

	Q1	Q2	Q3	Q4	Q5
Q1	**4,29**	3,14	0,62	4,79	3,42
Q2	3,14	**6,84**	3,82	5,34	5,32
Q3	0,62	3,82	**3,56**	2,42	2,56
Q4	4,79	5,34	2,42	**9,89**	5,82
Q5	3,42	5,32	2,56	5,82	**6,56**

Somme des covariances d'items (au-dessus et au-dessous de la diagonale)   74,50

Somme des variances d'items (diagonale)   + 31,14

Somme de tous les éléments de la matrice   105,64

Observation importante: La somme de tous les éléments de la matrice, soit la somme des covariances d'items placées au-dessus et au-dessous de la diagonale plus la somme des variances d'items, est égale à la variance des résultats au test entier, S_X^2 : 74,50 + 31,14 = 105,64.

7.5.2   Un exemple de calcul du coefficient KR_{20} pour un test à correction dichotomique

Le tableau 7.5 présente les données et la matrice des variances et covariances utiles au calcul du KR_{20} pour un test à correction dichotomique.

TABLEAU 7.5
Résultats fictifs de
dix étudiants à un
test dichotomique
comportant cinq
questions

Code de l'étudiant	Questions					Résultat X obtenu au test entier
	1	2	3	4	5	
H	1	1	1	1	1	5
J	1	1	1	1	1	5
R	0	1	0	0	0	1
C	1	0	0	1	0	2
G	0	0	1	0	0	1
V	1	1	0	1	1	4
E	0	0	0	0	0	0
M	0	0	0	0	0	0
D	0	0	0	1	0	1
P	1	1	0	1	1	4
Résultats moyens*	0,5	0,5	0,3	0,6	0,4	$\overline{X} = 2,3$
Variance**	0,25 S_1^2	0,25 S_2^2	0,21 S_3^2	0,24 S_4^2	0,24 S_5^2	3,61 S_X^2

* Pour chacune des questions le corrigé prévoit la note 1 pour une réussite, et la note 0 pour un échec (correction dichotomique).

** Voir plus bas la façon de calculer la variance et la covariance des résultats.

Matrice des variances et des covariances d'items

	Q1	Q2	Q3	Q4	Q5
Q1	**0,25**	0,15	0,05	0,20	0,20
Q2	0,15	**0,25**	0,05	0,10	0,20
Q3	0,05	0,05	**0,21**	0,02	0,08
Q4	0,20	0,10	0,02	**0,24**	0,16
Q5	0,20	0,20	0,08	0,16	**0,24**

Somme des covariances d'items
(au-dessus et au-dessous
de la diagonale)   2,42

Somme des variances d'items
(diagonale)   + 1,19

Somme de tous les éléments
de la matrice   3,61

Observation importante: La somme de tous les éléments de la matrice est égale à la variance des résultats au test entier, S_X^2 : 2,42 + 1,19 = 3,61.

Calcul de la variance d'un résultat

Calculons, par exemple, la variance du résultat à la question 3 du tableau 7.5 à l'aide de la formule

$$VAR = p(1 - p) \text{ ou } pq$$

où p est le résultat moyen à une question.

On a alors

$$VAR = 0,3(1-0,3)$$

$$= 0,3\,(0,7)$$

$$= 0,21.$$

Calcul de la covariance de deux résultats

Calculons maintenant la covariance des résultats aux questions 1 et 3 du tableau 7.5 à l'aide de la formule

$$COV_{ij} = p_{ij} - (p_i p_j)$$

où p_{ij} = % de réussite aux deux questions à la fois,

p_i = % de réussite à la première question,

p_j = % de réussite à la deuxième question.

On obtient

$$COV_{13} = 0,2 - (0,5 \times 0,3)$$

$$= 0,2 - 0,15$$

$$= 0,05.$$

Calcul du KR_{20} : approche pratique

$$KR_{20} = \frac{K}{K-1}\left(\frac{S_X^2 - \text{Somme des variances d'items}}{S_X^2}\right)$$

$$= \frac{5}{5-1}\left(\frac{3,61-1,19}{3,61}\right) = 0,837.$$

MOTS CLÉS

- Coefficient alpha (Cronbach)
- Coefficient de consistance interne
- Coefficient de Guttman
- Coefficient de Kuder-Richardson (KR_{20}, KR_{21})

- Coefficient de précision
- Coefficient d'équivalence
- Coefficient de Rulon
- Coefficient de stabilité
- Coefficient de stabilité-équivalence

- Formule de prédiction de Spearman-Brown
- Généralisabilité
- Méthode des tests parallèles
- Méthode du test-retest

CHAPITRE 8

L'utilité
et l'interprétation du
coefficient de fidélité

OBJECTIF

Porter un jugement sur la valeur du coefficient de
fidélité et en évaluer la portée et la signification
dans différents contextes de décision et divers
domaines d'intérêt.

Comment interpréter un coefficient de fidélité et à quel moment peut-il être considéré comme acceptable? La réponse à ces questions n'est pas évidente mais elle
existe. On doit d'abord se rappeler que le coefficient de fidélité d'un test est obtenu
à l'aide d'une méthode pour un groupe donné. Comme on l'a déjà mentionné, un
test peut comporter plusieurs coefficients, parfois fort diversifiés en qualité et en
valeur. Chacun constitue une estimation de la valeur de l'inconsistance dans les
résultats et non une estimation de la cause de l'erreur. Nous allons donc examiner
quelques façons d'interpréter un coefficient de fidélité.

8.1 L'UTILITÉ DU COEFFICIENT DE FIDÉLITÉ

Bien qu'il y ait plusieurs possibilités de coefficients de fidélité pour un test donné,
il est courant de parler du degré de fidélité d'un test pour désigner la valeur de l'erreur de mesure pour ce test. Nunnally (1982) suggère cependant qu'au moins deux
coefficients différents soient utilisés pour rendre compte de la fidélité d'un test. Un
coefficient α devrait toujours être calculé pour chaque forme du test de même que
la corrélation entre des formes parallèles. Toutefois, nous suggérons qu'un coefficient d'équivalence-stabilité, ou simplement un coefficient de stabilité lorsqu'il
n'y a qu'une seule forme, soit calculé à la place de la moyenne des
intercorrélations, laquelle donne généralement peu d'informations qui soient différentes de celles fournies par le coefficient alpha. De toute façon, l'utilisateur doit
nécessairement tenir compte de ses besoins et du contexte. Par exemple, pour une
correction subjective effectuée par plusieurs correcteurs, la corrélation moyenne
entre les scores à deux formes du test est un bon indice de la fidélité. La méthode
des moitiés peut aussi servir lorsque les formes parallèles n'existent pas. Dans tous
les cas, la méthode qui donne l'estimation la plus prudente, quoique vraisemblable, doit être utilisée.

Bien que le coefficient de fidélité serve surtout à préciser le degré auquel une mesure peut être reproduite, il sert également à d'autres usages importants, dont la mesure du changement et du gain, la fidélité des scores de gain, la formule de Hoyt, les intervalles de confiance et la correction pour atténuation. Dans cette section, nous abordons sommairement la notion de correction pour atténuation, laquelle sera traitée en profondeur à la sous-section 8.4.3.

Un coefficient de validité indique le degré de corrélation entre les scores à deux tests qui ne sont pas parfaitement fidèles, alors que le coefficient de fidélité est utilisé pour estimer jusqu'à quel point la corrélation est diminuée par l'erreur de mesure. La correction pour atténuation permet donc d'établir la corrélation que l'on obtiendrait avec des tests parfaits. L'équation à utiliser est

$$\hat{r}_{XY} = \frac{r_{XY}}{\sqrt{r_{XX'} r_{YY'}}}$$

où $\hat{r}_{XY}$ = corrélation attendue.

On se sert de la correction pour atténuation surtout lorsque la corrélation corrigée entre deux variables indique jusqu'à quel point deux traits sont associés. Une autre application intéressante consiste à l'utiliser quand un test sert à prédire un critère qui n'est pas très précis. En ce qui concerne la validité prédictive ou concourante, ce type de correction donne une estimation de la corrélation que l'on obtiendrait si le prédicteur et le critère étaient parfaitement précis. Le seul problème posé par l'utilisation de cette formule de correction est qu'elle a tendance à surestimer la corrélation, alors que la plupart des méthodes pour mesurer la fidélité produisent des sous-estimations.

8.2   L'INTERPRÉTATION DU COEFFICIENT DE FIDÉLITÉ

Il existe quatre façons d'interpréter un coefficient de fidélité, soit comme la corrélation entre les scores obtenus et les scores vrais, comme un standard de comparaison de la précision d'un test avec la précision d'autres tests de même nature, comme le pourcentage de répondants qui changent de rang ou de position et, enfin, comme un indice du degré d'erreur dans les scores individuels. Reprenons ces quatre points un à un.

8.2.1   La corrélation entre les scores obtenus et les scores vrais

Le coefficient de fidélité est un rapport de variance qui peut être interprété comme étant la proportion de variance totale qui est de la variance vraie. Par exemple, si $r_{XX'} = 0,90$, on peut dire que 90 % de la variabilité des scores observés découle de la variation entre les scores vrais et qu'il y a 10 % d'erreur. Évidemment, si $r_{XX'}$ = 0, on comprend alors que la variabilité totale est complètement entachée d'erreur.

Ainsi, un coefficient de fidélité peut être interprété comme étant une proportion de variance observée découlant des différences entre les scores vrais. Plus précisément, il indique le degré d'erreur de mesure obtenu en administrant une forme d'un test à un échantillon particulier de répondants dans des conditions bien précises.

8.2.2   Un standard de comparaison

On utilise le coefficient de fidélité comme un standard de comparaison. Ainsi, une valeur forte de 0,90 ou plus est parfois observée à des tests standard servant à mesurer le rendement, les aptitudes ou les habiletés par exemple. Cette valeur peut donc servir de critère de comparaison pour d'autres coefficients. Pour les tests de personnalité, la norme critère se situe aux alentours de 0,80.

8.2.3   Le changement de rang des répondants

Si la précision était parfaite, chacun des répondants garderait le même rang à chaque passation du test. Thorndike et Hagen (1977) présentent des tableaux de changement de rang pour diverses valeurs du coefficient de fidélité. La figure 8.1 illustre ce changement.

FIGURE 8.1
Exemple de changement de rang en fonction d'un coefficient de fidélité

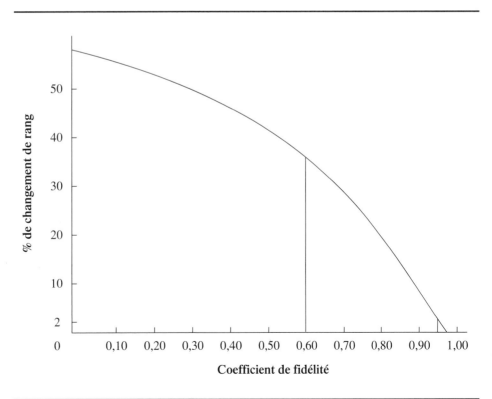

Les rangs changent en fonction de la valeur du coefficient de fidélité. La figure 8.1 montre le pourcentage de fois où l'ordre des scores de deux répondants ayant les centiles 75 et 50 serait renversé si on retestait quand la précision prend diverses valeurs. Par exemple, quand $r_{XX'} = 0,60$, il y a 33 % de chances que deux répondants ayant les centiles 75 et 50 renversent leur position, contre 2 % de chances quand $r_{XX'} = 0,95$.

La faiblesse de cette approche réside dans le fait que le nombre de changements de rang ne dépend pas uniquement de la précision du test, mais aussi du nombre et de la grandeur des classes. Plus les classes sont petites, plus il y a de chances de renversements.

8.2.4 Le degré d'erreur dans les scores individuels

Le degré d'erreur étant inversement proportionnel au degré de fidélité d'un test, le problème consiste à estimer, pour chaque répondant, l'intervalle dans lequel se trouve le score vrai.

À titre d'exemple, supposons une moyenne $\overline{X} = 60$ et un écart type $S_X = 5$ pour un test dont $r_{XX'} = 0,84$. L'erreur de mesure égale

$$S_E = S_X \sqrt{1 - r_{XX'}}$$

$$= 5\sqrt{1 - 0,84} = 2 \, .$$

Pour un score $X = 57$ et un degré de confiance égal à 0,95, on obtient

$$X - ZS_E < V < X + ZS_E$$

$$57 - (1,96 \times 2) < V < 57 + (1,96 \times 2)$$

$$53,08 < V < 60,92$$

où Z, un score type, prend des valeurs qui déterminent des probabilités fixes sous une courbe normale, et V est le score vrai.

Il y a donc 95 % de chances qu'à un score observé de 57 corresponde un score vrai se situant entre 53 et 61. L'erreur de mesure, qui est un indice de la variabilité des scores observés autour du score vrai, constitue une estimation du degré de modification des scores attendus lors d'une deuxième passation éventuelle du test. On l'utilise comme étant l'écart type de la distribution des erreurs. Plus l'erreur de mesure est grande, plus l'intervalle est grand.

*
* *

En résumé, trois points importants sont à retenir concernant l'interprétation du coefficient de fidélité.

1. Le coefficient de fidélité devrait en théorie se situer à 1,00, mais en pratique, il doit être le plus élevé possible.

2. La « fidélité » d'un test est un concept purement hypothétique puisqu'un coefficient de précision s'applique exclusivement à un test, à un échantillon testé, au contexte de passation d'un test et à une méthode de calcul.

3. Si on veut comparer le degré de fidélité de plusieurs tests, on ne pourra dire qu'un test est plus précis qu'un autre que si l'un d'eux a produit un coefficient de précision plus élevé que les autres tests à chacune de ses nombreuses passations.

8.3 LES TECHNIQUES CLASSIQUES DE LA MESURE DU GAIN[1]

En raison des conditions particulières qui entourent la mesure du rendement scolaire, la validation des instruments de mesure pose des problèmes particuliers. Ainsi, les critères externes deviennent très difficiles à cerner car l'objet de la mesure y est beaucoup trop spécifique pour trouver dans les tests déjà standardisés des équivalents valables. À tel point que la validité des tests destinés à mesurer le rendement scolaire est en majeure partie établie à l'aide de méthodes où la logique et l'évaluation qualitative remplacent généralement les calculs algébriques et l'évaluation quantitative. Il s'agit en l'occurrence de la validité nominale (Selltiz et autres, 1977), de la validité de contenu (Lord et Novick, 1968) et, particulièrement dans le cas des programmes scolaires, de l'analyse de la congruence entre les objectifs poursuivis ou les contenus enseignés, et les tâches qui servent à en mesurer la maîtrise. Toutefois, cette dernière interprétation s'applique davantage lorsque des examens à interprétation critériée sont conçus à partir de programmes définis sous forme d'objectifs spécifiques. De toute façon, on y fait appel à des critères internes de validation, ce qui ne règle que très partiellement le problème de validité. Pour résumer la situation concernant la validité des examens réguliers de rendement scolaire, force est d'admettre qu'aucun moyen statistique valable n'est disponible pour estimer quantitativement cette validité (Ebel, 1972).

Partant de ce fait, il devient nécessaire d'admettre que l'évaluation de la fidélité des examens mesurant le rendement scolaire demeure pratiquement le seul moyen statistique pour évaluer leur qualité métrique (Thorndike, 1971). Comme le met en évidence une étude de Kelley (1942), des seuils de fidélité suffisamment élevés doivent être atteints lors de telles épreuves, surtout si l'information doit permettre une interprétation valable du rendement individuel. Ainsi, pour discriminer une différence de 0,26 fois l'écart type avec cinq chances contre une d'avoir raison, le

---

1. La suite de ce chapitre est tirée d'une monographie de J.-J. Bernier, D. Morissette et C. Valiquette. Je remercie messieurs Morissette et Valiquette qui m'ont permis d'utiliser cette partie de la monographie.

coefficient de fidélité d'un examen devrait atteindre environ 0,50 lorsqu'il s'agit d'évaluer le rendement d'un groupe. Par contre, il doit atteindre 0,90 lorsqu'il est question de la différence de rendement entre les groupes. Enfin, le même coefficient doit s'élever à 0,94 et à 0,98 lorsqu'il se rapporte respectivement à un rendement individuel et à une différence de rendements individuels, toujours dans les conditions de discrimination mentionnées précédemment. Lorsque les instruments de mesure présentent un coefficient de fidélité qui s'éloigne de ces exigences, le chercheur ou l'enseignant devient moins certain de la signification des résultats. Ses interprétations doivent être prudentes car il devient alors plus difficile de distinguer les effets des traitements (de l'enseignement, par exemple) de ceux des erreurs de mesure.

Dans le cas de l'utilisation des scores de gain obtenus par des sujets lors d'un prétest X et d'un post-test Y, le coefficient de fidélité de ces scores de gain est calculé à l'aide de la formule suivante (Thorndike, 1971):

$$r_{Y-X} = r_D = \frac{r_{XX'} + r_{YY'} - 2r_{XY}}{2 - 2r_{XY}}$$

où $r_{XX'}$ = fidélité des résultats obtenus au prétest X,

$r_{YY'}$ = fidélité des résultats obtenus au post-test Y,

r_{XY} = coefficient de corrélation entre ces deux ensembles de résultats aux tests X et Y.

À la lumière de cette formule, et comme le signale Thorndike (1971), on comprend mieux pourquoi la fidélité des scores de gain est habituellement beaucoup moins élevée que celle des deux ensembles de scores originaux pris séparément, ceux au prétest et ceux au post-test. En effet, un examen attentif de ces éléments révèle que lorsque le coefficient de corrélation entre les scores à l'épreuve X et ceux à l'épreuve Y prend une valeur voisine de celle de la moyenne des coefficients de fidélité des deux épreuves elles-mêmes, la fidélité des scores de gain tend vers une valeur nulle. Dans de telles conditions un chercheur serait sans doute mal avisé de faire, par exemple, une étude corrélative entre, d'une part, des résultats quelconques et, d'autre part, des scores de gain qui n'ont d'ores et déjà aucune fidélité et dont on ne sait pas s'ils représentent un gain réel ou une simple erreur de mesure.

L'auteur qui a étudié avec le plus d'attention les aspects mathématiques et méthodologiques de l'utilisation des scores de gain est sans contredit Lord (1956, 1958, 1967, 1969, 1970, 1974). Dans un premier temps, cet auteur (1956) démontre comment il est possible d'estimer, en passant, entre autres, par la variance et la covariance des scores vrais et des scores observés et par les erreurs de mesure, l'équation de régression multiple qui permet finalement d'obtenir la meilleure estimation linéaire du gain vrai réalisé par chaque sujet. Cette estimation du gain est de fait épurée le plus possible des erreurs aléatoires de mesure, mais évidemment pas des erreurs constantes. De plus, cette façon de calculer les scores de gain exige des conditions d'application fort contraignantes. Ainsi, les épreuves passées au prétest et au post-test doivent être des épreuves identiques ou, à tout le moins, des formes équivalentes. Un coefficient de corrélation élevé risque donc d'être observé entre les deux ensembles de résultats.

Si on se reporte à la formule déjà donnée, il est facile de prévoir que le coefficient de fidélité aura tendance à être d'autant plus bas que cette corrélation sera élevée. De plus, il faut postuler que les erreurs de mesure dans les deux épreuves auront une moyenne nulle et une variance identique, et que la corrélation entre les erreurs et les scores vrais sera nulle partout. En somme, il existe des contraintes telles que cette méthode de calcul des scores de gain présente peu d'intérêt pratique à moins que, pour une raison ou une autre, le coefficient de fidélité des scores de gain puisse être, sans inconvénient, très peu élevé et même, à la limite, nul. Ce qui, dans un contexte scolaire, est loin d'être impossible. L'exemple numérique exposé par Lord lui-même (1956) illustre clairement jusqu'à quel point cette solution, a priori très séduisante particulièrement sur le plan théorique, s'avère peu robuste lorsque les postulats de base ou les conditions d'application sont transgressés.

À ces limites déjà considérables au regard des scores de gain s'ajoute le fait que la corrélation établie entre ces scores, d'une part, et les scores d'une autre variable, d'autre part, risque de prêter à confusion, et pour cause (Lord, 1958, 1967) : dans le domaine de l'enseignement comme ailleurs, il arrive fréquemment que les sujets qui ont obtenu les résultats les plus élevés à un prétest soient également ceux qui obtiennent les gains les moins élevés lors du post-test correspondant en raison de l'effet de limite supérieure imposée ou de plafonnement. Ainsi, même en excluant toute erreur de mesure et tout contexte de régression vers la moyenne (en tant qu'expression d'une forme d'erreur de mesure), l'observation des scores de gain obtenus par des sujets qui, lors d'un prétest, se situaient près du plafond (par exemple, ceux qui ont obtenu plus de 95 %) révèle que ces sujets obtiennent généralement des gains moindres que les autres sujets. Cette répartition inusitée des gains entre les étudiants forts et faibles peut compliquer l'interprétation des coefficients de corrélation obtenus par la suite entre les scores de gain et les scores d'une autre variable. Par exemple, si le chercheur établit la corrélation entre les résultats au prétest et les scores de gain, la valeur obtenue risque d'être souvent négative. Cet inconvénient demeure toutefois mineur pour autant que le chercheur en tienne compte. D'ailleurs, des procédés de correction ont été mis au point, notamment par Thomson (1924), pour corriger partiellement de pareils effets de plafond et de plancher.

Un deuxième problème intervient dans le calcul des scores de différence. En effet, il ne faut plus seulement supposer que les deux ensembles de scores, ceux au prétest et ceux au post-test, sont situés sur une échelle à intervalles égaux, mais il faut aussi s'assurer que les deux ensembles partagent une métrique commune. Par exemple, pour la mesure de la température, les degrés Celsius et les degrés Fahrenheit sont tous deux placés sur une échelle à intervalles égaux, mais ces deux échelles ne partagent pas une métrique commune ; il ne viendrait d'ailleurs à l'esprit de personne de calculer des différences algébriques entre des degrés Celsius et des degrés Fahrenheit. Pour rendre ces deux ensembles de scores équivalents, il faut effectuer une transformation de données qui, en statistique, équivaut à un changement de pente de la régression. Une telle transformation est d'ailleurs équivalente aux résidus de la régression.

Enfin, un troisième problème surgit, toujours en rapport avec les opérations algébriques relatives aux scores de gain. En effet, les échelles des scores au prétest et au post-test ne partagent pas toujours, en unités de mesure vraiment égales, toutes les parties de ces échelles tout au long de leur étendue (Lord, 1958). Ce fait entraîne des difficultés majeures dans l'étude des scores de gain. Ainsi, il peut arriver que des scores observés, tout en étant égaux algébriquement, n'impliquent pas nécessairement une habileté identique chez les sujets. Il peut également arriver que, même si le prétest et le post-test comportent les mêmes questions, ces deux épreuves ne mesurent plus exactement la même chose dès que l'enseignement-apprentissage a produit un changement chez les sujets.

Aucune méthode statistique ne peut éliminer ou compenser l'effet de pratique et ses conséquences sur la variation des unités de l'échelle. Contrairement à ce que pourraient laisser croire leur appellation et certaines de leurs caractéristiques, les cotes standardisées ne corrigent pas l'erreur originale d'unité de mesure; elles ne font que l'exprimer sous une autre forme, particulièrement si la consistance interne des mesures est faible. Cette situation est par ailleurs typique dans la mesure du rendement scolaire. La solution envisagée par Lord (1958) rend évidente l'importance du problème; il suggère que de telles mesures soient fractionnées en sous-ensembles ayant une forte consistance interne. Ce qui ne constitue qu'une «façon théorique de s'en tirer» (Lord, 1958), particulièrement en contexte scolaire.

Par ailleurs, l'analyse de la covariance appliquée aux scores de gain ne peut être utilisée qu'avec réserve, particulièrement lorsque les groupes de sujets, tant au prétest qu'au post-test, sont en nombre limité et qu'ainsi leur distribution s'éloigne des conditions normales souhaitées (Lord, 1967, 1969, 1970). De plus, même si l'influence de la «covariable» semble éliminée sur le plan statistique, les caractéristiques expérimentales réelles peuvent faire en sorte que cette influence existe toujours de façon non apparente. Ainsi, même si la technique utilise le prétest comme covariable, il n'est pas sûr que les effets de cette covariable soient complètement éliminés des scores de gain. En effet, tout dépend de la méthode utilisée pour niveler les scores. L'exemple pratique que donne Lord (1969) pour illustrer cette mise en garde, soit celui de l'élimination des différences initiales dans la croissance du maïs, est très significatif sous ce rapport. Par ailleurs, la tentative de Ruch (1970) pour trouver une solution au problème des variables antérieures, au moyen de l'uniformisation des scores lors du prétest ou au moyen de l'élimination de l'influence de la covariable, soulève des difficultés pratiques telles que la solution proposée est difficilement applicable.

Une autre raison fondamentale motive un recours réservé à cette technique de l'analyse de la covariance dans la mesure du gain. En effet, cette technique exige que les deux pentes des lignes de régression (groupe contrôle et groupe expérimental) soient équivalentes. Un tel postulat ne pose aucune difficulté sur le plan statistique. Toutefois, il entre en contradiction systématique avec les principes du contexte expérimental ou d'apprentissage sous-jacent; il n'y a en effet aucune raison de supposer que les deux groupes produisent une même régression. L'hypothèse expérimentale fondamentale suppose même que le groupe expérimental ayant bénéficié d'un traitement quelconque ou ayant acquis de nouvelles habiletés produira probablement une régression très différente de celle du groupe contrôle.

Tatsuoka (1971) présente toutefois un modèle d'interprétation des résultats d'analyse de la covariance beaucoup plus complet et nuancé. En effet, il conçoit que plusieurs lignes de régression sont possibles avec des groupes différents. La procédure qu'il propose revient à prendre une décision concernant la situation qui, parmi les trois suivantes, est la plus plausible dans un cas donné. S'il y a rejet de l'hypothèse nulle de pentes de régression égales dans les populations, alors on ne doit pas poursuivre l'analyse concernant les différences ajustées de moyenne au post-test. La technique de Johnson et Neyman permet cependant de répondre à la question : « Pour quelles valeurs de la covariable (prétest) les différences ajustées au post-test sont-elles significativement différentes et dans quel sens ? » Par contre, s'il n'y a pas de différences significatives entre le prétest et le post-test ajusté, deux cas peuvent se présenter. D'abord, on peut conclure que les différences de groupes au prétest ne permettent pas d'obtenir des différences de groupes au post-test. Dans ce cas, la logique est basée sur le fait que les deux lignes de régression ont une même pente, mais à des hauteurs différentes (intersections différentes), ce qui permet de supposer que si les deux moyennes de groupes au prétest avaient été égales, on aurait pu observer ou prédire des moyennes de groupes différentes au post-test. Finalement, si les deux groupes présentent une même ligne de régression, on doit conclure que les données ne permettent pas de croire que le traitement appliqué ait produit une différence significative entre les moyennes de groupes au post-test, même si ces moyennes sont égales au prétest. Toutefois, l'analyse de la covariance ne résout qu'une partie du problème, puisqu'elle permet de traiter la différence au post-test sans apporter de solution véritable à une hypothèse concernant le gain des sujets.

En fin de compte, la régression multiple demeure, semble-t-il, l'un des seuls moyens à peu près acceptable pour déterminer le gain vrai de sujets soumis à un prétest et à un post-test (Lord, 1970). Toutefois, les nombreux inconvénients et les multiples limites associés aux scores de gain laissent croire qu'il serait prudent de n'y avoir recours que lorsqu'il est vraiment impossible de faire autrement. En effet, cette technique exige que le prétest et le post-test soient des épreuves équivalentes ou des formes parallèles, que le coefficient de corrélation entre les résultats au prétest et ceux au post-test soit connu et élevé et qu'enfin on puisse supposer la rectilinéarité de la régression (Lord, 1970).

Cette mise en garde et ces restrictions coïncident d'ailleurs avec les suggestions que font Linn et Slinde (1977) de même que Cronbach et Furby (1970) : « Lorsqu'on souhaite obtenir les scores vrais de gain des individus, la régression multiple utilise plus d'information que les autres techniques suggérées jusqu'ici. » Par ailleurs, « il semblerait que les chercheurs qui définissent leurs problèmes en termes de scores de gain seraient bien avisés de le faire en d'autres termes. » (Cronbach et

Furby, 1970). Ces remarques s'appliquent bien entendu à des scores individuels. Lord (1970), Cronbach et Furby (1970), Campbell et Stanley (1963) et Allen et Yen (1979) suggèrent des procédures pour les situations où le chercheur s'intéresse au gain réalisé par l'ensemble d'un ou de plusieurs groupes. Dans ces cas, plutôt que de comparer les scores de gain individuels entre le prétest et le post-test, il est préférable de réaliser une analyse de covariance avec les résultats au prétest comme covariable. Selon Campbell et Stanley (1963), « étant donné que les résultats de recherche en éducation ont tendance à être non significatifs, cette façon de faire, en augmentant la puissance du test de signification, peut contribuer à rendre de tels résultats plus souvent significatifs. » Augmentation toutefois illusoire si le chercheur décide de conclure à un effet de traitement non pas sur la base du rapport F[2], mais sur la base de la proportion de variance expliquée.

Overall et Woodward (1975) rappellent d'abord que la puissance d'un test de signification sur la différence entre deux résultats est plus grande lorsque la fidélité de cette même différence est nulle. Ils prétendent en conséquence que les scores de gain peuvent s'avérer très utiles si les conditions de recherche nécessitent un test de signification particulièrement puissant tout en tolérant une fidélité très faible et même nulle pour les scores de gain. Ce qui, par ailleurs, ne s'oppose pas à la nécessité d'une fidélité élevée au prétest et au post-test. Ces deux épreuves peuvent en effet mesurer avec une grande précision un effet quasi aléatoire d'un traitement aux caractéristiques particulières. Le cas n'est pas impossible, notamment lorsque le traitement se rapporte au domaine des attitudes et de leur changement, en milieu scolaire particulièrement.

Pour leur part, Maxwell et Howard (1981) remettent en question, dans certaines conditions précises, la tendance qu'ont plusieurs chercheurs à recourir indistinctement à l'analyse de covariance chaque fois qu'il s'agit d'une différence entre un prétest et un post-test. Des deux cas qu'ils détaillent, le premier est en relation avec le problème qui est à l'origine de la présente démarche. Il s'agit en l'occurrence du cas où des mesures sont basées sur les auto-évaluations complétées par les sujets, tant au prétest qu'au post-test. Il arrive parfois que l'intervention expérimentale, ou le traitement, change les critères d'évaluation des sujets en fonction de la dimension mesurée. (C'est le cas, par exemple, dans le domaine affectif, lorsque l'activité d'apprentissage contribue à faire intérioriser une nouvelle attitude. Souvent, cette dernière modifie les jugements que portait antérieurement le sujet tant sur ses propres comportements que sur divers événements.)

Il devient donc nécessaire, dans de telles conditions, que, lors du post-test, les sujets s'auto-évaluent rétrospectivement, qu'ils expriment leur cote ou leur jugement en se reportant à ce qu'ils pensaient ou croyaient avant l'intervention ou l'apprentissage, afin de bien vérifier si le post-test et le rétro-prétest sont basés sur les mêmes

---

2. Le rapport F est un test de signification qui résulte d'un rapport de variance entre deux sources. Ces variances sont calculées selon une technique d'inférence statistique communément appelée ANOVA (analyse de la variance).

critères. S'il y a déplacement des critères entre le prétest et le rétro-prétest, il sera avantageux que l'analyse du changement se fasse en utilisant les scores de gain entre le rétro-prétest et le post-test plutôt que de passer par l'analyse de la covariance. Cette dernière ne pourrait pas tenir compte du déplacement des critères d'auto-évaluation occasionné par le traitement lui-même. Cependant, la condition préalable que pose cette méthode, soit la présence d'échantillons aléatoires très nombreux tant au prétest qu'au post-test, surtout dans le contexte des interventions pédagogiques régulières et même dans le cas de nombreuses recherches en éducation, en fait une méthode pratiquement inappropriée.

8.4   QUELQUES ASPECTS MATHÉMATIQUES DE LA MESURE DU GAIN

8.4.1   La fidélité des scores de gain

Il arrive souvent que l'on cherche à déterminer si une différence observée entre des résultats obtenus par un même individu à des tests différents est précise. Il s'agit, dans ce cas, de comparaisons intra-individuelles, lesquelles concernent les différences observées entre les résultats obtenus par un répondant à plusieurs tests. Le problème est de savoir si ces différences sont assez précises pour être utilisées dans un cas de sélection par exemple. En général, les résultats d'un individu à plusieurs tests sont présentés sous la forme d'un profil tracé à partir d'une échelle de scores standardisés et dérivés.

La figure 8.2 illustre les profils de deux répondants à six tests ou sous-tests dont les résultats sont transposés sur une échelle de scores T. Pour chacun des tests, on a la position relative de chaque répondant. Chacun des sous-tests étant imparfait, il existe des marges d'erreur, des différences aléatoires entre les scores d'une même personne aux divers sous-tests. Le problème consiste à déterminer l'ampleur de cette marge d'erreur de sorte que l'on puisse en préciser la probabilité d'occurrence. Plus la probabilité d'erreur est petite, plus les prédictions seront fidèles.

FIGURE 8.2
Profils de deux répondants soumis à six tests chacun

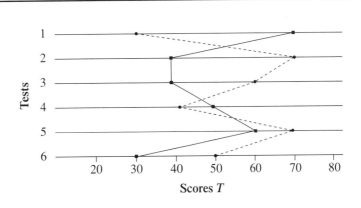

Afin de déterminer la marge d'erreur, il est nécessaire de calculer la variance d'une différence entre deux scores à deux tests parallèles (i et j) à l'aide de la formule

$$S_{i-j}^2 = S_i^2 + S_j^2 - 2r_{ij}S_iS_j.$$

Par ailleurs, la variance des différences dues aux erreurs de mesure est donnée par la formule

$$S_{E_D}^2 = S_{E_i}^2 + S_{E_j}^2 - 2r_{E_iE_j}S_{E_i}S_{E_j}$$

où l'expression décrivant la covariance disparaît étant donné que les erreurs ne sont pas en corrélation ($r_{E_iE_j} = 0$).

Il s'ensuit que la variance d'une distribution de différences dues au hasard peut prendre la forme

$$r_{ii'} = r_{jj'}S_{E_D} = S_i\sqrt{2(1-r_{ii'})}$$

car $S_E^2 = S_X^2(1-r_{XX'})$ où $S_{E_D} = S_i\sqrt{2-r_{ii'}-r_{jj'}}$ et $S_i^2 = S_j^2$ à la condition que les scores soient standardisés.

Il est ainsi possible de déterminer l'ampleur que doit avoir une différence de scores pour être statistiquement significative. On peut aussi s'intéresser à la différence entre deux scores (deux répondants) à un même test ainsi qu'à la fidélité des scores de gain. Ce dernier coefficient augmente au même rythme que la moyenne des coefficients de fidélité des tests.

8.4.2 La mesure du gain

Un chercheur peut s'intéresser aux changements qui surviennent dans le rendement des répondants. Plusieurs expérimentations prennent alors la forme d'un prétest et d'un post-test. On administre d'abord un test puis, après un traitement ou un enseignement, on réadministre le même test ou une forme équivalente. On cherche alors à estimer le gain vrai moyen des répondants soumis à l'expérience. Sachant que la moyenne observée est égale à la moyenne des scores vrais, on peut en déduire que la différence entre la moyenne observée au post-test et celle observée au prétest sont égales à la régression des moyennes des scores vrais correspondants. En fait, en raison de l'imprécision des mesures, il faut traiter le problème sous l'angle des scores vrais. Ainsi, si l'on désire estimer le gain vrai ($G = V_2 - V_1$) du gain observé ($X_2 - X_1$) pour chaque répondant d'un groupe, il faut s'en remettre à des modèles de régression. Plusieurs formules ont été dérivées et présentées par Lord et Novick (1968). Nous n'en présentons ici que les principes importants.

La corrélation entre les scores au prétest et le gain a tendance à être faussement négative parce que l'erreur E a un signe différent selon qu'il s'agit du prétest V_1

seul ou du gain, soit $V_2 - V_1$. La corrélation entre le gain et une variable externe (A) (r_{GA}) doit être corrigée pour atténuation: $\hat{r}_{GA} = r_{GA}/r_{GG'}$. Le coefficient de fidélité ($r_{GG'}$) est une sous-estimation car il est obtenu à partir des scores observés au prétest et au post-test. Le score de gain est de toute évidence imprécis. Bereiter (1963) a traité du dilemme de l'imprécision-validité que l'on peut expliquer de la façon suivante: si l'on propose de mesurer un gain, c'est qu'un traitement a produit un changement, et c'est la taille de ce changement qui est importante. Par ailleurs, si un test s'avère sensible aux changements survenant dans le rendement, sa fidélité test-retest est faible. Il appert donc que si on tente d'accroître la validité (sensibilité à percevoir des changements), la fidélité décroît et vice versa. On se trouve alors face à un dilemme.

Finalement, notons que si l'on s'intéresse à la relation d'une variable externe avec le gain de scores, la corrélation entre les deux ne doit pas servir de base d'étude. En raison de la logique du problème et pour des motifs d'ordre statistique, on devrait considérer la corrélation partielle entre la variable externe et le résultat au post-test, le résultat au prétest étant considéré comme statistiquement uniforme (Nunnally, 1982).

8.4.3   La correction pour atténuation

Étant donné qu'une corrélation faussement négative tend à se manifester entre le prétest et le gain observé, on doit appliquer la technique de l'atténuation. La formule de correction pour atténuation permet de corriger l'imprécision des observations.

D'une part, on sait que la corrélation entre des scores vrais est une limite supérieure à la corrélation entre des scores observés:

$$r_{V_X V_Y} = \frac{r_{XY}}{\sqrt{r_{XX'}}\sqrt{r_{YY'}}}$$

où $r_{XX'}$ et $r_{YY'}$ sont les coefficients de fidélité des tests X et Y.

D'autre part, cette formule donne la corrélation entre des mesures corrigées pour le manque de précision des deux variables (tests).

Il y a cependant un problème, car souvent $r_{V_X V_Y} > 1$ en raison de la sous-estimation de la précision; de ce fait, la correction pour atténuation tend alors à devenir une surcorrection dont l'ampleur est inconnue. Donc, pour utiliser la formule de correction pour atténuation avec justesse, il ne doit pas y avoir plus, ni moins, de variation dans l'estimation de $r_{XX'}$ et de $r_{YY'}$ que dans l'estimation de r_{XY}. Si, par exemple, un spécialiste décide de déterminer la relation entre deux variables théoriques d'ordre psychologique considérées comme des traits de la personnalité, il peut utiliser deux tests pour mesurer ces traits. Si la relation entre les deux échelles est linéaire, alors un coefficient de corrélation indique le degré d'association entre les tests. Cependant, ces tests comportant de l'erreur, la corrélation entre eux est moindre que la corrélation entre les traits. Si on postule que les scores vrais sont des approximations assez précises de la corrélation entre ces traits, alors on peut utiliser la formule d'atténuation pour estimer la vraie corrélation entre les traits.

Mathématiquement, ce raisonnement est exprimé par la formule

$$r_{XV_X} \geq r_{XV_Y} .$$

Une mesure est en corrélation avec son score vrai avec au moins autant d'importance qu'elle l'est avec le score vrai d'une autre mesure, ce qui s'exprime par

$$\left| r_{XV_Y} \right| \geq \left| r_{XY} \right| .$$

Un résultat observé est en corrélation avec le score vrai d'un autre résultat avec au moins autant d'importance qu'il l'est avec le score observé de cette autre mesure. D'où il peut être démontré que

$$r_{V_X V_Y} \geq r_{XV_Y} \geq r_{XY}$$

où $r_{V_X V_Y} = \dfrac{r_{XY}}{\sqrt{r_{XX'} r_{YY'}}}$ pour des mesures parallèles.

L'expression $r_{V_X V_Y}$ est la corrélation entre les scores vrais ou entre les traits, exprimée en termes de corrélation entre deux mesures observées et l'estimation de la précision de chacune des mesures. La formule

$$r_{XV_Y} = \dfrac{r_{XY}}{\sqrt{r_{YY'}}}$$

donne la corrélation entre les scores observés à une mesure et les scores vrais à une autre mesure en termes de corrélation entre les scores observés aux deux mesures et la fidélité ou la précision de la deuxième mesure.

La corrélation entre des scores vrais est une limite supérieure de la corrélation entre des scores observés. Un exemple peut aider à comprendre toutes ces relations et ces raisonnements. Supposons que, pour deux traits donnés, $r_{XY} = 0,70$, $r_{XX'} = 0,7225$ et $r_{YY'} = 0,81$.

Le maximum de corrélation qui peut être obtenu si on rendait le prédicteur X plus précis serait

$$r_{V_X Y} = \dfrac{0,70}{\sqrt{0,7225}} = 0,823 .$$

Le maximum de corrélation que l'on pourrait obtenir en rendant le critère Y plus précis serait

$$r_{XV_Y} = \frac{0,70}{\sqrt{0,81}} = 0,777 \, .$$

Le maximum de corrélation que l'on pourrait obtenir en rendant le prédicteur X et le critère Y parfaitement précis serait

$$r_{V_X V_Y} = \frac{0,70}{\sqrt{0,81 \times 0,7225}} = 0,915 \, .$$

Le paradoxe de l'atténuation se décrit comme la réduction possible de la validité d'un test (r_{XY}) comme conséquence d'une augmentation des validités d'items (r_{GV}) dans certaines situations. Mais cela est un problème hors de notre propos. Le lecteur intéressé peut consulter Loevinger (1954) dont l'article « *The attenuation paradox in test theory* » demeure le meilleur traité sur le sujet.

En conclusion, la prédiction du rendement scolaire par les notes cumulées est atténuée (restreinte) par plusieurs facteurs, dont :

– le manque de précision ou de fidélité des notes cumulées, ce qui réduit toutes les corrélations tests-critères ;

– les changements de répondants et de situations dans le temps, qui font décroître les corrélations entre les tests et les notes cumulées dans le temps.

La théorie de l'atténuation peut servir d'argument contre l'idée selon laquelle les tests ont atteint leurs limites en tant que prédicteurs du succès scolaire.

8.5 QUELQUES TECHNIQUES GRAPHIQUES D'ANALYSE DU GAIN

L'application des techniques complexes, et souvent hautement sophistiquées sur les plans mathématique ou statistique, qui ont été exposées ou évoquées dans les sections précédentes ne dispense nullement le chercheur d'examiner attentivement les données qu'il utilise (Tukey, 1977). La pertinence et la robustesse de son analyse quantitative prennent même fréquemment leur source dans une analyse qualitative appropriée et nuancée. Pour réaliser cette étape préalable, des techniques graphiques peuvent être appliquées avantageusement dans la majorité des cas. Quatre d'entre elles sont exposées succinctement dans les prochains paragraphes. Il s'agit en l'occurrence du diagramme en tiges et en feuilles, du déploiement temporel, du corrélogramme et enfin de la droite de régression. Des données recueillies dans le cadre d'une recherche (Lévesque, 1982) servent à illustrer sommairement ce qui peut être « visualisé » grâce à ces techniques graphiques. Ces données apparaissent aux tableaux 8.1 et 8.2 (p. 150).

TABLEAU 8.1
Résultats obtenus
par un groupe
expérimental lors
d'un prétest et d'un
post-test portant sur
la perception de soi

Sujet	Prétest	Post-test	Gain	Sujet	Prétest	Post-test	Gain
1	26	29	3	14	21	27	6
2	25	33	8	15	25	30	5
3	25	28	3	16	25	30	5
4	24	28	4	17	17	31	14
5	26	29	3	18	19	25	6
6	21	27	6	19	25	31	6
7	26	30	4	20	26	25	−1
8	25	30	5	21	19	27	8
9	26	24	−2	22	26	28	2
10	25	25	0	23	26	35	9
11	24	25	1	24	25	27	2
12	23	21	−2	25	26	27	1
13	25	28	3				

Source : Bernier, Morissette et Valiquette (1982), adapté de Lévesque (1982).

TABLEAU 8.2
Résultats obtenus par
un groupe contrôle lors
d'un prétest et d'un
post-test portant sur la
perception de soi

Sujet	Prétest	Post-test	Gain	Sujet	Prétest	Post-test	Gain
1	23	23	0	21	21	22	1
2	24	24	0	22	22	26	4
3	26	28	2	23	26	27	1
4	21	23	2	24	24	24	0
5	24	26	2	25	25	24	−1
6	24	31	7	26	26	26	0
7	26	32	6	27	23	26	3
8	18	20	2	28	22	21	−1
9	26	25	−1	29	23	27	4
10	23	23	0	30	24	27	3
11	16	18	2	31	20	25	5
12	17	24	7	32	25	27	2
13	18	26	8	33	25	21	−4
14	25	28	3	34	18	18	0
15	8	15	7	35	23	24	1
16	23	22	−1	36	19	19	0
17	25	24	−1	37	26	19	−7
18	17	16	−1	38	10	20	10
19	19	18	−1	39	23	28	5
20	24	25	1	40	26	32	6

Source : Bernier, Morissette et Valiquette (1982), adapté de Lévesque (1982).

8.5.1   Le diagramme en tiges et en feuilles

Tukey (1977) propose une nouvelle technique de représentation visuelle des données, le diagramme en tiges et en feuilles. La figure 8.3 montre l'utilisation de

FIGURE 8.3
Diagrammes
en tiges et en feuilles
pour les groupes
expérimental ($N = 25$)
et contrôle ($N = 40$), au
prétest et au post-test

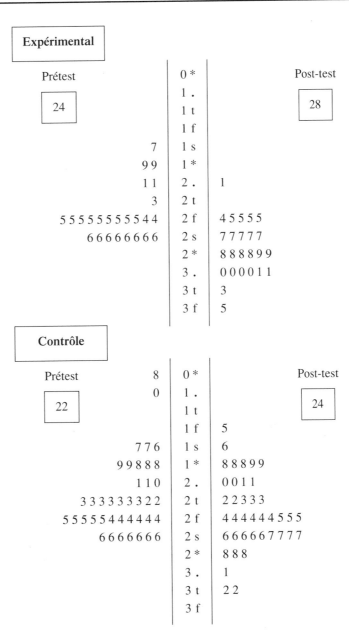

Note : Les moyennes respectives (arrondies à l'unité) de chaque distribution sont entourées d'un carré.

cette technique pour l'analyse d'une étude prétest–post-test avec un groupe expérimental ($N = 25$) et un groupe contrôle ($N = 40$). Les données originales sont présentées aux tableaux 8.1 et 8.2.

La construction d'un diagramme en tiges et en feuilles est très rapide : elle consiste simplement à scinder les données en deux composantes, soit les dizaines (tiges) et les unités (feuilles). Les tiges forment un tronc commun pour le prétest (à gauche) et le post-test (à droite). Par convention, les tiges sont dénotées de la façon suivante :

$$
\begin{aligned}
. \;&=\; 0 \text{ et } 1, \\
t \;&=\; 2 \text{ et } 3, \\
f \;&=\; 4 \text{ et } 5, \\
s \;&=\; 6 \text{ et } 7, \\
* \;&=\; 8 \text{ et } 9.
\end{aligned}
$$

Une consultation de la figure 8.3 révèle immédiatement, par exemple, que lors du post-test chez le groupe expérimental cinq répondants ont obtenu un score de 27 (tige 2s).

Les avantages du diagramme en tiges et en feuilles sont nombreux : il permet de détecter en un rien de temps le score le plus faible et le score le plus élevé dans un échantillon donné ; il fournit un rangement (mise en ordre) des données plus rapidement et avec un risque d'erreur moindre que les méthodes conventionnelles ; finalement, il esquisse de façon vivante l'allure générale de la distribution des scores. Ainsi, un coup d'œil rapide à la figure 8.3 permet d'observer que les résultats au post-test du groupe expérimental sont déplacés vers le bas par rapport aux résultats au prétest ; il y a très probablement eu un traitement entre les deux mesures. Par ailleurs, on peut vérifier facilement que la distribution des scores au prétest n'adopte pas du tout la forme d'une distribution normale, alors que celle des scores au post-test s'en rapproche. Enfin, les résultats du groupe contrôle se ressemblent beaucoup de part et d'autre de la tige, tant par les positions relatives que par la forme à peu près identique des distributions. Peu de changements semblent se produire entre ces deux mesures au prétest et au post-test.

8.5.2   Le déploiement temporel

Le déploiement temporel est une technique graphique qui a le grand avantage, particulièrement par rapport au graphique en tiges et en feuilles, de conserver pour chaque sujet le lien entre le score au prétest et le score au post-test (Valiquette, 1981).

Comme le montre la figure 8.4, cette forme de diagramme consiste d'abord en deux axes verticaux parallèles servant de bornes numériques respectives pour le prétest (axe de gauche, t_1) et pour le post-test (axe de droite, t_2). Afin de mieux percevoir l'évolution des scores de chaque sujet, il est important que les deux échelles sur ces axes soient identiques et placées au même niveau l'une par rapport

FIGURE 8.4
Déploiement temporel
des scores obtenus
au prétest (t_1) et
au post-test (t_2)

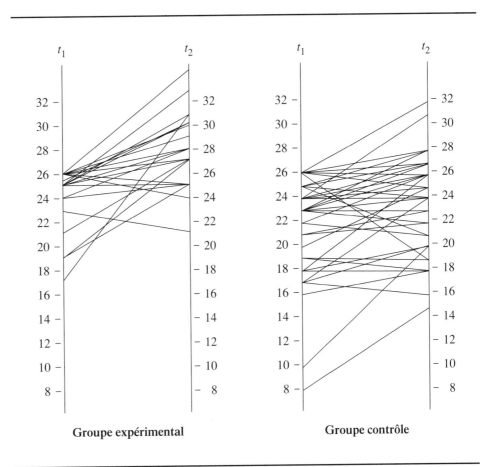

à l'autre. Pour chaque sujet, on trace ensuite le segment de droite qui réunit son score au prétest (en t_1) à son score au post-test (en t_2). On constate ainsi que le seul sujet du groupe expérimental qui a obtenu un score de 17 en t_1 a atteint un score de 31 au post-test en t_2.

Il peut arriver que plusieurs sujets obtiennent des scores identiques au prétest et au post-test. Dans ce cas, il suffit d'épaissir le segment de droite, et ce autant de fois qu'il y a de situations identiques. La perte de précision qui peut découler de cette procédure est pratiquement sans conséquence, puisque les sujets aux résultats identiques se situent généralement autour de la moyenne. L'épaississement des lignes entre les deux moments t_1 et t_2 à cet endroit ne fait qu'accentuer l'impression de centroïde grâce à un effet visuel d'accroissement de densité des liens. De plus, si l'allure générale du diagramme est indiquée par l'impression de centroïde, les cas déviants ressortent clairement, que cette déviance se produise en t_1, en t_2, ou dans les deux à la fois.

Un examen même rapide de la figure 8.4 permet de noter toute une série de caractéristiques intéressantes. Ainsi, on remarque que la grande majorité des sujets du groupe expérimental voient leur score augmenter de t_1 à t_2 (seuls trois sujets enregistrent une diminution mineure). De plus, la tendance générale du déploiement laisse percevoir un effet de régression assez important pour être visualisé, surtout à partir des traits gras situés autour des moyennes. Par contre, pour le groupe contrôle, le déploiement temporel indique un grand nombre de diminutions de scores et aucun effet perceptible de régression à la moyenne entre t_1 et t_2. De plus, la forte diminution des scores des deux sujets qui ont 25 et 26 comme score en t_1 suggère une étude plus attentive de ces cas particuliers. Enfin, dans l'ensemble, l'aspect des deux déploiements temporels laisse croire que les groupes de sujets étudiés comportent des caractéristiques de base différentes, à tout le moins pour ce qui a été effectivement mesuré entre les moments t_1 et t_2.

8.5.3   Le corrélogramme

De toutes les techniques graphiques utilisées en vue d'évaluer le degré de dépendance ou d'association entre deux variables, le corrélogramme se situe parmi les plus simples et les plus répandues. La figure 8.5 illustre trois cas types de liaisons qui peuvent exister entre deux variables et qui donnent lieu à des inférences très distinctes.

La figure 8.5*a* montre une variable Y qui semble changer d'une façon directement proportionnelle à la variation de X. Le lien entre ces deux variables peut être décrit avec une approximation raisonnable en utilisant un modèle linéaire de pente positive ou un coefficient de corrélation positif à peu près maximal (+1). La figure 8.5*b* présente une situation où la relation est inversement proportionnelle et où le coefficient de corrélation négatif se rapproche de la limite inférieure (−1). Enfin, la figure 8.5*c* laisse croire que la relation entre Y et X est probablement aléatoire, en ce sens qu'il devient à peu près impossible de prévoir la valeur de Y à partir de celle de X, à moins de se limiter à la moyenne des scores Y.

Dans la plupart des cas, le corrélogramme permet de déceler les cas déviants, les cas surinfluents, voire les sous-groupes totalement différents. Dans la figure 8.6,

FIGURE 8.5
Corrélogrammes représentant trois formes de liaisons simples qui peuvent exister entre deux variables X et Y

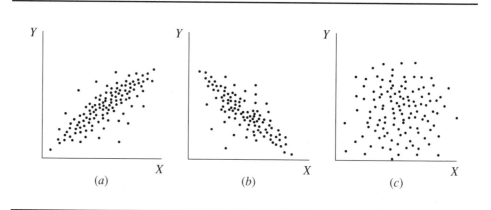

FIGURE 8.6
Corrélogrammes
représentant trois
formes de liaisons
complexes qui peuvent
exister entre deux
variables X et Y

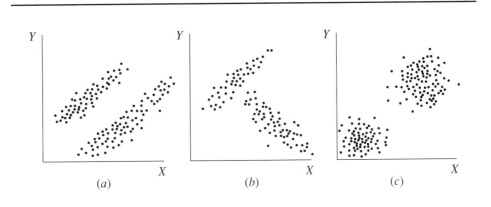

les calculs mathématiques donneraient des relations simples interprétables à l'aide de modèles linéaires à pente positive (8.6a et 8.6c) ou à pente négative (8.6b). Un examen, même rapide, des corrélogrammes permet de nuancer les interprétations et les inférences en les adaptant aux sous-groupes visualisés. Ainsi, dans le cas de la figure 8.6a, il est question de deux sous-groupes ayant chacun des relations linéaires à pente positive identique, mais avec des moyennes différentes. Dans le cas de la figure 8.6b, les deux sous-groupes présentent chacun des résultats qui donnent lieu à des relations linéaires, mais avec des pentes et des moyennes très différentes. Enfin, aucune relation linéaire n'existe entre les résultats des sous-groupes de la figure 8.6c.

La figure 8.7 (p. 156) présente le corrélogramme des résultats obtenus par un groupe de 25 sujets soumis à un traitement, en l'occurrence un enseignement en français selon les principes de la pédagogie de la maîtrise. Un simple coup d'œil sur la distribution générale des résultats au post-test en fonction des résultats au prétest permet de formuler plusieurs constatations.

D'abord, il est probable que la corrélation entre les résultats au prétest et ceux au post-test ne soit pas très élevée puisqu'il est difficile de percevoir la disposition en ellipse. En fait, cette disposition se rapproche davantage du cercle que de l'ellipse (la corrélation est de 0,15). De plus, particulièrement en ce qui a trait au prétest, la distribution des résultats est concentrée vers la droite de la figure aux cotes 25 et 26; il ne s'agit donc probablement pas d'une distribution à peu près normale des résultats ni d'un choix aléatoire des sujets.

En résumé, on peut mettre en doute la présence de deux caractéristiques fondamentales nécessaires pour l'emploi des techniques d'analyse telles que la variance ou la covariance. Les résultats ne sont pas distribués au hasard lors du prétest et il n'y a pas d'homogénéité de la variance des résultats au post-test pour chacun des résultats au prétest. De fait, les sujets étudiés ne sont que les 25 plus faibles d'un groupe original de 156 élèves.

FIGURE 8.7
Corrélogramme
des résultats obtenus
par le groupe
expérimental (voir le
tableau 8.1) au prétest
et au post-test
($N = 25$) et droites
de régression des
deux groupes

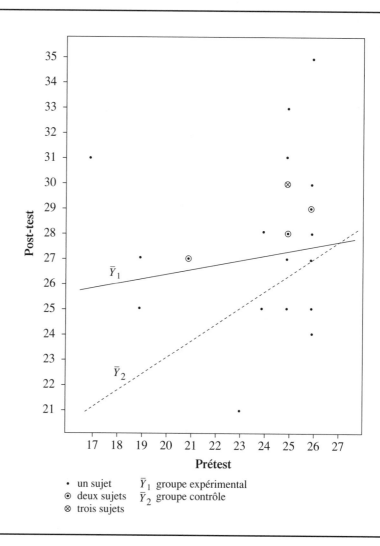

8.5.4   La ligne de régression

Dans un grand nombre de situations de recherche, la prédiction d'un phénomène à partir d'un facteur connu passe avantageusement par le modèle linéaire de régression. Même si la plupart du temps la ligne de régression ne constitue qu'une approximation de la liaison entre la variable indépendante et la variable dépendante, elle demeure une technique très pratique d'analyse statistique, particulièrement au moment de l'exploration des données. Cette technique est d'autant plus recherchée que l'absence de certaines présomptions ou de certaines caractéristiques essentielles des données rend impossible ou très risqué, dans bon nombre de recherches en éducation, le recours à des moyens tels que l'analyse de la variance et de la covariance.

FIGURE 8.8
Lignes de régression représentant diverses liaisons entre des variables X_1 et X_2 d'une part, et respectivement Y_1 et Y_2 d'autre part

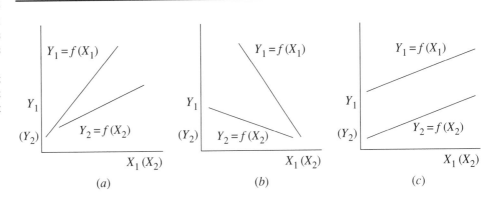

La figure 8.8 présente quelques-unes des possibilités dans ce domaine. Ainsi, en 8.8a, les lignes Y_1 et Y_2 traduisent des corrélations positives entre les variables indépendantes et dépendantes. Toutefois, dans le cas de Y_1, la croissance de X_1 est accompagnée d'un taux de croissance plus élevé en Y_1 que celui observé en Y_2 lorsque X_2 augmente de la même quantité. Par ailleurs, la figure 8.8b offre des cas semblables mais avec des corrélations négatives. Enfin, la figure 8.8c illustre des corrélations positives avec, en plus, des taux de croissance identiques pour Y_1 et Y_2.

Si on trace les lignes de régression des résultats obtenus au prétest et au post-test par le groupe expérimental et le groupe contrôle des tableaux 8.1 et 8.2, on obtient les deux segments tracés à la figure 8.7. Un simple coup d'œil permet de réaliser jusqu'à quel point la relation qui existe entre les résultats au prétest et ceux au post-test pour les sujets du groupe expérimental, relation qui est représentée par la ligne de régression continue, est différente de celle observée avec le groupe contrôle (ligne pointillée dans la figure 8.7).

De plus, la pente à peu près nulle de la ligne de régression du groupe expérimental permet d'inférer que la variation des résultats au prétest n'a que peu d'effet sur la variation des résultats au post-test. L'effet de traitement serait donc marquant. D'autant plus que, pour le groupe contrôle, une pente assez prononcée de la ligne de régression laisse supposer une variation presque quatre fois plus rapide de la variable dépendante, toujours pour un même changement lors du prétest. De telles divergences dans les deux lignes de régression sont probablement dues à un effet significatif du traitement, surtout si l'équivalence des deux groupes est originalement bien établie.

8.5.5   Quelques remarques concernant les techniques graphiques

Les techniques graphiques, soit celles qui ont été présentées dans ce texte et de nombreuses autres (voir par exemple Lord, 1970 ; Tukey, 1977 ; Wainer et Thissen, 1981), ont le grand avantage de rendre rapidement compréhensibles les caractéristiques générales des phénomènes étudiés. Les changements d'ensemble de même que les cas particuliers déviants peuvent être perçus souvent d'un simple coup d'œil. Ces techniques prennent donc toute leur signification dans le contexte particulier de l'analyse qualitative des données et ne dispensent pas le chercheur de l'analyse quantitative. Cette dernière a toutefois plus de chances d'être nuancée et mieux appropriée.

MOTS CLÉS

- Correction pour atténuation
- Corrélogramme
- Déploiement temporel
- Diagramme en tiges et en feuilles
- Gain
- Intervalles de confiance
- Ligne de régression
- Mesure du gain
- Test de signification

CHAPITRE 9

Autour du concept de fidélité

OBJECTIF

Analyser la valeur d'un coefficient en appréciant l'importance des effets des facteurs en cause, et connaître les limites de la fidélité.

L'exactitude de l'estimation de la fidélité d'un instrument de mesure est dépendante d'un double problème d'échantillonnage, soit l'échantillonnage des répondants et celui des items. Le premier problème peut facilement être contourné en utilisant de grands échantillons contenant quelques centaines de répondants. L'évaluation dans le domaine de l'enseignement se prête particulièrement bien à l'échantillonnage des personnes, alors que l'évaluation de l'erreur de mesure porte davantage sur l'échantillonnage des items.

Les estimations de la fidélité sont valables dans la mesure où des échantillons aléatoires d'items sont en corrélation égale avec les scores vrais. Si un item présente la même corrélation avec chacun des autres items d'un test particulier, on obtient une estimation précise de la fidélité. Si toutes les intercorrélations des items sont égales, alors ces items ont exactement la même corrélation avec les scores vrais. Dans ce cas, cette corrélation correspond à la racine carrée de la corrélation interitems.

Par suite de toutes ces considérations, on peut penser qu'un ensemble d'items n'est intéressant que dans le cas où la moyenne des corrélations est proche de zéro; il n'y a alors rien de commun entre les items. Mais, en supposant que la moyenne de corrélation soit positive et suffisamment élevée, il devient intéressant de se préoccuper de l'homogénéité de l'ensemble d'items.

Comme on le verra plus loin, la fidélité d'un test est étroitement reliée à la corrélation moyenne entre les items. Les tests plus longs ont des coefficients de fidélité plus élevés que les tests plus courts, mais dans les deux cas le lien demeure.

9.1 LA LONGUEUR D'UN TEST ET SA FIDÉLITÉ

La fidélité d'un test est reliée au nombre d'items contenus dans ce test. En fait, l'une augmente avec l'autre. Un test d'une longueur quelconque présente une certaine quantité d'erreurs dans un sens donné et pour une personne déterminée. Si plusieurs composantes parallèles sont ajoutées à celles qui constituent déjà le test, les diverses parties ainsi ajoutées seront de valeur et de sens différents. Au total, elles auront tendance à s'éliminer, c'est-à-dire à se compenser, permettant ainsi une meilleure approximation de la mesure des scores vrais individuels. Et plus un test mesure des scores vrais, plus il est précis. Ainsi, plus un test est long, plus il est fidèle, pourvu que les composantes soient parallèles. À la limite, en approchant l'infini, le coefficient de fidélité atteint une valeur de 1,00.

La longueur d'un test, qui est définie par le nombre d'items qu'il contient, influe sur les estimations de la variance du test, de la variance vraie et de la variance d'erreur en plus d'avoir un effet sur la fidélité du test.

9.1.1   La variance d'un test

Supposons que l'on décide de doubler la longueur d'un test en y ajoutant le même nombre d'items que ceux déjà présents. Chacune des deux parties aura une variance égale, soit $S_{X_1}^2 = S_{X_2}^2$, et si on joint ensemble ces deux parties on obtient :

$$S_{2X}^2 = S_{X_1}^2 + S_{X_2}^2 + 2r_{X_1 X_2} S_{X_1} S_{X_2}$$

où $S_{X_1}^2 = S_{X_2}^2$

$S_{X_1} = S_{X_2}$

$r_{X_1 X_2} =$ estimation de la fidélité de chacune des deux moitiés.

Il reste donc :

$$S_{2X}^2 = 2S_X^2 + 2r_{MM'} S_X^2$$

$$= 2S_X^2 (1 + r_{MM'})$$

où $r_{MM'} = r_{X_1 X_2}$.

Dans le cas plus général où un test est composé de n parties ou items strictement parallèles, chacun ayant une variance égale à S_i^2, on obtient une variance totale :

$$S_{nX}^2 = \sum S_X^2 + \sum \sum r_{gh} S_{X_g} S_{X_h}$$

où chacun des S_X^2 est de même valeur. Ainsi, on peut remplacer $\sum S_X^2$ par $n S_X^2$.

De plus, r_{gh} est une corrélation entre items parallèles et correspond à $r_{XX'}$, une estimation de la fidélité pour chaque partie. Finalement, $S_{X_g} = S_{X_h}$ pour chaque composante parallèle.

Il s'ensuit que

$$\sum\sum r_{gh} S_{X_g} S_{X_h} = n(n-1) r_{XX'} S_X^2$$

et la variance totale pour un test composé de n parties parallèles s'écrit

$$S_{nX}^2 = n S_X^2 + n(n-1) r_{XX'} S_X^2$$

$$= n S_X^2 [1 + (n-1) r_{XX'}].$$

9.1.2   La variance vraie

Avec la même procédure, soit en doublant la longueur du test d'abord, examinons la variance de la distribution des résultats vrais qui peut s'écrire

$$S_{2V}^2 = S_{V_1}^2 + S_{V_2}^2 + 2 r_{V_1 V_2} S_{V_1 V_2}.$$

Pour des tests parallèles, les variances et les scores vrais sont égaux. Ainsi,

$$S_{V_1} = S_{V_2}$$

$$r_{V_1 V_2} = 1,00$$

ce qui donne

$$S_{2V}^2 = 4 S_V^2.$$

Donc, lorsque la longueur d'un test est doublée, la variance des scores vrais quadruple.

En général, lorsqu'un test est augmenté de n parties parallèles, la somme des composantes de la variance vraie peut s'écrire de la façon suivante :

$$S_{nV}^2 = \sum S_V^2 + \sum\sum r_{V_g V_h} S_{V_g} S_{V_h}$$

ce qui donne

$$S_{nV}^2 = n^2 S_V^2.$$

La variance vraie augmente donc d'une valeur égale au carré de n lorsque la longueur d'un test est augmentée n fois.

9.1.3   La variance d'erreur

Lorsque la longueur d'un test est doublée, on peut représenter la variance d'erreur de la façon suivante :

$$S_{2E}^2 = S_{E_1}^2 + S_{E_2}^2 + 2r_{E_1E_2}S_{E_1}S_{E_2}.$$

Étant donné que pour des tests parallèles les variances d'erreur sont égales, soit

$$S_{E_1}^2 = S_{E_2}^2$$

et qu'il n'y a logiquement pas de corrélation entre deux distributions de résultats d'erreur :

$$r_{E_1E_2} = 0$$

il ne reste que

$$S_{2E}^2 = 2S_E^2.$$

L'effet, sur n'importe quelle modification de longueur, est exprimé par

$$S_{nE}^2 = \sum S_E^2 + \sum\sum r_{E_gE_h}S_{E_g}S_{E_h}$$

mais S_E^2 est la même pour tous les tests parallèles :

$$\sum S_E^2 = nS_E^2$$

et $r_{E_gE_h} = 0$ par postulat.

Donc, il s'ensuit que

$$S_{nE}^2 = nS_E^2.$$

Cela prouve que la variance d'erreur est directement proportionnelle à l'accroissement du nombre d'items dans le test.

Il résulte de cela qu'en augmentant la longueur d'un test la variance vraie augmente beaucoup plus vite que la variance d'erreur. En conséquence, il est toujours rentable d'utiliser des tests plus longs, pourvu que les parties rajoutées soient parallèles.

On sait que la fidélité d'un test augmente avec sa longueur puisque la variance vraie croît plus vite que la variance d'erreur. Supposons qu'un test soit augmenté n fois ($r_{XX'n}$) :

$$r_{XX'n} = \frac{S_{nV}^2}{S_{nX}^2}.$$

À partir des équations de variances observées et vraies pour des tests rallongés, on obtient :

$$r_{XX'n} = \frac{n^2 S_V^2}{n S_X^2 [1 + (n-1) r_{XX'}]}$$

où $r_{XX'} = \dfrac{S_V^2}{S_X^2}$.

En simplifiant, on trouve

$$r_{XX'n} = \frac{n r_{XX'}}{1 + (n-1) r_{XX'}}$$

où n = nombre de fois qu'un test est rallongé,

$r_{XX'n}$ = coefficient de fidélité du test rallongé n fois,

$r_{XX'}$ = coefficient de fidélité du test initial.

Cette dernière équation porte le nom de **formule de prédiction de Spearman-Brown**, du nom de ceux qui l'ont développée.

Un exemple peut aider à comprendre son fonctionnement. Supposons qu'un test original présente un coefficient de fidélité de 0,60 pour une longueur de 30 items ; afin d'améliorer ce test ou pour d'autres raisons pratiques, on y ajoute 20 items. La fidélité du test devient alors :

$$r_{XX'} = 0{,}60$$

$$n = \frac{50}{30}$$

$$r_{XX'n} = \frac{(5/3) \times 0{,}60}{1 + (5/3 - 1)0{,}60} = \frac{1{,}00}{1{,}40} = 0{,}71.$$

Dans le cas où $n = 2$, c'est-à-dire quand la longueur d'un test est tout simplement doublée, la formule se simplifie sensiblement :

$$r_{XX'n} = \frac{2 r_{XX'}}{1 + r_{XX'}}$$

Toutefois, il ne faut jamais oublier que l'application ou l'utilisation de cette formule est conditionnelle au fait que les items ajoutés sont semblables aux autres en contenu, en difficulté et en intercorrélations, c'est-à-dire parallèles à ceux-ci.

Une application répandue de cette formule se présente lorsqu'on désire qu'un test atteigne un niveau de fidélité prédéterminé. À partir d'un test déjà construit, il s'agit de savoir combien d'items parallèles il faut ajouter. Le problème consiste alors à déterminer le facteur n, défini comme étant le rapport entre le nombre d'items dans le test allongé sur le nombre d'items dans le test original. L'équation peut se réécrire ainsi :

$$n = \frac{r_{XX'n}(1 - r_{XX'})}{r_{XX'}(1 - r_{XX'n})}.$$

Supposons que l'on désire atteindre un coefficient de fidélité de 0,80 pour un test de 20 items dont la fidélité est de 0,50. Alors :

$$n = \frac{0,80(1 - 0,50)}{0,50(1 - 0,80)} = \frac{0,40}{0,10} = 4$$

ce qui signifie que le test doit être quatre fois plus long, donc qu'il doit contenir quatre fois plus d'items que le test original, soit 80.

9.2   DEUX APPROCHES, UNE MÊME ÉQUATION

La même équation peut être déduite de la théorie de l'échantillonnage à partir d'un contenu. On utilise une matrice de corrélation d'items avec les scores vrais, où la diagonale principale présente les corrélations des scores vrais avec eux-mêmes ($r_{V_x V_x}$) et des scores de variables avec elles-mêmes ($r_{XX'}$), donc toutes des valeurs égales à 1,00. La première rangée et la première colonne contiennent les corrélations des scores vrais avec les variables (r_{iV}); le reste de la matrice donne toutes les corrélations entre items (r_{ij}). La corrélation de K items avec les scores vrais s'écrit

$$r_{V(1-K)} = \frac{\sum r_{iV}}{\sqrt{r_{XX'}}\sqrt{K + 2\sum r_{ij}}}$$

étant donné que

$$r_{VV'} = 1,00 = r_{XX'}$$

et que

$$\sum r_{iV} = K\bar{r}_{iV}.$$

Étant donné le nombre d'éléments (r_{ij}) dans la matrice, on obtient une équation transformée :

$$r_{V(1-K)} = \frac{K\bar{r}_{iV}}{\sqrt{K + K^2 r_{ij} - K\bar{r}_{ij}}}.$$

Par développement, en mettant chaque côté de l'équation au carré puis en divisant par K, il reste

$$r_{KK'} = \frac{K\bar{r}_{iV}^2}{K + (K-1)\bar{r}_{ij}}$$

où $r_{KK'}$ remplace $r_{V(1-K)}$.

Et étant donné que la corrélation d'un item avec le score vrai est estimée par la racine carrée de la moyenne des corrélations de cet item avec les autres, $K\bar{r}_{iV}^2$ peut être remplacé par $K\bar{r}_{ij}$:

$$r_{KK'} = \frac{K\bar{r}_{ij}}{1 + (K-1)\bar{r}_{ij}} \quad \text{(formule de Spearman-Brown)}.$$

Il s'agit, là encore, de la formule de Spearman-Brown où on utilise la moyenne des intercorrélations ; $r_{KK'}$ est l'estimation de la corrélation au carré entre des scores vrais et des scores observés $\bar{r}_{XV}^2$.

Supposons un test de 15 items, où la corrélation moyenne entre les items est 0,20 :

$$r_{KK'} = \frac{15 \times 0,20}{1 + (14 \times 0,20)} = \frac{3,0}{3,8}$$

$$= 0,789 = r_{XV}^2$$

$$r_{XV} \cong 0,88.$$

Donc, à partir d'un test dont les items présentent une corrélation moyenne de l'ordre de 0,20, on obtient un test dont le coefficient de fidélité, $r_{KK'} = 0,78$, est sensiblement élevé ; $r_{KK'}$ est le coefficient de fidélité pour un test de K items, déterminé à partir des corrélations entre les items du test.

Une application importante de la dernière démonstration est la détermination de la fidélité de n'importe quel échantillon d'items. La fidélité étant précisée par la corrélation moyenne entre les items et le nombre d'items, il s'agit d'évaluer ces valeurs dans l'équation de Spearman-Brown. Par développements successifs et en tenant compte des éléments de la matrice de variances-covariances entre les items, l'équation devient :

$$r_{KK'} = \frac{K}{K-1}\left(\frac{\bar{C} - \sum\sigma_i^2}{\bar{C}}\right)$$

où $\bar{C}$ est la somme des éléments de la matrice de variances-covariances entre les items. Étant donné que $\sigma_X^2 = \sum\sigma_i^2 + \sum C_{V_{ij}}$, c'est-à-dire que la variance d'un test égale la somme de tous les éléments de cette matrice, on peut réécrire l'équation de la façon suivante :

$$r_{KK'} = \frac{K}{K-1}\left(\frac{\sigma_X^2 - \sum \sigma_i^2}{\sigma_X^2}\right).$$

Cette équation, qui constitue une déduction très importante du modèle de l'échantillonnage d'un contenu, appliquée à l'étude de la théorie de l'erreur de mesure, donne le coefficient alpha. Celui-ci représente la corrélation attendue d'un test avec une forme alternative hypothétique du test ayant le même nombre d'items. La même formule peut être déduite du modèle des tests parallèles.

Lorsque les items sont corrigés de façon dichotomique, on remplace $\sum \sigma_i^2$ par $\sum p_q$ dans l'équation, ce qui donne :

$$r_{KK'} = \frac{K}{K-1}\left(\frac{\sigma_X^2 - \sum p_q}{\sigma_X^2}\right) = KR_{20} \text{ (formule de Kuder-Richardson)}$$

où $q = 1 - p$.

Le même résultat peut être obtenu à partir de la considération du modèle des tests parallèles. Lord et Novick (1968) exposent de façon détaillée la marche à suivre, mais nous nous contenterons ici d'en donner les grandes lignes.

Supposons deux mesures, Y_1 et Y_2, avec les résultats vrais, V_1 et V_2, de sorte que $X = X_1 + Y_2$ et que $V = V_1 + V_2$. Il faut arriver à démontrer que

$$r_{XV}^2 \geq 2\left[1 - \frac{\sigma_{Y_1}^2 \sigma_{Y_2}^2}{\sigma_X^2}\right].$$

S'il est vrai que

$$r(V_1, V_2) \leq 1$$

et que

$$\frac{|\sigma(V_1, V_2)|}{\sigma(V_1)\sigma(V_2)} \leq 1$$

Alors on peut facilement faire la relation :

$$\sigma(V_1)\sigma(V_2) \geq |\sigma(V_1, V_2)| \geq \sigma(V_1, V_2). \tag{1}$$

D'autre part,

$$[\sigma(V_1) - \sigma(V_2)]^2 \geq 0$$

ce qui donne :

$$\sigma^2(V_1) + \sigma^2(V_2) - 2\sigma(V_1)\sigma(V_2) \geq 0$$

$$\sigma^2(V_1) + \sigma^2(V_2) \geq 2\sigma(V_1)\sigma(V_2)$$

où $\sigma^2(V_1) + \sigma^2(V_2) \geq 2|\sigma(V_1)\sigma(V_2)|$ à cause de (1)

$$\sigma^2(V_1) + \sigma^2(V_2) \geq 2|\sigma(V_1)\sigma(V_2)| \geq 2\sigma(V_1, V_2)$$

$$\sigma^2(V_1) + \sigma^2(V_2) \geq 2\sigma(V_1, V_2).$$

En ajoutant une même quantité $2\sigma(V_1, V_2)$ de chaque côté de l'inéquation, on obtient :

$$\sigma^2(V_1) + \sigma^2(V_2) + 2\sigma(V_1, V_2) \geq 4\sigma(V_1, V_2)$$

$$\sigma^2(V_1 + V_2) \geq 4\sigma(V_1, V_2)$$

car

$$V_1 + V_2 = V$$

$$\sigma_V^2 \geq 4\sigma(V_1, V_2).$$

Rappelons que

$$r_{XV}^2 = \frac{\sigma_V^2}{\sigma_X^2}.$$

Donc, en divisant chaque côté de l'inéquation précédente par σ_X^2, on obtient

$$r_{XV}^2 = \frac{\sigma_V^2}{\sigma_X^2} \geq \frac{4\sigma(V_1, V_2)}{\sigma_X^2}$$

et

$$\sigma(V_1, V_2) = \sigma(Y_1, Y_2).$$

Donc,

$$r_{XV}^2 \geq \frac{4\sigma(Y_1, Y_2)}{\sigma_X^2} \tag{2}$$

mais

$$\sigma_X^2 = \sigma^2(Y_1) + \sigma^2(Y_2) + 2\sigma(Y_1, Y_2) \qquad (3)$$

En remplaçant $4\sigma(Y_1, Y_2)$ dans (2) par l'expression (3), on trouve

$$r_{XV}^2 \ge 2\left[\frac{\sigma_X^2 - \sigma^2(Y_1) - \sigma^2(Y_2)}{\sigma_X^2}\right]$$

$$r_{XV}^2 \ge 2\left[1 - \frac{\sigma^2(Y_1) - \sigma^2(Y_2)}{\sigma_X^2}\right]$$

c'est-à-dire que la corrélation au carré entre les scores observés et les scores vrais doit être considérée comme un seuil inférieur du coefficient de fidélité.

Supposons maintenant le cas spécial où $Y = Y_1$ et $Y' = Y_2$, et que Y et Y' de même que Y_1 et Y_2 soient toutes des mesures parallèles. Dans ce cas,

$$\sigma^2(Y_1) = \sigma^2(Y_2)$$

et

$$\sigma_X^2 = 2\sigma_Y^2(1 + \sigma_{YY'})$$

et

$$r_{XV}^2 = 2\left[1 - \frac{2\sigma_Y^2}{2\sigma_Y^2(1 + r_{YY'})}\right]$$

car

$$\sigma_Y^2 = \sigma^2(Y_1) + \sigma^2(Y_2)$$

et

$$r_{XV}^2 = 2\left[\frac{1 + r_{YY'} - 1}{1 + r_{YY'}}\right] = \frac{2r_{YY'}}{1 + r_{YY'}}$$

$$= \frac{2r_{YY'}}{1 + r_{YY'}}$$

qui est une valeur exacte.

On aura reconnu la formule de prédiction de Spearman-Brown dans le cas de deux composantes parallèles. Il s'agit d'une valeur exacte car, étant donné que les composantes sont parallèles, on a la conséquence suivante : au lieu de

$$\sigma(V_1, V_2) = \sigma(V_1, V_2)\sigma V_1 \sigma V_2$$

on a

$$\sigma(V_1, V_2) = \sigma V_1 \sigma V_2$$

car

$$\sigma(V_1, V_2) = 1.$$

Si on généralise le cas précédent à plus de deux composantes, on obtient

$$\alpha = r_{VV'} \geq \frac{n}{n-1}\left[1 - \frac{\sum \sigma^2(Y_1)}{\sigma_X^2}\right]$$

où α (alpha de Cronbach) est un seuil inférieur du coefficient de fidélité. Par contre, si les composantes sont parfaitement parallèles, α est une valeur exacte de la fidélité, mais, en réalité, cela n'est concevable que théoriquement ou par postulat. Lorsqu'on fait ce postulat de composantes parallèles, on obtient la formule de Spearman-Brown pour le cas général, soit :

$$r_{XV}^2 = \frac{nr_{YY'}}{1 + (n-1)r_{YY'}}$$

où $r_{YY'}$ est une estimation de la fidélité pour une composante ou une longueur originale.

Si n, le facteur de rallongement, est très grand, à la limite r_{XV}^2 égalera 1 :

$$r_{XV}^2 = \frac{r_{YY'} + (n-1)r_{YY'}}{1 + (n-1)r_{YY'}}.$$

Il existe toutefois un cas particulier. Ainsi, lorsque les données sont de type dichotomique, on sait que la variance d'items se calcule à partir de l'indice de difficulté (p_i) de chaque item : $S_i^2 = p_i q_i$.

On n'a donc qu'à remplacer la valeur $\sum \sigma^2(Y_1)$ par $\sum p_i q_i$:

$$KR_{20} = \alpha \geq \frac{n}{n-1}\left[1 - \frac{\sum p_i q_i}{S_X^2}\right]$$

où le KR_{20} est aussi une limite inférieure du coefficient de fidélité.

De même, lorsque l'on postule que tous les items ont un indice de difficulté semblable, on écrit alors :

$$KR_{21} = \frac{n}{n-1}\left[1 - \frac{np_i q_i}{\sigma_X^2}\right].$$

Toutefois, on a observé que KR_{20} est généralement plus grand que KR_{21}. Horst (1966) a démontré que la différence entre les deux peut être exprimée ainsi :

$$KR_{20} = KR_{21} + \frac{I^2}{I-1}\left(\frac{S_p^2}{S_X^2}\right)$$

où I = nombre d'items,

S_p^2 = variance des difficultés d'items.

Cette équation sera égale à 0 lorsque la variance des difficultés d'items sera nulle, c'est-à-dire lorsque tous les items seront de même difficulté.

En résumé, le coefficient α peut servir lorsque les items d'un test forment un tout homogène. Si des groupes d'items sont identifiables, le test doit être traité par sous-tests et on doit chercher à estimer la fidélité de ces derniers. D'ailleurs, cette notion d'homogénéité implique davantage. En effet, il est juste de penser que la fidélité d'un test est exactement égale à α seulement si les composantes sont essentiellement des scores vrais équivalents. L'étude de la formule du coefficient α montre que les tests ayant de plus grandes déviations standard tendent à présenter des coefficients de fidélité plus élevés. Ainsi, plus la covariance entre les items est grande, plus l'estimation de la fidélité est élevée. Lorsque la somme des covariances est nulle, le coefficient est égal à 0. La variance d'une somme est égale à la somme des variances et des covariances. Plus un test est précis, plus la variance totale est élevée et, pour deux tests de même longueur présentant une même difficulté moyenne d'items, celui qui a la plus grande variabilité totale est le plus précis.

9.3   L'ESTIMATION DES SCORES VRAIS

L'équation de régression servant à estimer une variable à partir d'une autre variable exprimée en score-déviation est :

$$v' = \frac{S_Y}{S_X}(r_{XY})x.$$

Le problème consiste à essayer d'estimer les scores-déviations vrais (v) des scores-déviations observés (x). On sait déjà que

$$S_V = \sqrt{r_{XX'}} S_X$$

où $r_{XX'}$ représente le coefficient de fidélité.

En remplaçant, dans l'équation de régression, les valeurs considérées, on obtient

$$v' = \frac{S_V}{S_X}(r_{XV})x$$

$$= \frac{\sqrt{r_{XX'}} S_X}{S_X}(r_{XV})x.$$

Toutefois, $r_{XV} = \sqrt{r_{XX'}}$, ce qui donne, après les simplifications qui s'imposent, une équation qui ressemble à ceci :

$$v' = (r_{XX'})x.$$

Donc, l'estimation d'un score-déviation vrai est obtenue en multipliant le coefficient de fidélité par le score-déviation observé. Il s'agit de la meilleure estimation du score vrai par la méthode des moindres carrés de la régression linéaire. Il est donc nécessaire, pour ce dernier développement, de postuler une régression linéaire des scores vrais sur les scores observés. Cette relation comporte deux conséquences. D'une part, on utilise les scores observés pour prédire une régression ou pour obtenir une estimation des scores vrais, et d'autre part, les scores observés sont des estimations biaisées des scores vrais. Les scores situés au-dessus de la moyenne sont des surestimations, et ceux situés au-dessous de la moyenne sont des sous-estimations ; plus ils s'éloignent de la moyenne, plus ils sont biaisés.

9.4 LA VARIABILITÉ ET LE COEFFICIENT DE FIDÉLITÉ

Le coefficient de fidélité est influencé par le degré d'homogénéité d'un groupe, c'est-à-dire que le degré de certitude avec lequel on estime les scores vrais d'un répondant est dépendant du groupe auquel il appartient. En effet, la variance des scores vrais varie d'un groupe à l'autre pour une mesure du même trait, mais la variance d'erreur est la même d'un groupe à l'autre, quel que soit le degré de dispersion. Elle ne dépend que de la fidélité du test, c'est-à-dire de sa capacité à mesurer des scores vrais avec précision.

Afin de démontrer que le coefficient de fidélité est ainsi influencé, utilisons la formule suivante :

$$r_{XX'} = 1 - \frac{S_E^2}{S_V^2}.$$

Plus un groupe est homogène, plus la variance des scores vrais et la variance totale diminuent, car S_E^2 demeure la même pour un même test. Ainsi, pour un groupe homogène, l'estimation de la fidélité est plus faible. L'intérêt est de pouvoir prédire le coefficient de fidélité d'un test donné lorsqu'on l'utilise auprès d'un groupe différent de celui qui a servi à le calculer.

Si on utilise le symbole g pour le nouveau groupe, on obtient l'équation

$$r_{gg'} = 1 - \frac{S_E^2}{S_g^2} \tag{4}$$

mais la variance d'erreur est toujours égale à

$$S_E^2 = S_X^2(1 - r_{XX'}) \tag{5}$$

car elle n'est pas influencée par l'hétérogénéité des groupes. En substituant (5) à (4), on obtient

$$r_{gg'} = 1 - \left[\frac{S_X^2(1 - r_{XX'})}{S_g^2} \right]$$

où $r_{gg'}$ = coefficient de fidélité que l'on cherche,

S_X^2 = variance observée dans le groupe original,

$r_{XX'}$ = coefficient de fidélité connu (groupe original),

S_g^2 = variance observée dans le nouveau groupe.

Un exemple peut même illustrer l'utilisation de cette formule. Supposons un test dont le coefficient de fidélité $r_{XX'} = 0,80$, avec un écart type observé dans le groupe original, $S_X = 10$. Quelle serait la valeur du coefficient de fidélité ($r_{gg'}$) pour un groupe dont l'écart type (S_g) est égal à 5 ?

$$r_{gg'} = 1 - \left[\frac{100(1 - 0,80)}{25} \right] = 0,20 \,.$$

Une baisse impressionnante est observée car l'homogénéité du nouveau groupe est fortement marquée. Lorsque l'homogénéité est parfaite, le coefficient de fidélité est nul, tout le monde a le même score vrai, et la variance d'erreur atteint sa limite, soit la valeur de la variance totale. On dit alors que la variance observée est complètement entachée d'erreur. Notons aussi que le coefficient de fidélité ne peut être inférieur à 0, puisque l'on soustrait un rapport S_E^2/S_X^2 de 1. Donc, 1 moins une fraction ne peut être négatif ; au pire, il sera égal à 0 :

$$r_{XX'} = 1 - \frac{S_E^2}{S_X^2}.$$

Note : Les spécialistes parlent de l'homoscédasticité de l'erreur de mesure qui est exprimée par la formule suivante :

$$S^2(E|V) = S_E^2.$$

Pour chaque score vrai $(E|V)$, l'erreur de mesure reste la même. Lorsqu'on réduit la taille d'un groupe, donc sa variance observée, on réduit également le coefficient de fidélité.

9.5 LA DISTINCTION ENTRE LA FIDÉLITÉ ET LA VALIDITÉ

La **fidélité** concerne la **précision** avec laquelle un test mesure certaines caractéristiques alors que la **validité** concerne la **qualité** de ce qui est mesuré. On a défini la fidélité comme étant un rapport de variance ; de la même façon, on définit la validité comme étant la portion de la variance vraie qui est pertinente aux buts de l'utilisation d'un test. Deux approches peuvent ainsi être adoptées pour l'étude de la validité : la première porte sur la qualité avec laquelle un test mesure un trait hypothétique ou un construit ; l'autre concerne la relation entre les scores obtenus à un test et une mesure-critère.

L'équation suivante peut servir à illustrer cette définition de la validité :

$$S_V^2 = S_p^2 + S_n^2$$

où S_p^2 = variance pertinente,

S_n^2 = variance non pertinente mais valable.

Donc,

$$S_X^2 = S_p^2 + S_n^2 + S_E^2.$$

Ainsi, la variance totale d'un test est composée de la variance valide, de la variance non pertinente mais valable et de l'erreur. Lorsque la variance d'erreur diminue, donc que la fidélité (S_V^2/S_X^2) augmente, la variance valide potentielle augmente, mais cette variance peut être pertinente ou non à une situation donnée. Ainsi, une petite variance d'erreur ne garantit pas une forte validité, de même qu'une forte fidélité est une condition nécessaire mais non suffisante à une forte validité pour un test donné dans une situation donnée.

L'étude de la validité concerne les erreurs systématiques, alors que celle de la fidélité concerne les erreurs dues au hasard ou aléatoires.

9.6   LA CORRECTION POUR ATTÉNUATION

Le lien entre les deux concepts peut être mieux illustré par la formule de correction pour atténuation dont nous avons déjà parlé, l'atténuation étant l'effet produit par l'utilisation de mesures non parfaitement précises sur la corrélation entre ces deux mesures. L'erreur de mesure tend à réduire cette corrélation. Il est toutefois possible de déterminer l'ampleur de cette réduction de l'estimation en évaluant la corrélation entre les scores vrais aux deux mesures. En postulant que les erreurs à deux mesures ne sont pas en corrélation et que les erreurs à n'importe quel test ne sont pas en corrélation avec les scores vrais, alors:

$$r_{E_1 E_2} = 0$$

et

$$r_{E_1 E_1} = r_{E_1 E_2} = r_{E_2 E_1} = r_{E_2 E_2} = 0$$

soit

$$r_{12} = \frac{\sigma_{12}}{\sigma_1 \sigma_2} \quad \text{où} \quad \sigma_{12} = \text{covariance entre les mesures 1 et 2}$$

$$= \frac{(1/N)\sum (V_1 E_1)(V_2 E_2)}{\sigma_1 \sigma_2}$$

$$= \frac{(1/N)\sum (V_1 V_2 + V_1 E_2 + V_2 E_1 + E_1 E_2)}{\sigma_1 \sigma_2}$$

$$= \frac{(1/N)(\sum V_1 V_2 + \sum V_1 E_2 + \sum V_2 E_1 + \sum E_1 E_2)}{\sigma_1 \sigma_2}.$$

Au numérateur, tous les termes de covariance excepté le premier disparaissent en vertu des postulats et il reste:

$$r_{12} = \frac{\sigma V_1 V_2}{\sigma_1 \sigma_2}$$

car

$$(1/N)\sum V_1 V_2 = \sigma V_1 V_2 .$$

Remarquez la similitude du résultat avec le point de départ. On note que la covariance des scores observés est égale à la covariance des scores vrais. S'il n'y avait pas d'erreur, l'expression au dénominateur perdrait de la valeur, et la corrélation entre deux mesures aurait la valeur suivante:

$$\hat{r}_{12} = \frac{\sigma_{12}}{(\sqrt{r_{11}}\sigma_2)(\sqrt{r_{22}}\sigma_2)}$$

$$= \frac{r_{12}}{\sqrt{r_{11}}\sqrt{r_{22}}} \quad \text{(formule de correction pour atténuation)}$$

où $\hat{r}_{12}$ = corrélation maximale.

En fait, il s'agit plutôt d'une estimation que d'une correction. C'est la corrélation que l'on obtiendrait s'il n'y avait pas d'erreur de mesure, c'est-à-dire si les deux mesures étaient parfaitement précises. Nunnally (1982) précise que cette équation donne la valeur limite de la corrélation entre des échantillons d'items tirés de tests différents lorsque le nombre d'items de chacun de ces tests est de plus en plus grand. Si les échantillons sont tirés du même test, le résultat est simple : la corrélation égale alors le produit des quantités du dénominateur, c'est-à-dire 1,0. Nous avons déjà parlé des applications possibles de cette équation.

À ce moment-ci, nous nous contentons de montrer les liens qui existent entre la validité et la fidélité. Si on postule, dans l'équation précédente, que la corrélation théorique entre les deux mesures est parfaite, soit $r_{XY} = 1,0$, on obtient

$$r_{12} \leq r_{11} \text{ ou } r_{22}$$

ou encore

$$r_{XY} \leq \sqrt{r_{XX'}}.$$

Ce résultat signifie que le coefficient de validité r_{XY} ne peut dépasser la valeur de la racine carrée du coefficient de fidélité (l'indice de fidélité), ce qui implique que la validité est toujours limitée par la fidélité d'un test. L'étude des cas suivants illustre cet état de fait. Supposons :

1° une forte fidélité et une forte validité :

S_p^2	S_n^2	S_E^2

2° une forte fidélité et une faible validité :

S_p^2	S_n^2	S_E^2

3° une faible fidélité et une validité relativement élevée :

S_p^2	S_n^2	S_E^2

4°   une faible fidélité et une faible validité :

S_p^2	S_n^2	S_E^2

où S_p^2 = variance pertinente,

S_n^2 = variance non pertinente,

S_E^2 = variance d'erreur,

$S_V^2 = S_p^2 + S_n^2$.

Donc, la fidélité, ou fiabilité, est une condition nécessaire mais non suffisante : la validité doit elle aussi être présente. Il est important de souligner qu'un test valide est nécessairement fiable, mais qu'un test fiable n'est pas nécessairement valide, comme nous le verrons plus loin.

MOTS CLÉS

- Estimation des scores vrais
- Homoscédasticité de l'erreur
- Longueur de test et fidélité
- Pertinence
- Variance pertinente

PARTIE IV

La validité

Le concept de validité

OBJECTIF

Comprendre le concept de validité, en distinguer les différentes facettes et en déterminer la valeur prédictive.

10.1   DÉFINITION ET GÉNÉRALITÉS

La validité, qui est déterminée en fonction du degré de variance vraie découlant de la variable mesurée, peut être définie comme étant:

– le degré auquel un test mesure un trait, un construit ou un facteur hypothétique sous-jacent;

– la relation entre les scores obtenus au test et une mesure à un critère externe.

Selon Legendre (1993), la validité est « la capacité d'un instrument à mesurer réellement ce qu'il doit mesurer, selon l'utilisation que l'on veut en faire ». Le concept de validité est un terme générique qui concerne les problèmes soulevés par les questions suivantes:

– Le type de test utilisé convient-il vraiment à l'usage auquel il est destiné?

– Quels sont les traits mesurés par le test?

– Présentement, le test mesure-t-il ce qu'il est censé mesurer?

– Les informations fournies par le test sont-elles utiles pour prendre des décisions?

– Quelles interprétations peut-on faire des scores obtenus au test?

– Quelles prédictions peut-on tirer des scores obtenus au test?

– Quel degré de variance découle de la variable mesurée par le test?

La validité est toujours liée à une situation particulière, c'est-à-dire que dans d'autres conditions et à partir d'autres échantillons ou méthodes d'analyse on obtiendrait des résultats différents. En aucun cas la validité ne peut être étendue à l'ensemble des situations. Dire qu'un test est plus valide qu'un autre n'a de sens que si ce test s'est révélé valide dans une plus grande variété de situations ou pour un plus grand nombre de buts.

10.1.1   La relation entre la fidélité et la validité

Si l'on considère l'équation fondamentale de la variance en théorie classique des tests, soit $S_X^2 = S_V^2 + S_E^2$ (Lord et Novick, 1968), et si l'on accepte que la variance vraie puisse être divisée en deux composantes, c'est-à-dire la variance pertinente et la variance non pertinente (quoique précise), on peut écrire

$$S_V^2 = S_p^2 + S_n^2$$

$$S_X^2 = S_p^2 + S_n^2 + S_E^2$$

où l'on constate que plus la variance d'erreur décroît, plus la proportion de variance valide potentielle augmente.

D'une part, une variance d'erreur faible ne garantit pas une forte validité, car la variance vraie peut être en grande partie non pertinente. D'autre part, la relation entre la fidélité et la validité est clairement démontrée par la formule de correction pour atténuation :

$$r_{\infty\infty} = \frac{r_{1l}}{\sqrt{r_{11}r_{ll'}}}$$

où $\infty\infty$ = coefficient de validité d'un prédicteur de longueur infinie pour prédire un critère de longueur infinie,

r_{1l} = coefficient de validité original,

r_{11} = coefficient de fidélité du prédicteur original,

$r_{ll'}$ = coefficient de fidélité du critère original.

La raison pour laquelle on corrige pour atténuation est que les mesures psychologiques ne sont pas parfaitement précises. À partir de cette formule et en établissant certains postulats, on peut démontrer que :

$$r_{XY} \le \sqrt{r_{XX'}}$$

où r_{XY} = coefficient de validité,

$r_{XX'}$ = coefficient de fidélité.

Selon cette relation, le coefficient de validité ne peut dépasser la racine carrée du coefficient de précision : il s'agit là de l'indice de précision. Ainsi, **la validité est toujours limitée par la fidélité d'un test**.

10.1.2   Les types de validité

Il existe plusieurs types de validité qui, tous, sont fonction de l'usage auquel est destiné un test ou un examen. Trois types ont été retenus, en conformité avec les standards de l'APA (*American Psychological Association*), soit la validité prédictive, qui sera étudiée dans ce chapitre, la validité de contenu et la validité théorique, dont nous traiterons longuement dans les chapitres suivants.

De plus, le contexte actuel justifie que l'on parle brièvement de la validité apparente (*face validity*). En effet, ce type de validité, mentionné dans plusieurs articles, ajoute une dimension non couverte par les autres types de validité. La validité apparente concerne directement le contenu et la structure du test. Lorsqu'on dit d'un test qu'il possède une validité apparente, on déduit qu'il existe une correspondance logique et évidente entre les items et ce que le test est censé mesurer.

La validité de contenu

Si on cherche à connaître le rendement d'un individu dans l'univers des situations dont le test est un échantillon, le contenu du test constitue l'aspect primordial à considérer, et le test devient alors l'univers dont les items sont des échantillons. Ainsi, la précision des réponses et le processus de résolution des items du test sont d'un grand intérêt.

L'évaluation de la validité de contenu se fait en fonction du degré de pertinence de l'échantillon d'items. Étant donné qu'il n'existe pas d'indice quantitatif de pertinence de l'échantillon, l'évaluation se fait par jugement ou par processus rationnel.

La validité théorique

Les tests de mesure psychologique permettent, en autres choses, l'étude des caractéristiques humaines. Dans ce cas, on cherche à connaître le trait que mesure le test. Lorsqu'on sait quel trait est mesuré, on peut l'utiliser pour des études de différences individuelles et pour l'élaboration de théories concernant l'organisation des traits.

Pour ce type de validité, le trait à mesurer constitue l'aspect essentiel à considérer, et l'estimation de la validité se fait alors par l'accumulation d'évidences relatives à ce trait. L'accumulation d'évidences peut se faire de plusieurs façons et provient de diverses sources, dont les études de validité prédictive et de contenu. Comme dans le cas de la validité de contenu, l'évaluation se fait par jugement. Nous verrons dans le chapitre suivant les possibilités de générer un indice quantitatif.

La validité prédictive

On utilise souvent les tests pour établir des prédictions relatives au rendement à un critère. Considérons par exemple la moyenne cumulée à l'université ou la production dans une usine. Ce type de validité s'applique lorsqu'on cherche à connaître le degré auquel les scores obtenus à un test permettent de prédire le rendement à un critère, ce qui constitue l'indice de prédiction, qui est une mesure de la validité prédictive du test.

L'aspect le plus important de ce type de validité est le critère, puisque le score obtenu à un test n'est pertinent que dans la mesure où il sert à prédire un critère. Le contenu du test constitue alors un aspect secondaire.

10.2   LA VALIDITÉ PRÉDICTIVE

Il est probable que la plus grande utilisation des tests, à l'exception de la mesure du rendement scolaire, concerne la prédiction du rendement.

Ainsi, les tests d'aptitudes scolaires servent à prédire les chances de réussite à l'école; les inventaires d'intérêt permettent de cerner les champs d'intérêt professionnels; les inventaires de personnalité sont utiles pour détecter les désordres psychologiques qui pourraient, par exemple, mener à commettre tel acte ou prédisposer aux accidents; les tests de rendement sont utilisés pour la sélection, le classement et le placement; les tests d'aptitudes et d'habiletés professionnelles permettent de prévoir la productivité et la stabilité en emploi; etc.

Dans chacun de ces cas, la variable qui fait l'objet de la prédiction est appelée « critère ». Ce critère représente la mesure d'un rendement différent de celui désigné par la variable prédictive, soit le prédicteur. Il existe un modèle permettant d'étudier ce type de validité, qui consiste à établir le degré de relation entre les scores obtenus au test et ceux obtenus au critère.

L'expression « validité prédictive » vient du fait que le test sert à prédire le critère, alors que l'expression « validité empirique » vient du fait que la détermination de la validité prédictive exige toujours la collecte de données empiriques rattachées à la relation entre les scores obtenus au test et le rendement au critère.

Rappelons que les scores eux-mêmes n'ont pas tant d'importance que le degré de prédiction rattaché à un rendement ou à un comportement, en l'occurrence à un critère; le contenu du test n'a, lui aussi, que peu d'importance. Il n'est même pas nécessaire que les items indiquent une relation apparente avec le critère: l'essentiel est que le test démontre une validité empirique, c'est-à-dire que les scores obtenus au test puissent permettre de prédire un rendement au critère.

Il y a lieu aussi de faire une distinction entre la validité prédictive et la validité concomitante. Aujourd'hui, les deux sont considérées comme étant des variantes de la validité liée au critère. Toutefois, dans le cas de la validité prédictive, les données relatives au critère seront recueillies dans le futur, alors que pour la validité concomitante les scores obtenus à l'évaluation du rendement au critère (c'est-à-dire le test déjà validé) et au test sont recueillis simultanément. Dans ce dernier cas, le but n'est pas de prédire le rendement au critère, mais bien de substituer les résultats du test à ceux de l'évaluation du rendement au critère. Ainsi, les scores obtenus à un test de personnalité donné par un technicien peuvent être substitués aux résultats à un examen donné par une équipe de spécialistes et destiné à détecter la présence d'une psychopathie, par exemple. Cependant, une telle substitution n'est valable que :

— s'il existe une forte relation entre les scores obtenus au test et le rendement au critère ; et

— si l'usage du test est rentable en matière de temps et d'argent.

Ainsi, on parle de validité concomitante lorsqu'on peut substituer les résultats du test à ceux de l'évaluation du rendement au critère.

10.2.1   La validité prédictive dans la prise de décisions

Il est très rare qu'on cherche à prédire un critère pour le simple plaisir de le faire. La prédiction vise essentiellement à prendre une décision et, dans ce sens, la validité prédictive constitue un excellent outil d'aide à la prise de décisions. Attardons-nous donc à quelques aspects de la validité prédictive dans le processus de prise de décisions.

Lorsqu'il est nécessaire de prendre des décisions relatives à la sélection, au classement, au placement, etc., on utilise souvent des tests qui fournissent des scores individuels sur lesquels on peut appuyer une prise de décisions.

D'autres sources d'information peuvent aussi être utilisées. Cependant, il est souvent difficile de déterminer l'importance relative des scores aux tests comparativement à l'information provenant d'autres sources. Certains auteurs, dont Brown (1970), soutiennent que la mesure de la validité prédictive augmente les chances qu'une décision prise à partir des scores à un test soit exacte, quel que soit le degré d'exactitude d'une décision prise à partir d'autres sources d'information.

La validité d'un test est jugée en fonction de sa corrélation avec le critère et du degré auquel les scores-critères ne représentent pas correctement le but visé (faiblesse du critère). Prenons l'exemple de la moyenne cumulée comme mesure-critère de la réussite à l'université. Même si un test permet de prédire avec une grande précision les moyennes cumulées, il est possible que le comité d'admission ne soit pas en mesure de choisir le type d'étudiants qu'il veut admettre. En effet, se servir de ce test pour décider qui sera admis permettrait seulement d'augmenter la proportion d'étudiants qui obtiendraient des moyennes élevées. Les étudiants ainsi choisis possèdent aussi d'autres caractéristiques dont certaines sont fortement reliées à la capacité d'obtenir des notes élevées. Finalement, le problème consiste davantage à prendre des décisions reliées à des groupes qu'à des individus. La validité est toujours estimée à partir de données de groupes et, logiquement, les énoncés concernant la validité d'un test renvoient toujours à la validité d'un ensemble de scores et non pas au score d'un répondant.

10.2.2   Les critères

Dans toutes les études portant sur la validité prédictive, le critère est l'élément le plus important. L'intérêt pour un test prédicteur est toujours fonction de sa relation avec le critère. Dès qu'un test est destiné à mesurer un rendement, un standard de réussite doit être établi; ce standard est le critère.

En éducation, on utilise presque systématiquement la moyenne cumulée comme critère. On serait porté à croire qu'il n'en existe pas d'autres, ce qui est faux; on peut même affirmer que la moyenne cumulée n'est pas nécessairement le meilleur critère. D'autres sont tout aussi valables, telles l'aptitude à intégrer, à analyser, à évaluer ou à apprendre, la culture générale, la capacité d'adaptation, la manifestation d'attitudes constructives face à des situations difficiles, etc.

Il serait donc simpliste de s'en tenir à un seul critère puisque plusieurs sont nécessaires dans la plupart des cas (Ghiselli, 1964; Brown, 1970). Toutefois, le recours à plusieurs critères soulève un curieux problème. En effet, si les critères sont fortement interreliés, la combinaison de plusieurs d'entre eux n'apportera pas grand-chose de plus qu'un seul critère étant donné que ces derniers mesurent essentiellement la même chose. Par contre, si les critères sont faiblement interreliés, il n'est pas recommandé, du moins statistiquement, de les combiner puisqu'ils mesurent des choses différentes.

En plus du dilemme posé par la combinaison de critères, désigné sous le terme de «dimensionnalité statistique» Ghiselli relève deux autres problèmes. Le premier réside dans le fait qu'un critère, considéré au départ comme étant fondamental, peut devenir inapproprié avec le temps. Ce qui est aujourd'hui considéré comme une mesure valable de la réussite peut s'avérer contestable dans le futur, même si l'échantillon et le contexte (marché de l'emploi, programme d'études, etc.) demeurent les mêmes. Ce problème est celui de la «dimensionnalité dynamique». Le deuxième problème, celui de la «dimensionnalité de l'individu», concerne les différences individuelles. Ainsi, deux individus peuvent faire le même travail en procédant de façon très différente et être cotés aussi bien tous les deux. Les spécialistes sont alors confrontés au dilemme suivant: accepter deux méthodes de travail tout aussi valides l'une que l'autre, ou en privilégier une au détriment de l'autre.

10.2.3   Les caractéristiques d'une mesure-critère

Astin (1964) établit une distinction entre le critère et la mesure-critère. Il considère que le critère est le concept général rattaché à un rendement réussi (critère conceptuel). Toutefois, ce concept doit être exprimé en termes opérationnels, selon une mesure qui puisse permettre de déterminer la validité d'un test. Par exemple, la réussite à l'université est un critère conceptuel, alors que la moyenne cumulée est une mesure-critère. La mesure-critère doit posséder certaines caractéristiques qui sont présentées ici par ordre d'importance.

La caractéristique la plus importante d'une mesure-critère est sa **pertinence**, c'est-à-dire sa validité. Elle doit refléter et mesurer les aspects fondamentaux du critère conceptuel. Ainsi, la moyenne cumulée est une mesure-critère valide, pour autant qu'elle reflète et mesure correctement les aspects importants de la réussite à l'université. On évalue la pertinence d'une mesure-critère selon une procédure rationnelle et qualitative. Il ne semble pas exister d'indice quantitatif efficace pour exprimer le degré de pertinence d'une mesure-critère.

La deuxième caractéristique que doit posséder une mesure-critère est la **fidélité** ou la constance des mesures. Il faut qu'une mesure-critère soit consistante dans le temps et selon les circonstances, ou qu'elle varie d'une façon prévisible. Une mesure-critère non consistante ne peut être mise en relation avec une autre en tant que prédicteur, car l'indice de cette relation pourrait alors prendre n'importe quelle valeur au gré des circonstances sans jamais rien signifier. Supposons, par exemple, qu'on utilise une mesure inconsistante pour établir la productivité d'un ouvrier. Il s'ensuit que lors d'une de ses bonnes journées, sa productivité sera élevée et l'on surestimera ainsi sa valeur ; lors d'une mauvaise journée, par contre, on risque de la sous-estimer.

Le choix d'une mesure-critère est soumis à au moins deux contraintes :

—   les facteurs qui induisent une erreur de mesure doivent être contrôlés parce qu'ils influent sur les mesures-critères au même titre que les prédicteurs ; et

—   si le contrôle de ces facteurs ne permet quand même pas d'obtenir une mesure-critère stable, il est possible d'en accroître la stabilité en choisissant un plus grand nombre de mesures-critères ou en tirant des échantillons en plusieurs occasions.

La troisième caractéristique d'une mesure-critère est l'**absence de contamination.** La mesure-critère doit être effectuée dans des conditions où des facteurs non pertinents ne pourront influer sur les scores. La contamination est plus susceptible d'agir lorsque la mesure-critère se présente sous la forme d'une échelle d'évaluation, laquelle est particulièrement vulnérable à l'effet de halo ou encore à la tendance à l'indulgence (*leniency error*). Des instructions très précises de même qu'une description détaillée des caractéristiques à évaluer permettront de diminuer les risques de contamination.

Thorndike (1971) s'est attardé à un facteur majeur de contamination. Il s'agit du cas où le score-critère d'un répondant est influencé par la connaissance qu'a l'évaluateur du score prédicteur de ce répondant. Thorndike parle aussi de l'effet de ce facteur sur le rendement au critère du répondant, effet qu'il nomme «prédiction en soi» (*self-fulfilling prophecy*). De plus, il signale que ces deux types de contamination produisent presque toujours une forte corrélation entre le prédicteur et le critère.

Supposons, par exemple, que l'on veuille savoir si un test de lecture en français permet de prédire le score à un test d'attitude face aux mathématiques, la mesure-critère étant la cote au test d'attitude face aux mathématiques. Si l'évaluateur qui attribue les cotes connaît les scores des étudiants au test de lecture (prédicteur), son jugement peut être influencé. Les risques de contamination sont probablement plus élevés lorsqu'un étudiant a obtenu un score élevé au test de lecture et qu'il semble présenter une attitude négative face aux mathématiques. Voilà un cas où l'évaluateur peut être fortement tenté de coter favorablement un étudiant, jugeant que l'attitude apparemment négative de ce dernier n'est qu'une façade, que le fruit de son imagination, ou tout simplement que cet étudiant devrait normalement adopter une attitude constructive. Soulignons que ce problème risque aussi de se présenter lorsqu'un étudiant obtient un score faible au test de lecture tout en démontrant une attitude favorable face aux mathématiques. Ainsi, l'évaluateur peut juger que cet étudiant doit être pénalisé pour son score faible. La solution à ce problème est toute simple: il s'agit d'éviter que l'évaluateur connaisse les scores des répondants à la variable prédictrice.

*
* *

Mentionnons enfin que la meilleure mesure-critère est celle qui présente le plus d'avantages pratiques, qui est la plus simple à utiliser, qui est disponible et qui n'est pas trop dispendieuse. La pertinence, la fidélité et l'absence de contamination demeurent toutefois, rappelons-le, les caractéristiques essentielles dans le choix d'une mesure-critère.

Terminons cette section par un bref survol des diverses **catégories de mesures-critères**. La **première catégorie** consiste en la mesure directe de la production ou du rendement : le volume des ventes, la masse des salaires versés, le nombre de clients à l'heure ou à la journée, le nombre d'accidents par mois ou par année, le nombre d'erreurs par unité, la moyenne cumulée, le degré de scolarité en sont des exemples. La **deuxième catégorie** est constituée par le rendement à un test, tels les examens de cours et les tests administrés par le service du personnel d'une entreprise; les échelles d'évaluation font aussi partie de cette catégorie. Soulignons que ces deux catégories ne sont pas mutuellement exclusives; par exemple, la moyenne cumulée peut appartenir à l'une ou l'autre catégorie, selon la façon dont on l'obtient. Dans la **troisième catégorie**, la mesure-critère est l'appartenance à un groupe. Les tests de personnalité, en particulier les tests d'intérêt, sont souvent considérés comme étant valides s'ils permettent une bonne classification des individus dans des groupes bien précis. Quant aux tests d'aptitudes, ils sont censés permettre de distinguer les individus qui vont réussir de ceux qui vont échouer dans un travail ou dans un programme d'études donné. Finalement, la **quatrième catégorie** est constituée de mesures-critères qui sont de nature statistique, tels les coefficients de saturation, les coefficients de fonction discriminante ou les coefficients de consistance interne.

En conclusion, rappelons qu'un test ne peut être meilleur que les critères utilisés pour établir sa validité, puisque toutes les faiblesses des critères vont se refléter dans le test et en limiter l'utilité. La difficulté ne réside donc pas dans le choix d'une mesure-critère pertinente, mais bien dans le fait de n'en choisir qu'une seule. Pour qu'un processus de validation soit valable, il est nécessaire de recourir à plusieurs mesures-critères.

10.3   LES MÉTHODES POUR DÉTERMINER LA VALIDITÉ PRÉDICTIVE

Il existe quatre principales méthodes qui permettent de déterminer la validité prédictive, chacune offrant des avantages particuliers. Toutes permettent de calculer l'indice quantitatif de la relation entre le prédicteur et le critère. Ce sont :

1° l'indice d'efficacité,

2° les scores de séparation des catégories,

3° l'indice de séparation des groupes,

4° l'indice d'utilité.

Les trois dernières méthodes seront présentées dans le cadre de la sélection et du classement, au chapitre 11.

10.3.1   Les coefficients de validité

C'est la méthode la plus utilisée pour déterminer la validité prédictive. Elle consiste à calculer la corrélation entre les scores au test prédicteur et les scores à la mesure-critère. Ce calcul comporte cinq étapes bien distinctes :

1° choisir un échantillon de répondants ;

2° faire passer le test prédicteur à ces répondants ;

3° appliquer le traitement désigné s'il y a lieu ;

4° procéder à la collecte des données-critères ;

5° calculer la corrélation entre les scores au prédicteur et au critère.

Le coefficient de corrélation ainsi obtenu est un coefficient de validité. Il est symbolisé par r_{XY}, r étant le coefficient de corrélation, X le prédicteur, et Y le critère. Il est évident que tout facteur qui influe sur un coefficient de corrélation peut aussi influer sur le coefficient de validité, et que les données dont on se sert doivent respecter les postulats nécessaires au calcul du coefficient de corrélation. Deux de ces facteurs, qui sont en fait des postulats, méritent une attention particulière à cette étape-ci.

Premièrement, étant donné que le coefficient de corrélation le plus utilisé est celui de Pearson, le postulat de linéarité entre les deux variables est primordial. En effet, les deux variables doivent être reliées de façon linéaire, sinon la valeur du coefficient de corrélation sera sous-estimée. Donc, même si la plupart des variables sont préalablement liées linéairement, il est nécessaire de vérifier cette liaison avant de calculer le coefficient. Pour procéder à cette vérification, il suffit de tracer le graphique produit par les deux variables dans un plan cartésien, chaque axe représentant une des deux variables. Si la relation n'est pas linéaire, on doit transformer les scores en une échelle ou encore utiliser une méthode corrélationnelle autre que celle de Pearson pour estimer le coefficient de validité.

Deuxièmement, il faut considérer l'étendue des différences individuelles. On sait déjà qu'une petite variabilité des scores limite la valeur que pourrait prendre un coefficient de corrélation. C'est un problème majeur lorsqu'on étudie la validité, car plusieurs groupes de répondants peuvent être utilisés. En fait, il est préférable d'utiliser un groupe hétérogène, c'est-à-dire un groupe qui présente la plus grande étendue de différences individuelles, pour estimer la validité. Par exemple, on pourrait choisir tous les candidats qui postulent un emploi donné. Lorsqu'il y a un traitement après la passation du test prédicteur et que le groupe choisi a complété le traitement, la situation est plus risquée. S'il existe une quelconque relation entre les scores au test et le critère, ce groupe produira une étendue restreinte de la variable prédite, et le coefficient de validité sera alors diminué.

10.3.2 L'interprétation d'un coefficient de validité

Il existe plusieurs façons d'interpréter un coefficient de validité. La plus répandue consiste à comparer divers coefficients et à choisir le test qui affiche le coefficient le plus élevé pour une situation donnée. Une autre façon d'interpréter le coefficient de validité est de le transformer en pourcentage de variance; en mettant le coefficient de validité au carré, on obtient une proportion de variance expliquée par celui-ci. Ainsi, si $r_{XY} = 0,60$ on obtient $r_{XY}^2 = 0,36$, soit une proportion de variance égale à 0,36. On dit alors que 36 % de la variance est partagé par les deux variables, ou encore que 36 % de la variance du critère est dû à une variation des scores au test prédicteur. Notons que le coefficient de validité doit être d'environ 0,7071 pour que la moitié de la variance du critère soit expliquée par de la variance entre les scores prédicteurs. Toutefois, dans la plupart des études portant sur la validité, on rapporte des valeurs inférieures à 0,7071. La figure 10.1 illustre la relation entre la proportion de variance expliquée et le coefficient de validité.

FIGURE 10.1
Courbe de la relation entre r_{XY} et r_{XY}^2

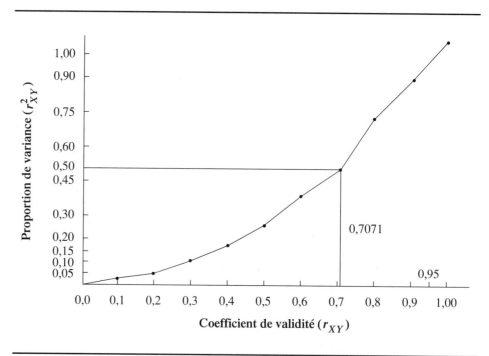

Wiggins (1974) présente un exemple où l'on étudie la relation possible entre des scores à un test mesurant la dominance et le fait d'être perçu comme un leader (leadership); il rapporte un coefficient de corrélation de 0,61. Il semble donc que, jusqu'à un certain point, les individus qui ont obtenu un score élevé au test de dominance sont perçus comme des leaders, contrairement à ceux qui ont présenté un faible score. L'auteur estime qu'environ 37 % de la variance de la cotation de la variable «leadership» peut être prédit à partir des scores au test de dominance. De plus, il souligne qu'il y a en fait trois interprétations possibles qui s'expliquent mieux par l'utilisation de diagrammes (figure 10.2) selon la méthode de Cattell (1957).

Dans la figure 10.2*a*, tous les éléments de la dominance sont contenus dans le leadership; dans 10.2*b*, tous les éléments du leadership sont contenus dans la dominance; dans 10.2*c*, 61 % des éléments de leadership sont communs avec ceux de la dominance (et vice versa) et sont des dimensions d'un trait-source appelé «extraversion».

Dans la réalité, il est plus plausible de chercher à prédire la possibilité d'être perçu comme un leader à partir de scores obtenus à un test de dominance. Cela nous amène à supposer que, comme le montre le diagramme 10.2*a*, la dominance est une composante majeure du leadership, en raison des 37 % de variance expliquée. Quant au diagramme 10.2*b*, il suppose l'inverse; en effet, le diagramme suggère plutôt que le leadership serait une composante majeure de la dominance. Enfin, le diagramme 10.2*c* est très intéressant en ce sens qu'il laisse supposer que, même si 61 % des éléments des deux variables sont communs, l'influence d'une troisième variable, commune à ces deux variables, entre en jeu. Wiggins (1974) suggère une interprétation selon laquelle la dominance et le leadership seraient des manifestations d'une caractéristique plus profonde, comme l'extraversion.

FIGURE 10.2
Trois interprétations possibles d'un coefficient de corrélation égal à 0,61 entre la dominance et le leadership

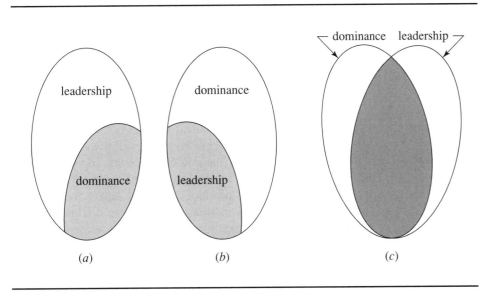

Cet exemple illustre bien la complexité de l'interprétation d'une relation entre un prédicteur et un critère. La littérature offre beaucoup d'autres exemples de relations entre deux variables. Parmi les plus classiques, signalons les importantes relations établies entre les résultats à certaines matières et les résultats à d'autres matières, ou le succès dans certains types d'études ou de travail. On doit toutefois se rappeler qu'un coefficient de validité situé au-dessus de 0,70 est exceptionnel et qu'il mérite un examen particulier lorsqu'il est rapporté. De fait, si l'on prend en considération tous les facteurs complexes qui entrent en ligne de compte lors de la collecte de données destinée à établir la mesure-critère, il est normal d'obtenir des coefficients qui, à première vue, ne sont pas très impressionnants. Il y a toutefois des exceptions, bien que Nunnally (1982) donne l'exemple des tests d'aptitudes scolaires (*scholastic aptitude tests*) qui, écrit-il, « sont d'aussi bons prédicteurs des moyennes cumulées qu'obtiendront les étudiants à l'université, quatre ans plus tard, que les météorologues le sont pour la température qu'il fera à Chicago dix jours à l'avance... »

Une autre façon d'interpréter un coefficient de validité tient compte des caractéristiques du groupe qui serait choisi si le test était utilisé lors d'un processus de sélection (Brogden, 1946). L'auteur démontre que, à partir de certains postulats, le coefficient r_{XY} peut être interprété directement comme étant une mesure d'efficacité prédictive, c'est-à-dire comme un rapport entre la moyenne des scores obtenus à la mesure-critère du groupe sélectionné et celle de tout autre groupe de candidats non sélectionnés. À titre d'exemple, supposons que l'on ait 200 candidats qui présentent une demande d'admission pour un programme d'études où l'on n'accepte que 75 étudiants ; bien entendu, on désire que ce soit les 75 meilleurs. La meilleure procédure serait d'accepter tous les candidats pour un certain temps, puis de procéder à la collecte des données-critères, pour finalement ne garder que les 75 meilleurs, soit ceux qui présentent les scores-critères les plus élevés. La moyenne des scores-critères de ce groupe « sélect » serait évidemment la plus élevée parmi toutes les moyennes que l'on pourrait calculer à partir de chaque combinaison de 75 candidats. Cette procédure est la meilleure en théorie mais, en pratique, elle est dispendieuse, voire impossible à appliquer.

Il est plus raisonnable de faire passer un test de sélection et de choisir les 75 candidats qui ont obtenu les meilleurs scores à ce test. Le coefficient de validité, comme le suggère Brogden, est égal au rapport entre le rendement moyen au critère du groupe de 75 étudiants admis à partir du test prédicteur, et le rendement moyen des 75 étudiants qui auraient été choisis si l'on avait fait la sélection à partir des scores-critères. Supposons que l'on obtienne un rapport r_{XY} égal à 0,80 ; cela signifie que le groupe choisi à partir du test prédicteur aura un score-critère moyen égal aux quatre cinquièmes de celui du groupe déterminé à partir des scores-critères. Cette méthode, quoique intéressante, présente quelques désavantages. Ainsi, elle suppose que tous les candidats obtiennent un score-critère, ce qui, dans bien des situations, est pratiquement impossible. De plus, il faut que tous les scores soient transformés en scores standard, ce qui en fait ne soulève pas de problème. Un rapport r_{XY} égal à 1,00 signifierait que les deux groupes sont identiques.

Enfin, une dernière façon d'interpréter un coefficient de validité concerne la prédiction d'erreurs. Cette interprétation suppose l'utilisation d'équations de régression dont nous discuterons au chapitre suivant. Pour l'instant, nous présentons un exemple de calcul d'un coefficient de validité.

10.3.3 Un exemple de calcul d'un coefficient de validité

Un test, présenté sous forme d'échelle mesurant le degré de culture générale, fut passé par un groupe de 250 étudiants inscrits à un programme d'études universitaires. Les scores à ce test étaient présentés sous la forme de scores STEN (*standard ten*) (1 à 10). Après un semestre, une échelle d'évaluation exprimant l'attitude (degré de satisfaction) face à l'introduction d'une nouvelle spécialité dans le programme d'études leur fut présentée. Cette échelle permettait à chacun de témoigner de son attitude selon un score allant de 1 à 7, le score 1 dénotant une attitude très défavorable et 7, une attitude très favorable. Les scores obtenus à cette échelle constituent la mesure-critère pour illustrer le présent exemple.

Les résultats obtenus à ces deux variables sont présentés sous forme de fréquences dans un tableau à deux entrées (tableau 10.1).

TABLEAU 10.1
Matrice des résultats
de 250 répondants
à deux variables

Mesure-critère (Y)	Score au test prédicteur (X)										Σ
	1	2	3	4	5	6	7	8	9	10	
7										4	4
6						2	4	2	3	1	12
5			2	2	4	8	19	5	5		45
4	6	4	12	21	13	9	5	7	1		78
3	9	12	10	4	2	3	1	1			42
2	7	18	11	6	6	2	1				51
1	4	3	5	4	2						18
Σ	26	37	40	37	27	24	30	15	9	5	250

Voici le résumé des statistiques importantes:

$$\sum X = 1\,108 \qquad \sum X^2 = 6324 \qquad \overline{X} = 4{,}432 \qquad S_X = 2{,}3776$$

$$\sum Y = 883 \qquad \sum Y^2 = 3601 \qquad \overline{Y} = 3{,}532 \qquad S_Y = 1{,}3888$$

$$\sum XY = 4460.$$

Il suffit de calculer le coefficient de corrélation entre X (scores obtenus au test de culture générale) et Y (scores obtenus à l'échelle d'attitude) pour obtenir un coefficient de validité :

$$r_{XY} = \frac{N\sum XY - \sum X \sum Y}{\sqrt{N\sum X^2 - (\sum X)^2}\ \sqrt{N\sum Y^2 - (\sum Y)^2}}$$

$$= \frac{1\,115\,000 - 978\,364}{(594,4207) - (247,2189)} = \frac{136\,636}{206\,394,13} = 0,662\,.$$

Le coefficient de validité est égal à 0,662 pour ce groupe de répondants. C'est une valeur relativement intéressante si l'on considère les valeurs généralement obtenues comme coefficient de validité, surtout dans le domaine de la mesure de la personnalité. Dans ce domaine, les résultats sont presque systématiquement décevants et bien au-dessous de ce que le bon sens ou la théorie permet d'espérer.

On peut aussi interpréter ce coefficient en proportion ou en pourcentage de variance expliquée ($0,662^2 = 0,438$). On peut dire qu'environ 44 % de la variance du critère est possiblement prédite ou expliquée par la variance des scores obtenus au test prédicteur. Ce pourcentage de variance expliquée est lui aussi relativement élevé comparativement à ce que l'on trouve généralement dans les études de validité. Il n'est jamais simple de déterminer les causes des résultats plus élevés que ceux auxquels on s'attendait dans des études de ce genre. Toutefois, on peut avancer que le coefficient fut obtenu à partir d'un groupe qui n'a pas subi de présélection, si l'on considère qu'on a admis tous les sujets qui étaient disponibles. Les groupes intacts ont la particularité de permettre une étendue de scores maximale au test prédicteur pour ce groupe, ce qui a souvent pour effet d'augmenter la valeur d'un coefficient de corrélation. Le lecteur est invité à consulter le chapitre suivant pour une meilleure compréhension des possibilités d'interprétation d'un coefficient de validité.

MOTS CLÉS

- Coefficient de validité
- Validité
- Validité apparente
- Validité concomitante

- Validité de contenu
- Validité liée à un critère
- Validité prédictive
- Validité théorique

La sélection et le classement

OBJECTIF

Évaluer et interpréter la validité d'un test dans un contexte de sélection et de classement.

Au chapitre précédent, juste avant la présentation de l'exemple de calcul, nous avions introduit une quatrième façon d'interpréter un coefficient de validité, soit celle concernant la prédiction des erreurs. Un des avantages de l'approche corrélationnelle de la validité est de pouvoir prédire le score-critère attendu d'un répondant à partir de son score au test prédicteur et de la valeur du coefficient par une droite, la ligne de régression, qui représente le mieux toutes les coordonnées déterminées par les scores aux deux variables. Cette droite est décrite par l'équation

$$Y' = a + b_{XY}X$$

où Y' = score-critère prédit d'un répondant,

X = score au test prédicteur,

a = constante due à la différence entre $\overline{X}$ et $\overline{Y}$,

b_{XY} = coefficient de régression (sorte de constante de Y sur X).

11.1 L'UTILISATION DE L'ÉQUATION DE RÉGRESSION

Les inconnues d'une équation de régression sont déterminées à partir de l'ensemble des scores d'un certain groupe, puis l'équation est appliquée à des individus faisant partie de groupes semblables au groupe qui a permis de construire l'équation. L'équation déterminée s'appelle une équation de régression, et la façon de l'obtenir est expliquée dans le chapitre 5 et dans de nombreux ouvrages. Supposons, par exemple, que X soit un score composite des notes obtenues au cégep et que Y soit la moyenne cumulée pour un programme d'études à l'université, ou encore que X soit le score à une échelle d'intérêt et Y, le rendement d'un travailleur. Dans le premier cas, lorsque le score composite d'un finissant au cégep est connu, on peut prédire le score-critère attendu qu'il devrait obtenir après avoir complété son programme d'études. De même, dans le deuxième cas, lorsqu'on connaît le score d'un candidat à une échelle d'intérêt, on peut prédire son rendement potentiel s'il est embauché.

Notons que si le coefficient de validité n'est pas égal à 1,00, la relation entre le prédicteur et le critère n'est pas parfaite et qu'il y a alors des erreurs de prédiction. Le score prédit Y' est le score-critère moyen des répondants qui présentent un même score prédicteur X. Les vrais scores-critères de ces personnes varieraient dans un certain intervalle avec Y', le score-critère prédit au centre ou comme moyenne; certaines de ces personnes auraient un score-critère situé au-dessus de cette moyenne, d'autres, au-dessous, et d'autres encore obtiendraient un score égal au score prédit. L'erreur de prédiction est la différence entre les scores-critères vrais et les scores-critères prédits à partir de l'équation de régression; elle est en fait une sorte de mesure de variabilité, d'écart type de la distribution des erreurs de prédiction dont la moyenne est 0. On la nomme «erreur standard d'estimation» (S_{est}) et elle est égale à

$$S_{est} = S_Y \sqrt{1 - r_{XY}^2}$$

où S_Y = écart type des scores au critère,

r_{XY} = coefficient de validité.

L'erreur standard d'estimation est en fait l'écart type d'une distribution que l'on pourrait obtenir de la façon suivante: si l'on obtient le score prédit de chaque individu d'un groupe à l'aide d'une équation de régression déjà déterminée à partir d'un groupe semblable, puis que l'on soustrait le score prédit du score-critère vrai supposément disponible pour chaque individu, on obtient pour chacun une erreur de mesure telle que

$$E_i = Y_i - Y'_i.$$

La différence $Y_i - Y'_i$ est appelée «résiduel» par de nombreux auteurs, et c'est la somme des carrés des résiduels que l'on veut minimiser. Il s'agit ensuite de tracer le graphique de ces erreurs et d'en calculer l'écart type.

De fait, l'erreur standard d'estimation s'interprète exactement comme un écart type. Bien entendu on postule que, pour chaque score X, les erreurs de prédiction se distribuent normalement avec une moyenne égale au score-critère prédit et un écart type égal à l'erreur standard d'estimation. Par contre, la distribution des scores-critères autour du score prédit s'appelle la distribution conditionnelle de Y pour un score prédicteur donné, et on suppose que la variance est la même pour chaque distribution même si le score prédit Y' est différent pour chacune. Ce n'est pas toujours vrai, mais cette condition doit nécessairement être postulée, surtout dans le cas d'utilisations probabilistes des prédictions. Tatsuoka (1969) présente un exposé succinct mais intéressant sur ce sujet.

Ainsi, on peut prédire qu'environ 68 % des scores-critères vrais auront des valeurs situées entre les limites déterminées par un certain score prédit et $\pm 1\ S_{est}$, et 95 % d'entre eux auront des valeurs situées entre ce même score et $\pm 1,96\ S_{est}$.

À partir des données de l'exemple de calcul d'un coefficient de validité (sous-section 10.3.3), on peut démontrer la façon de déterminer une équation de régression et illustrer son utilisation à prédire un score-critère.

11.1.1 La détermination d'une équation de régression et son utilisation pour prédire un score-critère

L'équation de régression, lorsqu'il n'y a qu'un seul prédicteur, prend la forme

$$Y' = a + b_{XY}X$$

où a = 0,

$$b_{XY} = r_{XY}.$$

Cette équation utilise des scores bruts. Si on utilise des scores standard, l'équation prend la forme

$$Z_{Y'} = r_{YX}Z_X.$$

La pente d'une telle équation (droite) est désignée par b_{YX} et elle indique le taux de changement de Y en fonction des changements en X. L'intercept (a) indique la hauteur à laquelle la droite de régression coupe ou traverse l'axe des Y dans un plan cartésien; c'est la valeur de Y lorsque X égale 0 (figure 11.1).

Lorsque les deux variables X et Y ont un même écart type et une même moyenne, a égale 0, c'est-à-dire que pour $X = 0$, $Y = 0$. Lorsque $b_{YX} = 1,00$, cela signifie que le taux de changement de Y est le même que celui de X; dans ce cas, la ligne de régression forme un angle de 45° avec l'horizontale.

FIGURE 11.1
Droite représentant une courbe de régression

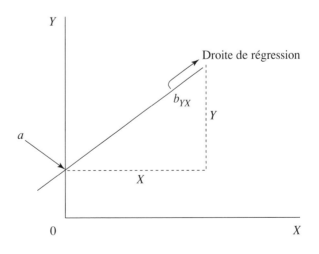

Remarque importante :   Le coefficient de validité étant un coefficient de corrélation à partir duquel on postule la linéarité (coefficient de Pearson la plupart du temps), l'équation qui le génère est dite linéaire, c'est-à-dire qu'aucun de ses termes n'est supérieur à 1,00. La relation entre deux variables doit être linéaire afin d'être possiblement et correctement décrite par une droite.

Prenons l'exemple, assez bien connu, d'un prédicteur comme l'anxiété et d'un critère comme le rendement scolaire ; si on maintient constant l'effet de certaines variables telles que l'intelligence et l'intérêt, il ressort que l'anxiété est associée de façon non pas linéaire mais plutôt quadratique (ligne convexe) au rendement scolaire. Il a été démontré que les enfants trop ou trop peu anxieux ont tendance à fournir un faible rendement scolaire, alors que ceux qui sont modérément anxieux présentent généralement un meilleur rendement. On ne peut donc décrire la relation entre ces deux variables par une équation linéaire simple. Par bonheur, on peut s'en sortir en ajoutant un prédicteur à l'équation de régression : en désignant l'anxiété par X_1 on crée un second prédicteur, X_2, égal à X_1^2 et on construit une équation linéaire exprimant la relation entre l'anxiété et le rendement scolaire (Y) de la façon suivante :

$$Y' = a + b_1 X_1 + b_2 X_2$$

où $X_2 = X_1^2$.

Les formules importantes pour déterminer une équation de régression linéaire simple (un seul prédicteur) sont :

$$b_{YX} = r_{XY} \frac{S_Y}{S_X}$$

$$a = \overline{Y} - [\overline{X}(b_{YX})].$$

En utilisant les données de l'exemple de la sous-section 10.3.3,

où $\overline{X}$ = 4,432

$\overline{Y}$ = 3,532

S_X = 2,3776

S_Y = 1,3888

S_{XY} = 0,662

on peut effectuer les opérations suivantes :

$$b_{YX} = r_{XY} \frac{S_Y}{S_X}$$

$$= 0,662 \, \frac{1,3888}{2,3776}$$

$$= 0,3866$$

et

$$a = \overline{Y} - [\overline{X}(b_{YX})]$$

$$= 3,532 - (4,432 \times 0,3866)$$

$$= 1,8182 \,.$$

En substituant les valeurs dans l'équation on trouve $Y' = 1,8182 + 0,3866X$ comme équation de régression à partir des données de l'exemple précédent.

Note: Il est important d'effectuer ces calculs avec un certain nombre de décimales afin de s'assurer la meilleure précision possible.

L'équation de régression $Y' = 1,8182 + 0,3866X$ peut être utilisée pour déterminer le score-critère prédit Y' pour n'importe quel score prédicteur (X). Ainsi, pour X égal à 5 on a $Y' = 1,8182 + (0,3866 \times 5)$, ce qui donne $Y' = 3,7512$. Cela signifie, dans notre exemple, que tous les répondants ayant obtenu le score 5 au test de culture générale ont tendance à situer leur attitude en moyenne autour de la cote 3,75. Autrement dit, 3,75 est la cote de satisfaction la plus probable pour tous ceux qui ont obtenu un score prédicteur de 5. Si on calcule la valeur de l'erreur standard d'estimation, on trouve

$$S_{\text{est}} = S_Y \sqrt{1 - (r_{XY}^2)}$$

$$= 1,3888 \sqrt{1 - (0,662^2)}$$

$$= 1,0409 \,.$$

Sachant que pour $X = 5$, $Y' = 3,75$ et que $S_{\text{est}} = 1,04$, on peut établir qu'environ 68 % des répondants qui présentent un score prédicteur égal à 5 obtiendront un score-critère se situant entre 2,71 et 4,79 (3,75 + 1(1,04) = 4,79 et 2,71) et que 95 % d'entre eux auront un score-critère se situant entre 5,788 et 1,712 (3,75 ± 1,96 (1,04) = 3,75 ± 2,038 = 1,712 et 5,788). On pourrait dire aussi que pour un score $X = 5$, la probabilité est respectivement de 0,68 ou 0,95 que le score-critère d'un répondant se situe entre 2,71 et 4,79 ou encore 1,712 et 5,788, la meilleure estimation du score-critère de cet individu étant égale à 3,75, soit la moyenne des scores-critères de ceux qui ont obtenu un score prédicteur égal à 5.

Les **avantages** de l'approche corrélationnelle appliquée à la validité sont nombreux. Elle permet d'obtenir un indice quantitatif, soit le coefficient de validité qui décrit la relation entre un prédicteur et un critère pour un groupe donné. De plus, elle permet de prédire un score-critère potentiel pour chaque répondant à l'aide de l'équation de régression. Le coefficient de validité peut être interprété de diverses manières, mais l'approche corrélationnelle est certes la façon la plus populaire de traiter la validité.

Par contre, cette approche présente aussi des **inconvénients**. Ainsi, lorsque la relation entre un prédicteur et un critère n'est pas linéaire, il faut utiliser des techniques spéciales et parfois complexes. Une autre faiblesse de cette méthode provient du fait que le coefficient de validité ne permet pas d'obtenir une mesure directe de la justesse des décisions lorsque la prise de décisions est fondée sur l'utilisation d'un test. Il est important de noter cette faiblesse du coefficient de validité car l'utilité d'un test dépendra de la proportion de répondants sélectionnés et de la proportion de répondants qui vont réussir.

11.2   LA JUSTESSE DE LA PRISE DE DÉCISIONS

Il est toujours intéressant de savoir si on a pris la bonne décision. Une bonne façon d'évaluer la compétence d'un individu à prendre des décisions est d'établir la proportion des décisions prises antérieurement qui se sont avérées justes. Il en va de même pour un test qui sert de base à la prise de décisions.

Voici quatre indices qui permettent d'évaluer la validité d'un test à partir duquel on aura à prendre des décisions de sélection et de classement. Il s'agit de :
–   l'indice d'efficacité,
–   les scores de séparation des catégories,
–   l'indice de séparation des groupes,
–   l'indice d'utilité.

11.2.1   L'indice d'efficacité

L'indice d'efficacité peut être déterminé par la proportion de bonnes décisions prises à partir du test. Plus cette proportion est grande, plus le test est efficace ou valide, puisque l'indice d'efficacité peut aussi être considéré comme un indice de validité.

Il est facile de déterminer la valeur de cet indice. La méthode consiste à classer les décisions suggérées par le test prédicteur en au moins deux catégories mutuellement exclusives, de faire la même chose à partir des scores obtenus au critère et de comparer les diverses cellules du tableau ainsi construit. Dans le tableau 11.1, on se limite à une dichotomie de catégories pour chacune des deux variables.

On y trouve quatre cellules ou groupes de répondants. Le groupe A contient ceux qui sont acceptés selon le test prédicteur mais qui ont échoué d'après la mesure-critère (+ −). Le groupe B est composé de ceux que le test prédicteur avait recommandé d'accepter et qui ont réussi à la mesure-critère (+ +). Le groupe C réunit ceux que le test prédicteur avait recommandé de refuser et qui ont effectivement échoué (− −). Enfin, le groupe D rassemble ceux qui sont refusés selon le test mais

		Mesure-critère	
		Échec (−)	Succès (+)
Test prédicteur	Accepté (+)	A (+) (−) Inexacte	B (+) (+) Exacte
	Refusé (−)	C (−) (−) Exacte	D (−) (+) Inexacte

qui ont réussi à la mesure-critère (− +). Les cellules B et C, où les deux signes sont les mêmes (+ +) et (− −), contiennent les répondants pour lesquels la décision s'est avérée exacte, alors que les groupes A et D renferment les individus pour lesquels il y a eu erreur (+ −) (− +).

Il est possible de générer deux types d'indices d'efficacité. Le premier constitue tout simplement la proportion de bonnes décisions, soit

$$P_{Bt} = \frac{B + C}{A + B + C + D} = \frac{B + C}{N}.$$

P_{Bt} est la proportion de bonnes décisions ; A, B, C, D représentent le nombre de répondants dans chaque cellule et N, le nombre total de répondants, c'est-à-dire la somme de A, B, C et D. Ainsi, si l'on conçoit la validité d'un test comme étant le degré d'exactitude des bonnes décisions, P_{Bt} est un indice de validité. Cet indice possède quelques caractéristiques intéressantes : premièrement, il est fort simple à calculer ; deuxièmement, il tient compte de toutes les décisions prises, ce qui le rend comparable à un coefficient de validité obtenu avec un groupe intact ; troisiè-mement, toutes les décisions, bonnes ou mauvaises, ont la même importance.

Un second indice peut aussi être obtenu de ce tableau. Il arrive parfois que l'on soit intéressé uniquement aux bonnes décisions qui donneront des résultats positifs, tels le responsable de l'embauche qui se préoccupe surtout du nombre de person-nes qu'il va engager et qui vont bien accomplir leur travail, ou encore le directeur d'un projet de formation qui désire s'assurer que les individus choisis vont réussir. Dans ce cas, il est facile d'obtenir un indice plus pertinent qui est en fait la propor-tion du nombre de personnes choisies selon le test prédicteur et qui vont réussir à la mesure-critère :

$$P_{Cr} = \frac{B}{A + B}.$$

P_{Cr} est la proportion des individus choisis qui vont réussir ; B et A représentent les groupes sélectionnés selon le test prédicteur et qui vont respectivement réussir et échouer. Cet indice est le plus pertinent lorsque le but de la procédure de sélection est de maximiser le nombre de personnes choisies qui vont réussir. D'ailleurs, il est à remarquer que l'on n'attache aucune importance à ceux qui avaient été refusés d'après leurs scores au test prédicteur et qui ont réussi à la mesure-critère.

11.2.2 Les scores de séparation des catégories

Jusqu'à maintenant, nous avons supposé que les scores de séparation des catégories étaient connus. On peut toujours les établir de façon arbitraire, surtout lorsqu'il s'agit uniquement de déterminer un indice de validité. Cependant, il peut être important de déterminer les scores de séparation ultimes, c'est-à-dire les scores qui, au test prédicteur, vont permettre de séparer les groupes de façon à maximiser le nombre de bonnes décisions. Cette tâche exige l'usage de trois concepts statistiques intéressants : le rapport de sélection, le nombre total de bonnes décisions et la proportion des répondants choisis qui vont réussir (les bonnes décisions à résultat positif).

Le rapport de sélection est la proportion des individus choisis sur le nombre total de candidats. Plus les exigences de la sélection sont rigoureuses (un score de séparation plus élevé), plus le rapport de sélection décroît. Le tableau 11.2 en donne un exemple à partir des données du tableau 10.1 (p. 191).

TABLEAU 11.2 Exactitude de la prise de décisions à divers scores de séparation des catégories égalant au moins 3 (pour 250 répondants)

Score de séparation = 3			Critère	
			Négatif	Positif
Prédicteur		Succès	58	129
		Échec	53	10

Rapport de sélection = $(58 + 129)/250 = $ **0,748**

$P_{Bt} = (129 + 53)/250 = 0,728$

$P_{Cr} = 129/187 = 0,689$

Score de séparation = 4			Critère	
			Négatif	Positif
Prédicteur		Succès	32	115
		Échec	79	24

Rapport de sélection = $(32 + 115)/250 = $ **0,588**

$P_{Bt} = (115 + 79)/250 = 0,776$

$P_{Cr} = 115/147 = 0,782$

TABLEAU 11.2
Exactitude de la prise de décisions à divers scores de séparation des catégories égalant au moins 3 (pour 250 répondants) (suite)

Score de séparation = 5

		Critère	
		Négatif	Positif
Prédicteur	Succès	18	92
	Échec	93	47

Rapport de sélection = $(18 + 92)/250$ = **0,440**

$P_{Bt} = (92 + 93)/250 = 0,740$

$P_{Cr} = 92/110 = 0,836$

Score de séparation = 6

		Critère	
		Négatif	Positif
Prédicteur	Succès	8	75
	Échec	103	64

Rapport de sélection = $(8 + 75)/250$ = **0,332**

$P_{Bt} = (75 + 103)/250 = 0,712$

$P_{Cr} = 75/83 = 0,903$

Score de séparation = 7

		Critère	
		Négatif	Positif
Prédicteur	Succès	3	56
	Échec	108	83

Rapport de sélection = $(3 + 56)/250$ = **0,236**

$P_{Bt} = (56 + 108)/250 = 0,656$

$P_{Cr} = 56/59 = 0,949$

Score de séparation = 8

		Critère	
		Négatif	Positif
Prédicteur	Succès	1	28
	Échec	110	111

Rapport de sélection = $(1 + 28)/250$ = **0,116**

$P_{Bt} = (28 + 110)/250 = 0,552$

$P_{Cr} = 28/29 = 0,965$

TABLEAU 11.2
Exactitude de la prise
de décisions à divers
scores de séparation
des catégories égalant
au moins 3 (pour
250 répondants)
(suite)

Score de séparation = 9		Critère	
		Négatif	Positif
Prédicteur	Succès	0	14
	Échec	111	125

Rapport de sélection $= (0 + 14)/250 = \textbf{0,056}$

$P_{Bt} = (14 + 111)/250 = 0,500$

$P_{Cr} = 14/14 = 1,000$

Le tableau 11.3 montre les effets du choix de différents scores de séparation. Un examen attentif des données de ce tableau permet de noter les tendances suivantes :

– Plus le score de séparation est élevé, plus le rapport de sélection diminue, ce qui est normal si l'on considère la définition même du rapport de sélection.

– Plus le score de séparation est élevé, plus le nombre de bonnes décisions à résultat positif (P_{Cr}) augmente. La relation entre le rapport de sélection et le nombre de bonnes décisions à résultat positif est négative.

– Plus le score de séparation est élevé, plus le nombre de personnes choisies diminue. Dans le tableau 11.2, la perfection de la prise de décisions est atteinte ($P_{Cr} = 1,000$) pour un score de séparation égal à 9 ; dans ce cas, seulement 14 candidats sur 250 sont choisis selon la procédure de sélection. Lorsqu'il n'est pas nécessaire de sélectionner un nombre précis de personnes, on peut utiliser un rapport de sélection faible, c'est-à-dire un score de séparation élevé. Mais si l'on doit choisir un nombre déterminé de personnes, il y a deux façons de procéder. La première consiste à prendre un score de séparation plus faible, donc un rapport de sélection plus élevé, ce qui, malheureusement, a pour effet de diminuer la validité de la procédure de sélection. La deuxième façon, qui est en fait une meilleure solution, consiste à augmenter la taille du groupe échantillon, ce qui a pour effet d'accroître le nombre de candidats qui ont une chance d'être choisis sans qu'il soit nécessaire de diminuer la valeur du score de séparation, donc de réduire la validité.

– Plus le score de séparation augmente, ou plus le rapport de sélection diminue, plus le nombre de bonnes décisions augmente d'abord puis diminue systématiquement. En effet, en observant le tableau 11.2, on remarque que, pour les scores de séparation 3, 4 et 5, la proportion de bonnes décisions (P_{Bt}) se situe d'abord à 0,728 pour $X = 3$, puis à 0,776 pour $X = 4$ et finalement à 0,740 pour $X = 5$. Cette statistique diminue continuellement de valeur par la suite. Si le but de la procédure de sélection est de maximiser le nombre total de bonnes décisions, il faudrait choisir un score de séparation égal à 4 puisque c'est à ce niveau, au centre de l'étendue des scores, que la validité est maximale. Pourquoi

TABLEAU 11.3
Résumé des
principales statistiques
du tableau 11.2

	Scores de séparation						
	3	4	5	6	7	8	9
Rapport de sélection	0,748	0,588	0,440	0,332	0,236	0,116	0,056
P_{Bt} (proportion de bonnes décisions)	0,728	0,776	0,740	0,712	0,656	0,552	0,500
P_{Cr} (proportion des individus choisis qui vont réussir)	0,689	0,782	0,836	0,903	0,949	0,965	1,000

au centre ? Cela peut s'expliquer par le fait que plus le score de séparation est élevé, plus le nombre de personnes qui auraient eu une attitude positive mais qui n'ont pas été choisies augmente, et plus le score de séparation diminue, plus le nombre de personnes acceptées mais qui auraient eu une attitude négative augmente. L'équilibre entre les deux tendances est atteint au centre des scores. Pour cet exemple, le nombre maximal de bonnes décisions est égal à 194 lorsque le score de séparation est égal à 4 et que le rapport de sélection a une valeur de 0,588 (147 individus acceptés sur 250). Ainsi, 115 des 147 candidats sélectionnés ($P_{Cr} = 0,782$) auront une attitude positive.

Bien entendu, les valeurs indiquées risquent fort d'être différentes si la forme de la distribution des scores n'est pas la même, mais les principes mentionnés plus haut restent vrais. Nous suggérons au lecteur d'examiner attentivement le tableau et même de refaire les calculs pour découvrir lui-même les tendances présentes que l'on vient de souligner.

Supposons que l'on veuille s'assurer qu'environ 95 % du groupe de candidats sélectionnés démontrent une attitude positive ; quel score de séparation faudrait-il alors choisir ? Ou encore, supposons que l'on veuille sélectionner un maximum de 30 individus ; quelle serait alors la proportion de bonnes décisions ?[1]

Cette méthode d'estimation de la validité comporte de nombreux avantages, mais elle ne répond qu'à certaines questions bien précises. On s'en sert lorsque, justement, on cherche des réponses à ces questions. L'article de Meehl et Rosen (1955) est une référence plus qu'intéressante sur ce sujet. Dans le processus de validation d'un test, on se contente généralement de l'approche corrélationnelle, réservant les méthodes qui mesurent la justesse de la prise de décisions pour des cas d'application très précis tels que la sélection et le classement des individus. Il faut aussi souligner le fait que bien des variables sont continues et que leur catégorisation entraîne une perte de précision. On pourrait répliquer à cela que cette méthode est

---

1. La réponse à la première question est $X = 7$ et la réponse à la deuxième est 0,552.

surtout utilisée lorsque, justement, on a des scores de séparation et que l'on se préoccupe de tous les scores ; le problème devient alors celui de la précision dans la région du score de séparation.

11.2.3   L'indice de séparation des groupes

Une autre façon de déterminer la validité consiste à comparer au moins deux groupes définis selon la mesure-critère et de vérifier si le score prédicteur moyen permet de distinguer les groupes.

Reprenons l'exemple précédent tiré du tableau 10.1 (p. 191) et supposons que les répondants qui démontrent une attitude positive ont coté 4, 5, 6 ou 7, alors que ceux affichant une attitude négative ont coté 1, 2 ou 3. On obtient alors deux groupes : le premier compte 139 répondants favorables et le second, 111 répondants défavorables. Il s'agit maintenant de calculer les statistiques pertinentes au test pour chacun de ces deux groupes. Le tableau 11.4 résume ces statistiques.

Le test τ (rapport τ) peut être utilisé pour étudier la signification d'une différence entre les moyennes obtenues de deux groupes distincts. L'hypothèse nulle peut s'énoncer comme ceci : il n'y a pas de différence significative entre les deux moyennes.

$$\tau = \frac{\overline{X}_{GP} - \overline{X}_{GN}}{S_{X_{GP}} + S_{X_{GN}}} = \frac{\overline{X}_{GP} - \overline{X}_{GN}}{\sqrt{\dfrac{S_{GP}^2}{N_{GP}} + \dfrac{S_{GN}^2}{N_{GN}}}}$$

$$= \frac{5{,}6546 - 2{,}9009}{\sqrt{\dfrac{4{,}8735}{139} + \dfrac{2{,}4135}{111}}} = \frac{2{,}7537}{\sqrt{0{,}0351 + 0{,}0217}}$$

$$= \frac{2{,}7537}{0{,}2383} = 11{,}5556$$

Pour tester la signification du rapport τ, il suffit de consulter une table de distribution τ,[2] laquelle permet de constater que la probabilité d'observer une telle différence par pur hasard est inférieure à 0,0005. Statistiquement parlant, les deux moyennes sont significativement différentes. Aussi peut-on dire que les répondants qui démontrent une attitude positive à la mesure-critère présentent un score moyen au test prédicteur qui est assurément plus élevé que celui des répondants dont l'attitude est négative.

---

2. Par exemple, la table A-2 placée en appendice dans Neter et Wasserman, 1974.

TABLEAU 11.4
Résumé des
statistiques nécessaires
à l'étude de la
signification de la
différence entre les
moyennes des
deux groupes

Groupe ayant une attitude positive (GP)	Groupe ayant une attitude négative (GN)
$N_{GP} = 139$	$N_{GN} = 111$
$\sum X_{GP} = 786$	$\sum X_{GN} = 322$
$\sum X_{GP}^2 = 5112$	$\sum X_{GN}^2 = 1202$
$\overline{X}_{GP} = 5{,}6546$	$\overline{X}_{GN} = 2{,}9009$
$S_{GP} = 2{,}2076$	$S_{GN} = 1{,}5530$

Les deux groupes affichent des scores moyens significativement différents ($p < 0{,}0005$) de 5,65 et 2,90. On peut donc dire que le test prédicteur peut être utilisé pour séparer ces deux groupes.

Le problème majeur découlant de cet indice de validité provient du fait que la signification d'une différence entre les groupes est dépendante de leur grandeur. En effet, plus le groupe est grand, plus une différence, même minime, risque d'être statistiquement significative. À la limite, avec de très grands groupes et même si un test discrimine très peu, il est possible qu'une petite différence soit déclarée statistiquement significative et que le test soit faussement déclaré valide.

Quelques indices de séparation des groupes ont été suggérés par divers auteurs. Qu'il suffise de mentionner le pourcentage de scores, dans un groupe, qui sont plus grands que le score moyen dans l'autre groupe. En fait, il s'agit là d'une mesure du degré de superposition entre deux distributions de scores. Cette procédure tend toutefois à donner une image optimiste du degré de séparation des deux groupes. Pour en savoir davantage sur cet indice, nous suggérons de consulter Brown (1970) et Tilton (1937).

11.2.4   L'indice d'utilité

Une autre méthode qui permet de déterminer la validité d'un test consiste à étudier son utilité, ce qui exige une analyse des coûts et des avantages dans diverses situations. Ainsi, l'indice d'utilité d'un test est déterminé à partir des avantages qu'on en retire et des coûts qu'il engendre. L'estimation formelle de l'indice d'utilité d'un test dans un contexte de sélection se fait à partir du profil des diverses possibilités d'événements projetés sur une même échelle, et l'indice d'utilité indique le degré auquel chaque profil est valable. Cronbach et Gleser (1965) ont présenté quelques formules pouvant s'appliquer au calcul de cet indice. Ces formules sont rarement utilisées en pratique, mais il vaut tout de même la peine d'en examiner au moins une qui permettra de noter des choses intéressantes, telle:

$$\Delta\mu = \beta(\mu_X - \mu_{X_O}) - \frac{C}{\phi}$$

où $\Delta\mu$ = gain par répondant choisi, en utilisant le test comme base de la décision de sélection (selon l'indice d'utilité),

β = coefficient de régression (pente),

μ_X = score moyen des individus choisis,

μ_{X_O} = score moyen des individus non choisis,

C = rapport de sélection, proportion de personnes à accepter,

ϕ = coût du test par répondant (selon l'échelle d'utilité).

Il est généralement très difficile d'exprimer les buts (mesure-critère) selon un indice d'utilité. Malgré tout, la valeur d'un test est proportionnelle au coefficient de régression, donc au coefficient de corrélation ou de validité r_{XY}. Les coûts rattachés à l'administration du test de même qu'à l'embauche d'un technicien sont généralement difficiles à estimer. De plus, un coefficient de régression ou de validité très élevé n'est pas d'une grande utilité si le rapport de sélection est lui aussi très élevé, c'est-à-dire si la majorité des candidats est acceptée. Par contre, un coefficient plus petit peut s'avérer très profitable si le rapport de sélection est faible. Tatsuoka (1972) présente un cas de sélection où les coûts et les avantages sont facilement exprimables en valeurs concrètes ; il s'agit de l'estimation du nombre d'accidents en fonction du kilométrage parcouru. Dans le domaine de l'éducation et des sciences connexes, il est toutefois assez rare que l'on puisse attribuer des valeurs concrètes aux buts poursuivis. En fait, il s'agit surtout d'un problème de formulation et d'opérationalisation des variables.

11.3   L'INTERPRÉTATION DES INDICES DE VALIDITÉ

Toute variable ou tout facteur qui influe sur les scores à un test est aussi susceptible d'influer sur l'indice de validité. Cinq de ces facteurs constituent les principales sources d'erreur possibles. Ce sont :

1° l'échantillon utilisé pour déterminer la validité,

2° le taux de base,

3° le rapport de sélection,

4° la spécificité et la généralisabilité d'un coefficient de validité,

5° la double validation.

11.3.1   L'échantillon

Tout échantillon possède, à divers degrés, deux caractéristiques fondamentales : la taille et la représentativité. On sait que plus la taille d'un échantillon est grande, plus les erreurs de mesure ont tendance à s'annuler et plus les résultats obtenus sont stables. Par ailleurs, le risque d'obtenir une différence statistiquement significative augmente avec la taille de l'échantillon, ce qui peut devenir embarrassant dans certains cas. Il demeure toutefois vrai que les échantillons de plus grande taille sont préférables à ceux de petite taille.

La représentativité de l'échantillon et la manière dont il a été formé sont des aspects extrêmement importants. Il faut toujours s'assurer que le groupe-échantillon soit composé d'individus pour qui le test a été construit et à qui il pourrait fort bien s'adresser. Par exemple, pour établir la validité d'un test d'aptitudes aux études universitaires, l'échantillon doit être composé d'individus qui ont fait une demande d'admission ; de même, un test de rendement en français exige un échantillon de répondants qui suivent présentement ou qui ont déjà suivi un cours de français, tout comme un test d'intelligence devant être utilisé auprès des Noirs africains requiert un échantillon composé de Noirs africains, etc.

Un échantillon peut être complet, c'est-à-dire être formé du groupe en entier ou d'une partie du groupe sélectionnée au hasard ; il peut aussi être prédéterminé, c'est-à-dire composé d'individus qui ont déjà évité une quelconque forme de disqualification. Un échantillon complet est obtenu lorsque, par exemple, tous les candidats à un programme d'études sont acceptés après avoir réussi le test d'admission. Après un semestre ou deux, on recueille la mesure-critère, ce qui permet d'établir la validité du test d'admission. Cette procédure est préférable à toute autre car, en utilisant tous les candidats, on se donne la chance d'obtenir des étendues de scores complètes au test prédicteur et à la mesure-critère, ce qui a pour effet de maximiser la relation entre le prédicteur et le critère. Le seul problème est qu'il est souvent impossible d'appliquer cette procédure car la plupart du temps on veut procéder à une sélection immédiate ; de plus, cette procédure entraîne des coûts généralement assez élevés. Pensons, par exemple, à un employeur qui se verrait dans l'obligation d'engager tous les candidats ; il préférerait de loin éliminer ceux qui ont les scores les plus faibles au prédicteur, réduisant ainsi l'étendue des différences individuelles. Une partie de l'échelle des scores au test prédicteur étant ainsi disparue, on ne peut en déterminer la validité. Il est à noter qu'un échantillon composé d'individus choisis par pur hasard dans un groupe donné possède toutes les caractéristiques d'un échantillon complet, dans la mesure où le nombre d'individus choisis est assez élevé.

Les échantillons prédéterminés sont composés d'individus qui ont surmonté une première forme de disqualification ou de sélection faite à partir des scores au test prédicteur déjà validé, ou à partir d'un autre test. Dans ce dernier cas, si le test de base servant à l'élimination initiale est relié positivement au test déjà validé, la disqualification réduit l'étendue des scores au prédicteur ; par contre, s'il n'y a pas de relation entre les deux, l'élimination initiale n'aura pas d'effet. La plupart du temps cependant, on peut s'attendre à une réduction de l'étendue des scores, donc à des indices de validité plus faibles en raison de l'élimination initiale.

Il y a toutefois des cas où l'échantillon prédéterminé est préférable. Du point de vue de l'exactitude de la prise de décisions, ce type d'échantillon convient davantage si l'on vise le maximum de bonnes décisions positives (nombre de répondants qui vont réussir), alors qu'un échantillon complet ou sélectionné au hasard est plus approprié si l'on s'intéresse d'abord au nombre de bonnes décisions. Certains spécialistes allèguent que les indices calculés à partir d'échantillons prédéterminés sont plus conformes à la réalité dans bien des cas.

Un autre type d'échantillon est parfois utilisé, mais il n'est pas recommandé ; il s'agit de l'échantillon composé d'individus déjà engagés dans un emploi ou un programme d'études. Un des problèmes majeurs que soulève ce type d'échantillon provient du fait que tous les individus sont censés devoir réussir, donc qu'une grande catégorie de personnes est sous-représentée, soit celles qui ne réussiront pas. Un indice de validité calculé dans de telles circonstances a peu de chances d'être valable ; de toutes façons, on ne peut le vérifier.

11.3.2   Le taux de base

Le taux de base est l'expression de la fréquence d'apparition d'un phénomène dans une population intacte. Il s'agit de la proportion de personnes qui réussiraient dans un domaine (par exemple un programme d'études ou un emploi) s'il n'y avait pas eu de sélection. À vrai dire, il y a toujours une certaine forme de sélection dans un groupe donné, laquelle peut être naturelle, implicite, etc. Il faudrait donc dire que le taux de base fait plutôt référence au taux de fréquence d'un phénomène dans un groupe actuel, qui n'est pas déterminé par sélection systématique.

Un test n'est utile que s'il donne de meilleurs résultats que le taux de base, c'est-à-dire s'il permet de prendre davantage de bonnes décisions que ne le permet le taux de base. Toutefois, un test qui permet de prendre le maximum de bonnes décisions ou qui possède le coefficient de validité le plus élevé n'est pas nécessairement le plus utile. Ce fait a été mentionné à quelques reprises dans ce chapitre ; illustrons-le maintenant en reprenant les données du tableau 11.4 (p. 205). On a vu que 139 répondants sur 250 ont démontré une attitude positive ; donc 0,556 est la proportion que l'on peut utiliser comme taux de base pour une attitude positive. Si on avait décidé de choisir uniquement les individus ayant obtenu un score d'au moins 8 au test prédicteur, on aurait obtenu une proportion de 0,552 bonnes décisions ; dans ce cas, il n'aurait pas été rentable d'utiliser le test, car le taux de base produit des résultats tout aussi bons. À noter que dans ce cas, notre intérêt se porte vers le nombre de bonnes décisions au total seulement. La figure 11.2 montre la relation entre différents rapports de sélection et divers niveaux de validité.

L'effet du taux de base est plus évident lorsque l'objet de la prédiction survient très fréquemment ou très rarement dans une population. Dans ces cas-là, il est plus rentable (moins d'erreurs) de s'appuyer sur le taux de base que sur le test prédicteur. Le meilleur exemple est la prédiction du taux de suicide. Supposons que le taux de base indique que 3 personnes sur 1 000 vont tenter de se suicider alors qu'on ne prédit aucun suicide ; cela donne donc un taux de précision de 0,997, ou 3 erreurs sur 1 000. Aucun test ne pouvant être aussi précis, on doit donc conclure qu'il n'est

FIGURE 11.2
Relation entre différents rapports de sélection et divers niveaux de validité

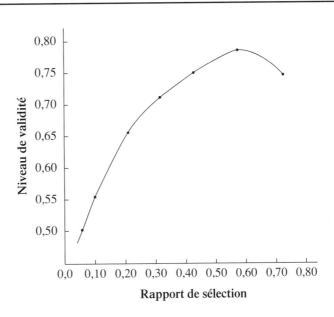

pas sage d'utiliser un test pour prédire le taux de suicide. La même conclusion s'applique lorsque, par exemple, on doit embaucher des travailleurs pour exécuter une tâche si simple que 90 % des gens pourraient l'exécuter. Il n'y a pas de test qui puisse prédire le succès avec une telle précision sans que le rapport de sélection soit très petit, ce qui ne serait pas pertinent.

11.3.3   Le rapport de sélection

Le rapport de sélection est la proportion de personnes choisies parmi une population. Lorsqu'un prédicteur et un critère sont reliés positivement, on peut augmenter la probabilité qu'une personne choisie réussisse en étant de plus en plus sélectif, c'est-à-dire en réduisant le rapport de sélection. C'est en choisissant des coefficients de validité plus élevés ou en diminuant la valeur du rapport de sélection que l'on accroît l'efficacité d'une procédure de sélection.

Un rapport de sélection plus rigoureux peut compenser pour un coefficient de validité relativement faible (voir le tableau 11.2, p. 202). Taylor et Russell (1939) ont calculé et présenté des tableaux indiquant les proportions de personnes qui vont réussir lorsque la sélection est faite en fonction de tests de divers niveaux de validité et pour divers taux de base. Le tableau 11.5 (p. 210) présente une synthèse de l'un de ces tableaux, où l'on peut étudier l'effet du rapport de sélection sur l'efficacité de la sélection lorsque le taux de base est approximativement semblable à celui de notre exemple.

TABLEAU 11.5
Synthèse d'un tableau
de Taylor et Russell

Coefficient de validité	Rapport de sélection									
	0,05	0,10	0,20	0,30	0,40	0,50	0,60	0,70	0,80	0,90
0,00	0,60	0,60	0,60	0,60	0,60	0,60	0,60	0,60	0,60	0,60
0,10	0,68	0,67	0,65	0,64	0,64	0,63	0,63	0,62	0,61	0,61
0,20	0,75	0,73	0,71	0,69	0,67	0,66	0,65	0,64	0,63	0,62
0,30	0,82	0,79	0,76	0,73	0,71	0,69	0,68	0,66	0,64	0,62
0,40	0,88	0,85	0,81	0,78	0,75	0,73	0,70	0,68	0,66	0,63
0,50	0,93	0,90	0,86	0,82	0,79	0,76	0,73	0,70	0,67	0,64
0,60	0,96	0,94	0,90	0,87	0,83	0,80	0,76	0,73	0,69	0,65
0,70	0,99	0,97	0,94	0,91	0,87	0,84	0,80	0,75	0,71	0,66
0,80	1,00	0,99	0,98	0,95	0,92	0,88	0,83	0,78	0,72	0,66
0,90	1,00	1,00	1,00	0,99	0,97	0,94	0,88	0,82	0,74	0,67
1,00	1,00	1,00	1,00	1,00	1,00	1,00	1,00	0,86	0,75	0,67

11.3.4   La spécificité et la généralisabilité d'un coefficient de validité

Lorsqu'on dit qu'un coefficient de validité est propre à une situation particulière, on veut dire que les résultats obtenus lors de l'étude de la validité sont dépendants des caractéristiques spécifiques de la situation dont ces résultats sont issus. Ce fait est lourd de conséquences. Tout d'abord, cela implique qu'un test n'a pas qu'une seule validité mais une multitude, au moins autant qu'il y a de situations où sa validité est étudiée. De plus, on ne peut affirmer, même si un test a une validité propre à une situation particulière, que ce test sera aussi valide dans d'autres situations. Donc, l'utilisation d'un test est toujours hasardeuse aussi longtemps que sa validité n'est pas étudiée en fonction de la situation pour laquelle il est utilisé.

11.3.5   La double validation

Le problème qui se pose ici concerne la possibilité de généraliser à d'autres situations la validité d'un test obtenue dans une situation particulière. Ce problème peut être résolu d'abord en s'assurant que le coefficient de validité obtenu dans une situation précise est en fait une estimation valable du degré de relation entre le test et le critère pour cette situation. Encore là, on ne peut être totalement certain d'avoir prévenu et contrôlé toutes les sources d'erreur possibles; on doit alors effectuer une double validation (*cross validation*), c'est-à-dire une réplique de l'étude originale. Il s'agit de déterminer la relation entre des données à partir d'au moins deux échantillons tirés indépendamment d'une même population; habituellement on en prend deux. Cela permet non pas de découvrir ni d'éliminer les effets systématiques, mais de compenser les effets des erreurs aléatoires. C'est la consistance ou la stabilité du coefficient de validité qui est ainsi étudiée ou établie, ce qui permet d'estimer l'importance des erreurs dues au hasard et ainsi d'apporter les correctifs nécessaires.

Le processus de double validation comprend les étapes suivantes. On collecte d'abord les données au prédicteur et au critère d'un échantillon de sujets ; le coefficient de corrélation est ensuite calculé et l'équation de régression, déterminée. Puis, on forme un deuxième échantillon indépendant du premier, mais à partir de la même population. Il faut calculer le score-critère prédit à partir de l'équation de régression déjà déterminée pour chaque individu de ce nouvel échantillon. On obtient alors le score au critère de chacun, puis la corrélation entre ces scores et ceux prédits à l'aide de l'équation de régression. Cette dernière corrélation devrait être sensiblement égale à celle obtenue à partir des scores au prédicteur et au critère pour le premier échantillon (le coefficient de validité). Une différence même minime signifierait que la première corrélation a été surestimée, donc qu'elle n'est pas un indice valide de la relation entre le prédicteur et le critère. Habituellement, la seconde corrélation est légèrement inférieure à la première en raison d'erreurs dues au hasard qui ont tendance à élever la valeur du premier coefficient, mais qui ne sont pas présentes pour le deuxième. Ce deuxième coefficient est en fait un meilleur indicateur de la relation entre le prédicteur et le critère.

La double validation permet de généraliser les données de la validité à divers échantillons de personnes tirés d'une même population. La généralisation devrait être considérée sous d'autres aspects que celui des divers échantillons de sujets. Les spécialistes s'accordent généralement pour reconnaître cinq dimensions à partir desquelles une généralisation peut être conçue. Ce sont :

1°   les prédicteurs,

2°   les critères,

3°   les situations,

4°   les échantillons,

5°   les méthodes utilisées pour étudier la validité.

La généralisation selon les **prédicteurs** concerne la possibilité de comparer divers tests, divers types d'items et de scores. Quant aux **critères**, nous avons déjà souligné le fait qu'il est non rentable de construire des tests prédicteurs en fonction d'un seul critère. Même si en pratique on se contente d'un seul critère (ou de deux ou trois au maximum) pour une étude donnée, on doit aussi se préoccuper de la prédiction des autres critères pertinents possibles. De plus, il est souvent approprié de chercher à démontrer la qualité de la prédiction à partir de divers niveaux de la variable-critère. La généralisation à partir des **situations** est tout aussi importante ; il s'agit de savoir si le test garde ses qualités de validité pour diverses situations dans lesquelles il peut être possiblement utilisé. En ce qui concerne les **échantillons**, on peut différencier les groupes de sujets par l'âge, la provenance, le milieu socio-économique, etc. Il est très important d'étudier cet aspect de la validité d'un test car, même si le groupe pour lequel on veut faire des prédictions est très semblable au groupe de validation, une différence anodine en apparence peut entraîner des erreurs coûteuses. Enfin, on sait par expérience que le coefficient de validité d'un test variera généralement selon la **méthode** utilisée pour l'estimer. Un spécialiste choisira la méthode la plus adéquate, selon les usages qu'il veut faire du test, tout en tenant compte d'autres facteurs comme le coût et la disponibilité.

Retenons que la validité est influencée par plusieurs facteurs, ce qui exige qu'on l'étudie avec soin. La pauvreté des études de validité de plusieurs tests publiés prouve que cette étape a trop souvent été négligée.

MOTS CLÉS

– Classement	– Rapport de sélection
– Double validation	– Régression
– Indice d'efficacité	– Scores de séparation
– Indice de séparation des groupes	– Sélection
– Indice d'utilité	– Taux de base

La validité de contenu et la validité théorique

OBJECTIF

Évaluer et interpréter la validité de contenu et la validité théorique, ou de construit, d'un test.

12.1 LA VALIDITÉ DE CONTENU

Lorsqu'un professeur veut évaluer les connaissances de ses étudiants dans une matière donnée, il doit construire un examen ou un test dont les questions constituent un échantillon représentatif de toute la matière. Il est alors confronté à un problème de validité de contenu, laquelle constitue une mesure du degré de représentativité de l'échantillon de questions. Elle est étudiée au moyen d'une analyse rationnelle du contenu du test et elle est déterminée par un jugement de valeur. La décision est subjective et il n'y a pas d'indice numérique comme tel.

Les spécialistes reconnaissent deux types de validité de contenu, soit la validité apparente et la validité logique.

TABLEAU 12.1
Tableau de
spécifications

Sujet	Objectifs particuliers				
	Connaissance spécifique	Connaissance des catégories	Connaissance des méthodes	Application	Total
1. Structure de l'arbre	10	0	0	0	10%
2. Transformation de l'arbre	10	0	20	0	30%
3. Caractéristiques des essences	20	15	0	10	45%
4. Calcul des quantités	0	10	0	5	15%
Total	40%	25%	20%	15%	100%

La **validité apparente** est déterminée par le jugement d'un expert qui examine le test et conclut que celui-ci mesure vraiment le trait qu'il est censé mesurer. Lorsqu'un examen est bien construit, il possède déjà une validité apparente. Ce type de validité n'est toutefois pas essentiel, surtout lorsqu'on peut établir d'autres types de validité pertinents à l'usage qu'on veut en faire.

La **validité logique** ou d'échantillonnage est établie de façon plus concrète que la validité apparente. Elle se présente généralement sous la forme d'un tableau de spécifications qui contient une définition claire des sujets mesurés, la détermination d'objectifs précis et un choix d'items le plus logiques possible en fonction d'une division cohérente de la matière ou du domaine visé. Le tableau 12.1 (p. 213) présente un exemple de tableau de spécifications qui mesure les connaissances acquises dans le domaine des propriétés physiques du bois.

12.2   LA VALIDITÉ THÉORIQUE

Vers 1955, Cronbach et Meehl ont développé l'étude de la validité théorique proposée par l'*American Psychological Association* (APA) l'année précédente. Elle est aujourd'hui définie comme étant une indication du degré auquel un test mesure le construit qu'il est supposé mesurer. Autrement dit, ce type de validité est utile lorsqu'un test est conçu pour mesurer une caractéristique que des sujets possèdent à divers degrés. Le construit est décrit par une définition opérationnelle qui précise les indices observables et les moyens par lesquels on peut le mesurer. Toutefois, il arrive souvent qu'un test ne puisse mesurer tous les aspects du construit parce que sa définition contient des éléments trop complexes ou trop vagues. C'est pourquoi la validité théorique est établie par une accumulation d'évidences plutôt que par un seul indice. Le spécialiste de la mesure se base sur une théorie concernant le trait mesuré et fait des prédictions portant sur le comportement du test dans plusieurs situations. Ces prédictions sont vérifiées expérimentalement et si elles s'avèrent exactes, il conclut à la validité théorique du test; mais si elles sont fausses ou si elles ne sont pas suffisamment exactes, plusieurs explications s'offrent à lui: il se peut que l'expérimentation ait été un fiasco, ou que la théorie de soutien soit fausse, ou encore que le test ne mesure pas le construit en question.

Pour établir la validité théorique d'un test, toutes sortes de prédictions ou de questions peuvent être formulées ou vérifiées empiriquement. Ainsi, les éléments suivants peuvent constituer des critères de l'évidence de la validité théorique: toutes les informations telles que la nature des questions du test, l'homogénéité du test, sa stabilité dans certaines conditions, les données concernant sa validité de contenu et sa validité prédictive, les prédictions relatives aux divers groupes, les modifications des résultats dues au temps, les corrélations entre le construit et certaines variables démographiques et, finalement, le processus de mesure utilisé pour le test.

Le processus de validation théorique d'un test peut être conçu de diverses façons, selon les questions que l'on se pose. Par exemple, on peut être préoccupé par la proportion de variance observée découlant de la variable mesurée par le test, ou encore par le degré auquel le rendement au test coïncide avec le degré de présence de la caractéristique supposément mesurée par celui-ci.

Le processus exige que l'on valide à la fois le construit et la théorie qui le soutient. Le nombre potentiel de constatations pertinentes rend possible l'utilisation de plusieurs approches ou techniques, telles les méthodes intratests, les méthodes intertests, les méthodes critérielles, les manipulations expérimentales et les études de généralisabilité, pour ne nommer que les plus importantes.

Les méthodes intratests se résument à établir la validité de contenu du test en fonction de la définition opérationnelle du construit et des études d'homogénéité par un indice de consistance interne, tels le coefficient alpha ou le coefficient Kuder-Richardson. Quant aux méthodes intertests, elles supposent l'étude de corrélations entre plusieurs tests pour déterminer s'ils mesurent le même construit. Il s'agit d'établir la validité congruente en corrélant les scores obtenus à un nouveau test avec ceux d'un test déjà bien connu et bien établi. Si la corrélation est élevée, on présume que le nouveau test mesure le même construit que l'autre test déjà reconnu pour le mesurer. On suppose aussi que le nouveau test se comportera de la même façon que l'ancien avec certaines variables. Il y a aussi l'approche de l'analyse factorielle qui est en fait une technique statistique utilisée pour déterminer le nombre de facteurs (construits) nécessaires pour expliquer les intercorrélations d'un ensemble de tests. Cette technique permet de déterminer le nombre de ces facteurs et de préciser ceux qui expliquent le mieux les scores obtenus à chacun des tests de même que le degré de variance entre les scores expliqué par chaque facteur. Les tests qui ont en commun un degré de variance élevé sont ceux qui mesurent le même construit. L'interprétation basée sur les coefficients de saturation permet de reconnaître et d'établir la nature du construit. Lorsque cette technique est utilisée pour étudier la validité, on parle de validité factorielle considérée comme un aspect de la validité théorique.

Si on examine le tableau 12.2, qui présente les intercorrélations entre six variables ou sous-tests tirés d'un même test, on constate que la mesure de la construction spatiale effectuée à partir d'un instrument standardisé est relativement reliée à la mesure de la perception des dimensions, tout comme la mesure du vocabulaire est reliée à celle de la logique verbale. Il semble donc que l'on se trouve en présence de deux facteurs principaux et que le test total, composé des six sous-tests, mesure

TABLEAU 12.2
Corrélations entre six sous-tests, basées sur les scores de 16 333 répondants

	1	2	3	4	5	6
1. Construction spatiale	1,00	0,37	0,27	0,47	0,59	0,35
2. Raisonnement		1,00	0,37	0,46	0,42	0,43
3. Vocabulaire			1,00	0,31	0,27	0,63
4. Sens de la mécanique				1,00	0,52	0,42
5. Perception des dimensions					1,00	0,37
6. Logique verbale						1,00

en réalité deux facteurs. Une étude des composantes principales suivie d'une rotation de type varimax a permis de constater ce fait (tableau 12.3).

Les nombres présentés dans la matrice du tableau 12.3 représentent les coefficients de saturation qui, en raison des facteurs non corrélés, sont considérés ou interprétés comme des coefficients de corrélation entre les facteurs et les variables. Le test original se voulait un test d'aptitude aux études secondaires. Or, à la suite de cette analyse, il semble évident que deux tests homogènes mesurant chacun un construit doivent être considérés. Le premier serait composé des items mesurant la construction spatiale, le sens de la mécanique et la perception des dimensions et mesurerait un construit qu'on pourrait appeler « aptitude pour les sciences techniques »; le second test serait composé des items mesurant le vocabulaire et la logique verbale et mesurerait un construit du type « aptitudes verbales ». Évidemment, il serait trop long ici d'expliquer toute la procédure requise pour en arriver à « baptiser » les facteurs, mais cet exemple donne une idée du processus utilisé. L'analyse factorielle est aussi employée dans la construction de tests.

Une autre approche, utilisée dans le contexte des méthodes intertests, consiste à étudier les validités convergente et discriminante telles que conçues par Campbell et Fiske. La validation convergente permet de démontrer que deux tests mesurent le même construit, tandis que la validation discriminante consiste à démontrer l'indépendance ou la non-corrélation du test avec d'autres tests mesurant un construit différent.

Les études de validité liées à un critère relèvent du principe selon lequel la nature et le genre des critères qui peuvent être prédits à partir des scores obtenus à un test constituent de bons indices du construit mesuré par le test. Cette technique est souvent utilisée pour construire des inventaires d'intérêts généraux ou professionnels et des tests de personnalité. Dans ces tests, on inclut des items qui différencient vraiment le groupe désigné de la masse des gens ou qui permettent de décrire psychologiquement des répondants selon leur rendement au test.

L'expérimentation ou la manipulation expérimentale de variables, destinée à observer les effets sur les scores au test, fournit elle aussi des évidences. Les variables peuvent être de type psychologique, physique, etc., ou simplement des conditions différentes de passation du test.

	Facteur 1	Facteur 2
1. Construction spatiale	0,87	0,12
2. Raisonnement	0,54	0,46
3. Vocabulaire	0,11	0,89
4. Sens de la mécanique	0,73	0,29
5. Perception des dimensions	0,84	0,15
6. Logique verbale	0,27	0,84

TABLEAU 12.3
Résultat
de l'analyse après
une rotation varimax

TABLEAU 12.4
Exemple d'une étude
de la validité
multitraits-
multiméthodes*

Traits	Méthode I			Méthode II			Méthode III		
	A1	B1	C1	A2	B2	C2	A3	B3	C3
Méthode I									
A1	0,87								
B1	0,64	0,80							
C1	0,28	0,31	0,82						
Méthode II									
A2	0,71	0,58	0,27	0,85					
B2	0,25	0,66	0,32	0,61	0,78				
C2	0,11	0,22	0,72	0,43	0,32	0,79			
Méthode III									
A3	0,70	0,30	0,08	0,68	0,52	0,37	0,81		
B3	0,27	0,66	0,09	0,57	0,70	0,28	0,65	0,79	
C3	0,09	0,12	0,67	0,19	0,24	0,64	0,47	0,38	0,80

* Ces données proviennent d'études portant sur le test *Nonintellective Inventory for College Students* effectuées à l'Université de l'Illinois en 1972.

Les études de généralisabilité sont plus complexes mais aussi plus complètes. La meilleure approche est celle de l'étude de la validité «multitraits-multiméthodes» de Campbell et Fiske. Cette technique est basée sur le principe selon lequel un test mesure un construit obtenu d'une méthode particulière. Les résultats au test peuvent donc être dépendants du construit mesuré ou de la méthode utilisée, ou d'une combinaison des deux. Donc, si on compare le trait d'intérêt avec d'autres traits du construit et d'autres méthodes, les résultats peuvent varier. Il s'agit en fait d'étudier la validité convergente, la validité discriminante et l'homogénéité du test. Prenons l'exemple où trois tests, mesurant respectivement le degré de libéralisme (A), de culture générale (B) et d'aliénation (C), sont administrés au même groupe de répondants selon trois méthodes différentes : la méthode I, qui offre un choix de réponses, la méthode II, qui propose de répondre par vrai ou faux, et la méthode III, qui comporte des phrases à compléter. Les résultats sont présentés au tableau 12.4 sous la forme d'une matrice de corrélations.

Cette matrice de corrélations affiche des coefficients de fidélité dans la diagonale principale. Ainsi, pour la méthode I, les estimations de la fidélité sont respectivement de 0,87, 0,80 et 0,82 pour les trois tests. Il n'est pas nécessaire de toujours comparer le même nombre de construits, de tests et de méthodes : toute combinaison pertinente est acceptable.

Il y a **quatre catégories de résultats** à observer. La **première catégorie** est la diagonale principale où sont présentées les estimations de la fidélité de chaque test pour chacune des méthodes considérées (même trait et même méthode); dans ce cas, elles sont assez élevées et stables. La **deuxième catégorie** est composée de corrélations entre des traits différents mesurés par des méthodes différentes; ce sont les corrélations:

$$r_{A1,B2} = 0,25; \quad r_{A1,C2} = 0,11; \quad r_{B1,C2} = 0,22; \quad r_{A1,B3} = 0,27;$$
$$r_{A1,C3} = 0,09; \quad r_{B1,C3} = 0,12; \quad r_{A2,B3} = 0,57; \quad r_{A2,C3} = 0,19;$$
$$r_{B2,C3} = 0,24; \quad r_{B1,A2} = 0,58; \quad r_{C1,A2} = 0,27; \quad r_{C1,B2} = 0,32;$$
$$r_{B2,A3} = 0,52; \quad r_{C2,A3} = 0,37; \quad r_{C2,B3} = 0,28; \quad r_{B1,A3} = 0,30;$$
$$r_{C1,A3} = 0,08; \quad r_{C1,B3} = 0,09.$$

Toutes ces valeurs servent à l'étude de la validité discriminante et devraient être plus faibles que les corrélations du même trait mesuré par différentes méthodes, soit, par exemple, $r_{A1,A2} = 0,71$.

La **troisième catégorie** est constituée des corrélations entre les différents traits mesurés par la même méthode soit:

$$r_{A1,C1} = 0,28; \quad r_{B1,C1} = 0,31; \quad r_{A2,B2} = 0,61; \quad r_{A2,C2} = 0,43;$$
$$r_{A1,B1} = 0,64; \quad r_{A3,B3} = 0,65; \quad r_{A3,C3} = 0,47; \quad r_{B3,C3} = 0,38;$$
$$r_{B2,C2} = 0,32.$$

Ces corrélations sont des mesures de la variance découlant des méthodes utilisées. Enfin, la **quatrième catégorie** est constituée des corrélations d'un même trait pour différentes méthodes, soit:

$$r_{A1,A2} = 0,71; \quad r_{B1,B2} = 0,66; \quad r_{C1,C2} = 0,72; \quad r_{A2,A3} = 0,68;$$
$$r_{B2,B3} = 0,70; \quad r_{C2,C3} = 0,64.$$

Ces corrélations sont des coefficients de validité qui servent à étudier la validité convergente.

Les points suivants sont à considérer. Tout d'abord, les estimations de la fidélité doivent être assez élevées, de même que les corrélations d'un même trait mesuré par différentes mesures (les coefficients de validité). De plus, ces coefficients de validité doivent être plus élevés que les corrélations entre les traits différents mesurés par la même méthode (par exemple, $r_{A1,A2} = 0,71 > r_{B1,A2} = 0,58 > r_{A2,C1} = 0,27$, etc.). Autrement dit, les différences de traits doivent être plus importantes que les différences de méthodes. En outre, les coefficients de validité doivent être plus élevés que les corrélations entre les mesures de traits différents et de méthodes différentes (par exemple, $r_{A1,A2} = 0,71 > r_{A1,B2} = 0,25 > r_{A1,C2} = 0,11$, etc.). Enfin, les corrélations entre des mesures de construits différents doivent être faibles (par exemple, $r_{A1,C1} = 0,28$) et les corrélations entre des mesures de traits différents doivent être plus faibles que des mesures du même trait (par exemple, $r_{A1,C1} = 0,28 < r_{A1,A2} = 0,71$).

On dit qu'il y a validité convergente si on observe de fortes corrélations entre des mesures du même trait par différentes méthodes (par exemple, $r_{A1,A2} = 0,71$ et

$r_{A1,A3} = 0,70$), et qu'il y a validité discriminante s'il y a de faibles corrélations entre les tests mesurant des traits différents (par exemple, $r_{A1,C1} = 0,28$). Ajoutons aussi que l'effet de la méthode est important si les corrélations entre les tests mesurant des traits différents sont plus élevées pour une même méthode que pour des méthodes différentes. Par exemple, si $r_{A1,C1} = 0,28$ ou $r_{B1,C1} = 0,31$ étaient beaucoup plus élevées que $r_{A1,C2} = 0,11$ et $r_{B1,C2} = 0,22$, on pourrait parler de l'effet de la méthode utilisée. Il s'agit en quelque sorte d'un «effet de halo» méthodologique qui se traduit par une tendance à surestimer les corrélations entre des variables mesurées par la même méthode. En terminant, notons que dans ce contexte de validité de construit la fidélité d'un test est définie comme étant le degré de concordance entre deux mesures d'un même trait par la même méthode, et que sa validité est définie par le degré de concordance entre deux mesures d'un même trait par des méthodes différentes. Finalement, il importe de ne pas oublier que la validité est dépendante de la situation, du contexte, et que plusieurs coefficients de validité peuvent être estimés pour un même test.

12.3   D'AUTRES TYPES DE VALIDITÉ

Il existe au moins deux types de validité que nous n'avons pas abordés: ce sont la validité synthétique et la validité incrémentale.

La **validité synthétique** est un type de validité liée à un critère dont on se préoccupe surtout dans le contexte industriel et dans celui des affaires. La procédure consiste à estimer la validité dans une situation précise à partir d'une analyse logique des particularités d'un métier ou d'une spécialité. Elle permet d'identifier des critères pertinents et des prédicteurs potentiels.

La **validité incrémentale** introduite par Sechrest (1963) s'applique principalement dans un contexte de régression multiple où plusieurs prédicteurs sont utilisés. Un test (ou une variable) est alors valide lorsqu'il augmente la puissance prédictive d'un ensemble de prédicteurs. Ce type de validité met l'accent sur la contribution particulière d'une variable à la puissance de prédiction.

MOTS CLÉS

- Analyse factorielle
- Méthodes intertests
- Méthodes intratests
- Tableau de spécification
- Validité convergente
- Validité de contenu
- Validité discriminante

- Validité incrémentale
- Validité logique
- Validité multitraits-multiméthodes
- Validité synthétique
- Validité théorique ou de construit

PARTIE V

La construction
des tests

Quelques généralités sur les tests et leur classement

OBJECTIF

Comprendre les caractéristiques des différents types de tests et d'items et utiliser chacun d'eux dans un contexte approprié.

13.1 LES TYPES DE MESURES ET DE TESTS

L'objet que l'on cherche à mesurer de même que la façon de le mesurer sont les éléments qui permettent de définir les catégories de mesures et les types de tests requis.

Ainsi, à partir de l'objet de la mesure, on établit les catégories suivantes :

- la **mesure des attributs psychologiques** tels que les attitudes, les traits de la personnalité, les aptitudes, les intérêts, les goûts, etc. ;

- les **mesures physiques** telles que la distance, les angles, etc. ;

- les **mesures d'ordre pédagogique ou social**, telle la mesure du rendement.

Les éléments communs à toutes ces catégories de mesures sont l'établissement des différences individuelles, la recherche d'une distribution représentative, la description des différences au moyen de termes ou d'expressions simples, comparables et significatifs, et l'étude des relations entre ces différences.

Une fois que l'on a trouvé la catégorie de mesure qui convient à l'objet de la mesure, on cherche à établir le moyen adéquat pour mesurer cet objet, c'est-à-dire le type de test approprié.

13.1.1 Le test de puissance

Dans ce type de test, le sujet doit répondre à toutes les questions. Chaque item est ensuite vérifié, et le résultat dépend du nombre de bonnes réponses obtenu. On suppose que le sujet a respecté les directives et qu'il n'a pas omis de questions.

13.1.2   Le test de vitesse

Ce type de test est composé d'items si faciles qu'il est pratiquement impossible de donner une mauvaise réponse. Le résultat est fonction du nombre d'items résolus dans un laps de temps prédéterminé. On suppose que le répondant a respecté les directives et qu'il n'a pas omis de questions.

13.1.3   Le test diagnostique

Dans le contexte scolaire, le test diagnostique permet de détecter les élèves qui éprouvent des difficultés d'apprentissage. Dans d'autres contextes, telle une consultation chez un psychologue, il sert généralement à cerner une déficience ou une faiblesse.

Dans ce type de test, le total ou le score composé est peu significatif; ce sont les scores partiels ou les pourcentages de bonnes réponses à des regroupements d'items particuliers qui constituent les mesures recherchées. Bien que les tests diagnostiques se présentent sous diverses formes, tous permettent d'obtenir plus d'un score. La majorité des tests construits en classe devraient être de type diagnostique en raison de l'usage auquel ils sont destinés.

Le test diagnostique permet de détecter les forces et les faiblesses d'un élève dans un domaine particulier, sans toutefois en révéler les causes. On l'utilise pour adapter un enseignement ou pour classer adéquatement un élève dans le but de corriger sa faiblesse.

Les tests diagnostiques sont généralement des tests de puissance dont les items, très simples au début, progressent en difficulté. Étant donné que plusieurs items mesurent le même concept ou la même habileté, la possibilité de commettre une erreur est maximisée. Voici un exemple d'item tiré d'un test diagnostique:

$640 \times 23 =$

a) 3 200: signifie que l'élève place le produit incorrectement;

b) 14 620: signifie que l'élève effectue de mauvaises additions de colonnes;

c) 13 720: signifie que l'élève ne sait pas faire une addition avec des retenues;

d) 14 720: représente une bonne réponse.

Il ne faut pas considérer tous les sous-tests comme étant des tests diagnostiques, car souvent leurs items ne sont pas conçus pour mesurer les composantes d'une habileté particulière. Pour qu'un test diagnostique puisse être considéré comme valide, les sous-tests des composantes doivent mettre l'accent sur un seul type d'erreur, et les différences entre les sous-tests doivent être bien établies. Les sous-tests qui présentent chacun un fort degré d'homogénéité et une faible corrélation entre eux sont souvent de type diagnostique.

13.1.4   Les tests parallèles

Les tests parallèles sont des tests dont les moyennes, les variances et l'intercorrélation sont égales. Il est évident cependant que, même dans les meilleures conditions, il existe certaines différences. Pour être certain que des tests soient réellement parallèles, il faut se référer à certains critères statistiques permettant de juger si les moyennes, les variances ou les covariances proviennent ou non d'une même population.

On dit souvent que les tests sont parallèles dans la mesure où la validité empirique a été vérifiée. Ce critère n'est cependant pas suffisant et quelques statistiques de base doivent s'y ajouter pour déterminer les caractéristiques des tests parallèles.

Pour plusieurs formes parallèles d'un test administré à des répondants, il faut calculer la moyenne, la variance et l'écart type de chaque test ainsi que les intercorrélations de chaque paire de tests.

Par exemple, pour trois formes parallèles d'un même test on obtient:

Moyennes	Écarts types	Intercorrélations
3	2,00	$r_{ab} = 0,92$
3	1,41	$r_{bc} = 0,92$
3	2,60	$r_{ac} = 0,92$

Dès qu'on obtient des moyennes égales, des écarts types relativement comparables et des intercorrélations égales, on peut, en principe, parler de tests statistiquement parallèles.

13.1.5   Le test de rendement

Le test de rendement indique, au moyen d'un score simple, le degré de connaissances acquises dans un domaine particulier. Il permet de mesurer trois caractéristiques, soit les connaissances, la capacité à résoudre des problèmes et les autres habiletés intellectuelles. En ce qui concerne les connaissances, les indices structurés à divers degrés permettent le rappel de l'information. Les habitudes intellectuelles concernent les procédés mentaux utilisés pour résoudre des problèmes nouveaux: c'est ce qu'on appelle la technique de résolution de problèmes. La capacité à résoudre des problèmes nouveaux combinée aux connaissances favorisent l'émergence des habiletés intellectuelles.

13.2   LES FORMES DE QUESTIONS

Habituellement, les questions ou les items d'un test prennent l'une ou l'autre des deux formes bien connues, soit les questions de type traditionnel et les questions à correction objective.

13.2.1   Les questions de type traditionnel

Par sa nature, la question de type traditionnel ou à développement comporte des inconvénients et des avantages. Ainsi, elle exige qu'un sujet moyen possède la moitié des connaissances demandées comparativement à une question objective ; elle exige aussi beaucoup plus de temps pour y répondre. De plus, la forme prime sur le contenu, et le résultat dépend davantage du correcteur du test que de la réponse donnée par l'étudiant.

Cependant, la réponse à une question de type traditionnel est révélatrice de la structure de la pensée, de l'aptitude à apprendre et des méthodes de travail utilisées. On s'en sert surtout dans les domaines où l'habileté à s'exprimer est importante (étude d'une langue, journalisme, etc.). Elle force les répondants à résumer, à synthétiser et à établir des liens. La conception d'une question à développement est plus difficile qu'il n'y paraît. C'est pourquoi on recommande d'en restreindre l'usage aux domaines où elle est le plus efficace, d'en augmenter le nombre, de réduire la longueur des réponses demandées et, finalement, de prévenir les étudiants qu'ils auront à répondre à ce type de question.

13.2.2   Les questions à correction objective

Il existe plusieurs types de questions dans cette catégorie.

Les **questions qui font appel à la mémoire** exigent une interrogation directe (un mot stimulus). Le principal problème consiste à formuler les questions de telle sorte qu'elles fassent appel à des réponses d'un niveau plus élevé que la simple mémoire. Par exemple : 8 représente quel pourcentage de 64 ?

Les **phrases à compléter** consistent en une série d'énoncés à l'intérieur desquels certains mots ou expressions ont été omis. Le répondant doit combler ces blancs. Ce type de questions a beaucoup d'applications ; cependant, elles doivent être bien construites afin de ne pas mesurer que la mémoire ou une aptitude linguistique, mais aussi la compréhension, l'intelligence générale ou une aptitude particulière. La correction risque d'être plus subjective et compliquée lorsque les mots manquants sont répartis inégalement dans la page. On peut contourner cette difficulté par une meilleure disposition des blancs.

Les **questions à réponse dichotomique** comportent un énoncé qui ne permet que deux réponses possibles telles que vrai ou faux, exact ou inexact, etc. Il est reconnu que ces questions sont faciles à préparer, mais il faut s'assurer que ce soit le contenu et non la formulation de l'énoncé qui détermine la réponse. Les spécialistes suggèrent quelques règles à suivre pour l'élaboration de ce genre de questions. Ainsi, ils recommandent d'éviter les déterminatifs tels que tous, aucun, etc., lesquels indiquent souvent que l'énoncé est faux, et d'éviter d'utiliser le texte des notes de cours ou de l'ouvrage de base. De plus, il faut éviter l'usage d'énoncés « truqués » qui semblent vrais mais qui sont faux à cause d'un mot plutôt curieux, de même que le recours aux énoncés doubles, qui peuvent être interprétés comme

étant à la fois vrais et faux. Il faut aussi proscrire l'utilisation des doubles néga-
tions qui, comme on le sait, ne constituent pas un renforcement de la négation,
mais bien une affirmation (par exemple, «Aucun test standardisé ne possède de
faiblesses»). Le langage inusité, symbolique ou très littéraire et les phrases à structure complexe ne sont pas davantage recommandés, pas plus que l'utilisation de
mots qui peuvent avoir une signification différente pour diverses personnes,
comme le mot «souvent» dans «Vous lisez souvent des romans» ou «Vous vous
ennuyez souvent».

Les **questions à choix multiple** exigent du répondant qu'il choisisse une bonne
réponse parmi plusieurs, entre quatre et sept habituellement. C'est la forme de
questions la plus utilisée pour vérifier l'habileté à donner des définitions, à établir
des buts et des causes et à reconnaître les ressemblances et les différences. Pour
construire ce type de questions, on suggère d'éviter de donner trop d'indices et de
s'assurer que la question mesure plus que la mémoire. Les leurres doivent être congruents en forme, en genre et en nombre avec l'énoncé; ils doivent aussi être attrayants et logiques pour celui qui ne connaît pas la bonne réponse. La correction
sera plus facile si les questions offrant le même nombre de choix sont groupées.

Enfin, les **associations** consistent à jumeler des items, habituellement présentés
sur deux colonnes. Généralement, il s'agit d'associer des événements et des dates,
des événements et des personnalités, des expressions et des définitions ou des
symboles, etc.

13.3 LES VARIANTES

13.3.1 Les directives et les modes de réponses

Généralement, chaque item ne comporte qu'une seule bonne réponse et le sujet
doit l'identifier en la cochant ou en l'encerclant. Toutefois, certains tests sont conçus de telle sorte que les items peuvent comporter plus d'une bonne réponse. Les
directives relatives au test et à la façon d'indiquer les réponses peuvent modifier
considérablement le rendement des répondants. Ces directives doivent donc être
concises, explicites et pertinentes.

Il existe d'autres méthodes concernant les directives et la tâche que doit exécuter
le sujet pour répondre aux questions. Des expériences ont été réalisées en matière
de «choix libre»; ainsi, pour une question qui ne comporte qu'une seule bonne
réponse, on demande aux sujets d'inscrire autant de choix qu'ils le désirent de
manière à être certains d'avoir marqué la bonne réponse. Il en va de même avec les
échelles de certitude, où l'étudiant doit effectuer un seul choix par item et indiquer
le degré de certitude qui s'y rattache, selon les degrés proposés. D'autres items
présentent des choix que le sujet doit ranger du pire au meilleur.

Enfin, selon la théorie de l'information partielle, l'étudiant doit détecter autant de
leurres qu'il le peut à chaque item et ne pas choisir au hasard parmi ceux qui restent. Chacune de ces variantes exige un système de correction particulier et des
directives précises.

13.3.2   Les méthodes de correction

La correction conventionnelle ou dichotomique

La plupart du temps, on corrige les items à choix multiple en accordant 1 point pour une bonne réponse et 0 pour une mauvaise. Le résultat total est constitué de la somme des bonnes réponses, ce qui correspond aux nombres d'items réussis.

Lors de la correction dichotomique, on reconnaît deux catégories de répondants :

1°   ceux qui fournissent la bonne réponse parce qu'ils connaissent l'information demandée ;

2°   ceux qui désignent la bonne réponse par un effet de hasard plutôt que par la connaissance de l'information demandée.

Pour cette forme conventionnelle de correction, la question de type objectif est composée d'items dont les principaux éléments sont les suivants :

—   une question qui renferme l'information que le répondant est censé connaître ;

—   un ensemble de réponses suggérées dont une seule est exacte ; quant aux mauvaises réponses, elles constituent des leurres qui, théoriquement, devraient être attrayants pour le répondant qui ne connaît pas la bonne réponse : leur rôle consiste non seulement à accompagner la bonne réponse, mais aussi à la « camoufler ».

La correction en fonction de l'effet de hasard

Quoique le résultat soit égal au total des bonnes réponses, on peut supposer que certaines d'entre elles ont pu être obtenues par pur hasard. Ainsi, on peut être tenté de modifier le score total d'un répondant. Le but de cette modification est de soustraire du résultat total le nombre de bonnes réponses présumément obtenues par hasard. Par exemple :

$$\text{Résultat total} = \text{Nombre de bonnes réponses} - \frac{\text{Nombre de mauvaises réponses}}{K - 1}$$

où K est le nombre de choix par item.

Ainsi, pour un répondant qui obtient 16/20 à un test où chaque item offrait cinq choix, le résultat modifié est $16 - 4/4 = 15$.

Cette méthode de correction repose sur les postulats suivants : chaque sujet a répondu au hasard à toutes les questions auxquelles il a échoué ; il a aussi obtenu un certain nombre de bonnes réponses par hasard, et ce nombre peut être estimé à partir du nombre de mauvaises réponses. Cependant, il paraît naïf d'affirmer, d'une part, que tous les sujets répondent au hasard à tous les items et, d'autre part, que certains sujets répondent au hasard alors que d'autres ont une attitude plus consciencieuse face à tous les items. Il est plus probable que certains sujets répondent au hasard à certaines questions. Par ailleurs, la probabilité de réussir le test par hasard n'est peut-être pas la même pour chaque question résolue par un sujet, ni pour tous les sujets répondant à un item.

La pondération différentielle des items

Il existe plusieurs méthodes pour pondérer la correction des items. Généralement, après une correction dichotomique, la méthode consiste à accorder une importance plus ou moins grande à la réussite d'un item, en fonction de son degré de difficulté.

La pondération différentielle permet d'augmenter la discrimination entre les individus à l'échelle du test entier, mais pour chaque question, elle permet de distinguer deux catégories de répondants : ceux qui ont réussi et ceux qui ont échoué. Il n'y a pas meilleure discrimination, pour ceux qui ont échoué, que la correction dichotomique. Cependant, parmi ceux qui ont obtenu le même nombre de bonnes réponses, donc le même résultat après simple correction, la pondération est avantageuse. Par exemple, pour deux individus qui obtiennent 15 sur 20, soit 75 %, la pondération permet de les discriminer par rapport aux items réussis.

L'étude des leurres

Cette méthode consiste à étudier la probabilité d'occurrence des mauvais choix parmi tous les sujets. Prenons, par exemple, la méthode de Coombs, où on demande aux répondants d'indiquer, pour chaque item, les mauvais choix ; des points sont alors accordés pour chaque leurre correctement détecté, mais il y a pénalité lorsque la bonne réponse est indiquée comme un leurre.

Cette méthode de correction concorde avec la théorie de l'information partielle selon laquelle un répondant peut ignorer la réponse à un item, mais peut reconnaître quelques éléments de réponse lorsqu'il possède une connaissance partielle du sujet.

13.4   LES TESTS ET LE TYPE DE RENDEMENT

Tous les tests peuvent être classés comme étant des mesures du rendement maximal ou du rendement typique. Dans un test de rendement maximal, on demande aux sujets de répondre au meilleur de leur connaissance ; on veut mesurer leur habileté, leur potentiel. Dans un test de rendement typique, on veut avoir une idée de ce que sait faire actuellement le répondant et non de ce qu'il sera capable de faire.

Les tests d'intelligence, d'aptitudes et de rendement sont des tests de rendement maximal. À partir de ces types de tests, on postule que les répondants sont fortement motivés. Si ce postulat est plus ou moins fondé, les résultats perdent de leur valeur, car ils sont déterminés par au moins trois facteurs : l'habileté innée, l'habileté acquise et la motivation. Dans le cas de chaque individu, il est bien difficile de dire lequel de ces facteurs contribue le plus à déterminer chaque résultat.

13.4.1   Les tests d'intelligence

L'intelligence étant un concept abstrait (construit), chacun en possède sa propre définition et il est très rare que l'on s'entende sur un sens précis. Par exemple, si on analyse plusieurs tests d'intelligence, on constate que leurs concepteurs ont chacun leur propre définition même s'il existe des lignes de pensée commune. Certains ne considèrent que les items verbaux alors que d'autres s'attachent davantage au non-verbal. Certains accordent plus d'importance à la résolution de problèmes alors que d'autres s'attardent surtout à la mémoire. Il y a des tests d'intelligence qui donnent un résultat total simple (le quotient intellectuel) alors que d'autres tests offrent la possibilité de plusieurs résultats.

Toutes ces variations mènent à des résultats différents ; ainsi, une personne qui subit divers tests d'intelligence obtiendra différents quotients intellectuels... C'est que l'intelligence est chaque fois définie un peu différemment. On peut donc être surpris lorsque des tests d'intelligence différents donnent à peu près les mêmes résultats pour les mêmes personnes.

Plusieurs termes sont associés à l'intelligence tels que maturité mentale, classement général, habiletés générales, habiletés mentales, habiletés scolaires, habiletés mentales de base, etc. Fondamentalement, toutes ces expressions peuvent être considérées comme des synonymes plus ou moins parfaits de l'intelligence, même si elles diffèrent quelque peu quant à l'importance accordée à un facteur particulier ou à son application. Plusieurs tests d'intelligence sont considérés comme des tests d'aptitudes générales ou d'aptitudes scolaires ; ils sont alors utilisés exclusivement pour prédire le rendement scolaire.

Selon toute évidence, le rendement aux tests d'intelligence est associé au rendement général (habileté en lecture, en arithmétique, etc.). De ce fait, il arrive souvent que les groupes défavorisés réussissent moins bien à ce type de tests que les membres des classes moyenne et élevée d'une société. De même, des différences culturelles défavorisent certaines personnes qui ont à passer des tests d'intelligence.

13.4.2   Les tests d'aptitudes

Les tests d'aptitudes sont destinés à prédire un rendement. Ainsi, on les utilise pour procéder à la sélection d'un candidat à un emploi, pour admettre un candidat à un programme de formation, pour accorder une bourse, etc. Parfois, on les utilise aussi pour le classement.

13.4.3   Les tests de rendement maximal

Les tests de rendement maximal sont surtout utilisés pour déterminer le niveau des connaissances. Ces tests diffèrent des autres par le fait qu'ils sont souvent construits par des non-spécialistes, tel un enseignant dans une discipline donnée.

Ce type de test se différencie surtout par l'usage qu'on en fait. Un même test peut être utilisé pour mesurer les aptitudes ou le rendement. Le but de la mesure étant de déterminer le degré de connaissances actuel ou de prédire le rendement, elle constitue la meilleure base de distinction. Les tests d'intelligence sont parfois considérés comme des tests de rendement. D'une part, certains tests d'intelligence peuvent indiquer, jusqu'à un certain point, le rendement scolaire et, d'autre part, les tests de rendement peuvent aussi mesurer l'intelligence. Avec un test de rendement, on essaie de mesurer les connaissances actuelles, alors qu'avec les tests d'intelligence, même s'il y a divergence quant à la définition de cette notion, on essaie toujours de mesurer le niveau du fonctionnement intellectuel.

13.4.4   Les tests de rendement typique

En ce qui concerne ce type de tests, la situation est plus complexe. Il est difficile de s'entendre sur ce qui est mesuré. La grande quantité d'expressions et de termes utilisés peut entraîner une certaine confusion: ajustement, personnalité, tempérament, intérêts, préférences, valeurs, goûts, etc. Il y a aussi les inventaires, les indices des tests, les échelles, etc., en plus d'une grande diversité de tests et d'items. Il est souvent difficile de déterminer la signification d'un résultat. La définition même de ce que l'on est censé mesurer est souvent personnelle et sujette à des modifications dans une courte période de temps. Ainsi, la sociabilité ou l'agressivité peuvent prendre une signification différente selon les auteurs des tests. L'habileté d'un répondant peut être relativement stable alors que sa nature affective peut changer sensiblement dans un court laps de temps.

C'est justement ce dernier aspect que l'on tente de mesurer par les tests de rendement typique. On essaie de déterminer ce qu'est réellement le répondant et comment il réagit. Un individu peut feindre ou donner des réponses inexactes en répondant à des items de tests de rendement typique dans le but de correspondre à ce qu'il croit que l'on attend de lui. On ne lui demande pas de répondre au meilleur de ses capacités, mais de répondre le plus honnêtement possible. C'est du moins ce qu'on présume lors de l'interprétation des résultats.

13.5   LES PRINCIPES GÉNÉRAUX EN CONSTRUCTION DES TESTS

Un test peut être défini comme une procédure systématique pour mesurer un échantillon de comportements d'individus. Cette définition suppose un processus dans l'élaboration d'un instrument de mesure.

13.5.1   Les buts de la construction d'un test

Dès le début, le concepteur d'un test a deux décisions importantes à prendre: établir le contenu du test et en déterminer la forme. Il doit d'abord pouvoir dire quels sont les buts du test, comment il projette de l'utiliser et à quelle clientèle il est destiné.

En général, un test a plusieurs buts et différentes utilisations possibles. Il est essentiel que le concepteur en définisse précisément le but premier. De même, il ne peut accorder trop d'importance à la description de la composition et des caractéristiques du groupe auquel le test s'adresse. Il doit aussi tenir compte de variables telles que l'âge des répondants, le niveau intellectuel, la scolarité, la classe socio-économique, l'appartenance culturelle et l'habileté en lecture. Le but du test détermine quelles variables sont les plus importantes dans chaque cas.

Le test comme échantillon ou comme instrument de prédiction

On peut classer les buts des tests de diverses façons, selon le point de vue que l'on adopte. Par exemple, le type de décision à prendre (sélection, placement, etc.) et le domaine du contenu (rendement, habileté, personnalité) sont deux de ces points de vue. On peut aussi distinguer deux catégories de tests : ceux qui concernent un comportement particulier et ceux qui servent à prédire un comportement. Selon cette approche, un test est un échantillon lorsque ses items concernent les mêmes comportements que ceux à mesurer, et un test est un prédicteur lorsque l'intérêt porte sur un comportement à prédire plutôt que sur le test lui-même.

Le test comme échantillon représentatif

Supposons que l'on soit intéressé à mesurer l'habileté d'un individu à additionner et à soustraire des nombres de n'importe quel ordre de grandeur. On ne peut évidemment lui demander de résoudre tous les problèmes possibles ; il faut donc construire le test à partir d'un échantillon de problèmes. L'individu résout ces problèmes, et son rendement permet d'inférer ce qu'il aurait fait s'il avait eu à résoudre tous les problèmes possibles (le domaine). La justesse et l'interprétation du résultat dépendent surtout de la valeur de cet échantillon. Si les problèmes choisis sont trop faciles, il y aura une surestimation de l'habileté du répondant, et si les problèmes choisis sont trop difficiles, il y aura une sous-estimation de son habileté. Par contre, grâce à une bonne méthode de sélection d'items, l'échantillon sera représentatif.

Le test comme prédicteur

Un test peut servir de prédicteur, ce qui exige un examen minutieux et systématique du contexte dans lequel la prédiction sera faite, compte tenu du rendement qu'on essaie de prédire.

Une analyse des tâches doit être entreprise afin de bien cibler le critère visé ainsi que les traits et les comportements qui paraissent nécessaires pour un rendement satisfaisant de la tâche. Par exemple, le succès pour un vendeur peut être perçu comme étant le volume net des ventes, et celui d'un étudiant comme étant sa note finale cumulée. Une bonne mesure-critère doit être pertinente, stable, non biaisée et mesurable.

13.5.2   La forme du test et des items

Il est primordial de déterminer la manière dont les items seront présentés. Parmi les choix qui s'offrent au concepteur d'un test, mentionnons les suivants :

— réponse par identification ou par élaboration ;

— test de vitesse ou de puissance ;

— test de rendement maximal ou de rendement typique ;

— test objectif ou de type traditionnel ;

— test « papier-crayon », écrit ou oral ;

— test de groupe ou individuel (mode de passation) ;

— travail individuel ou de groupe (chaque répondant reçoit le score du groupe) ;

— test verbal ou figuratif ;

— test structuré ou projectif.

Pour une étude plus approfondie de ce sujet, nous recommandons de consulter l'ouvrage de Morissette (1979).

Le format du test doit être consistant avec les buts. La relation entre le but et le contenu doit être la même qu'entre le format et le contenu. Plusieurs formats peuvent être choisis en fonction de la composition du groupe qui sera testé et des considérations pratiques.

La construction du test

Une fois que les buts sont précisés et exprimés en termes opérationnels, on doit procéder à la composition des items et sortir une première copie du test dans des délais raisonnables. Il est fortement recommandé de composer plus d'items qu'il n'en faut afin d'avoir une certaine latitude après le prétest. On effectue ensuite un prétest auprès d'un échantillon de répondants semblables à ceux à qui sera donnée la forme finale du test (âge, sexe, niveau intellectuel, etc.). Le but de ce prétest est d'obtenir de l'information sur les réactions des sujets.

L'analyse des items se fait par l'étude des indices de difficulté des items (p_i) : il s'agit de la proportion ou du pourcentage de répondants qui ont donné la bonne réponse à un item. La distribution de ces indices permet de déterminer le coefficient de difficulté du test. L'analyse de la puissance discriminatoire des items constitue un indice de validité. Cet indice permet de déterminer si les répondants qui ont réussi un item particulier sont les mêmes que ceux qui ont obtenu un score-critère élevé ; dans l'affirmative, l'item est valide. Généralement, à partir des scores totaux, on partage les répondants en deux groupes. L'indice de Findley, par exemple, utilise les 27 % plus forts et les 27 % plus faibles et permet de déterminer si les répondants qui ont réussi chaque item appartiennent au groupe fort.

Exemple de la méthode de Findley

Supposons qu'il y ait 200 répondants à un test ($N = 200$).

– 27 % du groupe supérieur = 54 répondants présentant les scores les plus forts,
– 27 % du groupe inférieur = 54 répondants présentant les scores les plus faibles.

On identifie les bonnes et les mauvaises discriminations de même que les discriminations neutres :

$$BR_{gs} \times MR_{gi} = BD \text{ (bonnes discriminations)}$$

$$MR_{gs} \times BR_{gi} = MD \text{ (mauvaises discriminations)}$$

$$(BR_{gs} \times BR_{gi}) + (MR_{gi} \times MR_{gs}) = DN \text{ (discriminations neutres)}$$

où BR_{gs} = bonnes réponses dans le groupe supérieur,

BR_{gi} = bonnes réponses dans le groupe inférieur,

MR_{gi} = mauvaises réponses dans le groupe inférieur,

MR_{gs} = mauvaises réponses dans le groupe supérieur.

Le tableau 13.1 montre les relations entre l'indice de difficulté, le nombre de discriminations correctes et incorrectes et l'indice de discrimination, avec 24 répondants, dont 6 proviennent du groupe supérieur et 6, du groupe inférieur.

TABLEAU 13.1
Relations entre l'indice
de difficulté, le nombre
de discriminations
et l'indice de
discrimination

Réponses correctes		Discriminations				Indice de discrimination
Groupe supérieur	Groupe inférieur	Bonnes (*BD*)	Neutres	Mauvaises (*MD*)	Correctes (*BD – MD*)	
6	5	6	30	0	6	0,166
6	4	12	24	0	12	0,333
5	3	15	18	3	12	0,333
6	3	18	18	0	18	0,500
6	4	12	24	0	12	0,333
6	2	24	12	0	24	0,670
5	2	20	14	2	18	0,500
5	4	10	22	4	6	0,166
6	3	18	18	0	18	0,500
6	4	12	24	0	12	0,333

Les indices de difficulté et de discrimination indiquent seulement le degré de difficulté ou de discrimination de chaque item. Ils n'indiquent pas pourquoi l'item fonctionne dans un sens ou l'autre.

13.5.3   L'analyse des leurres

Cette méthode consiste à calculer le nombre de répondants qui font le même choix de réponse à chaque question. Si un leurre n'est pas suffisamment attrayant, il ne permet pas de discriminer les répondants qui présentent divers degrés de compétence. S'il est trop attrayant, l'item est peut-être trop difficile. La figure 13.1 illustre les étapes à suivre dans le processus de construction d'un test. L'analyse des items se situe à l'étape 5 et est suivie de la composition de la forme finale du test (étape 6).

**FIGURE 13.1
Étapes de la
construction d'un test**

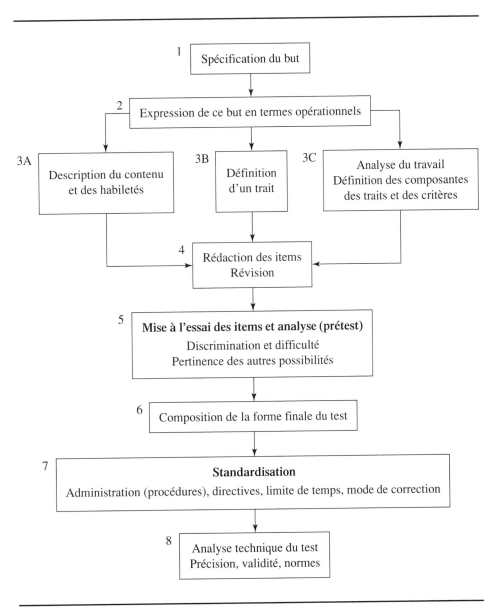

MOTS CLÉS

- Aptitude
- Correction dichotomique
- Correction objective
- Discrimination
- Intelligence
- Leurre
- Méthode de Findley
- Pondération différentielle

- Rendement maximal
- Rendement typique
- Test de puissance
- Test de rendement
- Test de vitesse
- Test diagnostique
- Tests parallèles

L'analyse des items

OBJECTIF

Appliquer les techniques d'analyse des items pertinentes au contexte.

Parvenu à un certain stade de l'élaboration des tests, on doit procéder à l'analyse des items. Plusieurs techniques peuvent être employées pour étudier les caractéristiques des items et pour choisir les meilleurs, lesquels feront partie de la forme finale d'un test. Ces techniques sont :

— l'étude des indices de difficulté, de discrimination, de fidélité et de validité, de même que l'étude de la corrélation point-bisériale ;
— l'étude de la courbe caractéristique d'un item ;
— l'analyse factorielle ;
— l'étude de la distribution des scores.

14.1 LES INDICES

Bien que les techniques basées sur les **indices de difficulté et de discrimination** aient déjà été présentées dans cet ouvrage, rappelons simplement que les items comportant des indices p_i, dont les valeurs se situent entre 0,25 et 0,75, sont ceux qui permettent le mieux de différencier les individus. Il ne faudrait toutefois pas négliger l'importance d'un item difficile ($p_i \leq 0,25$) dans certains contextes de sélection, ou d'un item facile ($p_i \geq 0,75$) dans des situations de diagnostic.

La méthode de Findley, qui sert à calculer les indices de discrimination, a déjà été présentée au chapitre 13. Il existe d'autres façons d'étudier la puissance discriminante des items, dont la **corrélation point-bisériale** entre le score à un item et le score total au test. Rappelons l'équation

$$r_{\text{pbis}} = \frac{\overline{X}_p - \overline{X}}{S_X} \sqrt{\frac{p}{q}}$$

où $\overline{X}_p$ = moyenne à la variable X des répondants qui ont réussi l'item i,

   $\overline{X}$ = moyenne à la variable X de tous les répondants.

La corrélation r_{iX} est plus élevée lorsque les résultats à un item sont reliés fortement au score total des individus. Le seul problème que soulève cette technique est que le score à un item est une composante du score total, ce qui a pour conséquence de permettre une corrélation positive même lorsque le rendement à un item n'est pas relié au score total. Il est possible de corriger cet effet en utilisant une équation pour calculer la corrélation entre un item et les autres items du test à l'aide de la formule suivante :

$$r_{i(X-i)} = \frac{(r_{iX}S_X) - S_i}{\sqrt{S_X^2 + S_i^2 - 2_{r_{iX}}S_i S_X}} \cdot$$

Le tableau 14.1 présente un exemple de calcul de r_{pbis} entre un item et le score total.

La corrélation point-bisériale entre l'item Y et le score total X est

$$r_{\text{pbis}} = \frac{7,16 - 5,5}{2,0322}\left(\frac{0,5}{1 - 0,5}\right) = 0,8168$$

où $\overline{X}_p = 7,16,$

$\overline{X} = 5,5,$

$S_X = 2,0322,$

$p_i = 0,5.$

La corrélation entre l'item et le score total moins l'item est

$$r_{i(X-i)} = \frac{(0,8168 \times 2,0322) - 0,5}{\sqrt{4,1298 + 0,25 - 2[(0,8168)(0,5)(2,0322)]}}$$

$$= \frac{1,1599}{1,6492} = 0,70.$$

Lorsqu'un test comporte peu d'items, la différence entre les deux corrélations est assez élevée, et la corrélation entre un item et le reste du test devrait être prise en

TABLEAU 14.1
Exemple de calcul de r_{pbis} entre un item Y et le score total X

Item Y	Score total X									
	1	2	3	4	5	6	7	8	9	10
réussi (1)						19	14	9	6	2
échoué (0)	2*	6	9	14	19					

* Ces nombres sont des fréquences.

considération ; par contre, lorsque les items sont nombreux, la différence entre r_{iX} et $r_{i(X-i)}$ est beaucoup moins grande. De façon générale, les items dont l'indice de discrimination ou la corrélation point-bisériale est faible devraient être éliminés ou à tout le moins grandement améliorés. Une bonne façon d'améliorer un item à réponse dichotomique est de faire l'étude des leurres, technique que nous avons abordée précédemment.

Lorsqu'on doit choisir parmi un groupe d'items ceux qui vont permettre d'obtenir un test le plus homogène possible, il faut faire ce choix de façon à rendre maximal le coefficient de consistance interne (α ou KR_{20}). Considérant le fait que, pour des items à variance égale, il existe une relation étroite entre la variance du test et l'importance des corrélations entre les items, la contribution d'un item à la précision du test peut être examinée sous l'angle de son apport à la variance totale du test. Pour choisir les items qui formeront un ensemble le plus homogène possible, quelques statistiques sont requises, tels l'indice de difficulté (p_i), l'écart type (S_i), l'indice de fidélité ($S_i r_{iX}$) et l'indice de validité ($S_i r_{iY}$).

L'**indice de fidélité** d'un item i est une mesure de la contribution de cet item à la variance totale du test et à sa consistance interne. Magnusson (1966) et d'autres avant lui, tel Gulliksen (1950), ont démontré qu'on peut décrire l'indice de fidélité par l'expression

$$S_X = \sum_{i=1}^{k} S_i r_{iX}$$

où S_X = écart type des scores X,

  $S_i r_{iX}$ = indice de fidélité du test.

De plus, cette expression est reliée à la formule de Kuder-Richardson par

$$r_{XX'} = \frac{k}{k-1}\left[1 - \frac{\displaystyle\sum_{i=1}^{k} S_i^2}{\left(\displaystyle\sum_{i=1}^{k} S_i r_{iX}\right)^2}\right]$$

où $r_{XX'}$ = estimation de la fidélité du test,

$\sum S_i^2$ = somme des variances des items considérés,

$\sum S_i r_{iX}$ = somme des indices de fidélité des items considérés.

Une procédure suggérée par plusieurs auteurs consiste à calculer les valeurs de S_X^2 correspondant au carré de la somme des indices de fidélité et de la somme des variances d'items avec les items inclus et avec ceux exclus du test, et de comparer les estimations de la fidélité obtenues dans chaque cas. La valeur du coefficient de fidélité du test est maximale lorsque les corrélations items-tests sont elles aussi maximales. Ces corrélations sont du type point-bisérial, et l'une des formules dérivées par Gulliksen peut être utile pour exprimer l'indice de fidélité :

$$S_i r_{iX} = p_i \left[\frac{(M_p - M_X)}{S_X} \right].$$

Enfin, l'**indice de validité** est utile à la condition qu'un test présente un haut niveau de validité en plus d'un fort degré de consistance interne. L'expression pour décrire la validité d'un test est :

$$r_{XY} = \frac{\displaystyle\sum_{i=1}^{k} S_i r_{iY}}{\displaystyle\sum_{i=1}^{k} S_i r_{iX}}$$

où r_{XY} = coefficient de validité,

Y = critère,

$S_i r_{iY}$ = indice de validité pour l'item i.

La valeur de l'indice de validité d'un item dépend de la valeur de la corrélation entre les scores à cet item et au critère, et de celle de son écart type. Le coefficient de validité est donc le résultat du rapport entre la somme des indices de fidélité et la somme des indices de validité. Pour obtenir un rapport le plus élevé possible, il faut choisir les items dont les corrélations avec le critère sont aussi élevées que possible et dont les corrélations avec le score total sont faibles. Un item dont l'indice de validité est égal à son indice de fidélité est une aussi bonne mesure du critère que du test. Ce type d'item rend la validité à son maximum.

La meilleure façon de choisir les items qui contribuent le plus à l'homogénéité du test est de tracer un graphique où on trouve les indices de fidélité en abscisse et les écarts types des items en ordonnée. Les meilleurs items sont ceux dont les coordonnées apparaissent à droite du graphique (figure 14.1), soit ceux dont les corrélations item-test sont les plus élevées.

Pour obtenir le maximum de validité, il suffit de tracer un graphique dont les indices de fidélité sont placés en abscisse et les indices de validité, en ordonnée (figure 14.2). Les meilleurs items apparaissent dans la partie supérieure droite du graphique, car ils possèdent des indices de validité et de fidélité positifs. Le choix des autres items dépend de l'usage auquel le test est destiné (prédiction ou classement). Les items qui présentent des indices de fidélité et de validité positifs presque égaux sont toujours à considérer.

FIGURE 14.1
Sélection d'items pour
obtenir le maximum
d'homogénéité

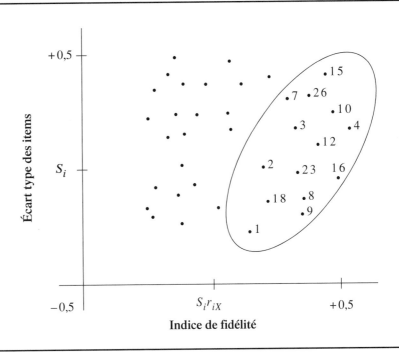

FIGURE 14.2
Sélection d'items pour
obtenir le maximum
de validité

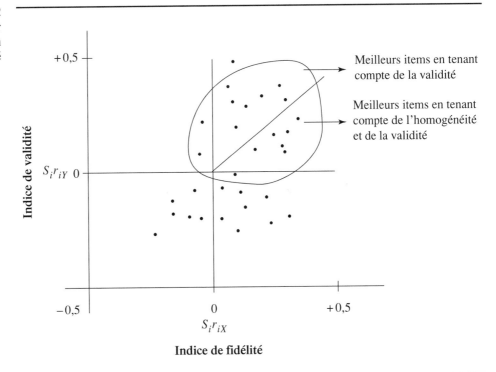

En conclusion, le choix des items dépend du but poursuivi. Les formules précédentes donnent des estimations biaisées selon le nombre d'items choisis dans l'ensemble, les indices étant calculés à partir de l'ensemble des items. Il est recommandé de vérifier la valeur des coefficients après la sélection, car plus le nombre des répondants est petit, plus l'ordre de sélection des items sera hasardeux et plus les estimations des coefficients de fidélité et de validité seront surélevées.

14.2   LA COURBE CARACTÉRISTIQUE D'UN ITEM

La courbe caractéristique d'un item est la représentation graphique de la relation entre la probabilité, pour un répondant, de réussir l'item et sa position par rapport au groupe en fonction de son score au test en entier. La procédure consiste à reporter en abscisse les scores au test et à placer en ordonnée les proportions de réussite de l'item pour chaque catégorie de scores. La courbe qui relie les coordonnées est celle que l'on cherche à déterminer pour chaque item (figure 14.3).

Dans cette figure, les répondants qui obtiennent un total élevé ont une probabilité plus forte de réussir l'item; la pente étant positive, on peut considérer cet item comme valable. Toutefois, lorsque la pente est négative, l'item est positif; on doit alors le rejeter car il est réussi par les répondants qui sont faibles au test, et il est manqué par ceux qui sont forts au test. L'interprétation de ces courbes est basée sur un raisonnement semblable à celui qui sert à interpréter les indices de difficulté et de discrimination.

Dans la figure 14.4, l'item A est typiquement discriminant car il permet de distinguer nettement les répondants qui obtiennent un score total d'au moins 6; l'item B

FIGURE 14.3
Exemple de courbe caractéristique d'un item qui discrimine positivement

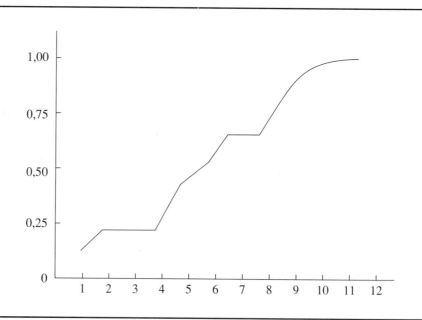

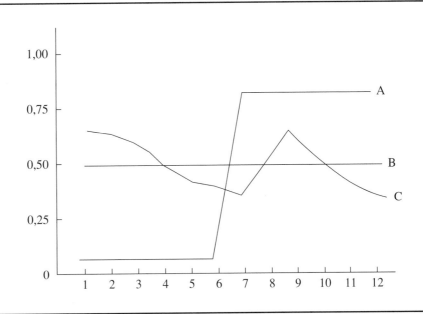

ne discrimine pas du tout et, enfin, l'item C est peu utile car les répondants qui sont faibles au test ont au moins autant de chances de réussir l'item que ceux qui sont forts. L'indice de difficulté d'un item basé sur la courbe caractéristique est défini par le score total qui correspond à 50 % des chances de réussir l'item. Ainsi, l'item A présente un indice égal à 6, l'item C, un indice égal à 4, et l'item B, un indice égal à 0. Plus le nombre est élevé, plus l'item est difficile. Un bon item présente généralement une courbe à pente positive et un indice de difficulté moyen. Pour les décisions relatives à la sélection, l'indice de difficulté des items devrait correspondre au score de sélection et la pente de la courbe devrait être fortement positive.

14.3   L'ANALYSE DES ITEMS ET LA CONSTRUCTION DE TESTS

Le concepteur d'un test doit d'abord décider s'il met l'accent sur la validité de contenu ou sur la validité prédictive ou théorique, car les méthodes à utiliser sont différentes. S'il juge que la validité de contenu est primordiale, il doit définir les objectifs à atteindre et procéder à un échantillonnage du contenu dans le domaine d'intérêt. L'analyse des items consiste alors :

— à calculer la corrélation point-bisériale ;
— à étudier la consistance interne des diverses parties du test après avoir choisi le meilleur ensemble d'items ;
— à tracer le graphique de la distribution de fréquences des scores totaux ; si la distribution est acceptable, le travail est terminé.

Il est recommandé de construire des tests de rendement en se basant sur les corrélations item-total plutôt que sur les indices de difficulté (p_i) et on doit éviter de choisir les items en fonction de la corrélation avec un critère et selon la valeur de p_i.

La méthode qui consiste à choisir les items en fonction de la corrélation avec un critère est fondée sur le principe suivant : plus un item est en forte corrélation avec le critère, plus le score total l'est également. La procédure consiste généralement à élaborer de nombreux items, à les faire passer à un vaste échantillon de répondants, à calculer les corrélations item-critère, et à établir la forme finale du test en choisissant les items qui sont en forte corrélation avec le critère. Avec cette méthode, les items de la forme finale du test présentent de faibles intercorrélations. De plus, selon les principes de la technique de la régression, on sait que pour des items en forte corrélation avec un critère la corrélation multiple est plus élevée lorsque les prédicteurs (dans ce cas-ci les items) présentent une faible corrélation entre eux et que la corrélation moyenne d'un item avec les autres est faiblement reliée à la corrélation entre cet item et le score total. En conséquence, on devrait choisir les items qui sont en forte corrélation avec le critère et en faible corrélation avec le score total (figure 14.5).

Cette approche comporte plusieurs désavantages, dont celui de produire des tests à faible consistance interne ; par contre, le test ainsi composé s'avère un excellent prédicteur. Il est toutefois plus avantageux de choisir des tests standard de composition factorielle qui sont connus pour prédire un critère. Il est préférable de combiner des tests plutôt que des items par la méthode de la régression multiple et, ainsi, de prédire un critère à l'aide d'une batterie de tests, chacun étant homogène. Dans le cas où l'on doit choisir des items, il est plus logique de sélectionner ceux qui présentent de fortes corrélations entre eux et de bonnes corrélations avec le

FIGURE 14.5
Sélection d'items en forte corrélation avec le critère et en faible corrélation avec le score total

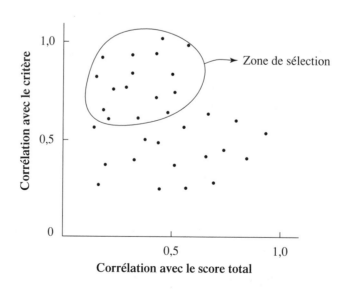

critère, que ceux qui présentent de faibles intercorrélations et de faibles corrélations avec le critère.

La méthode qui consiste à choisir des items en fonction de leur indice de difficulté n'est pas nécessairement à déconseiller car elle possède au moins deux avantages majeurs : les indices p_i déterminent la forme de la distribution des scores et la difficulté moyenne du test. De plus, il existe une relation étroite entre la consistance interne et les indices de difficulté. Plus les intercorrélations ou les covariances sont élevées, plus le coefficient alpha est élevé. Par contre, ce serait une erreur de ne choisir que des items dont l'indice de difficulté est moyen ($p_i \cong 0,5$), car cela ne garantit pas que l'item soit en forte corrélation avec le score total. Les bons items sont justement ceux qui possèdent cette caractéristique, parce que la corrélation avec le score total est reliée à la somme des intercorrélations, donc à l'homogénéité du test. Les valeurs des indices de difficulté ne font que placer des limites supérieures aux corrélations avec le score total. Cette approche n'est donc pas la meilleure.

La théorie classique des tests, particulièrement en matière de précision, s'appuie sur l'échantillonnage, ce qui revient à dire qu'un test est considéré comme un échantillon d'items tirés d'un ensemble particulier. On suppose alors que l'on a des tests homogènes dont le contenu mesure principalement un seul facteur, avec une moyenne d'intercorrélations plutôt élevée. L'idéal consiste en un ensemble d'items fortement corrélé avec le score total et dominé presque totalement par un seul facteur. La technique la plus appropriée pour étudier la composition d'un test est certes l'analyse factorielle, mais elle est difficile à appliquer de façon pertinente, surtout pour construire un test. Pour être efficace, elle requiert que le nombre de répondants soit au moins dix fois plus élevé que le nombre d'items, et que les corrélations interitems présentent une certaine variation.

14.4   L'ANALYSE FACTORIELLE

L'analyse factorielle est une technique qui permet d'étudier la validité factorielle des tests. On l'utilise aussi pour analyser des items, plus précisément pour déterminer si un ensemble d'items est homogène ou pour choisir ceux qui formeront un ensemble homogène expliqué par un seul facteur. Cependant, l'utilisation des résultats de l'analyse factorielle est complexe, car plusieurs conditions et particularités peuvent intervenir et fausser l'interprétation. Ainsi, le type de coefficient de corrélation utilisé influe parfois sur le nombre de facteurs à considérer. Nous en avons fait état dans les discussions portant sur les coefficients phi et tétrachorique, entre autres. La nature du groupe de répondants formant l'échantillon, la moyenne d'âge, la classe sociale, le sexe, etc., peuvent aussi modifier les résultats. Un même ensemble d'items peut mesurer un facteur différent, selon l'échantillon utilisé. De plus, des techniques factorielles différentes appliquées aux mêmes données peuvent produire des résultats fort dissemblables qui peuvent mener à diverses conclusions concernant l'interprétation des facteurs. Enfin, signalons aussi que cette technique soulève des problèmes relatifs à l'invariance des solutions, au choix et à

TABLEAU 14.2
Matrice des
intercorrélations de
10 sous-tests
comprenant un
échantillon de
150 répondants

Sous-tests	1	2	3	4	5	6	7	8	9	10
1	1,00	0,82	0,13	−0,70	0,05	−0,21	0,81	−0,30	−0,79	−0,14
2	0,82	1,00	0,06	−0,68	−0,01	−0,29	0,72	−0,25	−0,79	−0,14
3	0,13	0,06	1,00	0,26	−0,07	0,36	0,16	0,30	−0,12	−0,18
4	−0,70	−0,68	0,26	1,00	−0,14	0,39	−0,63	0,44	0,67	0,12
5	0,05	−0,01	−0,07	−0,14	1,00	0,27	0,01	−0,35	0,02	0,28
6	−0,21	−0,29	0,36	0,39	0,27	1,00	−0,16	0,16	0,23	0,03
7	0,81	0,72	0,16	−0,63	0,01	−0,16	1,00	−0,19	−0,76	−0,18
8	−0,30	−0,25	0,30	0,44	−0,35	0,16	−0,19	1,00	0,18	−0,16
9	−0,79	−0,79	−0,12	0,67	0,02	0,23	−0,76	0,18	1,00	0,12
10	−0,14	−0,14	−0,18	0,12	0,28	0,03	−0,18	−0,16	0,12	1,00

la congruence des facteurs, de même qu'au choix du traitement des données binomiales et des scores factoriels.

Afin d'illustrer le mieux possible ce qu'est l'analyse factorielle et d'en décrire les principales caractéristiques, nous avons choisi l'exemple d'une matrice de corrélations de dix sous-tests conçus à partir d'un test standardisé bien connu (tableau 14.2). Les données sont tirées d'un exemple fictif où l'on suppose un échantillon de 150 répondants. Les traits mesurés sont d'ordre psychologique et les méthodes factorielles présentées sont l'analyse des composantes principales et la rotation varimax. Le mode de présentation synthétique devrait permettre de comprendre aisément les éléments de base d'une technique relativement complexe.

Dans cet exemple, les éléments de la diagonale principale constituent la variance des tests standard. Les autres éléments représentent des corrélations, lesquelles sont symétriques par rapport à la diagonale principale, et il semble que les tests 1, 2, 4, 7 et 9 présentent les plus fortes corrélations. Cette matrice a été analysée factoriellement par la méthode des composantes principales.

14.4.1   L'analyse des composantes principales

L'analyse des composantes principales est une méthode d'investigation des facteurs mesurés par les items d'un test. À la limite, on compte autant de facteurs que d'items, mais la méthode, qui s'appuie sur les techniques de l'algèbre matricielle (linéaire), permet de présenter ces facteurs par ordre d'importance, les premiers expliquant plus de variance et étant reliés à un plus grand nombre d'items. Le point de départ de cette analyse est une matrice de corrélations dont les 1,00 placés en diagonale représentent la variance des items (S_i^2) sous une forme standardisée. L'analyse permet d'obtenir une matrice de coefficients de saturation qui remplace celle des coefficients de corrélation. Cette matrice possède les caractéristiques suivantes :

- Chaque colonne représente un facteur.
- Les éléments de chaque cellule constituent des coefficients de saturation.
- La somme de chaque coefficient au carré donne 1,00 dans chaque rangée :

$$0,92^2 + 0,11^2 + \ldots + 0,30^2 = 1,00.$$

- La somme des produits croisés de n'importe quelle paire de facteurs égale 0 :

$$(0,92 \times 0,11) + (0,90 \times 0,09) + (\ldots) + (0,17 \times -0,54) = 0.$$

- La somme de chaque coefficient au carré dans chaque colonne donne la valeur de la racine propre (*eigenvalue*).
- La racine propre représente la proportion de variance totale expliquée par un facteur.
- La variance totale de même que la somme des racines propres sont toujours égales au nombre de variables.
- Ainsi, les *n* facteurs expliquent toute la variance des *n* variables.
- En divisant une racine propre par le nombre de variables, on obtient la proportion de variance totale expliquée par un facteur :

$$4,20 / 10 = 0,42.$$

- La somme des produits croisés de n'importe quelle paire de variables donne la corrélation entre les deux variables de chaque paire. Par exemple, pour les items 1 et 2 on a

$$r_{12} = (0,92 \times 0,90) + (0,11 \times 0,09) + (\ldots) + (-0,30 \times 0,17) = 0,8375.$$

Le tableau 14.3 présente une matrice de coefficients de saturation.

TABLEAU 14.3 Matrice des coefficients de saturation des composantes principales orthogonales

Tests	I	II	III	IV	V	VI	VII	VIII	IX	X
1	0,92	0,11	0,14	0,05	−0,04	−0,04	0,03	0,14	0,09	−0,30
2	0,90	0,09	0,01	0,10	0,02	−0,02	−0,25	0,28	0,05	0,17
3	−0,01	0,75	0,44	0,11	−0,35	0,29	−0,04	−0,12	0,09	0,03
4	−0,85	0,27	0,09	0,15	−0,15	0,02	0,05	0,28	−0,26	−0,04
5	0,04	−0,49	0,72	−0,20	−0,27	0,36	0,00	0,05	−0,06	−0,01
6	−0,37	0,28	0,73	−0,18	0,12	−0,45	−0,05	−0,01	0,04	0,01
7	0,86	0,21	0,13	0,05	0,05	−0,05	0,41	0,03	−0,04	0,13
8	−0,38	0,66	−0,19	0,28	0,53	0,10	0,00	0,01	0,07	−0,03
9	−0,88	−0,17	−0,06	−0,16	−0,08	0,05	0,15	0,20	0,30	0,03
10	−0,17	−0,54	0,31	0,76	−0,05	−0,08	0,02	−0,04	0,06	0,01
Racines propres	4,20	1,77	1,42	0,80	0,53	0,44	0,26	0,24	0,19	0,14

14.4.2   Les facteurs et les scores factoriels

Pour chaque répondant, il est possible d'obtenir un score standardisé à chacun des facteurs donnés par l'analyse des composantes principales ; ainsi, la moyenne des scores factoriels égale 0 et l'écart type égale 1. On peut aussi calculer les corrélations entre chaque paire de scores factoriels. Toutes ces intercorrélations égalent 0. Les n facteurs représentent n variables qui sont indépendantes l'une de l'autre.

Les coefficients de saturation sont les corrélations de chaque variable avec chacun des facteurs. Cela signifie que ces coefficients sont les corrélations des scores obtenus aux variables originales avec les scores aux tests correspondants. Par exemple, si on déterminait les scores factoriels obtenus par chaque répondant au facteur I et ensuite la corrélation au test 1 avec ces scores factoriels, le coefficient de corrélation serait de 0,92. On peut donc dire que, étant donné le coefficient de saturation élevé (0,92) de la variable 1 avec le facteur I (forte corrélation), le test 1 est une bonne mesure du facteur I.

Enfin, si on met au carré le coefficient d'une variable à un facteur a^2, on obtient la proportion de variance que les scores à la variable ont en commun avec les scores au facteur. Ainsi, $0,92^2 = 0,85$.

14.4.3   La corrélation multiple entre un test et les facteurs

S'il est vrai que les coefficients de saturation de chaque rangée sont les corrélations d'une variable avec chacun des facteurs, et s'il est vrai que les facteurs sont non corrélés entre eux, alors R^2 est égal à la somme des coefficients de saturation au carré, soit 1,00. Le carré de la corrélation multiple entre un test et les facteurs est obtenu par la formule

$$R^2_{1.23\ldots k} = r^2_{12} + r^2_{13} + \ldots + r^2_{1k}$$

où $R^2_{1.23\ldots k}$ = carré de la corrélation multiple pour la variable 1,

R^2 = 1,00 pour chaque variable si tous les facteurs sont considérés, ce qui est toujours vrai quand il y a autant de facteurs que de variables.

Une caractéristique importante de l'analyse des composantes principales est que le premier facteur explique la plus grande proportion de la variance totale, suivi du deuxième facteur, et ainsi de suite. Les quatre premiers facteurs expliquent à eux seuls 81,9 % de la variance totale, ce qui pourrait suffire à établir des prédictions valables.

Quand on a une « parcimonie », principe de la structure simple, que le nombre de facteurs est moindre que le nombre de variables et que l'on calcule la somme des carrés des coefficients à une variable, on obtient ce qu'on appelle les communalités (h^2), lesquelles sont les corrélations multiples au carré de chaque variable avec

TABLEAU 14.4
Communalité de
chaque test pour les
quatre premières
composantes
principales

Tests	1	2	3	4	5	6	7	8	9	10
Communalités $(R^2_{X, I, II, III, IV})$	0,88	0,83	0,77	0,83	0,80	0,78	0,80	0,69	0,83	0,99

les p facteurs. Ainsi, lorsqu'une variable présente une communalité égale à 0,65 à partir de quatre facteurs, cela signifie que 65 % de la variance de cette variable s'explique par une combinaison linéaire pondérée des scores factoriels à ces quatre facteurs.

En général, l'analyse des composantes principales donne k facteurs, soit le nombre de variables. Il serait intéressant de déterminer la proportion de h^2 qui peut être expliquée par chacun des k' facteurs. Cela est possible en normalisant les coefficients des variables pour chacun des k facteurs. On normalise une série de nombres en divisant chacun des coefficients par la racine carrée de la somme de leur carré. Par exemple, pour normaliser 1, 2 et 3, on divise chacun de ces nombres au carré par la racine carrée de 14, soit:

$$1^2 + 2^2 + 3^2 = 14$$

$$\frac{1^2}{\sqrt{14}} + \frac{2^2}{\sqrt{14}} + \frac{3^2}{\sqrt{14}} = 1,00.$$

Ainsi, pour normaliser les coefficients d'une variable à k' facteurs, on divise chacun par $\sqrt{h^2}$ (la racine carrée de la proportion de la variance expliquée par les k' facteurs). Pour le test 1, $h^2 = 0,88$, et les poids normalisés de ce test pour les quatre premiers facteurs sont

$$\frac{0,92}{\sqrt{0,88}} \quad \frac{0,11}{\sqrt{0,88}} \quad \frac{0,14}{\sqrt{0,88}} \quad \frac{0,05}{\sqrt{0,88}}$$

soit 0,98, 0,12, 0,15 et 0,05.

Le tableau 14.4 présente la communalité de chaque test pour les quatre premières composantes principales, où l'on note que 88 % de la variance du test 1 s'explique par les quatre premiers facteurs, contre seulement 69 % pour le test 8. Le tableau 14.5 (p. 250), quant à lui, présente la matrice des coefficients de saturation normalisés, où l'on note que $0,98^2 + 0,12^2 + 0,15^2 + 0,05^2 = 1,00$.

Une matrice de coefficients de saturation est normalisée lorsqu'on a autant de facteurs k que de variables; mais si on choisit $k' < k$ facteurs, alors il faut normaliser pour déterminer la proportion de variance (h^2) qu'une variable a en commun avec les k' facteurs et pour savoir comment elle est distribuée dans ces derniers.

TABLEAU 14.5
Matrice des
coefficients de
saturation normalisés

Tests	Facteurs			
	I	II	III	IV
1	0,98	0,12	0,15	0,05
2	0,99	0,10	0,01	0,11
3	−0,01	0,85	0,50	0,13
4	−0,93	0,30	0,10	0,16
5	0,04	−0,55	0,81	−0,22
6	−0,42	0,32	0,83	−0,20
7	0,96	0,23	0,15	0,06
8	−0,46	0,79	−0,23	0,34
9	−0,97	−0,19	−0,07	−0,18
10	−0,17	−0,54	0,31	−0,76

14.4.4   L'interprétation des facteurs

Si chaque test présentait une forte saturation sur seulement un facteur et s'il s'agissait de facteurs différents pour chaque variable, alors aucune variable ou presque n'aurait de variance commune avec les autres; ainsi, les intercorrélations seraient faibles. Les scores factoriels de chaque facteur seraient donc en forte corrélation avec une seule variable, soit celle qui est fortement saturée. Quel que soit l'objet mesuré par cette variable, ce dernier serait indépendant de ce que mesurent les autres variables.

Selon les données du tableau 14.3 (p. 247), on note que les tests 1, 2, 4, 7 et 9 présentent des coefficients de saturation de 0,92, 0,90, 0,85, 0,86 et 0,88 au premier facteur. Il est donc raisonnable de penser que ces tests constituent de bonnes mesures du trait mesuré par ce facteur. Même si des scores élevés à ces tests ont été interprétés comme des scores d'anxiété, de dépendance, de défense, de psychasthénie et même de désir de donner des réponses acceptables socialement, ceux-ci peuvent tous être estimés assez précisément par les scores du facteur I. Ces scores factoriels peuvent être obtenus pour chaque répondant; chaque item des tests (forte saturation) mis en corrélation avec ces scores de même que les items dont les corrélations sont les plus élevées sont conservés pour former un nouveau test qui constituera une excellente mesure du facteur. Il ne reste qu'à baptiser ce nouveau test composé des meilleurs items des cinq tests originaux, problème épineux qui est souvent résolu par l'étude de la validité théorique. Le même problème se présente pour trouver un nom au facteur.

14.4.5   La rotation d'une matrice de coefficients de saturation

Cette rotation est possible si on utilise une matrice de transformation orthogonale ou oblique. Cette matrice présente alors un nouvel ensemble de facteurs qui sont indépendants. Une solution oblique produisant des facteurs non corrélés est aussi possible. L'objectif de la rotation est d'essayer d'obtenir une approximation de ce que Thurstone appelle une matrice de coefficients de saturation de structure simple, qui facilite l'interprétation des facteurs.

Une matrice de structure simple possède les propriétés suivantes :
– elle a au moins une saturation nulle dans chaque rangée, et même plusieurs de préférence ;
– chaque colonne de coefficients compte des variables à forte saturation et d'autres à faible saturation ;
– pour n'importe quelle paire de facteurs, il y a des variables à faible saturation pour les deux facteurs ;
– pour n'importe quelle paire de facteurs, il y a des variables à forte saturation pour un facteur et à faible saturation pour l'autre facteur.

L'interprétation peut porter uniquement sur les variables à forte saturation. Le procédé le plus utilisé est probablement la rotation orthogonale varimax de Kaiser (tableau 14.6).

Les quatre facteurs (après rotation) comptent pour 82 % de la variance totale, ce qui correspond au total avant la rotation. C'est la somme des saturations au carré (a^2) pour chaque facteur, divisée par le nombre de variables, qui donne la proportion de variance. Les communalités (h^2) sont elles aussi approximativement égales à

TABLEAU 14.6
Matrice des coefficients de saturation après rotation varimax à partir des quatre principaux facteurs

Tests	Facteurs après rotation				
	I	II	III	IV	h^2
1	0,93	−0,01	0,10	−0,05	0,88
2	0,90	−0,11	0,01	−0,03	0,82
3	0,18	0,82	−0,26	−0,05	0,77
4	−0,74	0,41	−0,29	0,14	0,82
5	0,00	0,20	0,85	0,19	0,80
6	−0,26	0,79	0,30	−0,02	0,78
7	0,89	0,07	0,02	−0,08	0,80
8	−0,24	0,38	−0,71	−0,01	0,71
9	−0,91	0,02	0,04	−0,02	0,83
10	−0,12	−0,08	0,18	0,97	0,99
Proportion de variance expliquée par chaque facteur	0,40	0,17	0,15	0,10	0,82

celles avant rotation (somme des carrés des saturations par rangée). Ainsi, on peut dire que les quatre facteurs, avant et après rotation, expliquent la proportion de variance totale de chaque variable.

14.5   LA DISTRIBUTION DES SCORES

Dans le domaine de la psychométrie et des sciences humaines en général, la plupart des variables, des traits ou des construits présentent une distribution de résultats ayant la forme d'une courbe normale lorsqu'on les mesure à partir d'un test. Ainsi, on sait qu'environ les deux tiers des individus ont un quotient intellectuel moyen et que très peu d'individus affichent un quotient très élevé. Cependant, il est assez fréquent que les résultats à un test mesurant une variable quelconque présentent une distribution dont la forme s'écarte de la courbe normale, soit qu'elle est étirée dans un sens ou dans l'autre, soit qu'elle est bimodale ou soit que le degré de kurtose est plus ou moins élevé. Dans ces cas, des modifications peuvent être apportées au test, bien qu'une distribution anormale puisse être justifiée. Nous présentons quelques cas de distribution et en décrivons les caractéristiques.

Généralement, les individus répondent à peu près tous de la même façon aux tests de personnalité ; par contre, une minorité, qui semble présenter une faiblesse ou un problème relativement au trait mesuré, répond de façon différente. Dans ce cas, la distribution des résultats est alors très étirée dans un sens ou dans l'autre, comme le montre la figure 14.6.

La distribution de la figure 14.6*a* pourrait aussi provenir d'un test trop facile et celle de la figure 14.6*b*, d'un test trop difficile. Dans le premier cas, on constate un effet de limite supérieure, car le test ne permet pas de distinguer les répondants qui sont les meilleurs. La distribution aurait été normale si le test avait été plus difficile. À l'inverse, on constate un effet de limite inférieure lorsque le test est trop difficile et que la distribution est positivement étirée. La solution pour corriger cette situation consiste à ajouter des items qui discriminent mieux les répondants faibles

FIGURE 14.6
Distribution de fréquences étirées négativement (*a*) et positivement (*b*)

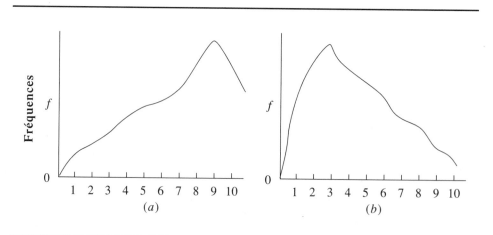

FIGURE 14.7
**Distributions
leptocurtique,
platycurtique et
normale**

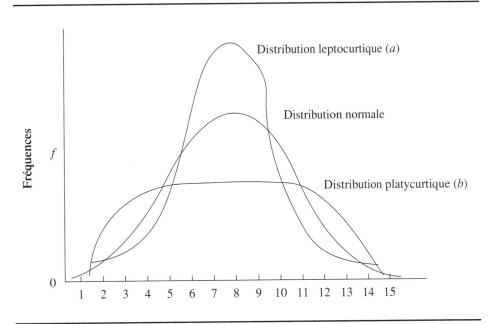

des forts. On ajoute ainsi des items plus difficiles au test trop facile, et des items plus faciles au test trop difficile. Dans un contexte de sélection de candidats en vue d'accorder une promotion, une distribution positivement étirée est idéale et aucune modification n'est requise; par contre, dans le cas d'un test diagnostique de rendement, il se peut que l'auteur du test soit satisfait d'une distribution négativement étirée car elle lui permet de cibler les quelques répondants qui éprouvent des problèmes particuliers d'apprentissage, par exemple.

Lorsque les items d'un test ne permettent pas de discriminer les répondants dont les résultats sont moyens, on obtient une **distribution leptocurtique**, comme le montre la figure 14.7a; on remarque que son centre est plus élevé que celui de la courbe normale. On obtient ce genre de distribution lorsque le test contient autant d'items faciles que d'items difficiles. On peut la corriger en ajoutant des items de difficulté moyenne ($p_i \cong 0,05$). Dans le cas d'une **distribution platycurtique** (figure 14.7b), son centre est aplati comparativement à celui d'une distribution normale. On obtient ce genre de distribution lorsque le test contient plusieurs items de difficulté moyenne et dont les indices de discrimination sont modérément élevés.

Une **distribution bimodale** permet souvent de faire ressortir deux sous-groupes dans le groupe de répondants à un test. On obtient ce type de distribution lorsqu'on réunit en un seul groupe des groupes qui se distinguent soit par le sexe ou encore par le niveau de scolarité.

Un autre cas de distribution spéciale se présente lorsqu'un test est composé d'items de difficulté moyenne et dont les indices de discrimination sont très élevés. Cette **distribution en forme de U ou de V** est fort utile pour repérer les répondants qui obtiennent des scores situés au-dessus et au-dessous d'un score donné. Le fait d'ajouter des items relativement difficiles au test permet de modifier la distribution.

MOTS CLÉS

- Analyse des composantes principales
- Analyse des items
- Analyse factorielle
- Corrélation item-total
- Courbe caractéristique d'un item

- Distribution des scores
- Indice de difficulté d'un item
- Indice de fidélité d'un item
- Indice de validité d'un item

Les différents tests

Les tests d'intelligence et d'aptitudes

OBJECTIF

Comprendre l'essentiel de la mesure de l'intelligence par des tests présentant des différences quant à leur philosophie et au contexte de leur utilisation, et choisir le test pertinent dans chaque situation.

Les professionnels qui examinent un sujet veulent contrôler le maximum des variables qui peuvent influencer un résultat final. Seuls les indices obtenus dans les mêmes conditions environnementales et psychologiques sont comparables. Le psychologue est donc tenu de faire preuve d'une totale impartialité et de maîtriser la situation avec beaucoup de flexibilité en traitant chaque indice important. La durée de la passation du test est déterminée; toutefois, elle dépend de chaque participant ainsi que de la technique employée par l'examinateur. Pour que le résultat soit le plus valide possible, le psychométricien doit utiliser les conditions qui ont été déterminées lors de la standardisation. Ainsi, le test devrait être passé dans un local silencieux, bien éclairé et bien ventilé. De même, il est préférable que le sujet et l'examinateur soient seuls, que le sujet s'assoie à une table où il peut travailler confortablement. Pour une meilleure observation, le psychologue devrait se placer en face du sujet avec les instruments de mesure à côté de lui. Cela aide à maintenir l'attention du sujet sur la tâche présentée. Il est préférable que le participant ne puisse pas voir le cahier de notation ni le manuel de base.

Il est important d'établir une bonne relation avec l'enfant ou l'adulte, car cela favorise la spontanéité et entraîne de meilleurs résultats. En ce qui a trait au langage utilisé, le psychométricien doit s'adapter à l'âge du sujet. Il peut donner quelques explications sur le test avant de commencer, et encourager le participant à faire de son mieux afin de susciter sa motivation. Pendant la passation, il est important d'observer le sujet et de lui accorder une pause à la fin d'un sous-test s'il devient agité, distrait ou fatigué. De plus, l'examinateur peut encourager le sujet s'il est tenté d'abandonner, mais sans l'aider à passer le test. Il est très important, lors de la passation du test, que le manuel de base soit bien connu et que les consignes de communication et de calcul des résultats soient bien suivies. Si le psychométricien introduit ne serait-ce qu'un léger changement dans les instructions, cela risque de réduire la valeur du résultat final. La correction du test doit se faire strictement selon le manuel. L'interprétation doit prendre en considération l'erreur de mesure, les règles de probabilité, de telle sorte que le jugement personnel de l'examinateur ne puisse déformer l'appréciation du résultat. Finalement, il s'agit pour ce dernier d'observer les règles de déontologie.

15.1 LES TESTS D'INTELLIGENCE GÉNÉRALE

15.1.1 Le Stanford-Binet (quatrième version)

L'échelle d'intelligence de Stanford-Binet (quatrième version) est un instrument permettant de mesurer les habiletés cognitives afin de connaître le niveau de développement cognitif des personnes de 2 ans à 23 ans 11 mois. Selon Sattler (1992), cette révision est la plus considérable jamais effectuée depuis 1905. Cette nouvelle version (Thorndike, Hagen et Sattler, 1986) comporte des changements dans le contenu général du test, dans la passation, dans l'évaluation, dans l'interprétation et dans la standardisation. Cette version a cependant conservé plusieurs aspects des versions précédentes. Parmi ceux-ci, on remarque la procédure d'adaptation au test. C'est en se basant sur cette procédure que l'on détermine les items du test appropriés au niveau de rendement du participant. Dans la quatrième version, l'adaptation du sujet au test en fonction de son niveau de rendement se fait en deux étapes. Dans la première étape, l'examinateur utilise le test de vocabulaire afin de déterminer le niveau de base du sujet. Ensuite, il combine le score obtenu au test de vocabulaire avec l'âge chronologique du sujet afin de déterminer à quel palier il commencera les autres tests. Dans la deuxième étape, l'expérimentateur établit un niveau plancher et un niveau plafond pour chaque test à l'aide de règles précises.

Le Stanford-Binet (quatrième version) est composé de 15 sous-tests qui représentent les aspects cognitifs suivants: le raisonnement verbal, le raisonnement quantitatif, le raisonnement abstrait-visuel et la mémoire à court terme. Cependant, aucun sujet ne passe les 15 épreuves, car certaines ne sont applicables qu'à des groupes d'âge spécifiques. En général, un sujet fait de 8 à 12 épreuves selon son âge et son rendement. Il y a aussi une possibilité de choisir la forme abrégée composée de 2 à 4 sous-tests (Nagle et Bell, 1993, 1995; Prevett, 1992). La procédure de passation de l'examen est assez bien organisée et peut être suivie facilement. Le matériel de passation est composé de quatre livrets réversibles qui présentent, d'un côté, les énoncés destinés au sujet et, de l'autre côté, les consignes et les réponses pour l'examinateur. Dans la plupart des cas, il n'existe qu'une bonne réponse à chaque test. L'échantillon de standardisation du Stanford-Binet (quatrième version) se compose de 5013 individus âgés de 2 ans à 23 ans 11 mois, et représente la population de 1980 aux États-Unis. Afin de mieux connaître cette dernière version, il serait indiqué de reparler de ses origines, de son historique et des différentes modifications qui y ont été apportées jusqu'à la dernière édition.

Historique

Comme nous l'avons vu au chapitre 1, Binet et Simon ont présenté, en 1905, une échelle diagnostique des enfants « normaux » et « anormaux » appelée l'Échelle

Binet-Simon. Mais assez vite, ils se sont rendu compte que leur échelle de 30 épreuves en ordre de difficulté croissant n'était pas adéquate. Trois ans plus tard, en 1908, Binet et Simon ont présenté une deuxième version de leur échelle. Cette version composée de 60 épreuves comprenait quelques items de plus et quelques items de moins par rapport à la première version, surtout en ce qui a trait aux enfants «anormaux». C'est dans cette version que Binet a fait appel à l'âge mental pour établir un classement hiérarchique des enfants basé sur leur rendement dans certaines épreuves.

En 1911, Binet et Simon ont mis au point la troisième version de leur échelle d'intelligence. Tout comme dans la version précédente, ils ont changé certaines épreuves et en ont ajouté d'autres. L'échelle composée de 54 épreuves était présentée aux sujets de façon plus détaillée. Elle comprenait aussi des épreuves pour l'âge adulte et définissait l'âge intellectuel plus précisément. En 1916, Terman a publié une adaptation américaine de l'Échelle Binet-Simon, appelée Échelle de révision Stanford, d'où le nom de Stanford-Binet, qui comportait 90 épreuves. Tout comme dans les versions précédentes, certaines épreuves étaient révisées et d'autres, ajoutées. On y trouvait une meilleure organisation en ce qui concerne l'évaluation et la passation; on y trouvait aussi des variantes à certaines épreuves. Cette échelle de révision Stanford-Binet reprenait le concept de quotient intellectuel de Stern, mais cette fois avec le multiplicateur 100 ($QI = (AM/AC) \times 100$).

En 1937, l'Échelle d'intelligence de Stanford-Binet a été révisée. Deux nouvelles formes ont été introduites, soit les formes L et M. Cette révision comportait une meilleure standardisation et un plus grand nombre d'épreuves de rendement pour les sujets plus jeunes. En 1960, Terman a présenté une nouvelle révision composée des meilleurs éléments des formes L et M de la révision de 1937. En 1972, Thorndike a publié des normes révisées pour les formes L et M. Les directives de passation et d'évaluation étaient à peu près les mêmes que dans la révision précédente.

Le matériel

Comme nous l'avons indiqué, le Stanford-Binet (quatrième version) comporte 15 sous-tests. La première épreuve est une épreuve de vocabulaire composée de 14 portraits et de 32 mots. La deuxième épreuve, la mémorisation, contient 42 items; elle consiste à reproduire un patron de billes, soit en les identifiant parmi des photos ou en les plaçant sur un bâton. La troisième épreuve, qui est quantitative, contient 40 questions sous forme de résolution de problèmes. La quatrième épreuve consiste dans la mémorisation de phrases; dans cette tâche, composée de 42 items, le sujet écoute et répète des phrases de plus en plus longues. La cinquième épreuve est l'analyse de modèles; elle est constituée de 42 items, où le sujet reproduit un patron à l'aide d'un certain nombre de cubes. La sixième épreuve concerne la compréhension; il s'agit de 42 questions où le sujet identifie des parties du corps et répond à des problèmes de compréhension sociale. La septième épreuve est celle des absurdités; elle est composée de 32 items, où le sujet découvre les non-sens. La huitième épreuve a trait à la mémorisation de chiffres ; le sujet répète correctement un ensemble de chiffres énoncés par l'examinateur, soit dans l'ordre normal, soit dans l'ordre inversé. Dans le premier cas, on trouve 14 séries de chiffres et dans le second, 12.

La neuvième épreuve est celle de la copie ; le sujet reproduit des figures géométriques à l'aide de cubes. Cette épreuve contient 28 items. La dixième épreuve, composée de 14 items, concerne la mémorisation d'objets. Le sujet tente de retrouver l'ordre précis dans lequel une série de photos d'objets lui a été présentée. La onzième épreuve, qui comprend 26 items, est l'épreuve des matrices. Le sujet choisit la lettre, l'objet ou la forme qui permet de compléter la configuration. La douzième épreuve est constituée de séries de chiffres. Composée de 26 items, elle demande au sujet de prédire les deux prochaines réponses dans une série. La treizième épreuve, formée de 18 items, consiste dans le pliage et le découpage de papier. Le sujet doit choisir le portrait auquel ressemble le plus un bout de papier plié et découpé lorsqu'il est déplié. La quatorzième épreuve, composée de 18 items, porte sur les relations verbales. Dans cette épreuve, le sujet indique à l'examinateur en quoi les trois premiers items sont semblables au quatrième et en même temps différents de lui. Quant à la quinzième épreuve, elle consiste à produire des équations. Dans cette expérience composée de 18 items, le sujet doit arranger des chiffres et des signes mathématiques de façon à former une équation. Comme nous l'avons mentionné précédemment, afin de faciliter la passation de l'examen, les quatre livrets réversibles du test permettent à l'examinateur de voir les instructions et la procédure, et au sujet de prendre connaissance des choix de réponses et des énoncés.

La valeur psychométrique

Pour ce qui est de la fidélité et de la validité, le Stanford-Binet (quatrième version) offre des données intéressantes. Selon Conoley et Kramer (1989), la fidélité du test s'avère excellente avec une variation de 0,95 à 0,99 pour les différents scores. La fidélité est aussi élevée pour les quatre aspects cognitifs, avec une variation de 0,80 à 0,97. Cependant, pour les épreuves séparées, la fidélité se situe entre 0,80 et 0,90, à l'exception de l'épreuve de mémorisation d'objets, où elle se situe entre 0,66 et 0,78. Masson (1992) constate que la fidélité a tendance à être plus élevée pour les groupes d'âge plus avancés. En ce qui concerne la validité, différents auteurs indiquent plusieurs comparaisons effectuées avec d'autres tests tels que le Stanford-Binet (formes L et M), le WISC-R, le WISC-III, le WPPSI, le WAIS et le K-ABC, et ce pour les populations « normale » et clinique (Kline et autres, 1993 ; Laurent, Swerdlik et Ryburn, 1992 ; Prevett et Matavich, 1994 ; Wilson, 1992). Selon les études présentées, les corrélations entre le Stanford-Binet (quatrième version) et les critères mesurés varieraient de 0,27 à 0,91. Gridley et McIntosh (1991) confirment la validité factorielle du Stanford-Binet (quatrième version).

Comme tout autre test d'intelligence, le Stanford-Binet possède une procédure à suivre afin de pouvoir interpréter les résultats. Dans ce cas, les scores bruts obtenus à chacune des 15 épreuves sont convertis en scores d'âge standard (SAS). Les *p 262 Modifié en 2001 → p 264*

SAS sont des scores standard normalisés avec une moyenne de 8. On trouve aussi des normes en scores d'âge standard sectoriels (moyenne = 100, écart type = 16) et des SAS composites (moyenne = 100, écart type = 16) possédant une échelle qui permet de donner un profil des scores d'âge standard pour chaque secteur sélectionné.

Le Stanford-Binet (quatrième version) possède sans doute les qualités nécessaires afin de mesurer adéquatement les habiletés cognitives des enfants, des adolescents et des jeunes adultes. Étant donné qu'il résulte d'une multitude de modifications, il s'avère un test plus complet et mieux adapté à ce qu'il cherche à mesurer. En général, la structure du test ainsi que la façon dont sont constitués le matériel et la procédure font du Stanford-Binet (quatrième version) un instrument de mesure de l'intelligence facile à utiliser par l'examinateur et à comprendre pour le participant. S'il est bien structuré, c'est grâce à ses livrets réversibles. Cependant, le Stanford-Binet (quatrième version) comporte des lacunes en ce qui concerne l'étendue des scores, qui n'est ni suffisante ni assez précise, pour les différents groupes d'âge des sujets examinés. Il faudrait accorder une attention particulière à ce problème afin de minimiser les distorsions dans les résultats lors de l'interprétation. Cette échelle est surtout intéressante pour ce qui est de l'évaluation globale de l'habileté mentale, mais pour différentes aptitudes elle manque d'exactitude et ne remplace pas les tests de Wechsler et le K-ABC de Kaufman (Chéné, 1988).

15.1.2   L'Échelle d'intelligence de Wechsler pour adultes, forme révisée (WAIS-R)

L'Échelle d'intelligence de Wechsler pour adultes, forme révisée (WAIS-R) de 1981, est la version la plus récente d'un des tests d'intelligence les plus populaires. Cette épreuve Wechsler-Bellevue Intelligence Scale, conçue en 1939 par David Wechsler, devait faire concurrence au Stanford-Binet, qui ne convenait pas aux adultes et était trop centré sur les aptitudes verbales. Cet instrument a donc pour fonction d'atteindre les aspects quantifiables de l'intelligence dans la population adulte de 16 ans à 74 ans 11 mois, en renonçant au concept d'âge mental. Comme, pour Wechsler, l'intelligence n'est pas une habileté unique et statique, mais un ensemble de capacités dynamiques jointes les unes aux autres, la force de cette union permet à l'individu d'avoir une compréhension de son monde et lui fournit un moyen de s'adapter à son environnement.

Cet instrument psychométrique est vite devenu très populaire dans le milieu de la psychologie, constituant une mesure adéquate des applications dans de nombreux domaines de recherche en psychologie. Cependant, avec les années, une révision du test s'avérait nécessaire; celle-ci s'est effectuée de 1977 à 1981.

L'étalonnage du test WAIS-R, adapté en France en 1989, inclut toutes les variantes représentatives de la population française. La structure du test reste identique, celui-ci étant séparé en deux sections indépendantes, soit une partie verbale et une partie ayant trait au rendement. Afin d'obtenir une mesure exacte des capacités de l'individu, la passation fait alterner les sous-tests verbaux et les sous-tests reliés au rendement.

Le contenu des sous-tests

La partie verbale du test de Wechsler comprend six sous-tests.

Information   Le premier instrument de mesure comprend 29 questions données par l'examinateur, et le sujet doit démontrer des connaissances variées. En général, les réponses aux questions sont connues par la plupart des individus appartenant à la culture occidentale.

Mémoire des chiffres   Le deuxième sous-test de cette partie consiste dans des séries de sept chiffres que le sujet répète dans l'ordre normal, puis à rebours. La mémoire à court terme de l'individu est sollicitée.

Vocabulaire   La fonction du troisième sous-test est de mesurer la richesse du lexique. Une liste de 35 mots est présentée sur une carte et oralement par l'examinateur. Le sujet donne une brève définition de chaque notion.

Arithmétique   Ce sous-test a pour fonction de mesurer les aptitudes reliées au raisonnement numérique. Le participant doit résoudre 14 problèmes de nature simple, sans utiliser de crayon.

Compréhension   Le sujet répond à 16 questions ouvertes qui portent sur toute une gamme de situations sociales.

Similitudes   Le dernier sous-test de la partie verbale est celui des similitudes. En répondant à 14 questions, le sujet explique les similitudes qui existent entre deux notions présentées.

Pour ce qui est de la partie relative au rendement, Wechsler a choisi cinq sous-tests.

Complètement d'images   Le premier sous-test conçu pour cette partie contient 20 figures incomplètes. Le sujet doit donc découvrir les éléments qui manquent.

Arrangement d'images   Le sous-test comprend 10 séries de 3 à 5 cartes. Lorsque les images sont placées en ordre, elles racontent une histoire.

Cubes   Le troisième sous-test de cette partie est le module de cubes. À l'aide des cubes, le sujet doit reproduire dans un temps limité un dessin présenté par l'examinateur.

Assemblage d'objets   Il s'agit d'assembler les morceaux d'un mannequin, d'un profil, d'une main et d'un éléphant. On accorde aussi des points pour une réalisation partielle.

Code   Le dernier sous-test de cette partie est celui des symboles numériques. La tâche consiste à reproduire en 90 secondes des signes graphiques auxquels correspondent des valeurs numériques.

Pour arriver aux résultats finals du test, il faut additionner les résultats pour chaque partie, puis les comparer aux tableaux de conversion. On répète cette démarche pour l'ensemble des sous-tests. L'examinateur arrive ainsi à trois mesures du quotient intellectuel, soit une pour la partie verbale, une pour la partie relative au rendement et une pour la totalité des sous-tests.

La valeur psychométrique

En examinant les facteurs et les variables du test, plusieurs auteurs (Coleman et autres, 1993 ; Crockett, 1993 ; Leonard, 1991) observent des corrélations significatives entre le WAIS-R et les résultats aux différents tests d'intelligence et aux mesures de la réussite scolaire et professionnelle. D'après les études factorielles, le WAIS-R serait une excellente mesure du facteur g. En général, on considère la partie relative au rendement comme la mesure de l'intelligence fluide, et la partie verbale comme la mesure de l'intelligence cristallisée chez les adultes.

L'erreur standard trouvée dans les trois mesures du quotient intellectuel, laquelle est inférieure à 5 points, témoigne de la fidélité du test. De plus, les données du manuel permettent de constater un excellent coefficient de fidélité dans la partie verbale (0,97), dans la partie portant sur le rendement (0,93) et dans l'ensemble des sous-tests (0,97) (Wechsler, 1981). Thompson et Molly (1993) confirment la très bonne stabilité des résultats après 3 et 18 mois.

Néanmoins, le test est limité sous certains aspects, dont l'extension des mesures du quotient intellectuel. En effet, ces mesures ne prennent pas en considération les personnes souffrant d'une déficience intellectuelle ni les surdoués. Malgré quelques lacunes, le WAIS-R constitue un excellent point d'appui dans la démarche évaluative des psychologues professionnels, et ce dans de nombreux domaines d'application.

15.1.3   L'Échelle d'intelligence de Wechsler pour enfants (WISC-III)

À partir du WAIS, Wechsler a élaboré, en 1949, un test d'intelligence pour enfants, la Wechsler Intelligence Scale for Children (WISC). Les sous-tests, qui étaient les mêmes, s'avéraient toutefois beaucoup plus faciles. En 1974, on a modernisé le WISC, ce qui a donné le WISC révisé. À son tour, le WISC-III a été publié en 1991. Le but principal de cette révision était de mettre à jour les normes. Notons que 73 % du contenu du WISC-R a été retenu dans le WISC-III. Le test comprend un sous-test additionnel, soit Recherche de symboles.

Malgré les 17 années d'écart entre les deux publications, les changements ne sont pas très nombreux. Les modifications les plus importantes concernent l'apparition des couleurs, l'ajout d'un sous-test et l'amélioration de la méthode d'évaluation et des instructions. De plus, certains items ont été ajoutés à la plupart des sous-tests.

La troisième version vise à évaluer l'intelligence globale, verbale et non verbale des jeunes âgés de 6 ans à 16 ans 11 mois. Le test peut être utilisé dans différentes situations, que ce soit en milieu scolaire, pour l'examen des enfants exceptionnels, pour des évaluations cliniques et neurophysiologiques ainsi que pour des recherches. Dans les pages qui suivent, nous présenterons le matériel nécessaire à ce test, décrirons les sous-tests et étudierons la validité et la fidélité du test.

Le matériel

La batterie du WISC-III est composée de 13 sous-tests, soit 6 sous-tests verbaux et 7 sous-tests non verbaux. Les cinq sous-tests verbaux de base sont les suivants : Information, Similitudes, Arithmétique, Vocabulaire et Compréhension. Quant aux cinq sous-tests de rendement obligatoires, il s'agit de Complètement d'images, Code, Arrangement d'images, Cubes et Assemblage d'objets. Il y a aussi trois sous-tests supplémentaires, soit Recherche des symboles, Mémoire des chiffres et Labyrinthes, qui peuvent remplacer des épreuves régulières si la passation ne se déroule pas de manière satisfaisante ou pour fournir une information complémentaire.

La passation des sous-tests verbaux et de rendement stimule l'intérêt de l'enfant. La plupart des épreuves sont présentées au sujet avec un exemple. De plus, chaque sous-test a un point de départ qui varie selon l'âge, afin d'éviter de longues séquences d'items trop faciles et assurer une passation rapide et efficace.

Sous-tests verbaux

Information   Ce sous-test porte sur les connaissances de l'enfant. Celui-ci doit répondre à 30 questions qui se rapportent à des noms d'objets, des lieux, des gens, l'histoire, la géographie, etc.

Similitudes   Cette épreuve oblige le sujet à déterminer en quoi deux notions ou objets sont semblables. Il y a 19 items en tout.

Arithmétique   Le sous-test Arithmétique consiste en une série de questions comportant des calculs qui augmentent en complexité. Il contient 24 items : 5 sont présentés sous forme d'images sur les cartes dans le livret de stimuli (ou recueil d'items), 13 sont présentés oralement et 6 sont sous forme écrite dans le livret. L'enfant n'a pas le droit d'utiliser un crayon et un papier. À chaque item est associée une limite de temps variant en fonction de sa complexité.

Vocabulaire   L'enfant doit donner une définition pour une série de 30 mots présentés par l'examinateur.

Compréhension   Dans ce sous-test, l'enfant doit répondre à une série de questions qui se rapportent à la vie quotidienne, à des actions et à des situations sociales.

Sous-tests de rendement obligatoires

Complètement d'images   Ce sous-test est composé d'images à compléter. On présente une carte sur laquelle se trouve un dessin où il manque un détail important. L'enfant doit dire quel est ce détail ou le montrer. Il y a 30 images incomplètes qui ont une difficulté croissante.

Code Chaque groupe d'âge reçoit une feuille différente avec des symboles constitués de chiffres et de figures. Il s'agit de reproduire les symboles appropriés dans un temps limité.

Arrangement d'images Ce sous-test demande au sujet de placer en ordre une série d'images pour composer une histoire logique. Les cartes sont présentées dans un ordre préétabli. Les 14 séries sont composées de 3 à 6 cartes. Le sujet dispose d'un temps limité pour reconstituer l'histoire.

Cubes Ce sous-test consiste à reproduire, avec des cubes à trois dimensions, des dessins bidimensionnels exposés sur des cartes. On a besoin de deux cubes pour l'item 1, de quatre cubes pour les items 2 à 9 et de neuf cubes pour les items 10 à 12.

Assemblage d'objets Ce sous-test ressemble à un casse-tête. Il comporte six items et un exemple. Chaque morceau a une place donnée dans une configuration que l'on présente à l'enfant et qu'il doit reconstituer.

Sous-tests supplémentaires

Recherche des symboles Dans ce premier sous-test supplémentaire, qui est non verbal, on présente un stimulus cible à l'enfant et celui-ci doit l'identifier dans une série.

Mémoire des chiffres Un autre sous-test supplémentaire, celui-ci verbal, fait appel à la mémoire immédiate des chiffres. L'examinateur présente 15 séries de chiffres oralement. Le sujet doit répéter 8 séries de chiffres dans l'ordre approprié tout de suite après l'examinateur, puis il doit répéter ces chiffres dans l'ordre inverse.

Labyrinthes Le dernier sous-test supplémentaire, qui est non verbal, est constitué de 10 labyrinthes. On demande à l'enfant de tracer une ligne dans le seul chemin possible pour se rendre du point A au point B. Il y a un temps limité pour chaque tâche.

L'interprétation

Afin d'obtenir un résultat fiable, il est important de suivre les règles d'évaluation dans le manuel de base où l'on trouve toutes les réponses possibles. Pour préparer une analyse de profil, il s'agit de calculer les résultats partiels à tous les sous-tests et de les transformer en quotients intellectuels verbal, relatif au rendement et global. L'analyse du profil comprend sept étapes. La première étape consiste à comparer les QI des sous-tests verbaux à ceux des sous-tests non verbaux. À la deuxième étape, on compare chaque résultat standardisé des sous-tests verbaux à la moyenne des sous-tests verbaux. La troisième étape consiste à comparer chaque sous-test non verbal à la moyenne des sous-tests non verbaux. À la quatrième étape, on compare chaque sous-test à la note standard moyenne de tous les sous-tests. À la cinquième étape, on compare les sous-tests par paires. À la sixième étape, on compare les scores de la compréhension verbale à ceux de l'organisation perceptuelle et à ceux de la vitesse de traitement. Enfin, la septième étape consiste à comparer les notes standard des sous-tests selon chaque facteur aux scores respectifs.

La validité et la fidélité

La fidélité du WISC-III est impressionnante, grâce à un coefficient de consistance interne de 0,89 qui caractérise les trois échelles réunies. Ainsi, la consistance interne pour les trois mesures — l'échelle globale (0,95), l'échelle verbale (0,95) et l'échelle de rendement (0,91) — est également très élevée. Les coefficients de fidélité des sous-tests, qui varient de 0,69 à 0,87, ne sont pas aussi élevés, mais ils sont quand même satisfaisants (Sattler, 1992).

Puisque le WISC-III est relativement nouveau, peu de recherches ont pu vérifier sa validité. Cependant, comme une grande partie du test est semblable au WISC-R, il est possible que la validité observée pour celui-ci autorise une comparaison. Signalons que les premières publications à ce sujet confirment cette hypothèse (Levinson et Folino, 1994; Lynn et Pagliari, 1994; Prevett et Matavich, 1994). On peut faire passer des formes abrégées de deux, trois, quatre ou cinq sous-tests, et les indices d'études métrologiques se trouvent dans le manuel.

15.1.4   L'Échelle d'intelligence de Wechsler pour la période préscolaire et primaire, forme révisée (WPPSI-R)

L'Échelle d'intelligence de Wechsler pour la période préscolaire et primaire (WPPSI) a été mise au point en 1967, pour mesurer l'intelligence des enfants âgés de 4 ans et 6 ans 6 mois. La révision de ce test (WPPSI-R) a rendu possible l'évaluation des enfants âgés de 3 ans à 7 ans, et le travail de la Psychological Corporation a permis d'actualiser un instrument de plus dans la populaire série des tests de Wechsler. Le WPPSI-R a été publié 22 ans après la version originale. Les buts principaux du WPPSI-R étaient de mettre à jour les normes du WPPSI et d'élargir l'étendue de l'âge visé par l'échelle (Wechsler, 1989).

Selon Stone, Gridley et Gyurke (1991), le WPPSI-R est beaucoup mieux adapté aux jeunes enfants. Il comprend un matériel nouveau avec plus de couleurs, des stimuli au format amélioré, plus d'activités pour les enfants, des directives simplifiées, de nombreux renseignements sur l'échantillon, l'introduction d'une tâche consistant à assembler des objets, et des possibilités élevées de répondre une deuxième fois aux demandes d'information. Tous ces ajustements, ajoutés à l'emploi de nombreux exemples, rendent cet instrument spécialement intéressant pour les enfants d'âge préscolaire.

Le WPPSI-R, qu'on fait passer sur une base individuelle, permet d'évaluer l'intelligence des enfants âgés de 3 ans à 7 ans 3 mois. Il fournit des mesures standardisées d'une variété d'aptitudes afin de rendre compte des différents aspects de l'intelligence. Le rendement de l'enfant dans ces tâches se traduit par un score composite, qui donne une estimation de la capacité d'un individu à comprendre le monde qui l'entoure et à y faire face (Wechsler, 1989).

L'organisation du WPPSI-R

Le WPPSI-R est mieux conçu que le WPPSI original. Il contient un groupe de sous-tests permettant de mesurer le rendement (les habiletés motrices-perceptuelles) et un autre groupe de sous-tests permettant d'évaluer la dimension verbale. Les scores obtenus aux sous-tests verbaux et de rendement donnent le quotient intellectuel pour l'aspect verbal et pour le rendement, respectivement. Les scores pour ces deux aspects combinés donnent le quotient intellectuel global.

La division de ces sous-tests selon l'aspect verbal et le rendement est appuyée d'une façon à la fois logique et empirique. De façon logique, selon la catégorie attribuée, et de façon empirique, car il s'agit de données observées. Cette division repose d'abord sur la nature de la réponse de l'enfant aux tâches, c'est-à-dire sur les réponses motrices — montrer, placer ou dessiner — aux sous-tests de rendement, et sur les réponses à voix haute aux sous-tests verbaux. Les sous-tests du WPPSI-R peuvent être facilement catégorisés selon le rendement ou l'aspect verbal à partir du mode d'expression de la réponse de l'enfant.

La partie relative au rendement comprend les sous-tests suivants : Assemblage d'objets, Figures géométriques, Carrés, Labyrinthes, Complètement d'images et Damier des animaux. Dans la partie verbale, on trouve les sous-tests Information, Compréhension, Arithmétique, Vocabulaire, Similitudes et le sous-test supplémentaire Phrases. Les sous-tests Damier des animaux et Phrases sont optionnels.

Le contenu des sous-tests

Sous-tests relatifs au rendement

Assemblage d'objets   Le sous-test Assemblage d'objets contient six boîtes de casse-tête imprimés en couleur. L'examinateur présente à l'enfant des morceaux de casse-tête (une scie, une fleur, une voiture, un ourson, un visage et un chien) placés dans une configuration standardisée. L'enfant doit assembler les pièces de façon à former un tout significatif dans un temps donné (entre 120 et 150 secondes selon le modèle).

Figures géométriques   Ce sous-test, qui contient 16 items, est composé de deux tâches distinctes. La première tâche consiste dans une reconnaissance visuelle. L'enfant regarde un dessin simple et, avec le stimulus encore en vue, montre le dessin correspondant parmi quatre dessins représentés. Lors de la deuxième tâche, sur le dessin retenu, l'enfant trace une figure géométrique en se basant sur un modèle : un cercle, un carré, un triangle, etc.

Carrés   Dans ce sous-test qui contient 14 items, l'enfant analyse et reproduit les modèles représentés à l'aide de cubes présentés sur une figure de deux couleurs. Cette tâche s'effectue dans une limite de temps précise.

Labyrinthes   À l'aide d'un papier et d'un crayon, l'enfant traverse des labyrinthes de difficulté croissante dans un temps limité.

Complètement d'images   Ce sous-test, qui comprend 28 items, demande à l'enfant d'indiquer les éléments manquants dans des images d'objets ou d'événements.

Damier des animaux   Dans ce sous-test, l'enfant doit placer de petites chevilles de bois de la bonne couleur dans les trous, sous une série d'animaux illustrés. L'exactitude des réponses et la vitesse d'exécution déterminent le score final.

Sous-tests verbaux

Information   Le sous-test Information contient 27 items. L'enfant démontre ses connaissances à propos d'événements ou d'objets de l'environnement. Il désigne une image ou répond à la question posée.

Compréhension   Le sous-test Compréhension contient 15 questions. L'enfant doit expliquer la raison de certaines actions et les conséquences de certains événements en répondant à des questions comme celle-ci : « Pourquoi doit-on prendre un bain ? »

Arithmétique   Ce sous-test est composé de 23 items. L'enfant doit démontrer la compréhension de concepts quantitatifs de base. Le WPPSI-R débute par des problèmes simples et progresse vers des problèmes de plus en plus difficiles.

Vocabulaire   Le sous-test Vocabulaire, qui contient 25 items, est maintenant un test en deux parties. On a en effet ajouté des items d'identification d'images faciles ; l'enfant doit alors nommer un objet représenté. Il doit aussi fournir des définitions verbales.

Similitudes   Ce sous-test est formé de 20 items. L'enfant doit pouvoir démontrer de trois façons sa compréhension du concept de comparaison. La première tâche constitue une nouvelle formule dans laquelle l'enfant choisit parmi plusieurs objets représentés celui qui ressemble le plus à un autre groupe d'objets représentés qui ont une caractéristique commune. Aucune réponse verbale n'est requise ; l'enfant répond en montrant son choix. Dans la deuxième tâche, l'enfant complète une phrase présentée verbalement qui comporte une similitude ou une analogie entre deux choses. La dernière tâche consiste à demander à l'enfant d'expliquer en quoi deux objets ou événements présentés verbalement sont semblables.

Phrases   Ce sous-test optionnel contient 12 items. L'examinateur lit une phrase à voix haute, que l'enfant doit répéter.

La passation

Un sous-test est arrêté quand l'enfant rate un nombre donné d'items consécutifs. Lorsque les réponses de l'enfant ne sont pas énoncées clairement, l'examinateur doit lui poser des questions afin de mieux comprendre. Ces questions sont essentielles à l'évaluation du rendement. Par ailleurs, l'examinateur doit faire passer les sous-tests du WPPSI-R de façon systématique, de sorte que la session se déroule bien. Le matériel ne doit pas être placé à la vue de l'enfant, car cela pourrait le déconcentrer dans les tâches qu'il a à effectuer.

Pour la plupart des sous-tests, la méthode d'évaluation est objective. Cependant, l'interprétation des réponses aux items dans les sous-tests Compréhension, Vocabulaire et Similitudes fait appel au jugement de l'examinateur. La feuille d'enregistrement des réponses du WPPSI-R fournit les espaces nécessaires pour inscrire les réponses de l'enfant aux items de chaque sous-test. Pour faciliter la tâche de l'examinateur, la feuille des réponses contient certains renseignements concernant la passation des sous-tests.

L'examinateur doit suivre une méthode pour déterminer les résultats bruts et standardisés de l'enfant. Elle servira à déterminer le quotient intellectuel quant à l'aspect verbal et à celui relatif au rendement, et à faire la combinaison des deux pour obtenir le quotient intellectuel global. Une discordance marquée entre le verbal et le rendement aura une signification clinique. Lorsque moins de 10 sous-tests sont utilisés, on peut calculer le quotient intellectuel à l'aide d'une méthode abrégée conçue pour estimer le QI de l'échelle de rendement, de l'échelle verbale et le total des deux (LoBello, 1991). Le manuel du WPPSI-R contient aussi une table d'équivalences de l'âge mental au test pour faciliter l'interprétation du rendement de l'enfant.

La valeur diagnostique

Selon Wechsler (1989), le WPPSI-R est recommandé dans l'évaluation de la capacité intellectuelle sur les plans éducationnel, clinique et de recherche. L'utilité première de ce test est qu'il permet de diagnostiquer des problèmes exceptionnels dans les écoles et en clinique. Il peut aussi servir dans les études pour documenter les changements dans le rendement avec le temps ou pour mesurer les effets de la réadaptation.

Le WPPSI-R utilise une moyenne de 100 pour le QI et un écart type de 15. Pour les sous-tests, la moyenne est de 10 et l'écart type, de 3. Le WPPSI-R est destiné aux enfants de 3 ans à 7 ans et 3 mois. Cependant, dans certaines occasions, on peut faire passer ce test à des enfants plus jeunes qui manifestent une forte capacité intellectuelle ou à des enfants plus vieux qui présentent une faible capacité de développement (Kaplan, 1992). Le matériel utilisé pour ce test s'applique seulement à ces groupes et les normes d'établissement du quotient intellectuel sont données pour l'âge considéré. Le WPPSI-R ne devrait pas être utilisé au complet auprès des enfants présentant un déficit visuel ou auditif.

Un score bas au WPPSI-R ne constitue pas en lui-même un diagnostic de retard mental. L'examinateur doit se borner à reconnaître qu'un quotient intellectuel bas signifie que le rendement au test est sous la moyenne. Il doit aussi tenir compte des normes du WPPSI-R : le QI peut descendre jusqu'à 41 et peut s'élever jusqu'à 160. Par conséquent, il est également possible d'utiliser le WPPSI-R pour reconnaître un enfant doué.

La standardisation

Le WPPSI-R est standardisé sur 1 700 enfants, soit 100 garçons et 100 filles dans chacun des huit groupes d'âge de 3 ans à 7 ans (établis selon un intervalle de six mois) et un groupe de 50 garçons et 50 filles de 7 ans à 7 ans 3 mois. On a utilisé le recensement général de la population de 1986 aux États-Unis et de 1992 en France pour choisir des enfants représentatifs de l'échantillon normatif.

La fidélité

Le WPPSI-R possède une excellente fidélité en ce qui concerne les quotients intellectuels pour le rendement et l'aspect verbal et le quotient intellectuel global, dans huit des neuf groupes d'âge faisant l'objet du test. De 3 ans à 6 ans 6 mois, la fidélité pour chacun de ces trois quotients intellectuels varie de 0,90 à 0,97, ce qui est excellent. Cependant, pour l'âge de 7 ans, les coefficients de fidélité pour les deux premiers quotients intellectuels, soit le rendement et l'aspect verbal ($r_{XX'} = 0,85$ et 0,86 respectivement), sont moins satisfaisants que le coefficient pour le quotient intellectuel global ($r_{XX'} = 0,90$) (Kaplan, 1992 ; Sattler, 1992).

Dans les neuf groupes d'âge, la consistance interne moyenne de la fidélité est de 0,92 pour le quotient intellectuel relatif au rendement, de 0,95 pour le quotient intellectuel verbal et de 0,96 pour le quotient intellectuel global. La fidélité des sous-tests est moindre que celle des trois échelles. La fidélité moyenne aux sous-tests varie de 0,63 pour Assemblage d'objets à 0,86 pour Similitudes (Wechsler, 1989).

Les erreurs standard de mesure des quotients intellectuels sont de 3,00 pour le résultat global, de 4,24 pour le résultat relatif au rendement et de 3,35 pour le résultat verbal (Whitten et autres, 1994).

La validité

Les études effectuées indiquent que le WPPSI-R a une validité concourante et une validité de construit adéquates et que par rapport au WPPSI original il est plus précis, particulièrement pour les enfants exceptionnels (Milrod et Rescorla, 1991). On possède très peu d'information sur la validité du WPPSI-R pour les enfants de 3 ans et de 7 ans, qui constituent les deux nouveaux groupes de ce test. Par contre, ses qualités spécifiques en font un instrument valide en comparaison de l'Échelle de maturité mentale de Columbia (Carvajal et autres, 1993), de l'Échelle d'aptitudes pour enfants de McCarthy (Karr et autres, 1993), du WISC-III (Kaufman,

1992), du Stanford-Binet-IV (Carvajal et autres, 1991) ainsi que du Test de vocabulaire en images (Carvajal et autres, 1992).

Le WPPSI-R possède plusieurs avantages tels que d'excellentes propriétés psychométriques globales, une information diagnostique utile, une bonne procédure administrative, un bon manuel et son appartenance à la série de tests de Wechsler. Même si le WPPSI-R constitue un excellent instrument de mesure, on note certains problèmes, comme un temps de passation long et une évaluation difficile en ce qui concerne certains sous-tests (Whitten et autres, 1994).

En somme, le WPPSI-R est un test bien standardisé, dont la fidélité et la validité sont bonnes. Il est fortement utile dans le travail clinique et psychoéducatif.

15.1.5   La Batterie pour l'examen psychologique de l'enfant (K-ABC)

La Kaufman Assessment Battery for Children (K-ABC) (Kaufman et Kaufman, 1983a) mesure l'intelligence et le rendement chez les enfants âgés de 2 ans 6 mois à 12 ans 6 mois. Le K-ABC est conçu pour des évaluations psychologiques, cliniques et psychoéducatives. Il peut aussi servir à la planification scolaire, au placement des élèves et à l'évaluation des groupes minoritaires.

Description

Le K-ABC est composé de 16 sous-tests, regroupés de façon à donner 4 échelles majeures, soit l'échelle du processus séquentiel, l'échelle du processus simultané, l'échelle des connaissances acquises et l'échelle non verbale.

Les auteurs du K-ABC ont déterminé l'échelle du processus séquentiel à partir de trois sous-tests, soit Mouvements de la main, Mémoire des chiffres et Ordre des mots. Quant à l'échelle du processus simultané, elle comporte les sous-tests Fenêtre magique, Reconnaissance de personnes, Reconnaissance de visages, Triangles, Matrices analogiques, Mémoire spatiale et Séries de photos. Les sous-tests de l'échelle des connaissances acquises sont les suivantes : Vocabulaire expressif, Visages et places, Arithmétique, Énigmes, Lecture/Décodage et Lecture/Compréhension. En ce qui concerne l'échelle non verbale, elle est dérivée des sous-tests de rendement. En plus, la dimension du processus mental est formée des échelles du processus séquentiel et du processus simultané qui constituent une mesure de l'intelligence dans le K-ABC.

Le K-ABC semble être équivalent aux autres échelles des tests d'intelligence pour enfants. Chaque sous-test mesure des habiletés particulières, ce qui entraîne des conséquences quant à l'interprétation des scores hauts et bas.

Les échelles majeures regroupent les sous-tests autour d'aptitudes semblables. L'échelle du processus séquentiel mesure l'habileté à résoudre des problèmes qui nécessitent l'arrangement des stimuli en ordre continu ou sériel. L'échelle du processus simultané mesure l'habileté à résoudre des problèmes spatiaux, analogiques et organisationnels qui requièrent le traitement de plusieurs stimuli en même temps. L'échelle des connaissances acquises, pour sa part, évalue les habiletés et l'information ayant trait au vocabulaire, à l'arithmétique et à l'orientation générale. Par ailleurs, l'échelle non verbale est composée de sous-tests qui ne font pas appel à l'expression orale. Cette partie est spécialement conçue pour les enfants ayant un handicap auditif ou pour ceux qui ne s'expriment pas oralement. Enfin, la dimension du processus mental est la mesure de l'intelligence globale.

La passation

Les 16 sous-tests ne sont jamais soumis au complet à un même enfant. Le nombre de sous-tests qu'on fait passer à l'enfant dépend de son âge; ainsi, un enfant de 2 ans 6 mois passera 7 sous-tests tandis qu'un enfant de 12 ans 5 mois en passera 13. C'est pourquoi la durée de la passation peut varier de 35 à 80 minutes. Le nombre de sous-tests selon l'âge ainsi que la durée de la passation sont présentés par Bracken (1985).

Le matériel est composé de trois chevalets pour tous les sous-tests. Ces chevalets s'ouvrent et restent debout pendant l'épreuve, de sorte que l'enfant voit l'image, tandis que l'examinateur peut voir les instructions de l'autre côté. La passation est donc très simple, car les directives sont toujours à portée de la main de l'examinateur. Les sous-tests sont présentés dans l'ordre indiqué dans le manuel, et seuls les tests appropriés à l'âge de l'enfant sont utilisés (Kaufman et Kaufman, 1983b).

La standardisation

On a testé un échantillon national américain composé de 2 000 enfants et un échantillon français formé de 1 200 enfants, âgés de 2 ans 6 mois à 12 ans 5 mois, représentatif de la population selon l'âge, le sexe, la région, l'éducation des parents, l'ethnie et la grandeur de la communauté. Plusieurs normes ont alors été établies — quelques-unes nécessitant l'évaluation de sujets additionnels —, surtout au sujet des standards socioculturels et de l'éducation des parents. Les tableaux de normes transforment les scores bruts des échelles en scores standard normalisés avec une moyenne de 100 et un écart type de 15. Cependant, pour les sous-tests, les scores ont une moyenne de 10 et un écart type de 3.

L'interprétation

L'interprétation du K-ABC est un processus comportant trois étapes (Kaufman et Kaufman, 1983b). Au cours de la première étape, on suit des règles pour calculer et compiler les profils des échelles et des sous-tests; cela permet de faire la distinction entre les fluctuations réelles et le hasard. À la deuxième étape, on cherche à comprendre la raison pour laquelle l'enfant présente des fluctuations significatives. À cette étape se fait l'intégration de la théorie, de la logique et du jugement clinique. Finalement, la troisième étape donne des moyens de traduire les résultats en une intervention éducative.

La valeur psychométrique

Les recherches effectuées sur le K-ABC donnent plusieurs arguments en faveur de sa validité (Glutting et autres, 1992; Stassen, 1993). De plus, les coefficients de consistance interne sont assez élevés. D'après les analyses comparatives, les corrélations sont significatives avec les échelles similaires (Kline et autres, 1993). Enfin, la validité de construit confirme la bonne saturation en facteur général *g* (Gridley et autres, 1990).

Le K-ABC présente d'autres qualités psychométriques (Matazow et autres, 1991); les indices de fidélité selon la méthode des moitiés (*split half*) pour les échelles globales varient de 0,84 à 0,95. Les indices pour la deuxième passation du test sont assez élevés. Quant aux erreurs standard de mesure, elles sont raisonnables. Les auteurs conseillent toutefois d'interpréter les différences entre les scores en fonction des probabilités. En dernier lieu, les coefficients de corrélation sont tous positifs et significatifs. En gros, le test est fidèle et mesure toujours le même construit, mais il faut quand même être conscient des limites des résultats.

Malgré tous les aspects positifs du K-ABC, celui-ci fait l'objet de certaines critiques, attribuables au fait qu'il s'agit d'une nouvelle batterie de tests. D'abord, l'absence de tests verbaux ou de raisonnement dans la dimension du processus mental constitue une faiblesse, car les habiletés verbales sont des composantes importantes des capacités intellectuelles. Plusieurs items dépendent de la mémoire à court terme; cela réduit l'efficacité du K-ABC parce qu'il est impossible d'obtenir une mesure très précise auprès des enfants ayant des difficultés d'attention ou de mémoire du travail. Seulement cinq sous-tests de la dimension du processus mental sont utilisés chez les enfants âgés de 2 ans 6 mois à 3 ans. Les résultats ne peuvent donc pas donner une image complète des habiletés cognitives ou de résolution de problèmes. Aussi, les termes «processus séquentiel» et «processus simultané» sont ambigus; il est difficile de savoir s'ils renvoient à la présentation du matériel, à la forme de réponse, aux hémisphères du cerveau qui sont en cause, aux stratégies utilisées par l'enfant, et ainsi de suite. Ces termes sont trop vagues pour permettre de mieux comprendre les processus cognitifs. La dernière critique mentionnée concerne les plafonds. Le K-ABC a des plafonds assez bas, ce qui limite la possibilité d'évaluer les enfants surdoués.

Le K-ABC est une nouvelle batterie cognitive qui atteint de hauts standards de qualité. Il s'agit d'un instrument prometteur qui répond bien aux besoins pratiques. Il ne devrait toutefois pas être utilisé comme instrument exclusif pour une évaluation des habiletés intellectuelles ou pour une évaluation clinique. Il est toujours préférable de faire passer une batterie comprenant une série de tests, auxquels le K-ABC apportera une contribution importante.

15.1.6   Le Test d'habiletés psycholinguistiques d'Illinois

En 1957, afin de combler le manque de matériel diagnostique pour différencier les divers aspects des habiletés cognitives, Osgood proposa l'Illinois Test of Psycholinguistic Abilities (ITPA). Ce test était un outil diagnostique et non un système de classification. Puis, en 1968, l'ITPA fut révisé par Kirk, McCarthy et Kirk. Le but du test est de pouvoir prédire les difficultés d'apprentissage afin de remédier aux besoins des enfants déficients. Il vise particulièrement les problèmes de communication (Kirk, McCarthy et Kirk, 1968).

Le modèle de l'ITPA

Le modèle psycholinguistique de l'ITPA consiste à déterminer les fonctions par lesquelles le sujet réussit à transmettre des messages verbaux et non verbaux ainsi qu'à interpréter l'information qui lui est fournie par son environnement. Ce modèle propose trois dimensions pour les habiletés cognitives : les canaux de communication, les processus psycholinguistiques et les niveaux d'organisation.

Les canaux de communication comprennent les différents moyens que l'on adopte afin d'avoir une communication efficace. Il s'agit des registres sensoriels (par exemple auditif et visuel) et des registres d'expression (par exemple vocal et moteur). L'ITPA utilise les canaux auditif-vocal et visuel-moteur, puisque ceux-ci sont plus pertinents pour le niveau d'âge auquel il s'intéresse.

Pour ce qui est de la deuxième dimension, les trois principaux processus psycholinguistiques sont le processus réceptif (les habiletés permettant de reconnaître et de comprendre ce qui est vu ou entendu), le processus expressif (les habiletés d'expression orale ou gestuelle des idées) et le processus organisationnel (le maniement des concepts et des symboles linguistiques qui intervient entre le processus réceptif et le processus expressif).

Quant aux niveaux d'organisation, ils sont déterminés par le degré auquel les habitudes de communication sont organisées. Leurs deux composantes sont le niveau représentatif (le processus de médiation complexe qui est chargé de déterminer le sens des symboles qui désignent un objet) et le niveau automatique (le niveau auquel les habitudes sont moins volontaires et davantage organisées et intégrées).

Le matériel

L'ITPA est composé de 12 sous-tests dont le classement permet de mesurer les trois dimensions des habiletés cognitives. Dix de ces sous-tests sont obligatoires, tandis que les deux autres sont optionnels.

Le niveau d'organisation est divisé en un aspect représentatif et un aspect automatique-séquentiel. Dans l'aspect représentatif, le processus réceptif est mesuré par la réception auditive et la réception visuelle. Le sous-test de réception auditive mesure la capacité de l'enfant à faire ressortir le sens du matériel verbal présenté. Dans le sous-test de réception visuelle, on mesure la capacité de l'enfant à dégager le sens du matériel visuel présenté. Le processus organisationnel de la partie représentative se mesure par un sous-test d'association auditive-vocale et visuelle-motrice. Dans le sous-test d'association auditive-vocale, l'enfant doit démontrer sa capacité à relier des concepts présentés visuellement à l'aide du sous-test d'association visuelle-motrice. Des sous-tests d'expression vocale et d'expression manuelle permettent de mesurer les processus expressifs de l'aspect représentatif. Le but de l'expression vocale est d'observer les habiletés de l'enfant à exprimer certains concepts oralement, et celui de l'expression manuelle est d'établir la capacité de l'enfant à s'exprimer par les gestes.

Les différents sous-tests qui correspondent à l'aspect automatique-séquentiel sont divisés en deux catégories : le complètement et la mémoire séquentielle. Le complètement sert à mesurer l'habileté de l'enfant à compléter une partie d'une photo ou d'une expression verbale ; il est divisé en quatre sous-tests : le complètement grammatical, le complètement auditif (test supplémentaire 1), le mélange des sons (test supplémentaire 2) et le complètement visuel. On mesure à l'aide du sous-test de complètement grammatical les habiletés de l'enfant à organiser la syntaxe et la grammaire. Le deuxième sous-test évalue la capacité de l'enfant à trouver une partie manquante d'une présentation auditive afin de produire un mot complet. Dans le troisième sous-test, l'enfant doit prononcer un mot à l'aide des lettres qui lui sont présentées verbalement. Enfin, le test de complètement visuel permet d'évaluer l'habileté de l'enfant à identifier un objet familier auquel il manque une partie. Les sous-tests de complètement auditif et de mélange des sons sont des sous-tests supplémentaires ; par conséquent, leur passation n'est pas obligatoire.

Afin de mesurer la mémoire séquentielle, on utilise un sous-test de mémoire auditive où le sujet doit démontrer sa capacité à se rappeler les chiffres qui lui sont présentés oralement, ainsi qu'un test de mémoire visuelle où l'enfant doit reproduire une séquence de figures.

À partir des données brutes de ce test, il est possible de calculer l'âge psycholinguistique et les échelles des habiletés. L'âge psycholinguistique indique les habiletés psycholinguistiques générales par rapport à la moyenne. Avec le profil, on peut tenir compte des moyennes et des variances d'un groupe pour chaque aspect mesuré.

La valeur psychométrique

L'ITPA est censé mesurer les habiletés psycholinguistiques ; cependant, seulement la moitié des sous-tests mesurent l'utilisation du langage. Pour cette raison, une personne qui ne parle pas l'anglais peut quand même réussir le test si elle reçoit la traduction appropriée des instructions.

L'échantillon qu'on a choisi pour faire la standardisation consistait en des enfants « normaux » qui avaient une intelligence moyenne, qui provenaient de la classe

moyenne et qui n'avaient pas de handicap physique ou de perturbation émotionnelle. Il existe des normes de comparaison pour des enfants «normaux» de 2 ans à
10 ans, mais il serait préférable de disposer d'un échantillon plus grand et plus
représentatif. En outre, on remarque que le manuel ne contient aucune indication
concernant la population à laquelle on peut faire passer ce test.

De plus, Kirk et Kirk (1978) observent que certains sujets obtiennent un score
faible pour des fonctions auditives parce qu'ils ont de la difficulté à comprendre le
langage de l'expérimentateur ou parce qu'ils font une utilisation non standard du
langage. Par ailleurs, le manuel ne précise pas la méthode qu'on a utilisée pour
vérifier la validité et la fidélité du test.

Malgré les critiques émises, l'ITPA permet de diagnostiquer les difficultés d'apprentissage à l'école, ce qui est utile étant donné que de très nombreuses écoles
basent leur enseignement sur les capacités du langage, de la perception et de la
mémoire à court terme. Par conséquent, même si le test ne mesure pas tout à fait
ce qu'indique son titre, il est utile pour déterminer les problèmes de fonctionnement des élèves qui ont des difficultés d'apprentissage. Plusieurs études qui ont
confirmé la validité de l'ITPA démontrent que ses résultats sont comparables à
ceux d'autres tests d'intelligence (Humphrey et Rice, 1973).

15.2   LES ÉCHELLES DE DÉVELOPPEMENT

15.2.1   L'Inventaire de développement de Gesell

L'Inventaire de développement d'Arnold Gesell vise à déterminer l'âge de développement des enfants d'âge préscolaire en fonction des modèles de comportement et des caractéristiques du développement. En d'autres mots, l'enfant acquiert
une information cognitive de la même façon qu'il acquiert un modèle de comportement, soit par un processus de développement (Gesell et Amatruda, 1964). La
structure psychologique est donc essentiellement la somme d'une multitude de
fonctions comportementales en croissance (Gesell et Ilg, 1949).

Description

Selon Gesell (1949, 1961), le comportement de l'enfant est évalué par son progrès
dans plusieurs aspects majeurs. Il importe donc de faire une observation objective
et générale des échantillons du comportement de l'enfant en fonction du développement de sa motricité, de son adaptabilité, de son langage et de ses réactions
sociales.

L'Inventaire de développement proposé par Gesell s'applique aux enfants d'âge
préscolaire, soit de 4 semaines à 6 ans. Dans le manuel d'instructions générales
pour l'emploi du test, on trouve six séries (Gesell, 1949, 1961). La série 1 contient
10 feuilles standard comprenant trois groupes d'âge par feuille. Il s'agit des
feuilles 1A pour les niveaux de 4 à 8 semaines, dont l'âge clé est de 4 semaines;

1B pour les niveaux de 12 à 20 semaines, dont l'âge clé est de 16 semaines ; 1C pour les niveaux de 24 à 32 semaines, dont l'âge clé est de 28 semaines ; 1D pour les niveaux de 36 à 44 semaines, dont l'âge clé est de 40 semaines ; 1E pour les niveaux de 48 à 56 semaines, dont l'âge clé est de 52 semaines ; 1F pour les niveaux de 15 à 21 mois, dont l'âge clé est de 18 mois ; 1G pour les niveaux de 21 à 30 mois, dont l'âge clé est de 24 mois ; 1H pour les niveaux de 30 à 42 mois, dont l'âge clé est de 36 mois ; 1I pour les niveaux de 42 à 54 mois, dont l'âge clé est de 48 mois ; et 1J pour les niveaux de 54 à 72 mois, dont l'âge clé est de 60 mois.

La série 2 est une forme analytique composée de six feuilles comprenant 15 groupes d'âge par feuille et une feuille du score analytique. La feuille 2A concerne le comportement relatif à la posture ; la feuille 2B a trait à la compréhension ; la feuille 2C se rapporte au comportement perceptuel ; la feuille 2D correspond au comportement adaptatif ; la feuille 2E concerne le langage social ; et la feuille 2F contient le score analytique.

La série 3 est un relevé des observations effectuées. Pour ce qui est de la série 4, il s'agit d'un sommaire de l'entretien supplémentaire sur le comportement. La série 5 est constituée d'un résumé et des conclusions de l'examinateur. Finalement, la série 6 se compose de l'inventaire préliminaire du comportement.

De plus, ce test requiert un matériel d'examen. On y trouve, par exemple, la feuille F1, qui contient un bonhomme incomplet ; la feuille F8, représentant un enfant qui fait des bulles de savon ; et la feuille M1, composée de labyrinthes de Porteus.

L'utilisation du test

L'Inventaire de développement de Gesell vise à décrire l'âge de développement en s'appuyant sur des niveaux de maturité et des échantillons de comportements. Cette description est basée sur la corrélation entre une fonction observée et un comportement établi. Les feuilles standard permettent d'effectuer cette corrélation en distinguant les comportements moteurs, adaptatifs, verbaux et sociaux. Cette disposition des comportements aide à évaluer la corrélation avec un âge clé qui se situe dans la colonne centrale de la feuille.

L'âge clé tient donc un rôle prédominant dans le diagnostic posé sur le développement. Il représente le stade de base de la maturité auquel le comportement observé peut être comparé à des fins d'évaluation clinique (Gesell et Amatruda, 1964). Par ailleurs, on utilise les feuilles standard pour comparer directement le comportement d'un enfant à un âge de base. Il s'agit donc d'une forme comparative de mesure (Gesell, 1949, 1961). Cela permet d'évaluer et de comprendre le comportement d'un enfant en fonction du stade de la maturité.

L'évaluation du test n'étant pas numérique mais plutôt comparative, les six séries de rapports énumérées précédemment servent de feuilles de notation (Gesell, 1949, 1961). L'évaluation se résume donc à l'utilisation de l'Inventaire de développement de Gesell.

La valeur psychométrique

Knobloch et Pasmanick (1960) rapportent des données concernant la fidélité du test. Ils ont effectué des corrélations entre le quotient de développement obtenu par l'examinateur et d'autres observateurs qui étaient formés par le même instructeur. Pour l'ensemble des cas cliniques et des enfants «normaux» participant à une étude longitudinale, on observe une corrélation qui varie de 0,90 à 0,99 pour les échantillons d'enfants âgés de 40 semaines, chacun des groupes étant composé de 12 à 44 sujets.

Avec un échantillon de 195 enfants âgés de 3 ans, Knobloch et Pasmanick (1960) rapportent une corrélation de 0,87 entre l'Inventaire de développement de Gesell et l'Échelle d'intelligence de Stanford-Binet. Cette corrélation est significativement élevée, puisqu'un bon nombre d'items de l'Inventaire de développement sont tirés directement du Stanford-Binet.

Cependant, Gardner et Swinger (1958) ont obtenu une corrélation de −0,64 entre le quotient de développement et l'âge chronologique dans une étude menée auprès de 128 enfants âgés de 4 à 92 jours. Ce résultat démontre une discrimination inadéquate de l'Inventaire de développement de Gesell en ce qui a trait au développement de l'enfant au cours des premières semaines de sa vie.

Simon et Bass (1956) ont obtenu un coefficient de corrélation se situant entre 0,45 et 0,52 chez des enfants testés au cours de l'enfance avec l'Inventaire de développement de Gesell et testés de nouveau après l'âge de 5 ans avec le Stanford-Binet ou le WISC. Ces résultats indiquent une validité prédictive assez significative.

Il faut souligner la nécessité d'une nouvelle standardisation de l'Inventaire de développement de Gesell. En effet, depuis l'élaboration de ce test, les modèles de comportement se sont modifiés en raison de l'éducation, des soins pédiatriques améliorés ou d'une meilleure nutrition. De plus, il existe une grande différence dans le développement des enfants attribuable aux conditions socio-économiques et socioculturelles.

Les instructions, le mode d'évaluation et la procédure de standardisation de l'Inventaire de développement de Gesell sont présentés dans plusieurs ouvrages de référence, ce qui peut compliquer l'examen diagnostique ou psychométrique. Il serait préférable de réunir tous les renseignements relatifs au test dans un seul manuel d'instructions générales.

Par ailleurs, lorsque la croissance d'un enfant n'est pas conforme aux normes de développement, la tâche de l'examinateur qui veut poser un diagnostic s'avère plus compliquée. Gesell (1961) indique également certaines précautions que l'examinateur doit prendre en ce qui concerne la sécurité physique, l'hygiène et son attitude envers des facteurs émotionnels pouvant se présenter durant l'observation clinique d'un enfant.

Toutefois, l'Inventaire de développement de Gesell a des mérites, comme ses descriptions détaillées du comportement des enfants d'âge préscolaire. L'utilisation des tableaux est simple et ceux-ci sont détaillés.

Dans la plupart des cas, le test ne présente aucune difficulté particulière en raison de sa simplicité et de la précision de sa description. Cependant, l'examinateur doit garder son sens critique et faire preuve d'une grande finesse d'esprit lorsqu'il pose un diagnostic. Le développement de l'enfant est un processus continu; c'est pourquoi l'observation du comportement et l'établissement de conclusions psychologiques exigent certaines précautions.

15.2.2   Les étapes de l'intelligence sensorimotrice

L'échelle de développement mise au point par Casati et Lézine (1968), qui était à la base une série d'épreuves adaptées de Piaget, vise à mesurer le niveau de développement psychomoteur des enfants de la naissance à 2 ans. Cette méthode s'inspire de Piaget surtout en ce qui concerne son concept d'intelligence sensorimotrice, qui comprend les stades suivants :

— stade I :   les adaptations sensorimotrices élémentaires ;
— stade II :   les premières adaptations acquises et les réactions circulaires primaires ;
— stade III :   les adaptations sensorimotrices intentionnelles et les réactions circulaires secondaires ;
— stade IV :   la coordination des schèmes secondaires et leur application aux situations nouvelles ;
— stade V :   la réaction circulaire tertiaire et la découverte des moyens nouveaux par une expérimentation active ;
— stade VI :   l'invention de moyens nouveaux par la combinaison mentale.

Le matériel et la standardisation

Les épreuves choisies se regroupent autour de quatre thèmes, soit la recherche de l'objet disparu, l'utilisation des intermédiaires, l'exploration des objets et le comportement dans des tâches et des combinaisons d'objets. Pour chaque type de situation, le manuel donne des précisions quant au matériel utilisé et aux techniques de notation. Les items sélectionnés sont représentatifs aux stades proposés par Piaget (1963a). L'échantillon consiste en une population de 305 enfants «normaux» âgés de 6 mois à 2 ans; on y donne la correspondance entre les items, les stades et les âges.

La première tentative pour élaborer une échelle standardisée à partir des conceptions de Piaget semble assez réussie, quoique sa validité et sa fidélité restent inconnues jusqu'à présent. Les monographies de l'école de Piaget complètent le manuel de passation. Les auteurs étudient l'évolution des activités et l'évolution individuelle des conduites des enfants à partir des résultats obtenus sur la population d'étalonnage.

15.2.3   L'Échelle de développement mental de Griffiths

Cette échelle cherche à mesurer l'intelligence ou à évaluer le degré d'acquisition de certaines habiletés. Elle évalue l'intelligence chez des enfants âgés de 2 semaines à 2 ans et permet de faire un dépistage précoce des déficits de développement. Cette démarche est indispensable à l'application de programmes visant à stimuler le développement de l'enfant.

Description et passation

L'épreuve comprend 5 sous-tests qui contiennent 52 items chacun divisés par âge. Pour la première année, il y a trois items par semaine, et pour la deuxième année, deux items par semaine. Les cinq sous-tests évalués portent sur la locomotion, la sociabilité, la vocalisation et l'écoute active, la manipulation des mains et le développement visuel, et enfin le rendement.

La passation du test demande de la flexibilité en raison du jeune âge du sujet. De plus, le comportement de l'examinateur et l'ambiance qu'il crée influenceront le déroulement du test. L'ordre de présentation n'a pas d'importance; il suffit d'éveiller la curiosité de l'enfant lorsqu'on applique les différents sous-tests. Il est très important de ne pas contraindre le sujet à faire quelque chose; il faut l'observer au lieu d'essayer de l'amener dans une direction donnée.

La passation du test prend environ de 20 à 40 minutes, selon l'âge du sujet. L'expérimentateur commence par soumettre les items prévus pour deux mois précédant l'âge chronologique du sujet; il continuera jusqu'à ce que l'enfant réussisse six items de suite ou, au contraire, il s'arrêtera après six échecs consécutifs de la part de l'enfant.

Pour calculer les résultats d'un jeune enfant âgé de moins d'un an, on évalue chaque sous-test en convertissant les scores en âge mental sur la base de trois items par semaine.

$$\text{Âge mental (en semaines)} = \frac{\text{Total des items réussis}}{3}$$

Ensuite, on convertit l'âge mental en quotients relatifs aux aspects spécifiques A, B, C, D et E. Ainsi, on obtient cinq quotients, soit un pour chaque sous-test.

$$\text{Quotient A} = \frac{\text{Âge mental}}{\text{Âge chronologique}} \times 100$$

Finalement, il s'agit de faire la moyenne des cinq quotients pour obtenir le quotient général (QG).

Pour calculer les résultats des enfants de plus d'un an, il faut calculer l'âge mental pour les résultats de la première année de la façon que nous venons d'indiquer.

Ensuite, il faut calculer le total des items de la deuxième année et diviser celui-ci par deux (étant donné que, dans la deuxième année, il n'y a que deux items par semaine). Enfin, il faut additionner l'âge mental de la première année et celui de la deuxième année pour obtenir les quotients aux cinq items, puis calculer le quotient général.

La valeur psychométrique

L'âge mental de 2 ans est le résultat le plus élevé qui puisse être attribué. Selon Hindley (1960), un enfant intelligent atteindra ce niveau à 18 mois. La moyenne du quotient général est de 99,7 avec une erreur standard de 12 points. Pour donner un équivalent du quotient général, disons qu'un quotient de 132 serait l'équivalent du QI de 140 dans l'échelle de Stanford-Binet ou de 150 dans l'échelle de Terman-Merrill.

Ce test a été standardisé sur un échantillon préliminaire de 604 jeunes enfants londoniens. L'échantillon final contenait 571 cas soumis à un premier test, soit 292 garçons et 279 filles. Pour que les résultats soient confirmés dans la deuxième année, quelques tests sur des bébés déjà évalués ont été faits. Malgré tout, la standardisation manque de précision. Il est important de noter que l'auteure comprend la difficulté de mesurer l'intelligence des bébés et elle sait que son test n'est pas aussi précis que ceux qui s'adressent aux enfants plus vieux (Hindley, 1960). Cette auteure ajoute qu'il est difficile de construire un test qui mesure l'intelligence chez de petits enfants déficients tout en mesurant l'intelligence des enfants «normaux» et en établissant une norme.

Quoique les diagnostics ne soient pas précis, ce test constitue une bonne façon de dépister les déficiences telles que le retard mental, le handicap moteur, la surdité ou les problèmes de vision. De plus, comme chaque sous-test peut être évalué séparément, cela permet de connaître l'aspect du développement le plus insuffisant et, par le fait même, demande une grande attention.

Plusieurs recherches citées par Griffiths (1976) estiment que la relation entre les tests destinés aux jeunes enfants et ceux destinés aux enfants plus âgés n'est pas forte. L'auteure explique que les résultats pourraient être biaisés par le fait que le développement normal de l'enfant se produit en spirale. En d'autres mots, l'enfant concentre son intérêt sur un aspect particulier pour ensuite progresser par rapport à un autre aspect.

15.2.4   Les Échelles d'aptitudes pour enfants de McCarthy (MSCA)

Afin d'évaluer les habiletés des enfants, principalement des enfants d'âge préscolaire, et dans le but de prédire le rendement scolaire d'un enfant, Dorothea McCarthy a publié les McCarthy Scales of Children's Abilities (MSCA).

Description

Le MSCA est une épreuve individuelle destinée aux enfants de deux ans 6 mois à huit ans 6 mois; sa passation requiert de 45 minutes à 60 minutes. Le test comprend un manuel, une feuille de notation de huit pages et un matériel varié pour les enfants. Le MSCA est composé de cinq échelles:

1. l'échelle verbale, qui mesure la capacité à comprendre les mots et à exprimer ses idées;
2. l'échelle de rendement perceptuel, qui mesure la coordination oculomotrice et le raisonnement non verbal à partir de la manipulation d'objets;
3. l'échelle quantitative, qui mesure la connaissance, la mémorisation et la compréhension des nombres ainsi que le raisonnement quantitatif;
4. l'échelle de mémoire, qui mesure la mémoire à court terme pour des stimuli visuels et auditifs;
5. l'échelle motrice, qui évalue la coordination motrice et la capacité à faire des mouvements précis tels que des dessins.

Dans le MSCA, on trouve aussi une échelle composite: l'échelle cognitive générale. Cette échelle comprend les 15 sous-tests faisant partie de l'échelle verbale, l'échelle de rendement perceptuel et l'échelle quantitative. Les tests de l'échelle de mémoire ainsi que les tests moteurs, à l'exception de trois, complètent les tests précédents. Le résultat total donne une mesure du fonctionnement intellectuel, soit l'indice cognitif général ou ICG (*general cognitive index*). Cet indice est comparable au QI.

La valeur psychométrique

Certaines études, dont celle effectuée par McCarthy pour standardiser le MSCA et quelques autres, mesurent la valeur psychométrique du MSCA. Les résultats de ces recherches témoignent que le MSCA est valide, fidèle et bien standardisé.

Kaufman (1973; Kaufman et Kaufman, 1977) rapporte que le MSCA prédit bien le rendement scolaire chez les enfants «normaux» ainsi que chez les enfants exceptionnels. Ce test a donc une haute validité prédictive, ce qui est important quand on sait que l'utilisation de tests auprès d'enfants d'âge préscolaire vise principalement à prédire leur développement. Selon Sattler (1992), la validité du MSCA est acceptable par rapport au Stanford-Binet: les formes L et M, le WISC, le WISC-R, le WPPSI, le K-ABC et les Slosson Intelligence Tests utilisés comme critères ont présenté des corrélations allant de 0,45 à 0,91. De plus, les études portant sur des enfants «anormaux» n'ont pas fait ressortir de facteur général (ICG); on doit donc interpréter avec beaucoup de prudence les résultats obtenus par des enfants «anormaux».

Quant à la fidélité du test, le manuel a un indice de consistance interne variant de 0,79 à 0,88 pour les cinq échelles, et de 0,93 pour l'ICG. Il indique aussi une stabilité lorsqu'on fait passer le test deux fois dans un intervalle d'un mois entre les deux passations, l'indice se situant entre 0,69 et 0,89 pour les cinq échelles et à 0,90 pour l'ICG. Ces résultats sont confirmés par Davis et Slettedahl (1976), qui ont aussi obtenu un coefficient de stabilité élevé (0,84) lorsqu'on fait passer le test une deuxième fois dans un intervalle d'un an entre les deux passations.

Un échantillon de 1 032 enfants «normaux» âgés de 2 ans 6 mois à 8 ans 6 mois ont été classés selon l'âge, le sexe, l'ethnie, la région, l'occupation du père et le milieu de résidence (urbain ou rural) pour permettre une standardisation. Les scores obtenus sur les cinq échelles du MSCA ont une moyenne de 50 et un écart type de 10. De leur côté, les scores de l'ICG ont une moyenne de 100 et un écart type de 16. Même si, comme nous l'avons mentionné, l'ICG correspond au QI par définition, les deux mesures ne sont pas comparables sur le plan psychométrique.

Un des avantages de ce test est qu'il est composé d'un matériel très intéressant pour les enfants. Ce matériel ressemblant beaucoup à des jeux, il est facile de garder l'attention du sujet. Un autre avantage est que son contenu socioculturel est très peu important; pour cette raison, l'ethnie ou d'autres variables socioculturelles n'influenceront pas les résultats. Comme nous l'avons déjà vu, un point fort du MSCA est sa validité prédictive, ce qui lui permet de bien remplir son objectif consistant à prédire le rendement scolaire. Finalement, le MSCA a l'avantage de contenir un manuel clair et complet, qui décrit en détail les caractéristiques psychométriques du test et donne des explications sur la passation de l'épreuve de même que sur la notation et l'interprétation des résultats.

L'un des points faibles de ce test est que, lors de la standardisation, il n'y avait pas d'enfants exceptionnels dans l'échantillon utilisé. Cette situation rend difficile la compréhension des résultats obtenus par ceux-ci, ce qui semble avoir été un des obstacles majeurs à une plus large acceptation du test. De plus, lorsque l'on est en présence d'enfants exceptionnels, dont les résultats sont soit inférieurs ou supérieurs à la moyenne, ou d'enfants d'âge préscolaire, les résultats relatifs à l'ICG comparativement au Stanford-Binet, aux formes L et M ou au WISC-R ne sont pas identiques. Un autre point faible du test est que le manuel n'a presque pas été modifié depuis sa première publication en 1972. Ainsi, l'utilisateur de ce test qui se baserait uniquement sur l'information donnée dans le manuel ne sera pas au courant des propriétés cliniques et psychométriques du test.

Voici d'autres désavantages de ce test:

- La transformation des scores des 18 sous-tests en indices pour les 6 échelles demande beaucoup de travail.
- Le peu de tâches reliées à la compréhension sociale, au jugement et à la résolution de problèmes limite l'étendue de l'échelle.
- Le plancher de 50 de l'ICG ne permet pas à l'échelle de déterminer les habiletés des enfants ayant un retard mental grave et des enfants de 2 ans et demi ayant des capacités cognitives inférieures à la moyenne; le bas plafond de plusieurs sous-tests empêche l'échelle de déterminer les habiletés des enfants ayant une intelligence supérieure.

– L'absence de normes pour les enfants plus vieux et pour les adolescents limite l'utilité de l'échelle lors du suivi.

– Les échelles n'ont pas d'épreuves supplémentaires; il est donc impossible de calculer un indice pour une échelle comprenant un sous-test qui a été rejeté ou qu'on n'a pas fait passer.

Malgré ses points faibles, ce test est un excellent outil de dépistage de troubles scolaires futurs de même qu'un bon outil diagnostique.

15.3   LES TESTS DE GROUPE

15.3.1   Les matrices progressives de Raven

Les matrices progressives de Raven ont été introduites en 1938, en Grande-Bretagne, comme une mesure du facteur général d'intelligence de Spearman (g). Ce test aux biais culturels réduits est le plus utilisé. Les matrices progressives sont une épreuve non verbale d'habileté de raisonnement basée sur des stimuli figuratifs.

Description

L'épreuve de Raven détermine la capacité du sujet à saisir une relation entre des figures géométriques. On présente celles-ci au sujet, qui les observe. Puis il perçoit la nature d'une figure dans un contexte en complétant cette figure à laquelle il manque une partie. Il développe ainsi une méthode de raisonnement (Raven, 1960).

Le groupe d'items constitue une configuration logique sous forme de matrice. Chaque item représente le dessin d'une figure avec une partie manquante dans le coin inférieur droit. On donne au sujet de six à huit choix de réponse pour cette portion. Les matrices progressives sont fournies sous trois formes: les matrices progressives standard, colorées et avancées.

Les matrices progressives standard   Elles sont principalement utilisées par des personnes de 6 à 17 ans, mais elles peuvent aussi être utilisées par des adultes. C'est la forme la plus courante des tests de Raven. Les matrices progressives standard sont réparties en 5 groupes comprenant chacun 12 matrices aux principes similaires tels que l'analogie, la discrimination perceptuelle, la rotation et les permutations composées selon une difficulté croissante.

Les matrices progressives colorées   Elles constituent un test de 36 items destiné aux enfants de 5 à 11 ans et aux adultes qui montrent des signes de retard mental. On fait appel aux couleurs pour stimuler et retenir l'attention des sujets.

Les matrices progressives avancées   Ces matrices sont soumises à des adolescents plus âgés ou à des adultes qui ont un niveau intellectuel plus élevé que la moyenne. Il existe deux séries de matrices progressives avancées : la première série comprend 12 problèmes alors que la deuxième en comprend 36. La solution aux problèmes posés par les matrices recourt à une logique relationnelle très subtile.

La passation

Le matériel compris dans ce test consiste en un ensemble de cahiers et une feuille de réponses. On peut faire passer le test individuellement ou à un groupe. L'examinateur dit qu'à chaque page il manque un morceau et qu'il faut décider lequel complète la figure. Une fois que le sujet a trouvé la bonne réponse, il doit l'inscrire sur la feuille. Les réponses sont simples au début, mais elles se compliquent vers la fin. Le sujet répond à toutes les questions, à son propre rythme et sans retourner en arrière.

Lorsqu'un seul sujet passe le test, l'examinateur inscrit le choix que le sujet indique sur la feuille de réponses. Lorsqu'un groupe passe le test et que le sujet a indiqué plus d'une réponse, l'examinateur considère seulement la réponse à l'extrême droite de la feuille. Une clé de correction permet de faire une compilation rapide des bonnes réponses. Le score d'un sujet correspond au nombre total de problèmes auxquels il a répondu correctement. À partir du résultat brut, il est possible, grâce au rang centile, de vérifier où se situe le sujet par rapport aux personnes de son groupe d'âge. On peut, par la suite, placer le sujet dans cinq groupes, soit le niveau I, dont les capacités intellectuelles sont nettement supérieures (95e centile et plus), le niveau II, dont les capacités intellectuelles sont au-dessus de la moyenne (75e centile et plus), le niveau III, dont les capacités sont moyennes (entre le 25e et le 75e centile), le niveau IV, dont les capacités sont nettement au-dessous de la moyenne (10e centile et moins) et le niveau V, soit le groupe intellectuellement déficient (moins du 5e centile) (Raven, 1960). Ensuite, il est possible de convertir le rang centile en QI.

La valeur psychométrique

Les matrices progressives de Raven ont été standardisées avec les échelles de vocabulaire de Mill Hill pour un échantillon de personnes de 6 ans à 65 ans en Grande-Bretagne (Raven, 1960). Selon Helton, Workman et Matuszek (1982), ces normes ne sont pas fiables aux États-Unis ; elles ne peuvent donc remplacer un test majeur de QI. Plusieurs études de normalisation ont été faites par la suite sur la population nord-américaine. Les normes des matrices progressives standard de Raven ont été conçues pour des enfants américains âgés de 6 ans 3 mois à 16 ans 8 mois. La standardisation des matrices progressives colorées de Raven a été établie pour des enfants de 5 ans 3 mois à 11 ans 9 mois incluant les minorités ethniques.

Certaines analyses factorielles démontrent que le facteur *g* est la seule variable mesurée par les matrices de Raven. On n'a pas réussi à démontrer que la visualisation spatiale ainsi que les habiletés perceptuelles influençaient les scores aux tests. Le test semble mesurer le raisonnement, indépendamment des connaissances ou de l'expérience passée du sujet. Les coefficients de fidélité varient de 0,70 à 0,90 (Anastasi, 1992; Murphy et Davidshofer, 1994; Raven, 1990).

Les scores des matrices démontrent habituellement une corrélation significative avec d'autres tests d'intelligence (Raven, 1986). Court et Raven (1982) donnent une liste très détaillée des études portant sur la validité des matrices progressives de Raven.

Les matrices progressives de Raven sont une mesure utile du raisonnement non verbal. Les nouvelles normes des matrices progressives standard et colorées semblent avoir une valeur considérable. Il faudrait toutefois réaliser des normes semblables pour les matrices progressives avancées. Mais le test ne devrait pas remplacer le Stanford-Binet ou le Wechsler, par exemple, puisqu'il ne mesure que l'intelligence basée sur les habiletés de raisonnement vis-à-vis des figures. Il est cependant très utile pour évaluer des enfants ayant des déficits de langage, d'audition ou des handicaps physiques. Il s'avère aussi utile pour évaluer des enfants qui ne parlent ni le français ni l'anglais, car il ne comporte aucune référence culturelle.

Les matrices progressives de Raven mesurent des contenus analogues à ceux du test sans références culturelles de Cattell; les deux tests sont donc interchangeables. Les matrices semblent cependant applicables à une plus grande échelle. Les deux tests peuvent répondre aux besoins d'un test d'intelligence général hautement discriminatif, non verbal et ayant peu de biais culturels.

Cette épreuve constitue un excellent test d'intelligence. Il s'agit du premier essai compréhensif de mesure de l'intelligence basée sur la perception visuelle. Un des désavantages de ce test est qu'il essaie de mesurer l'intelligence générale en n'utilisant qu'une modalité. Une seconde limite est qu'il possède un plafond plutôt bas. Les matrices progressives ne peuvent donc pas se substituer à des mesures et à des diagnostics plus complets, comme nous l'avons mentionné précédemment.

Il est très facile de faire passer les matrices de Raven, car elles demandent peu d'instructions verbales et sont relativement brèves. La valeur du test en tant qu'instrument clinique est toutefois limitée, puisqu'il explore un seul aspect de l'intelligence.

15.3.2   Le test d'intelligence de Cattell

En 1940, l'application de l'analyse factorielle permet à Cattell de mettre au point une mesure de l'intelligence générale, selon lui relativement peu soumise aux influences culturelles, qu'il nomme Culture-Free Intelligence Test. Ce test comporte trois échelles, soit l'échelle 1, qui s'adresse aux enfants de 4 à 8 ans et aux adultes mentalement déficients; l'échelle 2, destinée aux jeunes de 8 à 14 ans et aux adultes ayant un niveau intellectuel moyen; et l'échelle 3, qui s'adresse aux adolescents de 13 ans et aux adultes ayant un niveau intellectuel supérieur.

Le matériel

L'échelle 1 (Cattell et Cattell, 1969) comprend les huit sous-tests suivants : Substitutions, Classifications, Labyrinthes, Association noms-objets, Directives à suivre, Dessins saugrenus, Devinettes et Ressemblances. Le temps de passation varie entre 40 et 60 minutes, dont 22 minutes de travail effectif. Il est aussi possible de faire passer trois autres variantes du test, soit un abrégé collectif avec les sous-tests 1, 3, 4, 8 et éventuellement 2 ; un test sans références culturelles comportant les sous-tests 1, 2, 3 et 8 ; et un test de courte durée qui comprend les sous-tests 1, 2, 3 et 4.

Les deux autres échelles comportent quatre sous-tests fortement saturés en facteur g : Séries (figures géométriques à compléter), Classifications (exclusion d'un dessin qui n'appartient pas à la même catégorie que les autres), Matrices (découverte d'une figure qui manque dans une composition logique) et Conditions (dans une série, découverte d'une figure qui correspond aux conditions d'un modèle).

Les échelles 2 et 3 comportent deux formes parallèles, A et B, pouvant être utilisées séparément ou simultanément. Le temps de la passation individuelle et collective ne dépasse pas, pour une forme, 25 minutes, dont 14 minutes de travail effectif.

Les adaptations canadiennes se basent sur des échantillons de 3 140 sujets pour l'échelle 1, de 4 328 sujets pour l'échelle 2 et de 400 sujets pour l'échelle 3. L'échantillon français de deux tests seulement comprend 1 700 sujets pour l'échelle 2 et 600 sujets pour l'échelle 3 (révision de 1986).

La fidélité des échelles se situe entre 0,70 et 0,82. La saturation du test en facteur g est très satisfaisante. De même, les études de validité faites avec d'autres mesures sont satisfaisantes (Klauer, 1992 ; Piotrowska, 1988).

Selon les études de Chéné et Daigle (1974, 1978), le test de Cattell n'est pas moins influencé par les facteurs culturels que son examen d'habileté mentale ; c'est pourquoi il faut être prudent dans les interprétations. D'ailleurs, les standards de l'APA recommandent d'éviter de donner l'étiquette «sans références culturelles» (*culture-fair*) à des tests publiés.

15.4   AUTRES TESTS D'INTELLIGENCE

L'examen d'habileté mentale de Chéné et Daigle (1985) est une épreuve mise au point au Québec. Il s'agit d'une formule collective de passation d'un test du type Wechsler où huit sous-tests ont été conservés, soit Connaissances, Jugement, Similitudes, Arithmétique, Construction, Cubes empilés, Transformations et Code. Les normes reposent sur quatre critères : l'âge, le sexe, le niveau scolaire et la catégorie socio-économique. Quant à l'échantillon, il comprend 692 sujets âgés de 10 à 17 ans. Les quotients intellectuels pour les trois échelles verbale, non verbale et globale proviennent directement des cotes pondérées. Les qualités psychométriques de ce test sont satisfaisantes en ce qui concerne la mesure.

Le deuxième test québécois qui suit le modèle de Wechsler, l'Épreuve individuelle d'habileté mentale (EIHM) élaborée par Chevrier (1986-1996) est destinée aux sujets âgés de 4 à 9 ans et de 10 à 24 ans, avec une extension progressive aux sujets de 25 à 44 ans et finalement à ceux de 45 à 86 ans (Chevrier, 1986-1996). L'EIHM comprend 11 sous-tests répartis en une série verbale et une série axée sur le rendement, que l'on fait passer dans l'ordre suivant : Connaissances, Images à compléter, Jugement, Substitution, Mémoire des chiffres, Assemblage, Similitudes, Histoires en images, Arithmétique, Dessins avec cubes et Vocabulaire. Le résultat permet d'obtenir les quotients verbal, non verbal et global.

La standardisation a été assez sophistiquée et l'échantillonnage a été réalisé seulement auprès des sujets de 4 à 44 ans. Chez les sujets de 45 à 86 ans, les tableaux de QI, portant sur 1 250 enfants de 4 à 9 ans et 1 194 sujets de 10 à 44 ans, et de cotes Z, soit des résultats standardisés, sont obtenus par extrapolation. Les qualités psychométriques exposées dans le manuel présentent cet outil comme étant fiable et valide pour la mesure de l'intelligence de l'âge considéré. Routhier et Dubé (1991) constatent que le niveau de difficulté des items semble trop homogène dans certains sous-tests et que la validité de la discrimination ne paraît pas satisfaisante dans le groupe d'âge de 15 à 24 ans. Il y a donc place pour des améliorations.

MOTS CLÉS

- Âge mental
- Aptitudes
- Compréhension
- Développement mental
- Facteur
- Facteur verbal
- Habiletés
- Habiletés cognitives
- Intelligence
- Intelligence sensorimotrice
- Matrices progressives (QI)
- Quotient intellectuel
- Rendement
- Retard mental
- Sous-test
- Test verbal
- Valeur psychométrique (QI)

Les tests pour les personnes ayant des besoins spéciaux

OBJECTIF

Évaluer et diagnostiquer à l'aide de la batterie de tests appropriés les caractéristiques mentales, motrices, sensorielles, neurologiques et affectives des personnes qui présentent un ou plusieurs handicaps.

Le diagnostic des personnes qui présentent une déficience sensorielle, motrice, mentale ou neurologique ainsi que des personnes ayant plusieurs handicaps nécessite une mesure exacte adaptée aux circonstances. Jusqu'à la mise au point de tests spécifiques, le classement se faisait par la méthode clinique ou par le procédé pédagogique où l'on identifiait les déficiences dans le contexte scolaire.

Lorsqu'on examine une personne qui présente un déficit cognitif, on doit déterminer son niveau mental et ses aptitudes particulières en considérant ses troubles sensoriels, moteurs et affectifs de même que sa personnalité, son comportement adaptatif et le contexte social.

16.1   L'EXAMEN DES PERSONNES AYANT UNE DÉFICIENCE VISUELLE

Selon la définition admise dans plusieurs pays à des fins d'évaluation d'une incapacité, le terme «cécité» signifie une vision centrale de 6/60 ou 20/200 ou moins avec les meilleurs verres correcteurs, ou un rétrécissement du champ visuel tel que son plus large diamètre comporte un angle de moins de 20 degrés. Une telle définition laisse entendre que la cécité avec résidu visuel renvoie à la présence d'une sensibilité aux stimuli optiques variable d'un sujet à l'autre.

Un instrument simple comme le tableau de Snellen peut servir pour la sélection préliminaire ; par la suite, un examen de la vue est recommandé. D'autre part, pour reconnaître l'existence d'une dyschromatopsie, on applique l'Ishihara Test for Color Blindness.

L'emploi de tests d'intelligence en tant qu'examens psychologiques des personnes aveugles est associé depuis le début avec plusieurs adaptations du Stanford-Binet, dirigées par Haynes, Hayes, Kuhlman et Pintner. Les travaux les plus remarquables ont été réalisés par l'Interim Hayes-Binet en 1942, et par son successeur, le Perkins-Binet, standardisé par Davis en 1980. Une formation spéciale est conseillée pour cette dernière épreuve (Ward et Genshaft, 1983).

16.1.1   Le Test des cubes tactiles d'Ohwaki-Kohs

En 1960, Ohwaki reprend le test de Kohs pour examiner l'intelligence des personnes aveugles de six ans à l'âge adulte. À la suite d'une étude expérimentale, il remplace les formes visuelles des configurations par des surfaces tactiles. Au début, il utilise du papier de verre, avant de le remplacer par quatre tissus colorés, comme la flanelle de coton, la toile de lin, la soie et le coton de texture inégale. Ce test comporte 16 cubes tactiles identiques à 6 faces différentes, de 4 cm × 4 cm × 4 cm. Le sujet réalise 10 modèles avec 4 cubes, 2 modèles avec 9 cubes et 6 modèles avec 16 cubes. L'adaptation américaine, le Stanford-Ohwaki-Kohs, réalisée par Suinn et Dauterman (1966), est standardisée pour les personnes aveugles et malvoyantes.

D'entrée de jeu, l'examinateur donne au sujet un cube pour qu'il explore les différences perceptuelles entre les six faces; ensuite, il lui présente le premier modèle. L'expérimentateur fait une démonstration en expliquant au sujet qu'il doit placer les cubes côte à côte pour reproduire le même dessin. En cas de réussite, on passe aux 18 épreuves. Cependant, après deux échecs consécutifs, on doit arrêter la passation du test. La limite de temps, entre 4 et 13 minutes, est bien déterminée pour chaque dessin présenté selon un niveau de difficulté croissant. L'évaluation prend en considération le temps d'exécution et l'âge chronologique corrigé avec l'ajustement statistique. Le quotient intellectuel peut être calculé selon la formule classique.

Les analyses statistiques de distribution donnent la courbe bimodale pour les personnes aveugles, mais la valeur discriminative est excellente, quoique l'étalonnage se limite à 276 sujets de 8 ans à 20 ans. La validité prédictive étudiée avec un échantillon japonais a montré une corrélation entre le QI au test Ohwaki-Kohs et la réussite scolaire de 0,24 dans le domaine des sciences sociales et de 0,55 en arithmétique. La fidélité du test passé une seconde fois, de 0,85 et calculée avec un sous-échantillon de 33 sujets, s'avère très bonne.

16.1.2   Autres tests pour les personnes ayant une déficience visuelle

Les échelles de rendement destinées aux personnes aveugles permettent d'apprécier aussi le profil des aptitudes. La Haptic Intelligence Scale for Adult Blind, utilisée quelquefois avec le WAIS-R, comporte sept sous-tests: Symboles des chiffres, Assemblage d'objets, Cubes, Plan de recherche, Complètement d'objets, Planche avec modèles et Boulier. Les résultats donnent un profil de type Wechsler et un QI non verbal. Le test est standardisé pour la population des personnes aveugles et malvoyantes. Shurrager et Shurrager (1964) fournissent très peu de caractéristiques métrologiques pour ce test.

Le psychologue qui désire étudier les aptitudes scolaires des personnes ayant une déficience visuelle dispose du Blind Learning Aptitude Test (BLAT). L'épreuve, normalisée en 1971 avec 961 garçons et filles de 6 ans à 20 ans par Newland, et dérivée du test d'intelligence de Cattell et des matrices progressives de Raven, possède d'excellentes qualités psychométriques. Malheureusement, on ne la trouve pas en français. Par ailleurs, un certain nombre d'épreuves ont été préparées selon le principe des matrices progressives de Raven, mais il s'agit de versions expérimentales (Pietrulewicz, 1983).

Il est intéressant de noter qu'une nouvelle forme de test d'intelligence non verbale est en préparation, soit le Tactile TONI, qui s'adresserait aux personnes aveugles. Cependant, les recherches préliminaires n'ont pas donné de résultats prometteurs. Il faut dire que l'élaboration du test en est à ses débuts.

16.2   L'ÉVALUATION DES PERSONNES SOURDES ET DES PERSONNES AYANT DES DIFFICULTÉS DE LANGAGE

L'examen des sujets pour lesquels on ne dispose pas de tests au matériel verbal à cause de troubles auditifs et de difficultés de communication peut se faire avec les sous-tests de rendement ou avec des mesures spécialisées.

16.2.1   Le Test de vocabulaire en images

La version originale du Peabody Picture Vocabulary Test (PPVT) fut publiée par Dunn en 1959 et révisée en 1973. L'épreuve mesure l'intelligence verbale, en particulier chez des enfants qui souffrent de handicaps divers et qui sont incapables de donner une réponse orale. Les difficultés de communication peuvent être d'origine organique, affective, sensorielle ou sociale. À ce type de sujets on présente plusieurs images et on leur demande d'identifier celle qui correspond à ce que l'examinateur prononce. La verbalisation n'est pas indispensable.

Le principe du PPVT a permis de mettre au point le Test de vocabulaire en images en France (Légé et Dague, 1976) et l'Échelle de vocabulaire en images au Canada français (Dunn, Thériault-Whalen et Dunn, 1997).

Le matériel

Le test comprend un jeu de 170 planches au Canada et de 103 planches en France, divisées en formes A et B et contenant 4 images en noir et blanc. Le sujet montre avec un doigt le dessin qui représente un mot prononcé par l'examinateur. Aux enfants ayant un handicap moteur cérébral on désigne les dessins un par un et on demande de dire «oui» lorsque le choix est déterminé; si le sujet ne parle pas, on conviendra d'un autre mode de réponse.

La durée de passation varie de 8 à 15 minutes et aucun sujet ne passe toutes les planches. L'item de base est déterminé selon l'âge du sujet et on arrête le test quand une séquence d'échecs constitue le niveau plafond.

La valeur psychométrique

La standardisation est établie d'après l'échantillon représentatif de 413 enfants de 3 ans à 9 ans, en France, et de 2 038 enfants de 2 ans 6 mois à 18 ans, au Canada. Le parallélisme entre les deux formes est excellent, la corrélation globale étant de 0,80. Les résultats bruts peuvent être transformés en âge mental ou en quotient de développement selon cinq classes normalisées (excellent, bon, moyen, médiocre ou faible). La fidélité du test, d'après les recherches de Brown, Rourke et Cicchetti (1989), est très satisfaisante. La validité des deux formes est très bonne, aussi bien la validité de contenu (Miller et Lee, 1993) que celle liée à un critère (Cole, Mills et Kelly, 1994).

16.2.2   Le Test d'intelligence non verbale (deuxième version)

Le Test of Nonverbal Intelligence, Second Edition (TONI-2) est un test d'intelligence qu'on fait passer de façon non verbale et qui évalue l'habileté à résoudre des problèmes d'analogie oculospatiale. Ce test est une mesure générale de l'intelligence. Il peut servir à évaluer la population âgée de 5 ans à 85 ans, mais il s'adresse plus spécifiquement aux individus ayant de la difficulté à répondre à des tests verbaux.

Le TONI-2 est une version révisée du TONI, présenté en 1982. En ce qui concerne le but, le format et les bases théoriques, ils sont les mêmes pour les deux tests. Le TONI-2 mesure la résolution de problèmes abstraits portant sur des figures. Selon ses auteurs, Brown, Sherbenou et Johnsen (1990), la résolution de problèmes est une composante importante de l'intelligence générale. De plus, ils soutiennent que la mesure de cette habileté se prête bien à une passation non verbale. D'après ses auteurs, le test est donc une mesure générale de l'intelligence, mais ils ne prétendent nullement qu'il puisse remplacer les batteries de tests d'intelligence (par exemple, les échelles de Stanford-Binet ou de Wechsler). Selon eux, cette épreuve peut combler certaines lacunes que les autres tests présentent. En effet, la plupart des tests d'intelligence s'adressent à des groupes possédant certaines habiletés verbales; ils ne sont donc pas faits pour les individus ayant des habiletés linguistiques limitées. Ainsi, le TONI-2 est destiné à des personnes présentant de l'aphasie, de la surdité, des traumatismes neurologiques ou des habiletés motrices limitées. De plus, le test peut être utile dans les cas où le sujet ne parle ni français ni anglais, car c'est une mesure du fonctionnement cognitif pour laquelle non seulement les variables linguistiques et motrices sont contrôlées, mais aussi les variables culturelles.

Le matériel

Le test comprend deux formes parallèles, A et B, qu'on peut faire passer au sujet à partir du même cahier. Pour chaque forme, il y a 6 exemples et 55 items présentés selon un ordre de difficulté. Dans le cahier, il y a un item par page et chaque item comprend un ensemble de figures, où manque une figure. Parmi quatre ou six choix de réponses, le sujet doit sélectionner quelle figure peut compléter l'ensemble.

Dans le TONI-2, il y a 10 items de plus que dans le TONI. Les 5 items qui ont été rajoutés à chacune des formes du test ont été choisis à partir de 23 items selon leurs niveaux de discrimination et de difficulté avec un taux de réussite qui se situe entre 15 % et 85 %. La résolution des problèmes oculospatiaux du TONI-2 exige l'utilisation de stratégies comprenant les éléments suivants : l'association par paire, l'analogie, l'addition, la soustraction, la classification, l'intersection, la progression et l'altération.

La passation

La passation du TONI-2 est relativement facile. De plus, le manuel d'utilisation du test donne des directives très claires quant à l'évaluation et à l'interprétation du test. La passation se fait entièrement de façon non verbale. L'examinateur doit mimer les directives du test au sujet. Pour toute la durée du test, ni l'examinateur ni le sujet n'ont à écouter, parler, lire ou écrire. De plus, les exigences motrices pour répondre au test sont minimales ; le sujet n'a qu'à pointer le doigt sur la réponse de son choix. Il n'y a pas de limite de temps pour répondre au TONI-2. En moyenne, la durée du test est de 15 minutes.

L'examinateur et le sujet devraient être seuls dans un local, assis à une table. Avant de commencer, l'examinateur doit essayer d'établir un contact avec le sujet. Il doit aussi remplir la section du formulaire de réponses qui concerne les données personnelles sur le sujet.

Puis, l'examinateur entreprend le test en donnant les six items servant d'exemples. Une fois que le sujet semble bien les comprendre, il est prêt à passer aux autres. Suivant son âge, il commencera le test à l'item 1, 5, 10, 15, 20 ou 25. L'examinateur doit noter les choix du sujet sur le formulaire de test. Il n'a qu'à faire un X sur la lettre appropriée.

Un plancher et un plafond doivent être établis lors de la passation. Le plancher équivaut à cinq bonnes réponses consécutives et le plafond correspond à trois mauvaises réponses sur cinq items.

Pour évaluer le score brut, il s'agit de déterminer le dernier plancher atteint et de prendre le numéro du dernier item de ce plancher. À ce chiffre il faut additionner le nombre de bonnes réponses jusqu'à la fin (même les bonnes réponses à l'intérieur du plafond, s'il y a lieu). Cela donne les scores bruts, qui peuvent ensuite être transformés en quotients et en rangs centiles. Des scores bas (dont le rang centile est de 25 ou moins et le quotient, de 85 ou moins) indiquent la plupart du temps des problèmes de développement ou des troubles cognitifs. Des scores élevés (dont le rang centile est de 75 ou plus et le quotient, de 115 ou plus) indiquent que les sujets ont une intelligence supérieure à la moyenne.

Il faut faire preuve de prudence lors de l'interprétation des résultats. En effet, on peut dire qu'un sujet qui réussit bien le test ne souffre pas d'un retard mental, mais un mauvais résultat n'indique pas nécessairement une déficience intellectuelle.

L'échantillon utilisé pour la standardisation du test est adéquat pour huit dimensions démographiques. Par contre, les auteurs du test ne fournissent pas assez d'information sur des caractéristiques importantes de leur échantillon. Ainsi, ils n'indiquent pas combien de personnes aphasiques, sourdes, ayant une déficience mentale, des troubles du langage ou ne parlant pas anglais ont fait partie de leur échantillon. Étant donné que le test s'adresse à ces groupes spéciaux, il est important de savoir dans quelles proportions ces groupes sont représentés dans l'échantillon normatif.

La valeur psychométrique

Les auteurs du TONI-2 ont tenté de démontrer la validité de contenu, de critère et de construit du test. Toutefois, Kowall, Watson et Madak (1990) contestent la validité de critère du test pour ce qui est des enfants ayant une organisation visuelle déficiente. Il n'y a, en fait, pas encore assez de données confirmant la validité de critère de ce test.

En ce qui concerne la validité de construit, la première version du test présentait de sérieuses lacunes quant aux preuves de relations entre l'âge, l'intelligence et l'apprentissage. Or, il semble que le TONI-2 ait réglé ces problèmes et on considère que le test a maintenant une bonne validité de construit.

Plusieurs auteurs adoptent une attitude favorable en ce qui touche à la validité, estimant qu'elle a été établie pour une population générale de même que pour plusieurs groupes spéciaux, par exemple les gens souffrant de troubles d'apprentissage, de déficiences cognitives, de troubles neurologiques et ceux ne parlant pas anglais.

La fidélité du TONI-2 a été étudiée par la méthode des moitiés, la méthode des formes parallèles sans délai entre les présentations et la méthode des formes parallèles avec délai. Selon les résultats, le test semble fidèle pour tous les groupes d'âge, suivant les trois méthodes de mesure de la fidélité utilisées. Les indices sont semblables à ceux de la première version (McGhee et Lieberman, 1990). Ces auteurs ont aussi tenté de vérifier la fidélité du TONI-2 pour 12 groupes spéciaux, mais ils n'ont pu la démontrer. En effet, leurs échantillons n'étaient assez grands que pour certains de ces groupes. Par ailleurs, la corrélation entre les deux formes A et B est très élevée. De plus, le test présente une bonne stabilité.

Il semble que la procédure ne soit pas assez claire dans le manuel d'utilisation pour permettre à l'examinateur de savoir comment établir un rapport avec le sujet, comment lui expliquer le but du test et comment lui donner les directives pour répondre au test.

De plus, selon les auteurs du TONI-2, ce test peut être soumis à des groupes comprenant un maximum de cinq sujets. Mais d'après nous, un bon examinateur ne devrait pas faire passer le TONI-2 à plus d'une personne ayant des besoins spéciaux à la fois. La passation en groupe accentue en effet les problèmes de procédure.

En ce qui concerne la standardisation, nous sommes d'avis qu'elle n'est pas faite de façon adéquate auprès des groupes ayant des besoins spéciaux. Cependant, malgré ses lacunes, le TONI-2 semble très utile et aussi efficace que d'autres mesures du même type.

16.2.3   Autres mesures pour les personnes en difficulté de communication

L'Échelle de performance de Grace Arthur (1959) constitue l'instrument classique qu'on trouve sous la forme II révisée avec le matériel français. Elle comprend cinq sous-tests : Cubes de Kohs, Planche de Séguin, Pochoirs, Labyrinthes de Porteus et Planches de Healy. L'épreuve est standardisée d'après 984 écoliers de 4 ans 6 mois à 15 ans 6 mois et trouve encore de nombreuses applications dans les domaines de la psychologie scolaire, de la psychologie clinique et de l'orientation professionnelle.

Élaborée en France, l'Échelle de performance Borelli-Oléron (1964) comporte sept sous-tests, dont Mannequin, Encastrements de Pintner-Paterson, Puzzle de Healy-Fernald, Cube de Knox. L'étalonnage réalisé d'après un échantillon de 280 enfants « normaux » et 272 enfants sourds âgés de 5 ans à 9 ans prouve les efforts qu'on fait pour éliminer les imprécisions que comporte l'emploi de techniques d'origine étrangère.

L'Échelle internationale de rendement de Leiter (1952) est une épreuve spécialement mise au point pour évaluer le niveau d'intelligence de l'âge de 2 ans jusqu'à l'âge adulte. Le porte-cartes élimine les instructions verbales et gestuelles et permet d'appliquer les items classiques. Aussi la construction du test a représenté de sérieuses transformations avant sa publication en 1952. Le résultat final, établi sous forme d'âge mental, permet de calculer facilement le QI.

Aux Pays-Bas, la révision récente du Snijders-Oomen NonVerbal Intelligence Test, réalisée en 1993, avait pour but d'actualiser les normes et le matériel de l'épreuve. Sept sous-tests ont été repris dans cette nouvelle version, soit Catégories, Mosaïques, Images cachées, Modèles, Situations, Analogies et Histoires. Le test ne s'applique qu'aux personnes de 12 ans à 17 ans. Il est actuellement le seul dans sa catégorie qu'on puisse utiliser à profit avec la procédure adaptative de passation. Les qualités métrologiques du SON-R sont satisfaisantes (Tellegen et Laros, 1993).

16.3   L'ÉVALUATION DES PERSONNES AYANT UNE DÉFICIENCE INTELLECTUELLE

Voici la définition du retard mental que propose l'Association américaine sur le retard mental.

Par retard mental on entend un état de réduction notable du fonctionnement actuel d'un individu. Le retard mental se caractérise par un fonctionnement inférieur à la moyenne, associé à des limitations dans au moins deux domaines du fonctionnement adaptatif : communication, soins personnels, compétences domestiques, habiletés sociales, utilisation des ressources communautaires, autonomie, santé et sécurité, aptitudes scolaires fonctionnelles, loisirs et travail. Le retard mental se manifeste avant l'âge de 18 ans. (1994, p. 3.)

Le déficit du fonctionnement intellectuel, évalué après la passation individuelle d'un ou de plusieurs tests d'intelligence générale, est défini par un QI de 75 ou moins.

Les habiletés adaptatives correspondent à l'intelligence pratique et sociale. Comme il n'existe actuellement qu'un instrument rendant compte d'une dizaine de domaines d'habiletés adaptatives à la fois, il faut synthétiser les données de plusieurs échelles ou procéder par le jugement clinique pour obtenir une mesure de ces habiletés. Après avoir établi le diagnostic résultant de l'analyse des forces et des faiblesses, on détermine l'importance des besoins de soutien nécessaires pour chaque individu.

Consécutivement à l'inventaire des tests d'intelligence que nous avons présenté, il nous reste à décrire les principales techniques qui permettent d'évaluer les habiletés adaptatives, regroupées auparavant sous le nom d'échelles de comportements adaptatifs. Le prototype de ces mesures est l'Échelle de maturité sociale de Vineland (Doll, 1936). Plusieurs échelles s'appliquent individuellement, surtout aux personnes ayant une déficience intellectuelle.

16.3.1   Le Système d'information sur les individus ayant des incapacités dues à leur développement (SINFOID)

Le SINFOID est un système d'information sur les individus ayant des incapacités dues à leur développement. Il comporte deux volets, soit l'Inventaire des caractéristiques individuelles (ICI) et l'Échelle Minnesota des comportements adaptatifs (EMCA/forme A ou C) (Pilon, Lachance et Côté, 1989). La révision de Pilon et Arsenault (1998) permet d'évaluer dix domaines d'habiletés adaptatives à la fois, conformément à la nouvelle définition de l'Association américaine sur le retard mental.

L'Inventaire des caractéristiques individuelles

L'Inventaire des caractéristiques individuelles (ICI) comprend trois parties : l'identification, le bilan fonctionnel et les programmes. L'identification fournit des données sociodémographiques concernant la personne. Le bilan fonctionnel permet de tracer un profil des besoins de la personne. Il donne ainsi des renseignements à propos d'aspects entourant la personne tels que les troubles majeurs, les troubles associés, les problèmes de santé, le niveau de déficience intellectuelle, la présence de l'épilepsie, la diète prescrite, la médication, le langage et les habiletés sensorimotrices, les comportements préjudiciables, l'autonomie et les activités de la vie quotidienne. Le tableau 16.1 présente la structure de l'ICI.

TABLEAU 16.1
Structure de
l'Inventaire des
caractéristiques
individuelles

A: Identification B: Bilan fonctionnel	C: Programmes (information sur les besoins de services à court terme et à long terme)

1. Difficultés majeures trouvées dans le développement
2. Diagnostic
3. Autres difficultés importantes
4. Troubles de santé associés
5. Niveau intellectuel
6. Type d'épilepsie et fréquence des crises
7. Diète prescrite
8. Médication et administration
9. Langage et habiletés sensorimotrices
   – Mobilité
   – Ouïe
   – Vue
   – Communication des pensées et des besoins aux autres
   – Compréhension
10. Comportements préjudiciables
11. Autonomie (services bancaires, lavage, repas, transport, achats, usage du téléphone)
12. Activités de la vie quotidienne (habillement, alimentation, soins personnels, utilisation des toilettes)
	1. Services à la maison
	2. Services socioprofessionnels
	3. Services de soutien à la personne et à la famille

La dernière partie de l'ICI, qui traite des programmes, permet de faire la planification des services. En effet, cette partie indique les services à la maison et les programmes de jour que la personne reçoit actuellement, ainsi que ses besoins en services et en programmes pour la prochaine année ou à plus long terme. Elle permet également de connaître les services professionnels et généraux de la communauté que la personne reçoit, ne reçoit pas ou reçoit en quantité insuffisante. Finalement, cette partie permet de déterminer les obstacles à la satisfaction des besoins de la personne en programmes et en services.

L'Échelle Minnesota des comportements adaptatifs

Le deuxième volet du SINFOID évalue le niveau de développement de la personne au moyen de l'Échelle Minnesota des comportements adaptatifs (EMCA). Cette échelle de développement comprend deux versions, soit la forme A et la forme C. La forme A, qui est très élaborée, comporte des items dans 18 domaines de développement et s'adresse à des personnes âgées de plus de 5 ans qui ont une déficience intellectuelle. La forme C comprend une évaluation de 4 domaines de développement et s'adresse à des enfants âgés de 5 ans ou moins et à des jeunes et des adultes présentant une déficience intellectuelle grave (voir le tableau 16.2).

La compilation des réponses à ce test génère un dossier individuel comportant un bilan fonctionnel, un bilan des services et un profil de développement. En plus de cette information, l'instrument d'évaluation comprend un algorithme qui, à partir de divers renseignements, suggère des services pour chacune des personnes évaluées. L'algorithme tient compte de trois dimensions, soit les comportements préjudiciables, les besoins en soins de santé et les déficits dans les activités de la vie quotidienne. Ainsi, l'orientation d'une personne vers des ressources à la maison et des programmes de jour plus ou moins structurés dépend de son besoin d'encadrement dans six domaines de la vie quotidienne et sur ses besoins en soins de santé ; elle se fonde aussi sur la fréquence des problèmes de comportement et sur la perception sociale (à partir d'études dans la communauté) de leur gravité. L'objectif de ce modèle d'analyse est de répondre aux besoins actuels de la personne tout en lui assurant le milieu de vie le plus naturel possible.

TABLEAU 16.2
Échelle Minnesota des comportements adaptatifs

Forme A (20 items par domaine)	Forme C (20 items par domaine)
1. Motricité globale	1. Motricité globale
2. Motricité fine	2. Alimentation
3. Habillement	3. Intégration au milieu
4. Alimentation	4. Langage et communication
5. Hygiène personnelle	
6. Entraînement à la toilette	
7. Compréhension	
8. Expression verbale gestuelle	
9. Interaction sociale	
10. Attention et lecture	
11. Écriture	
12. Chiffres (concept relié aux calculs très élémentaires)	
13. Gestion du temps	
14. Établissement d'un budget, gestion du revenu	
15. Compétence dans les tâches domestiques	
16. Orientation dans la communauté	
17. Loisirs et récréation	
18. Activités professionnelles	

Source : Pilon et Arsenault (sous presse).

La valeur psychométrique

En plus de sa consistance interne, un instrument d'observation comporte deux types de fidélité, soit la stabilité et la concordance. On peut se demander si les mesures du développement ou de l'un des domaines du développement obtenues avec l'EMCA sont stables, c'est-à-dire si elles restent pratiquement les mêmes lorsque les observations sont reprises après trois ou quatre semaines. Dans le cas du Minnesota Developmental Program System (MDPS), un instrument sur l'adaptation et la stimulation dans la communauté, Joiner et Krantz (1979) rapportent des coefficients de stabilité (fidélité pour deux passations du test) qui vont de 0,92 à 0,99, sauf pour la variable «entraînement à la toilette», dont le coefficient est de 0,84. Dans le cas de l'EMCA, pour un échantillon beaucoup plus petit, les coefficients de stabilité se situent entre 0,86 et 0,97.

On peut se demander également si les mesures du développement ou de l'un des domaines du développement prises par l'EMCA sont pratiquement identiques quand elles sont faites par différents évaluateurs. Pour leur part, Joiner et Krantz rapportent des coefficients de concordance entre les observateurs, qui se situent entre 0,85 et 0,98. Pour l'EMCA, les coefficients sont légèrement inférieurs, soit de 0,77 à 0,95.

On n'a pas construit l'EMCA pour faire des prédictions, mais essentiellement pour programmer des activités en vue du développement des personnes. Pour cette raison, Joiner et Krantz n'ont pas établi la validité prédictive du MDPS. Ces auteurs n'ont pas trouvé un instrument adéquat permettant d'établir cette validité.

D'autre part, l'EMCA n'a pas été conçu pour refléter une réalité abstraite, de sorte que la question de sa validité de construit est secondaire. Cette épreuve doit surtout se distinguer par sa validité de contenu et cet aspect ne peut pas encore se traduire par des chiffres. Il y a tout lieu de croire que la validité de contenu de l'EMCA est aussi bonne que celle du MDPS, parce que les concepteurs de cette dernière épreuve étaient nombreux et expérimentés dans le domaine du développement de personnes handicapées. Joiner et Krantz ajoutent que, dans une étude comparative de différentes échelles de mesure, le MDPS a obtenu le rang enviable du 96e centile.

L'étude de Pilon et Arsenault (sous presse) démontre que la version française de l'ICI et de l'EMCA est constituée d'échelles qui s'avèrent aussi stables et qui indiquent autant de concordance entre les observateurs que les instruments américains.

16.3.2   Autres échelles des habiletés adaptatives

L'AAMD Adaptative Behavior Scale (ABS) de Nihira et autres (1974) sert de base à des entrevues individuelles avec des personnes âgées de 3 ans à 69 ans. Cette échelle permet d'évaluer deux types de compétences, soit les compétences comportementales (selon 10 aspects) et les compétences affectives (selon 14 aspects).

La mesure est standardisée d'après un échantillon de 4000 personnes ayant une déficience intellectuelle. Les paramètres concernant sa fidélité et sa validité sont acceptables. Semblable à l'ABS, l'AAMD Adaptative Behavior Scale – School Edition, qui s'adresse aux jeunes de 3 ans 3 mois à 17 ans 2 mois, est particulièrement utile dans le milieu scolaire. Dans la partie concernant les compétences comportementales, la mention relative aux activités domestiques a été éliminée, et dans la partie II ayant trait aux compétences affectives, la mention relative au comportement autoabusif et au comportement sexuel déviant a été supprimée (Lambert et autres, 1981).

L'Échelle de comportement adaptatif de Vineland (Sparrow, Balla et Cicchetti, 1984) s'inspire des travaux de Doll et cherche à connaître les habiletés sociales de la naissance jusqu'à 19 ans dans trois domaines : les aptitudes dans la vie quotidienne, la communication et la socialisation, et les aptitudes motrices.

Enfin, certaines méthodes permettent d'évaluer les habiletés adaptatives chez les personnes ayant une déficience mentale profonde, soit les Balthazar Scales of Adaptative Behavior (Balthazar, 1976) et la Wisconsin Behavior Rating Scale (Song et autres, 1984).

16.4   L'ÉVALUATION NEUROPSYCHOLOGIQUE

La neuropsychologie clinique étudie la relation existant entre le comportement d'une personne et sa condition cérébrale résultant d'une lésion. Les conceptions localisationniste et holistique essaient de décrire la nature de cette relation. Ces deux orientations appliquent ses théories dans la mise au point de techniques diagnostiques visant à mieux connaître la nature du dommage organique et à envisager éventuellement un programme de réadaptation.

La première batterie neuropsychologique, conçue par Goldstein et Scheerer en 1941, comprend cinq sous-tests permettant d'explorer la détérioration mentale sur le plan de la pensée. Plusieurs chercheurs ont poursuivi dans cette voie. Par ailleurs, de nombreux tests d'intelligence et d'aptitudes prévoient une interprétation neuropsychologique, et plusieurs mesures élaborées pour d'autres fins sont intégrées en neuropsychologie.

16.4.1   Le Test moteur de structuration visuelle de Bender

Il existe plusieurs études classiques sur la reproduction de dessins. Osterrieth (1945) les divise en deux catégories : les dessins d'après nature, soit la reproduction d'éléments concrets existant dans la vie de tous les jours (Goodenough, 1936) ; et les dessins de copies de figures imposées n'existant pas dans la réalité de tous les jours (Bender, 1938 ; Benton, 1974 ; Rey, 1941). Ces différents tests, axés sur la perception, visent à évaluer certaines caractéristiques de l'organisation mentale chez les individus ; selon le nombre total d'épreuves réussies, on peut établir l'âge mental du sujet.

Le test moteur de structuration visuelle (Bender Visual Motor Gestalt Test ou BVMGT) a été élaboré par Lauretta Bender en 1938 dans le but d'établir des indices de la structuration visuelle. L'auteure pensait que cette maturation pouvait être étudiée à l'aide de figures ayant différents degrés de complexité et différents principes d'organisation. Les dessins dont Bender s'est inspirée proviennent de Wertheimer, qui, en 1923, a utilisé ces figures pour vérifier les principes de la psychologie gestaltiste en relation avec la perception. Pour sa part, Bender a appliqué cette méthode à l'étude de la personnalité et dans le domaine clinique (Koppitz, 1963). Son test est l'un des instruments psychométriques les plus utilisés et, de tous les tests oculomoteurs, il est le plus apprécié. Il a comme objectif de servir d'indice de la maturation perceptuelle motrice chez les enfants et d'étudier la pathologie mentale des adultes, particulièrement associée avec les dommages neuropsychologiques.

Le matériel et la passation

Le Test moteur de structuration visuelle de Bender consiste en un jeu de neuf cartes constituées de figures géométriques. Chaque carte est présentée individuellement au sujet. Celui-ci doit copier sur des pages blanches chacune des neuf figures.

Il est facile de faire passer le BVMGT aux enfants et aux adultes étant donné que le dessin est une activité appréciée. L'expérimentateur place un crayon bien aiguisé avec une gomme au bout sur une table devant la personne examinée. Une page blanche de format régulier se trouve aussi sur la table. L'expérimentateur peut donner les instructions suivantes : « J'ai neuf cartes avec des dessins que vous devez copier. Voici la première. Maintenant, dessinez la même figure. »

Ces cartes sont présentées au sujet selon un ordre numérique, c'est-à-dire de la carte 1 à la carte 9. La moyenne de temps requis pour copier les neuf figures est environ de cinq minutes. Pendant la passation, l'examinateur doit surtout être sensible au rendement du sujet.

L'évaluation des enfants se fait à partir de la méthode de Koppitz. Cette méthode, qui permet d'évaluer objectivement les dessins produits par les enfants, compte deux parties : l'évaluation du développement et l'évaluation des indicateurs émotionnels. La première partie est la plus importante quant à l'évaluation de la perception visuelle motrice.

La méthode de Koppitz comprend quatre catégories de classification des erreurs, soit la distorsion de la forme, la rotation, la difficulté d'intégration et la persistance. L'évaluateur indique sur une fiche d'évaluation chaque erreur faite par l'enfant. La somme des erreurs donnera un score total. Ce score total est comparé à des normes établies pour les enfants de chaque âge. Koppitz (1964) fournit une description détaillée de sa méthode.

Parmi les méthodes d'interprétation neuropsychologique, il y a celles de Bender (1965), de Hutt (1977) et de Lacks (1984). Nous illustrerons ces méthodes en prenant pour exemple une feuille d'évaluation de Lacks (voir la figure 16.1, p. 302).

FIGURE 16.1
Feuille d'évaluation
de Lacks

Observations

_____ Signe de fatigue

_____ Manque d'attention au stimulus

_____ Exécution bâclée et extrêmement rapide

_____ Mécontentement ou maintes rectifications vaines

_____ Rotation (figures n⁰ˢ _____)

_____ Difficulté évidente à percevoir les figures

Temps : _____ minutes

Liste

_____   1. Rotation
            Rotation de 80 à 180 degrés (dont les images-miroirs) de l'axe principal de la figure.

_____   2. Difficulté de chevauchement
            Difficulté à reproduire les portions d'une figure qui se chevauchent.

_____   3. Simplification
            Reproduction simplifiée ou plus facile de la figure, sans être plus rudimentaire.

_____   4. Fragmentation
            Reproduction incomplète ou rupture de la Gestalt par dislocation.

_____   5. Rétrogression
            Remplacement d'une caractéristique par une représentation plus rudimentaire.

_____   6. Persistance
            Utilisation d'une caractéristique du stimulus précédent.

_____   7. Collision ou tendance à la collision
            Superposition de deux éléments ou proximité inférieure à un quart de pouce (60 millimètres) d'une autre figure.

_____   8. Inhabileté
            Comportement ou commentaire exprimant l'inhabileté à reproduire correctement la figure.

_____   9. Difficulté de fermeture
            Difficulté à joindre les parties adjacentes d'une figure ; plus d'un huitième de pouce (30 millimètres) : simplification.

_____ 10. Mauvaise coordination motrice
            Irrégularité des lignes, spécialement de celles dessinées avec beaucoup de pression.

_____ 11. Difficulté de reproduction des angles
            Trouble grave à reproduire les angles d'une figure.

_____ 12. Cohésion
            Diminution ou augmentation de la dimension d'une partie de la figure.

Total : _____ ≥ 5 (limite)

$\longrightarrow$

FIGURE 16.1
Feuille d'évaluation
de Lacks (suite)

Impressions diagnostiques: _____
_____
_____

Source: Tiré de Lacks, 1984, p. 110; traduction des auteurs.

Il est à noter que le test de Bender constitue un outil visant à évaluer l'habileté oculomotrice et permet uniquement de faire des hypothèses. On ne devrait donc jamais utiliser seul cet instrument afin d'arriver à un diagnostic clinique définitif. Toutefois, il est possible d'affirmer que certains signes aident à détecter des troubles tels que le dommage au cerveau et le retard mental. Les conclusions cliniques doivent cependant se baser sur plusieurs sources.

La valeur psychométrique

La fidélité de l'épreuve selon la méthode de la double passation varie de 0,50 à 0,90. Comme ce coefficient est peu élevé, on ne peut établir des diagnostics uniquement au moyen du Bender. De plus, l'interprétation des figures devrait se faire selon le score total et non selon les sources d'erreurs particulières (Lubin et Sands, 1992).

En ce qui concerne la validité, celle-ci porte sur quatre types. Le premier type est relié au développement perceptif moteur, qui, pour sa part, semble avoir une valeur acceptable. Le deuxième type est constitué d'autres mesures de perception oculomotrice. Ainsi, la validité établie par des corrélations faites avec le Goodenough-Harris (Aikman, Belter et Finch, 1992) et le Rorschach (Shukla, Tripathi et Dhar, 1987) est satisfaisante. Le troisième type se rapporte à la mesure de l'intelligence. On trouve dans cette mesure des corrélations négatives, puisque des scores élevés au Bender sont souvent associés avec des scores plus bas aux tests d'intelligence. Le dernier type est celui du rendement à l'école. L'étude de Miranda et Munoz (1990) démontre qu'il existe une relation faible entre la prédiction du succès scolaire et les scores au BVMGT.

La standardisation du test de Bender en vue de déterminer le niveau mental prend en considération 800 enfants de 3 ans à 11 ans. Les normes de Koppitz de 1975 sont basées sur un échantillon de 975 enfants âgés de 5 ans à 11 ans 11 mois. Les milieux socio-économiques des enfants de l'échantillon ne sont pas précisés. La standardisation de Koppitz ne s'avère cependant pas représentative des États-Unis, puisque la répartition géographique des sujets favorisait le Nord-Est.

De toute évidence, la mesure de la perception oculomotrice s'avère très utile dans l'évaluation des difficultés d'apprentissage et des déficits d'ordre neurologique. Le Test moteur de structuration visuelle de Bender est certainement l'épreuve la plus populaire dans son domaine. La caractéristique la plus importante de ce test est sa capacité à déceler des indices du développement perceptif moteur des enfants, surtout ceux âgés entre 5 ans et 8 ans, car, après l'âge de 8 ans, la plupart des enfants obtiennent des scores quasi parfaits. Le test de Bender peut aussi fournir des indices en ce qui concerne le dommage au cerveau. De même, certains signes, comme le score total au test, les déformations individuelles, le comportement pendant la tâche et le temps requis afin de compléter chaque figure, constituent une manière d'envisager la possibilité d'un dommage au cerveau, particulièrement chez les enfants âgés de plus de 11 ans et chez les adultes. Koppitz (1963) souligne que ce test devrait servir uniquement de guide en ce qui a trait au diagnostic du dommage au cerveau. D'autres preuves doivent venir valider les hypothèses découlant du Bender.

D'un autre côté, le Bender tend à avoir moins de biais culturels que d'autres tests mesurant l'habileté cognitive (Sattler, 1992). Puisque ce test fait appel à des figures géométriques, il possède l'avantage que les tâches à accomplir ne sont pas influencées par l'apprentissage ou le langage, par exemple. Un autre avantage du Test moteur de structuration visuelle est qu'il permet une interprétation des résultats étendue (Koppitz, 1963 ; Lacks, 1984). C'est ainsi que Hutt a utilisé le Bender, en 1950, comme test projectif et interprété les dessins d'après la théorie psychanalytique.

Il ne fait aucun doute que le Test moteur de structuration visuelle de Bender a apporté une contribution stimulante dans un champ d'étude relativement complexe. Malgré ses limites et quelques faiblesses, il a d'énormes possibilités, même de nos jours, en ce qui a trait à son utilisation dans le domaine clinique.

16.4.2   La Batterie neuropsychologique de Luria-Nebraska

Luria, un clinicien qui est devenu un communiste orthodoxe après la résolution contre la psychométrie du Parti communiste soviétique en 1936, a élaboré ses propres méthodes d'évaluation des troubles neuropsychologiques. Bien que les Américains aient eu accès à sa théorie ainsi qu'aux tests qu'il utilisait, il n'existait pas de standardisation des épreuves. Sous la direction de Golden, à l'université du Nebraska, ces tests ont été standardisés en 1981, et la Batterie neuropsychologique de Luria-Nebraska (Luria-Nebraska Neuropsychological Battery ou LNNB) est maintenant d'usage courant dans les milieux cliniques et dans ceux de la recherche.

Description

Le LNNB contient 269 items qu'on peut faire passer individuellement en deux heures et demie. Il est indiqué pour des personnes de 15 ans ou plus, mais peut aussi être soumis avec succès à des adolescents de 13 et 14 ans. Ces items sont divisés en 11 sous-tests qui mesurent les fonctions motrices, les habiletés de rythme et de ton, les habiletés tactiles et kinesthésiques, visuelles et spatiales, de compréhension du langage parlé, d'expression verbale, d'écriture, de lecture, les habiletés numériques et algébriques, mnésiques verbales et non verbales ainsi que les habiletés intellectuelles traditionnelles. Puisque chaque sous-test contient un nombre variable d'items, les scores bruts sont transformés en scores *T* et présentés sous la forme d'un profil (Goldstein, 1984).

Quatre scores sont donnés à la suite de la passation du LNNB. Premièrement, les items nommés ci-dessus sont cotés selon un niveau de rendement standardisé pour les 11 échelles, lesquelles composent les échelles cliniques. Deuxièmement, une échelle pathognomonique, qui comprend 32 échelles se trouvant dans la batterie et qui est très sensible à la présence ou à l'absence du dommage cérébral, est affectée d'un score. Troisièmement, il y a deux échelles indépendantes qui mesurent si la perturbation est située dans l'hémisphère droit ou dans l'hémisphère gauche du cerveau. Ces dernières proviennent des items des sous-tests qui mesurent les habiletés tactiles et motrices et qui comprennent des comparaisons entre les côtés gauche et droit du corps. Quatrièmement, les échelles des facteurs mesurent des fonctions neuropsychologiques discrètes.

Une forme II semblable au test original a été introduite en 1985. Cette forme comprend des améliorations dans la procédure de passation ainsi qu'une nouvelle échelle, celle de la mémoire intermédiaire, qui mesure le rappel différé. Il existe des différences entre les deux formes. Alors que la forme I utilise les cartes mises au point par Christensen, qui a étudié avec Luria en Russie, la forme II fait appel à des cartes conçues aux États-Unis, dont les dessins sont plus clairs et mieux définis pour les personnes ayant un déficit visuel. Aussi, la forme I compte 269 items, comme nous l'avons mentionné, alors que la forme II en compte 279. De tous ces items, 84 sont identiques dans les deux formes.

Chaque item de la batterie est évalué sur une échelle en trois points. Un score de 0 indique un rendement normal, et un score de 2 indique un rendement anormal. Un score de 1 indique un rendement frontière qui pourrait traduire un fonctionnement normal ou anormal. Chaque item représente un aspect spécifique d'une habileté pertinente et se distingue des autres items sur les dimensions du mode d'entrée du stimulus, du mode de réponse, de la complexité de celle-ci et de son degré de difficulté. Les scores peuvent être basés sur la vitesse d'exécution, sur la qualité de la réponse ou sur la justesse de la réponse. Dans certains cas, la réponse est évaluée en fonction de la vitesse d'exécution et de sa justesse, et ces deux scores sont ensuite considérés indépendamment l'un de l'autre.

La méthode de correction comprend un ajustement pour l'âge et la scolarisation. Cet ajustement est établi à l'aide du calcul d'un score-critère pour le rendement anormal basé sur une équation qui prend en considération l'âge et la scolarisation.

La standardisation et la valeur psychométrique

Le manuel du LNNB donne des instructions et des critères précis pour la passation du test et pour l'évaluation de chaque item. En plus, il contient une section pour l'évaluation qualitative. Cette dernière consiste en un système permettant d'enregistrer, pendant la passation du test, les comportements du sujet qui ne sont pas inclus dans les échelles générales standardisées. Le manuel donne aussi une description des différents comportements qui peuvent être observés pendant la séance.

Il y a une lacune quant à l'information concernant l'élaboration des tests et leur standardisation. Alors que les auteurs de la batterie rapportent que les épreuves incluses dans celle-ci proviennent des travaux de Luria, ils n'indiquent pas les principes ayant présidé à la sélection des items. Aussi les échantillons de standardisation sont-ils extrêmement petits pour les deux formes. La forme I a été standardisée auprès de 50 sujets du milieu hospitalier qui souffraient de nombreux désordres physiques et psychologiques. La forme II a été standardisée auprès de 73 sujets, soit 51 personnes «normales», 14 patients psychiatriques internés et 8 patients en neurologie. En plus, le manuel fournit l'information démographique de base pour les sujets (âge, sexe et scolarisation) sans donner plus de précisions.

Le test permet de déterminer les déficits comportementaux et de localiser le dommage au cerveau. Il y a plusieurs niveaux d'interprétation dans cette batterie, qui vont de la désignation du dysfonctionnement cérébral spécifique jusqu'à l'intégration ou au diagnostic basés sur la batterie entière, en passant par la description comportementale et l'étiologie sous-jacente des dysfonctionnements.

Le manuel du LNNB donne de l'information sur sa fidélité. Les coefficients de fidélité moitié-moitié pour les différentes échelles varient de 0,89 à 0,91. Il est aussi indiqué que les échelles ont des coefficients de consistance interne de 0,80. La fidélité de la double passation de cette batterie se situe entre 0,78 et 0,96.

Bien que la plupart des mesures neuropsychologiques ne démontrent pas de problèmes de fidélité lorsqu'il y a plus d'un examinateur, car elles sont objectives et présentent des systèmes d'évaluation quantitatifs, le LNNB nécessite un jugement personnel dans l'attribution des scores 0, 1 ou 2. Alors, pendant la construction de la batterie, les items qui ne présentaient pas de corrélations adéquates lorsqu'il y avait plus d'un examinateur furent abandonnés. Il en a résulté une corrélation de 0,95 dans ce type de situation.

Des études portant sur des analyses de facteurs ont été effectuées sur le LNNB et la structure factorielle a été mise au jour pour chacune des 11 échelles. Ces analyses se basaient sur des corrélations entre les items plutôt que sur des corrélations entre les échelles. Les items d'une échelle avaient une plus grande corrélation avec les autres items de la même échelle qu'avec les items des autres échelles, ce qui démontre une validité de contenu.

Les mesures de validité discriminative s'appuient sur la capacité des scores aux tests et des valeurs-critères à distinguer les groupes d'individus ayant des dommages cérébraux des groupes d'individus sans dommages cérébraux. En général, les résultats de ces mesures indiquent que la batterie est assez efficace pour faire cette distinction. Le LNNB semble aussi capable de distinguer les troubles fonctionnels des troubles organiques aussi bien que les autres instruments de mesure neuropsychologique (Lewis, Hutchens et Garland, 1993 ; Moses et Maruish, 1990). Il fait aussi une discrimination entre les personnes ayant des dommages cérébraux variés et les personnes «normales» ou encore les personnes schizophrènes (Bryson et autres, 1993). Cette batterie démontre aussi une validité discriminative lors de la détermination de l'hémisphère ou du lobe perturbé. Elle ne permet cependant pas à l'examinateur de faire une distinction plus spécifique entre les différents troubles du langage; de plus le degré auquel elle permet de faire la distinction entre d'autres syndromes, par exemple entre les différents types de démence, n'a pas encore été suffisamment étudié.

Il ne semble pas y avoir eu d'études relatives à la validité prédictive ou à la validité de construit du LNNB. Cet instrument est critiqué du fait qu'il est tellement orienté vers le langage que des personnes aphasiques ont de la difficulté à comprendre les instructions des tâches non verbales. Ainsi, elles ne sont pas capables de donner des réponses adéquates même si elles fonctionnent d'une façon normale. En plus, les items ne fournissent pas assez d'information pour permettre de classifier les personnes aphasiques selon un modèle contemporain.

Le LNNB est un instrument de mesure clinique qui tente de déterminer et de localiser les diverses perturbations cérébrales qui mènent à des problèmes fonctionnels. La batterie paraît avoir une fidélité acceptable. Celle-ci est pourtant critiquée car les études effectuées en vue de faire la standardisation ne contiennent pas un nombre adéquat de sujets. En outre, alors qu'il a été démontré qu'elle était capable de faire la distinction entre les gens ayant des perturbations cérébrales et les gens n'en ayant pas, elle ne semble pas pouvoir établir des distinctions plus précises, par exemple entre les divers troubles aphasiques comme nous l'avons déjà mentionné.

En conclusion, cette batterie est sans doute d'une plus grande utilité lorsque la détermination des perturbations cérébrales doit être effectuée de façon générale plutôt que spécifique. Aussi, pour que les interprétations qui proviennent de ce test puissent être considérées comme adéquates et véridiques, il faudrait qu'un plus grand nombre d'études soient effectuées afin de mesurer sa validité clinique.

16.4.3   L'Échelle clinique de mémoire (forme révisée)

Pendant longtemps, la répartition ou la division des fonctions de la mémoire se faisait lors d'un examen neurologique traditionnel étant donné que le fonctionnement moins adéquat de la mémoire était le résultat de fractures crâniennes, de déficiences dans le cerveau, etc. Par contre, lors d'un sondage effectué récemment auprès d'experts dans le domaine de la psychométrie, 80 % d'entre eux voyaient dans la mémoire un aspect important de la répartition de l'intelligence. Cela mettait donc en évidence le besoin d'un instrument standardisé qui permettrait aux cliniciens de répartir les fonctions de la mémoire dans les différents contextes (à court et à long terme en utilisant le matériel varié verbal et graphique) et pour des gens autres que ceux souffrant de problèmes neurologiques.

En 1945, Wechsler a été le premier à élaborer un test standardisé, la Wechsler Memory Scale (WMS), permettant la répartition des fonctions de la mémoire. Ce test était divisé en sept sous-tests représentant chacun un aspect particulier, soit les renseignements personnels et l'information générale, l'orientation spatiotemporelle, le contrôle mental, la mémoire logique, la mémoire immédiate des chiffres, la mémoire des figures géométriques et l'apprentissage de mots couplés. Ainsi, l'addition de tous les scores obtenus dans un sous-test donnait le quotient de la mémoire et permettait d'évaluer la détérioration mnésique.

Reid et Kelly (1993) mentionnaient que même si le WMS était le test de mémoire le plus utilisé en clinique, il comportait plusieurs inconvénients. D'ailleurs, Prigatano (1978) affirmait que tous les problèmes relevés périodiquement dans les études portant sur le WMS étaient reliés au manque d'information sur la fidélité du test, à des normes inadéquates, à un échantillon petit et restreint, à l'absence de consensus sur la structure des facteurs du test et sur la validité. De plus, il semble que le quotient de la mémoire ne permettrait pas de différencier les fonctions mnésiques les unes des autres. Ainsi, ces divers inconvénients du WMS poussaient certaines personnes à modifier des parties du test. Par contre, la révision majeure du WMS a été faite par Wechsler lui-même.

Wechsler a commencé la révision du WMS à la fin des années 70. Il a complété les changements majeurs avant sa mort en 1981. Certains détails finals ont été ajoutés subséquemment, mais l'éditeur s'est assuré que tous les aspects de la révision reflétaient les intentions de l'auteur.

Les changements majeurs incorporés dans le nouveau test nommé la Wechsler Memory Scale – Revised (WMS-R) incluent les normes pour neuf groupes d'âge variant de 16 ans à 74 ans, le remplacement du quotient de la mémoire par cinq scores composés, l'addition de sous-tests mesurant la mémoire non verbale, l'inclusion des essais de remémorisation à la suite d'un délai adoptée par Russell en 1975 et la révision de la méthode d'établissement des scores pour plusieurs sous-tests (Reid et Kelly, 1993).

Le WMS-R a été publié en 1987 et l'adaptation française, en 1991. Ce test est un instrument clinique qu'on fait passer individuellement pour désigner les fonctions majeures de la mémoire chez les adolescents et les adultes. Cette échelle est utilisée à la fois pour poser des diagnostics et pour permettre le dépistage lors d'un examen neuropsychologique général ou de tout autre examen requis afin de répartir les fonctions de la mémoire. En vue d'estimer les capacités de la mémoire, on utilise des stimuli verbaux et graphiques, du matériel abstrait et significatif et la remémorisation immédiate et celle suivant un délai (Wechsler, 1987).

Le WMS-R est divisé en sous-tests mesurant chacun une facette de la mémoire. Les sous-tests spécifiques dans la batterie sont précédés d'un sous-test contenant des questions utilisées comme une partie de l'information et comme orientation générale pour le sujet; ces questions ne sont pas considérées au moment de l'évaluation. Ensuite, les huit sous-tests sont présentés. Ces sous-tests mesurent la mémoire générale ainsi que l'attention et la concentration à l'aide d'un matériel verbal et graphique. Les stimuli verbaux sont lus au sujet tandis que les stimuli graphiques sont montrés. De plus, les sous-tests verbaux et graphiques sont présentés alternativement afin de maintenir l'intérêt du sujet. La présentation des huit sous-tests requiert approximativement 30 minutes.

La passation de la batterie est immédiatement suivie par le rappel différé consécutif à un délai ; quatre des huit sous-tests sont alors utilisés. Deux de ces quatre essais mesurent la mémorisation du matériel visuel. Ainsi, l'examen complet, qui comprend les questions sur l'information et l'orientation, les huit sous-tests et les quatre essais de rappel différé, demande environ entre 45 et 60 minutes. Lorsque le temps est limité, on peut soumettre au sujet une version brève, c'est-à-dire qui exclut les quatre essais de remémorisation à la suite d'un délai.

Les huit sous-tests concernant la mémoire à court terme donnent deux scores composés majeurs, soit celui de la mémoire générale (cinq sous-tests) et celui de l'attention et de la concentration (trois sous-tests). De plus, le groupe de la mémoire générale est subdivisé en deux sous-scores additionnels mesurant la mémoire verbale (deux sous-tests) et la mémoire visuelle (trois sous-tests). Finalement, les quatre essais de remémorisation consécutive à un délai donnent le score composite du rappel différé. La première partie de l'échelle, c'est-à-dire les questions sur l'information et l'orientation, est évaluée indépendamment.

Ainsi, le matériel du WMS-R inclut un manuel, des feuillets permettant d'enregistrer les données (et des feuilles pour faire la reproduction visuelle I et II), un livret de stimuli graphiques, un livret de stimuli d'association visuelle par paire, un dépliant A et un dépliant B d'association visuelle par paire et quatre cartes portant sur la mémoire visuelle.

La valeur psychométrique

Une fois qu'on a décrit le test et nommé les composantes de son matériel, il est essentiel de se poser des questions sur sa valeur psychométrique, c'est-à-dire sur sa standardisation, sa validité et sa fidélité.

L'échantillon de standardisation pour le WMS-R représentait la population générale des États-Unis âgée de 16 ans à 74 ans 11 mois et celle de France âgée de 16 ans à 79 ans 11 mois. Même si l'échantillon de standardisation semblait représentatif en ce qui a trait à l'âge, au sexe, à la scolarisation, à l'ethnie et à la région, il reste qu'il était trop petit. Seulement 50 sujets représentaient chacun des groupes âgés de 16 et 17 ans, de 20 à 24 ans, de 35 à 44 ans, de 55 à 64 ans, de 65 à 69 ans et de 70 à 74 ans. Pour ce qui est des groupes âgés de 18 et 19 ans, de 25 à 34 ans et de 45 à 54 ans, les normes étaient dérivées selon une procédure d'estimation spécifique (Wodard, 1993).

Par ailleurs, les données sur la fidélité du test entraînent certaines inquiétudes. D'abord, les coefficients de fidélité moyens des différents groupes pour les sous-tests ou les scores composés ne sont pas très élevés, variant de 0,41 à 0,90 avec une moyenne de 0,74 (Wechsler, 1987). Le seul score composé majeur qui obtient un coefficient de fidélité de 0,90 est celui de l'attention et de la concentration. Ainsi, l'utilisateur doit être averti que la faible fidélité des sous-tests ne permet pas d'interpréter les différences observées. L'analyse du profil des scores composés est également limitée par cette faible fidélité, sauf pour le score de la mémoire générale.

Afin de connaître la validité du test, il est nécessaire de vérifier les résultats des analyses factorielles, la relation entre les variables démographiques et les scores obtenus au test ainsi que le rendement des groupes cliniques au test. Les résultats de plusieurs analyses factorielles ne démontrent pas une forte validité en ce qui a trait à la construction du test, car elles ne supportent pas complètement le modèle à cinq facteurs qui aurait servi de guide à la construction du test.

Lorsque l'on considère la relation entre les variables démographiques et les scores obtenus au test, on remarque qu'il n'y a aucune différence entre les filles et les garçons, mais il existe une différence significative entre l'âge et les scores obtenus. Ainsi, comme on aurait pu l'imaginer, les personnes plus âgées performent moins bien étant donné que plusieurs fonctions cognitives déclinent avec l'âge. Finalement, on remarque qu'une scolarisation élevée est significativement associée avec les résultats obtenus au WMS-R. Par conséquent, contrairement à l'analyse factorielle, la relation entre les variables démographiques et les scores obtenus au test démontre la validité du WMS-R. De plus, le rendement plus faible des groupes cliniques comparativement aux groupes standardisés «normaux» indique que le WMS-R est valide (Wechsler, 1987). Ainsi, lorsque l'on connaît la valeur diagnostique du test, il est possible d'en faire une interprétation plus adéquate.

Le test révisé de Wechsler permet de détecter le fonctionnement mnésique déficitaire. Par contre, il ne permet pas de discriminer les fonctions de la mémoire lorsque celle-ci est très bonne. Ainsi, le test devrait être interprété dans un contexte où l'on trouve d'autres mesures cliniques en plus d'une information sur la santé psychologique et physique du sujet.

En résumé, lorsqu'on compare le WMS original au WMS-R, on constate que la version révisée constitue une amélioration par rapport à la première. D'ailleurs, l'échelle représente l'instrument le plus approprié afin de détecter les déficiences de la mémoire chez les adultes. Cependant, il faut utiliser ce test avec prudence avant de prendre des décisions cliniques.

16.4.4 Le Test de la figure complexe de Rey

En 1942, André Rey a conçu une épreuve dite Figure complexe de Rey, dont le but était d'aider à différencier, sur le plan diagnostique, la débilité mentale constitutionnelle du déficit acquis par suite d'un traumatisme cérébral. Rey reconnaît à son épreuve les trois propriétés suivantes: une absence de signification évidente, c'est-à-dire qu'elle ne représente pas un objet connu dans la réalité; une réalisation graphique facile; et une structure de l'ensemble assez compliquée pour solliciter une activité perceptive et organisatrice.

Plus tard, Osterrieth (1945) s'est intéressé à cette épreuve comme mesure de la normalité. Il a entrepris une étude génétique aussi complète que possible en l'échelonnant sur une population de sujets allant de 4 ans à l'âge adulte. Par l'étalonnage de la figure de Rey sur les sujets «normaux», l'auteur en a étendu l'utilisation à des groupes autres que cliniques. Selon Osterrieth, cette structure assez complexe incite le sujet à analyser et à considérer les rapports qu'entretiennent les éléments entre eux. Même avec une copie partielle, et indépendamment du résultat d'ensemble, le Test de la figure complexe de Rey fournit de nombreux renseignements. En effet, cette épreuve est essentiellement composée de figures reproductibles à partir de l'âge de 3 ou 4 ans (cercle, croix, carré, rectangle, triangle, losange), d'éléments répétés (barres, hachures) nécessitant la numération en même temps qu'ils peuvent déclencher des stéréotypies, d'éléments pouvant donner lieu à des interprétations ludiques du dessin (le cercle qui rappelle schématiquement un visage) et d'éléments visant à compliquer le dessin (structure analytique) (Osterrieth, 1945).

L'utilisation des tests graphiques s'étant répandue en neuropsychologie, plusieurs auteurs (Andrews et autres, 1980; Barbizet et Duizabo, 1985; Lezak, 1983) soulignent la place importante que le Test de la figure complexe de Rey devrait occuper dans une telle batterie. Par ailleurs, son utilisation dans certaines recherches a permis de mettre en évidence des comportements dyspraxiques (Ajuriaguerra et Hécaen, 1964). Étant peu influencée par la scolarisation, cette épreuve sollicite plutôt la fluidité ou l'activité de l'intelligence par opposition aux automatismes liés aux connaissances acquises (Boehme, 1973). Cette épreuve, facile à faire passer et à corriger, ne constitue pas une surcharge pour le sujet, qui n'est pas sollicité à maintenir une attention soutenue durant trop longtemps (un adulte aux capacités normales prend en moyenne moins de cinq minutes pour exécuter le test).

Par sa complexité, le Test de la figure complexe de Rey permet d'obtenir de l'information sur les quatre points suivants: le niveau de structuration de l'activité perceptive; le contrôle oculomoteur et l'attention mise en œuvre; la capacité mnésique; et la vitesse de réalisation des deux reproductions. Toutes ces données fournissent des renseignements sur la structure et le fonctionnement mentaux du sujet (Osterrieth, 1945).

La façon dont le sujet procède pour reproduire le modèle qu'on lui propose renseigne sur son niveau perceptif. La perception évoluant avec l'âge, on obtient l'âge perceptif du sujet, typique du niveau de développement mental (Osterrieth, 1945).

Sept types de construction sont définis par Osterrieth (1945) et acceptés par Rey (1959). Ils suivent une évolution que l'auteur divise en trois phases, caractérisées par la prédominance d'un type de dessin en fonction de l'âge. L'analyse de l'évolution de l'activité perceptive de l'âge de 4 ans à l'âge adulte est faite dans une perspective de développement et mise en étroite relation avec ce que l'on connaît déjà des stades génétiques décrits par Piaget.

La perception devient un instrument au service de la pensée. C'est une totalité décomposable en des parties significatives qui est perçue d'emblée: il y a donc une analyse immédiate des éléments fondamentaux constituant le schéma général, le principe d'organisation étant suivi d'une restructuration synthétique.

Le contrôle oculomoteur et l'attention sont mesurés par la richesse de la copie et son exactitude en fonction de l'âge. Ainsi, en plus d'obtenir le niveau perceptif du sujet (données qualitatives), on prend note, d'une part, du degré de respect du modèle, des oublis et des erreurs qui servent tous d'indices du potentiel d'attention du sujet et, d'autre part, des maladresses et des déformations qui renseignent sur le degré de contrôle oculomoteur du sujet (données quantitatives). La copie extrêmement pauvre obtenue chez les enfants de 4 ans va s'améliorer progressivement jusqu'à l'âge de 9 ans. Par la suite, des résultats assez semblables variant très peu avec l'âge seront produits, ce qui démontre que le contrôle oculomoteur et l'attention sont deux aspects qui s'acquièrent vers l'âge de 9 ans.

La richesse du souvenir de la reproduction donne des renseignements sur la qualité et le bon fonctionnement de la mémoire du sujet. En fonction du temps écoulé entre la copie et la reproduction, c'est la mémoire immédiate (quelques secondes après) ou la mémoire différée (quelques minutes après) qui est évaluée. L'étude d'Osterrieth mesure la mémoire différée. La courbe d'évolution représentant la moyenne des points obtenus pour la mémoire augmente progressivement avec l'âge (l'accroissement a surtout lieu entre 4 ans et 9 ans), mais elle est moins marquée que pour la copie.

La durée de l'exécution des deux copies varie avec les données obtenues et peut servir d'indice de la qualité du rendement lorsqu'on établit le ratio degré d'exactitude – temps d'exécution. Pour la copie, le temps de réalisation diminue avec l'âge, mais cette diminution n'est pas constante, puisque les temps les plus longs se situent entre les âges de 6 ans et 7 ans. Pour la mémoire, le temps diminue aussi avec l'âge, mais comme pour la copie, cette diminution est irrégulière. Les temps les plus longs se retrouvent chez les enfants de 10 ans, et les adultes obtiennent des temps plus longs que le groupe de sujets âgés de 15 ans.

Quant à la validité, elle démontre la sensibilité de cet instrument dans plusieurs applications cliniques (Spreen et Strauss, 1991).

16.4.5   Le Test d'organisation visuelle de Hooper

Le Test d'organisation visuelle de Hooper comprend 30 items, chacun représentant un objet familier découpé en 2, 3 ou 4 morceaux, disposés de façon aléatoire. Le sujet doit agencer mentalement les composantes du stimulus et l'identifier soit de façon orale, soit de façon écrite, selon le mode d'évaluation. Un point est attribué à chaque bonne réponse alors qu'une réussite partielle vaut un demi-point. On obtient le score brut total en additionnant tous les points. C'est dans le contexte d'une thèse de maîtrise qu'H.E. Hooper a amorcé, en 1948, l'élaboration de son instrument. Dix ans plus tard, une version révisée a été publiée. Dans la dernière version, qui date de 1983, les chercheurs de la Western Psychological Services (WPS) ont ajouté une cote convertie dans le but de corriger l'effet de certaines variables modératrices telles que l'âge et la scolarisation du sujet. Ils ont introduit au même moment une cote pondérée qui facilite l'interprétation quantitative : la cote T. Ce sont les seules améliorations qu'ils ont apportées.

Cet instrument est censé mesurer la capacité à ordonner visuellement un stimulus. L'auteur s'appuie sur l'hypothèse selon laquelle un déficit enregistré sur le plan des mécanismes perceptifs et cognitifs, tels qu'ils se manifestent dans cette épreuve, traduit des complications dans le fonctionnement neurologique. Il présume en outre que le rendement à son test sera relativement peu influencé par les désordres fonctionnels et motivationnels. En somme, il s'agit d'un test de criblage (*screening test*) visant la discrimination entre les pathologies organiques et les pathologies fonctionnelles.

La valeur psychométrique

L'interprétation quantitative du Test d'organisation visuelle de Hooper peut s'effectuer à partir de trois cotes : la cote brute, la cote convertie et la cote pondérée. Hooper (1983) a créé une grille d'interprétation du degré de détérioration neurologique, selon quatre intervalles de cotes brutes : 25-30, aucune détérioration ; 20-24, détérioration légère ; 10-19, détérioration modérée ; 0-9, détérioration grave. Par ailleurs, différents auteurs utilisent les cotes brutes (Boyd, 1981 ; Eisenman et Coyle, 1965) et proposent des seuils de rendement variant de 20 à 25, selon la population étudiée.

En 1983, la cote T pondérée obtenue à l'aide des scores bruts ou convertis, au choix, a été à son tour acceptée par les chercheurs de la WPS. Elle s'inscrit dans un profil indiquant la probabilité de détérioration cérébrale : 41-55, très faible ; 56-60, faible ; 61-65, modérée ; 66-70, élevée ; plus de 70, très élevée.

Jusqu'à ce jour, les chercheurs qui ont tenté de vérifier l'efficacité discriminative du score dans le test de Hooper ont présenté des résultats modestes et parfois contradictoires. Hooper (1983) a fait remarquer qu'il devient plus difficile de différencier les sujets ayant une pathologie organique des sujets psychotiques lorsque l'évaluation de groupe est pratiquée. Il attribue cette difficulté au manque de fidélité d'une telle méthode d'évaluation. Lors de la passation individuelle, Gerson (1974) a enregistré des différences significatives entre les cotes des deux types de sujets. Il a néanmoins souligné le rendement similaire des sujets psychotiques et des sujets « normaux » à cette épreuve.

Plus récemment, Ouellet (1986) a étudié le rendement de 742 sujets psychiatrisés au Test d'organisation visuelle de Hooper. Ils sont répartis en neuf groupes diagnostiques. À l'encontre de Gerson, la seule différence significative observée se situe entre le rendement des sujets qui ont une pathologie organique et celui des sujets qui n'ont pas une pathologie organique et qui ne sont pas psychotiques. Par ailleurs, l'auteure a mentionné que, quelles que soient les combinaisons de groupes et les cotes utilisées, la valeur prédictive négative est plus élevée que la valeur prédictive positive.

Les autres études (Boyd, 1981 ; Love, 1970 ; Wang, 1977) sont plus difficiles à évaluer dans cette perspective. Les personnes schizophrènes sont soit absentes, soit associées à des sujets « normaux » pour constituer un groupe n'ayant pas une pathologie organique. Un tel regroupement paraît moins pertinent surtout lorsqu'on veut mieux cerner et classer les sujets psychiatrisés.

Hooper a surtout insisté sur l'interprétation quantitative des scores. Cependant, il recommande aux cliniciens de comparer qualitativement les réponses erronées des sujets ayant une pathologie organique avec celles des personnes psychotiques pour faciliter le diagnostic différentiel. Ainsi, il établit quatre catégories d'erreurs : l'isolement, la persistance, les réponses bizarres et les néologismes.

Deux études portant sur la fidélité ont été effectuées (Gerson, 1974 ; Hooper, 1958) d'après la méthode des moitiés (*splithalf*). Après correction au moyen de la formule de Spearman-Brown, les corrélations trouvées varient de 0,78 à 0,82 et les déviations standard, de 2,58 à 3,98. Les erreurs standard obtenues par Hooper (1,69 et 1,21) sont plus faibles que celles déterminées par Gerson : 1,90 (sujets ayant une pathologie organique), 1,91 (personnes schizophrènes) et 2,22 (personnes « normales »).

Les diverses études relatives à la validité discriminative ont cherché à établir un seuil de classification optimal des groupes de sujets divisés généralement ainsi : les sujets « normaux », névrotiques, schizophrènes et ayant une pathologie organique. Avec un seuil de 20/30, les taux de faux positifs ou n'ayant pas une pathologie organique qui ont obtenu 20 ou moins sont de 0 % (Hooper, 1958). Gerson (1974) indique un taux de faux positifs de 31 % chez les personnes schizophrènes par rapport à 24 % pour le groupe normal.

D'autres chercheurs ont voulu vérifier la validité du test de Hooper en le comparant à divers instruments de mesure neuropsychologique. Bien que leur nombre soit limité, ces études confirment la validité du test mais celle-ci varie selon les dimensions évaluées par les autres tests et le type de population en cause (Sterne, 1973). L'un des problèmes majeurs concernant la validité du Test d'organisation visuelle est que peu d'études ont tenu compte du taux de prédominance des diverses pathologies dans la population psychiatrique.

16.4.6   Autres tests neuropsychologiques

La batterie Halstead-Reitan Neuropsychological Test Battery for Adults (HRNB) a sans aucun doute apporté une grande contribution dans ce domaine. À l'origine, cette batterie composée de sept tests essentiellement non verbaux a été utilisée pour l'évaluation de sujets présentant des lésions frontales (Halstead, 1947). Reitan (1955) a repris cette batterie de tests pour démontrer la relation entre l'âge et le rendement. Il en est arrivé à la conclusion que les personnes âgées de plus de 45 ans et n'ayant aucun trouble neurologique n'obtenaient pas de résultats satisfaisants sur au moins cinq des sept tests de Halstead. Afin de permettre une évaluation plus précise et d'étendre le champ d'application à une plus grande variété de désordres, tels les troubles psychiatriques, l'alcoolisme, le retard mental et le vieillissement (catégorisé ainsi par l'auteur), il a entrepris une révision de la batterie de Halstead.

Le Test de mémoire visuelle de Benton, avec ses cinq formes, offre un champ d'application clinique très vaste pour les sujets âgés de 8 ans à 65 ans. La nouvelle version a une fidélité de 0,85 (double passation du test), et ses règles de correction simples et précises en font un test supérieur aux épreuves classiques du même type (Benton, 1982).

La mémoire et le rappel de l'information verbale sont mesurés fréquemment à l'aide d'une série de 15 mots de Rey (1958). Dans ce test, la tâche du sujet consiste à apprendre progressivement une liste de mots au cours de cinq essais consécutifs.

Sur le plan psychomoteur, le Purdue Pegboard permet de déterminer la latéralité droite-gauche et de mesurer la dextérité motrice du sujet. La tâche de celui-ci consiste à insérer des chevilles dans des trous avec la main droite, avec la main gauche et avec les deux mains, ou à assembler dans chaque trou les chevilles, les colliers et les rondelles en utilisant les deux mains.

Le Test d'horloge mesure les habiletés oculoconstructives sur une commande verbale et sert à l'appréciation qualitative des capacités de structuration de l'information. Il est recommandé pour les états démentiels. L'examinateur demande au sujet de dessiner une horloge et de la régler à 11 h 10, 7 h 45, 6 h 05, 8 h 20, ou à 3 h (Freedman et autres, 1994).

Le Wisconsin Card Sorting Test ou WCST (Heaton et autres, 1993) évalue différents sous-processus intervenant dans l'abstraction et la flexibilité cognitive, et constitue l'instrument qui a été le plus utilisé quant à l'évaluation des fonctions d'exécution, celles-ci étant entre autres assurées par l'intégrité du cortex préfrontal. Le WCST consiste en un ensemble de 4 cartes de référence et en un paquet de 128 cartes-réponses avec des dessins variant sur trois dimensions : la couleur, la forme et le nombre où aucune des 4 cartes-stimuli n'est identique sur ces trois attributs. Dans la version standard, les dessins des cartes-modèles sont (de gauche à droite) : un triangle rouge, deux étoiles vertes, trois croix jaunes ou quatre cercles bleus. Pour leur part, les cartes-réponses consistent en 2 paquets de 64 cartes comprenant toutes les combinaisons possibles quant aux trois dimensions. Le sujet a pour consigne de placer chaque carte-réponse sous l'une des cartes de référence à l'endroit qu'il juge correct. Après chaque réponse, l'expérimentateur lui indique si l'essai est «bon» ou «mauvais», aucune autre directive n'étant donnée tout au long du test. Initialement, le sujet doit faire l'agencement selon la couleur, mais après dix réponses correctes consécutives, cette règle change pour ce qui est de la forme et subséquemment pour ce qui est du nombre. Le test continue jusqu'à ce que le sujet ait complété les six catégories ou que les 128 cartes aient été utilisées. Il est important de mentionner que les cartes-stimuli et les cartes-réponses peuvent s'associer sur plus d'une dimension. Ainsi, un assortiment n'est pas toujours non équivoque.

Le test des mots colorés de Stroop (1935) consiste d'abord à lire le nom de quatre couleurs (bleu, vert, rouge, jaune) imprimé en noir. Dans la deuxième partie, on lit les noms des couleurs en ignorant la couleur d'impression d'un mot non appropriée au mot lui-même (par exemple, le mot «rouge» est imprimé en bleu). Ensuite, le sujet nomme les couleurs des points présentés. Enfin, on reprend la carte utilisée dans la deuxième partie, mais cette fois la personne examinée doit nommer les couleurs en ignorant la signification verbale. Cette épreuve permet de mesurer la flexibilité cognitive.

Il existe des instruments de mesure conçus pour les sujets âgés. Ainsi, la Batterie de mémoire pour les personnes âgées ambulatoires (Israël, 1988) donne un bilan mnésique, et la Batterie de vigilance pour les personnes âgées en institution (Israël, 1988) fait le résumé des fonctions cognitives et psychomotrices. Ces deux tests permettent de répondre aux objectifs d'examen clinique en gérontologie.

MOTS CLÉS

- Âge perceptif
- Aphasique
- Bilan fonctionnel
- Cécité
- Déficience intellectuelle
- Déficience visuelle
- Difficultés linguistiques
- Habiletés adaptatives
- Neuropsychologie
- Perception
- Polyhandicapé
- Test visuel moteur
- Troubles auditifs

Les tests de personnalité

OBJECTIF

Connaître les effets du choix d'une stratégie de base et évaluer et diagnostiquer la personnalité avec le test ou l'inventaire le plus pertinent.

Les questionnaires et les inventaires de personnalité constituent le deuxième groupe d'instruments les plus souvent utilisés en psychologie et en éducation. Ils permettent d'obtenir une information difficilement accessible par d'autres techniques sur l'état psychologique de la personne et de tester des échantillons importants en un laps de temps relativement court, ce qui facilite aussi la confection de normes fiables et valides. Chacun des items exige du sujet qu'il fasse une évaluation subjective de lui-même quant à certaines facettes de sa vie quotidienne. Ces choix sont reliés à un construit, ou trait de caractère, et il est possible, sur la base du nombre d'items exécutés, de dégager un score numérique.

Les stratégies rationnelle, empirique, conceptualiste et factorielle permettent d'élaborer une échelle de personnalité. Le premier inventaire de personnalité, mis au point en 1920 par Woodworth, s'appuyait sur une stratégie rationnelle. La version suivante fut préparée à partir de la stratégie empirique, caractérisée par la prédiction d'un critère unique. L'Inventaire de personnalité multiphasique du Minnesota et l'Inventaire psychologique de Californie ont aussi été conçus et construits à l'aide de ces deux stratégies ainsi que de la stratégie conceptualiste qui met l'accent sur la validité de construit. Jackson (1967, 1971) a eu le mérite de formuler de façon claire, explicite et intégrée un ensemble de procédures opérationnelles, dont il a illustré l'application en élaborant un inventaire de personnalité.

17.1 LES INVENTAIRES DE PERSONNALITÉ

Dans cette section, nous examinerons les tests les plus fréquemment utilisés pour l'évaluation de la personnalité. Les quatre stratégies de construction de tests ci-haut mentionnées y seront représentées.

17.1.1 L'Inventaire de personnalité multiphasique du Minnesota-2

L'Inventaire de personnalité multiphasique du Minnesota (Minnesota Multiphasic Personality Inventory ou MMPI) a été publié pour la première fois en 1942 par Starke Hathaway et J. Charnley McKinley. Ces auteurs travaillaient à l'époque à l'hôpital de l'université du Minnesota. Hathaway et McKinley souhaitaient que le MMPI soit utile aux évaluations diagnostiques routinières. Durant les années 30 et 40, les psychologues et les psychiatres avaient pour tâche d'attribuer des étiquettes psychodiagnostiques appropriées à chaque cas individuel. Pour attribuer une telle étiquette, on procédait à des entrevues individuelles, ou examens de l'état mental, et à des tests psychologiques avec chaque patient. Voilà le contexte dans lequel a été construit cet inventaire (Graham, 1990).

Le MMPI est considéré comme le test de personnalité le plus utilisé de nos jours dans le domaine de la personnalité et celui qui a généré le plus de recherches. Malgré les critiques et les débats qui l'ont entouré, le MMPI est reconnu comme l'un des tests cliniques les plus utiles.

Hathaway et McKinley ont adopté une approche empirique pour construire leurs échelles. Cette méthode requiert une catégorisation d'items empiriques qui peut différencier des groupes de sujets. Elle est beaucoup utilisée de nos jours, mais à l'époque où le MMPI a été construit, elle représentait une innovation très importante. Les items du test étaient sélectionnés selon leur validité et conformément au jugement subjectif de l'auteur du test sur le type de réponses qui indiquerait les éléments mesurés. Les données obtenues dans les milieux clinique et de recherche ont remis en question l'exactitude de cette approche, car des études empiriques ont montré que les réponses subjectives ne correspondaient pas souvent aux différences observées entre les groupes de sujets. Dans la méthode empirique, les réponses individuelles au test ne sont pas traitées comme telles. Les analyses empiriques permettent de déterminer quels items du test sont différents pour des groupes de sujets différents, ce qui atténue l'importance de certains problèmes reliés aux anciennes approches subjectives.

Pour construire les échelles cliniques, Hathaway et McKinley ont dû recueillir une grande quantité d'items potentiels. Alors, ils ont sélectionné une large variété d'énoncés propres à certains types de personnalité. Ils ont fait cette sélection à partir d'histoires de cas psychologiques et psychiatriques, de manuels classiques et d'échelles d'attitudes personnelles et sociales déjà publiés. Ils ont finalement sélectionné 504 énoncés parmi les 1 000 énoncés initiaux. Ces énoncés ont été choisis de façon logique et indépendamment les uns des autres.

Ensuite, un groupe-critère comprenant des personnes «normales» fut constitué, à l'hôpital de l'université du Minnesota, de visiteurs, de parents des patients et de patients ayant seulement des problèmes somatiques. On a complété le groupe avec des élèves de collèges et des personnes œuvrant dans le domaine de l'administration. Un deuxième groupe comprenait des sujets représentant toutes les catégories psychiatriques majeures connues à l'époque de la construction du test. Les sujets cliniques ont été divisés en sous-groupes selon les étiquettes diagnostiques qu'on leur avait attribuées. Les différents sous-groupes formés de sujets cliniques souffraient de tendances hypocondriaques, de dépression, d'hystérie, de psychopathie, de paranoïa, de psychasthénie, de schizophrénie ou d'hypomanie.

La prochaine étape consista à soumettre les 504 énoncés aux groupes de sujets «normaux» et aux patients des groupes cliniques dans le but de déterminer les items, parmi ces énoncés, qui différenciaient significativement l'un ou l'autre des groupes cliniques spécifiques du groupe de sujets «normaux».

À ce moment-là, le MMPI comprenait huit échelles cliniques; deux autres échelles sont venues s'ajouter un peu plus tard, soit l'échelle Masculinité-féminité et l'échelle Introversion sociale. Dans la version MMPI-2, on trouve les dix mêmes échelles de base, auxquelles quelques échelles de contenu se sont ajoutées.

Hathaway et McKinley ont également construit quatre échelles de validité afin de dépister l'effet des styles de réponses ou des attitudes particulières des sujets face au test. Ces échelles font toujours partie de la nouvelle version.

Description

La première révision majeure du MMPI a été publiée en 1990, près de 50 ans après sa parution initiale. Les auteurs du MMPI-2 diffèrent de ceux du MMPI original; ce sont Butcher, Dahlstrom et Graham. Le nouveau test conserve une forme semblable et se réfère aux mêmes échelles de base; il comprend en outre de nouvelles sous-échelles cliniques, des sous-échelles de validité et des mesures de rôles sexuels.

Le MMPI-2, tout comme la forme originale, a pour but d'évaluer la personnalité et les dimensions cliniques regroupées en dix échelles: Hypocondrie, Dépression, Hystérie, Personnalité psychopathique, Masculinité-féminité, Paranoïa, Psychasthénie, Schizophrénie, Hypomanie et Introversion sociale.

Le MMPI révisé comporte quatre caractéristiques majeures. Premièrement, des items ont été ajoutés, les items ayant des contenus répréhensibles ont été enlevés et le nombre total des items est passé de 504 à 567. On a modifié la position de certains items afin de pouvoir calculer les scores des échelles de base à partir des 371 premiers items, ce qui permet de réduire la durée de la session d'évaluation. Deuxièmement, de nouvelles normes ont été élaborées à partir d'un plus grand échantillon qui représente davantage la population des États-Unis, comparativement aux échantillons normatifs précédents. Troisièmement, les cotes T sur les échelles cliniques ont été standardisées de nouveau. Quatrièmement, des échelles supplémentaires orientées vers le contenu (des échelles indiquant le niveau d'anxiété, l'obsession, la mauvaise adaptation sociale et les problèmes familiaux) ont été ajoutées. Contrairement au MMPI original, dans lequel les échelles étaient élaborées sur une base empirique, ces échelles orientées vers le contenu ont été élaborées sur une base rationnelle, dans le but de procurer des mesures de construit interprétables et jugées importantes dans l'évaluation de la personnalité et des problèmes cliniques.

Grâce aux différentes échelles et sous-échelles du MMPI, l'utilisateur peut en savoir davantage sur une question précise. Par exemple, s'il veut vérifier le niveau de toxicomanie, il pourra se servir des échelles qui mesurent cet aspect. En outre, plusieurs améliorations ont été apportées, la plupart d'entre elles concernant la comparaison entre le MMPI et le MMPI-2.

Le sujet répond à chacun des énoncés en indiquant « vrai », « faux » ou « je ne sais pas ». On encourage, par contre, les sujets à éviter de répondre « je ne sais pas », car un trop grand nombre d'items cochés de cette façon peut fausser le profil clinique ou cacher une réalité psychologique importante. Ce test, qui compte un nombre élevé de questions, dure environ 90 minutes. La passation du MMPI-2 est simple ; elle est effectuée en groupe ou individuellement. Le MMPI-2 peut être soumis aux personnes âgées de 18 ans ou plus qui possèdent un niveau de lecture équivalent à celui des élèves de 1re secondaire. Par contre, un comité de restandardisation travaille actuellement à l'analyse des données fournies par les adolescents. Avant que des normes soient établies, on recommande l'utilisation du MMPI original pour les adolescents. Le MMPI-2 se trouve également sur cassettes audio et la passation peut aussi s'effectuer par ordinateur.

Par ailleurs, il faut accorder une attention particulière aux énoncés formulés négativement parce que certains sujets risquent de mal comprendre ces énoncés. Il est possible d'assister les personnes qui ont de la difficulté à lire ou qui proviennent d'un milieu socioculturel défavorisé.

Le calcul des résultats se réalise de façon manuelle ou par un système informatisé. Les scores bruts sont convertis en cotes T, avec une moyenne de 50 et un écart type de 10.

Pour interpréter les scores du MMPI-2, on doit tout d'abord déterminer si les résultats obtenus sont valides. Les échelles de validité de base sont alors utilisées et des sous-échelles supplémentaires ont été préparées pour le MMPI-2. Un sujet peut répondre de différentes façons qui peuvent biaiser les données. Il peut laisser un grand nombre d'items sans réponse, jouer un rôle qui ne reflète pas sa vraie nature, éviter de répondre aux instructions du test, être incapable de lire les items ou de comprendre leur sens, répondre au hasard ou encore se trouver dans un état psychotique perturbé. Ainsi, les échelles de validité permettent de détecter tous ces éléments qui peuvent compromettre l'interprétation des résultats.

Il faut calculer les questions laissées sans réponse. Le nombre acceptable d'items sans réponse varie d'un auteur à l'autre. Les trois autres échelles de base de validité sont les suivantes : L (mensonge), F (réponses très anormales) et K (tendance à sous-estimer ou à surestimer ses anomalies). L'échelle L (*Lie*), appelée l'échelle de mensonge du MMPI, vise à détecter le désir du sujet de se présenter sous un jour favorable. Les sujets qui refusent d'admettre leurs faiblesses les plus anodines sont aussi reconnus grâce à cette échelle. Un score L élevé peut signifier une intention du sujet de fausser ses réponses. Quand le score L est très bas, cela peut signifier que le sujet essaie de donner une image de lui-même très négative. Ce type de score L s'accompagne souvent d'un score K (attitude de défense) aussi très bas et d'un score F très élevé.

L'échelle F (fréquence nulle) est la plus importante échelle de contrôle. Elle détermine si le profil est valide ou non et détecte les réponses inhabituelles et bizarres. Il existe une forte corrélation entre l'échelle F et la validité des autres échelles. Le score de l'échelle F peut être très élevé si le sujet a répondu de façon aléatoire, s'il était dans un état désorganisé au moment de la passation du test ou s'il n'a pas compris les items. Quand le score F dépasse 70 en cote T, le profil est considéré comme non valide. Certains auteurs disent qu'un score entre 70 et 80 est encore interprétable, mais qu'on doit le traiter avec prudence.

Si le score F est dans la moyenne (en dessous de 60 en cote T), cela indique une attitude de défense normale. Cette personne présente donc une attitude psychologique équilibrée et est en mesure de bien évaluer son propre état psychologique. Un score F très bas signifie que la personne peut être en état de stress et fortement sur la défensive ; elle peut démontrer une certaine anormalité, c'est-à-dire se présenter de façon trop positive. Un score F très bas accompagné d'un score L élevé constitue le profil du dissimulateur.

L'échelle K a pour but de reconnaître l'attitude de défense. Elle est l'échelle de validité la plus complexe. Il est arrivé que des sujets anormaux qui ont passé le MMPI aient obtenu des scores ne correspondant pas à leur état clinique. Le facteur de correction K est une mesure qui fonctionne comme une variable de suppression et permet de corriger les autres échelles en fonction des résultats qui y sont obtenus. Les indices permettent de corriger certaines échelles cliniques artificiellement faibles qui peuvent résulter d'une attitude de défense dans les réponses au test. L'échelle K corrige les exagérations ou les sous-estimations des problèmes cliniques et les efforts du sujet déployés dans le but de rehausser l'impression concernant sa santé mentale sans pour autant essayer de créer une image totalement différente de celle qu'il a de lui-même.

Un autre type d'exagération consiste à dramatiser les problèmes émotionnels, le sujet donnant l'impression qu'il éprouve des problèmes émotionnels sérieux. Ce phénomène influence les scores et la configuration du profil clinique. Le score de l'échelle K peut être très utile dans la détection de ces attitudes. Ainsi, les scores K supérieurs à la moyenne peuvent refléter une tendance à biaiser subtilement les réponses en vue de minimiser les conséquences d'un faible contrôle émotionnel et de l'inefficacité personnelle de l'individu dans l'auto-évaluation. L'échelle K permet donc d'ajuster, avec le facteur de correction variable, les autres échelles cliniques chez les sujets qui tendent à surestimer ou à sous-estimer leurs anomalies.

Ces échelles de contrôle permettent d'évaluer assez précisément la validité du profil clinique. La différence entre le score F et les scores K peut déterminer dans quel sens le sujet a répondu de façon non acceptable (Rothke, Friedman et Dahlstrom, 1994).

Le nouveau questionnaire permet de détecter trois autres indicateurs de validité en ce qui concerne les tentatives de falsification des réponses. Ces indicateurs sont l'échelle F pour la seconde partie du test (*Back* F), l'échelle d'incohérence pour la réponse «vrai» (VRIN) et l'échelle d'incohérence pour les réponses contradictoires (TRIN).

Voici une brève description de chacune des échelles cliniques.

Échelle 1 : Hypocondrie   Elle représente un modèle névrotique caractérisé par une préoccupation extrême et bizarre de sa santé et des fonctions physiques. Ces personnes ont généralement une faible vision intérieure (*insight*), sont très anxieuses et visitent très souvent le médecin.

Échelle 2 : Dépression   Elle se manifeste par un désordre affectif comportant de la tristesse, le sentiment de ne rien valoir, une perte d'énergie et une perte d'intérêt.

Échelle 3 : Hystérie   Elle exprime la condition névrotique dans laquelle une personne utilise des symptômes physiques de façon exagérée pour ne pas avoir à résoudre les conflits et pour éviter les responsabilités.

Échelle 4 : Personnalité psychopathique   Ce désordre de la personnalité est caractérisé par une insouciance extrême et flagrante envers les normes sociales et morales.

Échelle 5 : Masculinité-féminité   Elle mesure jusqu'à quel point le sujet accepte les rôles sexuels et les stéréotypes relatifs à l'orientation sexuelle.

Échelle 6 : Paranoïa   Elle comprend la folie des grandeurs, le délire de persécution et les hallucinations de référence, où la transformation des perceptions en pleine conscience est influencée par les circonstances sociales, suivie par des modifications comportementales inadaptées.

Échelle 7 : Psychasthénie   Elle est associée avec les comportements obsessionnels compulsifs ou les groupes de pensée.

Échelle 8 : Schizophrénie   Elle est caractérisée par un manque de connexions entre l'affect et les cognitions.

Échelle 9 : Hypomanie   Elle se caractérise par l'hyperactivité, le flot des idées et l'excitation émotionnelle.

Échelle 10 : Introversion sociale   Elle correspond à un désordre avec un retrait, l'évitement du contact social (Butcher et autres, 1989 ; Graham, 1990).

L'interprétation tient compte de la note relative obtenue aux différentes échelles et de la configuration générale du profil qui permet d'établir le code diagnostique, exprimé habituellement par deux ou trois chiffres. Par ailleurs, on a ajouté des échelles de contenu qui tentent de mesurer l'anxiété, les obsessions, les préoccupations face à la santé, la dépression, la colère, les pensées bizarres, le cynisme, les pratiques antisociales, la toxicomanie, la faible estime de soi, la mauvaise adaptation sociale, les problèmes familiaux, le rendement au travail et les indicateurs de mauvais traitements.

La valeur psychométrique

Depuis la publication du MMPI-2, en 1989, les critiques à l'égard du test ont été peu nombreuses. Selon Rojdev et autres (1994), le MMPI-2 est un nouvel instrument qui ressemble beaucoup au MMPI original. Par contre, ces mesures ne sont pas équivalentes. Avant que les écrits portant sur le MMPI-2 soient plus nombreux, l'utilisation des recherches provenant du MMPI original sera très marquée. Étant donné qu'on a effectué des changements de normes tout en conservant les échelles standard, le MMPI-2 constitue un compromis raisonnable ; cela devrait prouver qu'il est un digne successeur du MMPI. D'après Austin (1994), en ce qui concerne les standards de validité et les échelles cliniques, les propriétés statistiques du MMPI-2, telles que sa fidélité, sa validité et son erreur standard, sont comparables à celles de la version originale. De plus, les nouveaux éléments inclus dans le MMPI-2 représentent des améliorations importantes. Les échelles reconstruites aideront à vérifier la validité du test.

La nouvelle standardisation, qui a été bien effectuée, procure un échantillon normatif pour lequel le nombre d'ethnies et leur diversité sont acceptables. Dans le contexte psychiatrique, la scolarisation plus élevée et le niveau supérieur d'occupation du groupe normatif pourraient faciliter la discrimination de la psychopathologie, comparativement à la version originale. Le MMPI-2 apporte un souffle nouveau au test, dont l'utilité et l'excellence ont fait de lui le test le plus populaire dans le domaine de l'évaluation de la personnalité. Les utilisateurs habitués au MMPI pourront se rendre compte que ce qui ne fonctionnait pas bien dans le test initial a été amélioré. Comme inventaire de personnalité chez un groupe de sujets normaux, le MMPI-2 a les mêmes faiblesses que la version originale ; pour cette application, il sera donc moins satisfaisant que d'autres instruments.

17.1.2 L'Inventaire clinique multiaxial de Millon-III

L'Inventaire clinique multiaxial de Millon-III (Millon Clinical Multiaxial Inventory-III ou MCMI-III) (Millon, 1994) est un test de personnalité servant à prédire, à déterminer et à comprendre un vaste champ de caractéristiques cliniques des adultes. Il est composé de 175 questions de type « vrai ou faux » structuré en 24 échelles mesurant les variables du DSM-IV, dont 14 troubles de la personnalité et 10 syndromes cliniques. Le niveau de lecture nécessaire pour comprendre le contenu est celui d'un élève de 1re secondaire. La durée du test est de 20 à 30 minutes environ.

Le test aboutit à un profil divisé à l'étape du calcul des scores et de l'interprétation en cinq sections avec des indicateurs de validité suivis de quatre catégories cliniques. Le matériel servant à faire le calcul des scores est inclus dans le test, mais la méthode est longue et compliquée. La seule façon de calculer facilement les scores consiste à utiliser un ordinateur. Les trois échelles de correction rattachées au profil ont résulté de la validité du profil.

Les interprétations fournies par l'ordinateur informent sur la validité du test et donnent une description du style de personnalité, des commentaires sur les symptômes et sur les scores aux échelles comportementales. Le rapport offre aussi de l'information au sujet de pathologies sur les axes I et II du DSM-IV, comme des modèles cliniques de personnalité, des échelles de pathologies graves de la personnalité, des échelles de syndromes cliniques et des échelles de syndromes graves.

Les items du test qui sont reliés à ces problèmes sont présentés avec un diagnostic qui indique comment se traduit l'interprétation sur les plans comportemental, phénoménologique, intrapsychique et biophysique.

Le manuel explique que le test a été élaboré à partir d'une logique théorique et qu'en plus il emploie des techniques de validation externe. La procédure utilisée pour la construction du test est systématique et bien planifiée selon la théorie de Millon. Par exemple, le choix des items et des échelles est basé sur un modèle qui stipule que les traits comportementaux obéissent à une répartition selon un prototype clinique connu. La construction et la standardisation du test ont donc tenté de déterminer cette répartition. Les items utilisés dans les échelles des manifestations cliniques de la personnalité ont été choisis en raison de leur échantillonnage représentatif des traits qui sont reliés aux comportements répertoriés à partir de données empiriques.

La valeur psychométrique

La fidélité des échelles cliniques, calculée à partir de la méthode de la double passation, est de 0,84 à 0,96 et la consistance interne varie de 0,66 à 0,90. L'échantillon servant à la standardisation était formé de 398 sujets. On a aussi calculé, en vue d'une comparaison, la validité du MCMI-III, de l'Inventaire de dépression de Beck, du MMPI et de cinq autres échelles.

Puisque l'auteur du MCMI-III attache beaucoup d'importance à sa théorie de la personnalité et que son test est basé sur cette théorie, celle-ci aurait dû être expliquée d'une façon plus détaillée. Les descriptions des échelles ne sont pas claires et elles sont incomplètes. Ainsi, l'examinateur doit interpréter plusieurs fois des données qui ne sont pas tout à fait exactes, sans comprendre la signification des échelles du test. La procédure de validation des échelles comportementales est imprécise et prête à confusion. Il aurait été préférable de faire une classification pour une population clinique plus nombreuse et mieux sélectionnée en expliquant le contraste entre ces groupes. Se pose aussi la question de l'ajustement des échelles. L'auteur indique que la correction des résultats va augmenter la précision du diagnostic. Cependant, le manuel n'explique pas clairement comment le faire de façon empirique. Un désavantage du test provient de la méthode permettant de calculer les résultats. Il est en effet impossible de vérifier celle-ci puisque le manuel accompagnant le MCMI-III ne l'explique pas, pas plus qu'il n'explique les opérations statistiques utilisées.

Étant donné que le MCMI-III n'est pas basé sur des échantillons et des statistiques solides, il est probable que les données provenant de l'analyse factorielle ne confirment pas la qualité de la structure de ce test. Le fait d'avoir utilisé un ordinateur pour calculer et interpréter les scores énigmatiques d'un test qui a un fondement empirique faible ne semble pas très sérieux. Pour l'auteur, ces résultats ont moins de chances d'être incorrects parce qu'ils sont fournis par un ordinateur. Par contre, le rapport de l'ordinateur s'appuie en grande partie sur des inférences et non sur des relations cliniques établies empiriquement. Cela a pour effet de diminuer l'avantage de l'ordinateur. Le fait d'offrir une formule de correction simplifiée pourrait encourager des recherches cliniques qui consolideraient le MCMI-III parce que le coût du calcul des scores à l'aide d'un ordinateur est exagéré compte tenu que les résultats sont incertains.

Un autre défaut du test est le manque de corrélations entre les échelles. Il faut prendre en considération le fait que le test n'a pas été suffisamment appuyé par des données empiriques pour qu'on puisse confirmer sa valeur diagnostique. La vogue que connaît le MCMI-III dans le milieu des cliniciens tient davantage au fait qu'il prétend établir le diagnostic selon le DSM-IV qu'à ses prétendues qualités métrologiques, dont la prévalence et le taux de base. Le test recommande l'utilisation de l'informatique pour évaluer et interpréter les résultats, mais ce n'est pas une condition suffisante pour que le résultat soit fiable. Un autre aspect important est que la standardisation a été négligée car il y avait très peu de sujets pour 24 échelles cliniques. Le MCMI-III apparaît comme un test plus commercial que diagnostique, et le professionnel responsable doit l'utiliser avec une extrême prudence. S'il décide de l'inclure quand même dans son répertoire, les résultats devront être validés par un autre questionnaire ayant des qualités métrologiques reconnues. La question de savoir s'il s'agit d'un mauvais test ou bien si ce sont les études de validité qui sont mauvaises demeure donc ouverte (Retzlaff, 1996).

17.1.3   L'Inventaire psychologique de Californie révisé

L'Inventaire psychologique de Californie révisé (California Psychological Inventory ou CPI-R) est un instrument qui évalue les variables utilisées par les gens dans leur vie quotidienne afin de comprendre, de classifier et de prédire leur propre comportement de même que celui des autres (Gough, 1987). Par exemple, cet inventaire est utilisé pour diagnostiquer le succès du rendement dans les activités professionnelles, à l'école et en thérapie. L'orientation du CPI-R est concrète et pratique, car c'est un test construit selon des critères pragmatiques. C'est pourquoi le CPI-R vise à prédire ce que les gens feront dans des contextes spécifiques et selon des conditions interpersonnelles significatives qui favorisent l'efficacité individuelle.

Description

Cette dernière version comporte 462 items auxquels on répond par «oui» ou «non». Dix-huit items ont donc été éliminés de la première version et le contenu de 29 autres items a été changé. La procédure de modification n'a toutefois pas été décrite dans le guide de l'examinateur. Notons que 194 items du CPI-R proviennent du MMPI. L'adaptation française de la nouvelle version a été réalisée par Lavoëgie (Gough, 1994).

L'ensemble des items évalue 20 aspects de la personnalité normale, lesquels se réfèrent au comportement interpersonnel des gens de toutes les cultures. Il s'agit de concepts populaires: Dominance, Capacité d'acquérir un statut social, Sociabilité,

Présence sociale, Acceptation de soi, Intuition, Empathie, Sens des responsabilités, Socialisation, Maîtrise de soi, Bonne impression, Sens communautaire, Bien-être, Tolérance, Accomplissement de soi par conformisme, Accomplissement de soi par indépendance, Efficience intuitive, Tendance intuitive, Flexibilité, Féminité-masculinité. Deux nouvelles échelles se sont ajoutées à la feuille de profil (Intuition et Empathie) alors que trois autres échelles d'interprétation de la matrice de mesure ont été élaborées, soit Orientation interpersonnelle, Acceptation de normes et Autoréalisation.

Afin de faciliter la passation du CPI-R, les 462 items sont imprimés dans un livret et les réponses sont inscrites sur une feuille, laquelle peut être évaluée manuellement ou par un ordinateur. Le sujet, accompagné ou non, lit les items du test, dont la durée est de 45 à 60 minutes. De même, l'examinateur peut préciser au sujet le sens des mots mal compris. Celui-ci doit être âgé de plus de 13 ans.

L'évaluation du CPI-R débute par l'obtention d'un score brut pour chacune des 20 échelles à l'aide d'une grille de correction. Ces scores bruts sont ensuite transformés en scores standard sur la feuille de profil propre au sexe du sujet. Cette conversion en cotes T se fait à l'aide d'un tableau dont les données ont été établies par un groupe normatif de sujets américains et français. L'interprétation commence par l'appréciation de la validité globale. Puis, les scores aux 20 échelles du CPI-R sont présentés dans une séquence où les qualités observables et interpersonnelles sont suivies par des variables de système de valeurs et des mesures de différents modes de fonctionnement. Selon Wallbrown et Jones (1992), cette séquence est compatible avec le modèle factoriel. De même, les échelles sont évaluées de sorte que les cotes les plus élevées soient associées avec l'aspect favorable; toutefois, les caractéristiques de personnalité valorisées peuvent varier d'une culture à l'autre. Par la suite, les scores des trois échelles structurelles ou vecteurs sont inscrits sur la feuille de profil. Ces scores permettent d'affecter un type et un niveau de classification au profil selon des tableaux de référence. De plus, ces échelles structurelles sont représentées par un graphique sur la feuille de profil.

Afin d'interpréter les résultats du profil obtenu au CPI-R, l'examinateur doit d'abord s'assurer que le profil est valide et suivre le principe selon lequel l'attention est portée du général au particulier. Ensuite, il doit classifier le sujet selon le domaine de fonctionnement et le degré de ce mode de fonctionnement, lequel degré est déterminé en cote T par rapport à une moyenne de 50 et un écart type de 10. Ainsi, il peut déterminer jusqu'à quel point le sujet a atteint le potentiel de ce mode de fonctionnement. Enfin, le clinicien détermine par induction les caractéristiques propres au sujet. Brièvement, les scores au CPI-R sont évalués à partir de trois échelles vectorielles représentant une typologie de modes d'adaptation personnelle: Intériorité (V1), Acceptation des normes (V2) et Sens de la réalisation de soi (V3). Ces échelles, qui servent de critères de prédiction, semblent efficaces, mais leur validité ne pourra être établie que par des recherches ultérieures. Les vecteurs V1 et V3 définissent quatre types psychologiques représentant les modes de vie différents nommés Alpha, Bêta, Gamma et Delta. Le vecteur V3 permet d'évaluer les sentiments de réalisation de soi et d'intégration psychologique.

La valeur psychométrique

Le CPI a été conçu comme un système ouvert à partir duquel des éléments désuets peuvent être retirés alors que de nouveaux items peuvent être ajoutés le cas échéant. C'est pourquoi la version de 1956 a été révisée facilement en 1987. La concordance des anciennes échelles de 1956 et des nouvelles de 1987 est élevée, car la corrélation moyenne pour toutes les échelles aussi bien des hommes que des femmes est de 0,96. Les coefficients de consistance interne calculés à partir d'un échantillon aléatoire de 200 élèves masculins et de 200 élèves féminins du collégial confirment une bonne fidélité. En effet, les médianes dérivées des coefficients s'échelonnent de 0,53 pour Empathie jusqu'à 0,80 pour Capacité d'acquérir un statut social. Selon Bolton, puisque les changements apportés à la version de 1956 sont minimes, les normes et les preuves de validité antérieures sont encore pertinentes. Des étalonnages ont été faits sur 2 000 sujets de la population américaine et, récemment, sur 1 377 sujets de la population française (Gough, 1994). Toutefois, le manuel ne comporte aucune description relative à la race, à l'ethnie, à la classe sociale et à la provenance.

À la lumière de ces faits, il est évident qu'on peut utiliser avec succès le CPI-R pour évaluer des traits de la personnalité et pour prédire les comportements des gens dans un contexte particulier de même que dans la large gamme d'activités professionnelles. En général, on considère le CPI-R comme un instrument de mesure de la personnalité dont les paramètres psychométriques sont satisfaisants.

17.1.4   L'Indicateur de types psychologiques de Myers-Briggs

La théorie de Carl Gustav Jung a joué, au cours du XXe siècle, un rôle important dans la compréhension et l'interprétation de la personnalité. Toutefois, ce n'est que vers les années 40 que l'on a tenté de répertorier des questions pouvant servir à mesurer quantitativement les différentes composantes de la personnalité. L'indicateur de types psychologiques de Myers-Briggs est considéré de nos jours comme un des meilleurs instruments permettant de mesurer les dimensions bipolaires de la typologie de Jung.

Description

Myers et Briggs (1943), comme Jung, étaient d'avis que c'est l'interaction des attitudes et des modes qui fait de la personne ce qu'elle est. Cependant, empruntant à la psychanalyse, Jung soupçonne l'inconscient d'être à la base de la préférence ou de l'adoption d'un type plutôt que d'un autre (Murray, 1990).

L'Inventaire de types psychologiques de Myers-Briggs a pour but de déterminer, à partir d'auto-évaluations faites d'après des réactions facilement observables, les préférences fondamentales des gens en ce qui a trait à la perception et au jugement. Ainsi, comme le mentionnent les auteurs, l'effet de chaque préférence peut être établi en laboratoire et mis en pratique par la suite. L'élaboration du Myers-Briggs Type Indicator (MBTI) a fait l'objet de nombreuses études. Cet instrument de mesure de la typologie de la personnalité visait en grande partie à appuyer les concepts d'attitude et de dimension de la théorie des types. Bien que la théorie de Jung dépasse les limites du MBTI, la raison d'être de cette mesure reste la vérification quantitative et empirique des axes bipolaires suggérés par Jung.

La théorie de Jung conçoit les attitudes comme étant des modes fondamentaux d'orientation vers le monde extérieur. Ainsi, on trouve l'axe bipolaire d'introversion et d'extraversion. Comme les voit le MBTI, l'introversion et l'extraversion sont diamétralement opposées, ce qui exclut la possibilité de trouver dans une même personnalité les composantes d'introversion et d'extraversion toutes deux à des degrés élevés. Selon Girelli et Stake (1993), l'extraverti est caractérisé par une orientation vers le monde extérieur objectif; sa perception et son jugement se focalisent sur les gens et les objets. L'introverti est plus centré sur lui-même et sur ses sentiments; ses pensées et ses comportements sont grandement déterminés par une réalité moins objective et des expériences personnelles et privées des concepts et des idées.

Selon la théorie de Jung, la sensation et l'intuition sont considérées selon une approche dichotomique car elles constituent des modes opposés de perception. La sensation se réfère à l'information transmise par le système des cinq sens. L'intuition, par contre, se rapporte à un mode plus indirect de perception. Ce mode, qui est influencé par l'inconscient, est capable de reconnaître les possibilités et les idées, et d'appréhender directement et instinctivement les objets intérieurs et extérieurs.

Le jugement comporte également des composantes opposées qui sont la pensée et le sentiment. La pensée, telle qu'elle est définie dans ce système, renvoie au processus d'analyse interpersonnelle et de synthèse de conclusions logiques. Le sentiment, pour sa part, est plutôt apparenté au processus de détermination du bien et du mal sur la base subjective des valeurs personnelles et sociales.

Les gens cherchent à agir sur le monde extérieur au moyen des processus de jugement-perception. Dans l'attitude de jugement, on cherche à organiser des activités, à trouver des conclusions pour prendre des décisions. Quant à l'attitude perceptive, elle est centrée sur l'information qui arrive constamment et concerne les réalités immédiates.

Selon les réponses, les résultats aux quatre échelles bipolaires sont transformés en type codifié en quatre lettres. Chaque combinaison donne des caractéristiques particulières. L'Indicateur de types psychologiques de Myers-Briggs cherche à déterminer les préférences de base, et non pas à mesurer selon une échelle les traits ou le comportement (Myers et McCaulley, 1985). Le test est présenté de façon à offrir à la personne évaluée des choix forcés de réponses destinées à mesurer les préférences lors d'événements ordinaires. Tous les choix reflètent les pôles d'une même préférence, de sorte que les axes de préférence ne sont pas reliés entre eux. Chaque réponse à une question peut être donnée selon un choix allant de 2 à 4. Ainsi, le total des points calculé pour une telle préférence (donnant par exemple l'extraversion) permettra de catégoriser la personne comme extravertie. Il est important de noter qu'un vaste éventail de préférences peuvent coexister sur le continuum de l'extraversion et de l'introversion. C'est finalement la différence entre les scores obtenus sur différents axes qui déterminera la préférence de la personne.

En procédant de même, on peut examiner les autres dimensions suivant la différence entre les scores associés avec l'un ou l'autre pôle. Les processus de perception, de jugement et le style d'interaction avec le mode extérieur peuvent être classifiés de la même manière que l'ont été les attitudes d'extraversion et d'introversion.

Lorsqu'on analyse l'ensemble des données obtenues, il est possible de catégoriser une personne selon une matrice de 16 types, chacun représentant une combinaison possible des 4 axes bipolaires mesurés par le MBTI. Il est à noter que les quatre dimensions désignées par Jung s'avèrent indépendantes les unes des autres, et que cette indépendance permet à une personne, par exemple, d'être à la fois introvertie et de penser de façon affective. Le MBTI comporte trois parties. Les première et troisième parties se présentent sous forme de questions, et la deuxième partie consiste en 45 couples de mots. La passation individuelle ou collective prend de 20 à 30 minutes.

Le MBTI est un outil qui pouvait et peut encore s'appliquer à plusieurs domaines (Myers et McCaulley, 1985). Le domaine de l'éducation peut s'en servir entre autres pour adapter des méthodes d'enseignement aux élèves ayant des problèmes. Le conseil psychologique peut être le point de départ d'une action thérapeutique et imprimer une direction aux individus, ce qui leur permettra d'exploiter leurs forces et de connaître leurs faiblesses. L'orientation de la carrière pourrait aussi profiter des résultats de la passation du MBTI. D'autres situations précisées par Myers et McCaulley, comme les situations de coopération et de travail en équipe, pourraient bénéficier de ce test par le biais du jumelage d'individus ayant des personnalités compatibles. Ainsi, dans le domaine industriel, le fait de jumeler des personnalités compatibles se traduit le plus souvent par une hausse de la productivité (Tischler, 1996).

La valeur psychométrique

Une des critiques autrefois adressée à l'Indicateur de types psychologiques de Myers-Briggs était son manque de consistance interne (Girelli et Stake, 1993). Toutefois, la fidélité de ce test a augmenté avec la révision faite en 1985. Comme l'ont mentionné Murray (1990) et Casas (1990), les différences de groupes et les corrélations favorisent la validité de construit, et les quatre échelles de mesure quantifient des dimensions importantes qui s'approchent de la typologie de Jung. Carlson (1985) ainsi que Rytting, Ware et Prince (1994) soutiennent que cet indicateur est un instrument raisonnablement valide qu'on peut utiliser dans bon nombre de situations différentes. Une autre étude menée par Jenkins et autres (1992) démontre que le MBTI, et plus spécialement l'échelle de pensée-sentiment, était associé de façon significative avec l'empathie. Les résultats de ces études révèlent à quel point le MBTI est valide et utile en ce qui concerne les mesures qu'il fait des attitudes et des modes de la théorie de Jung.

Par contre, Girelli et Stake (1993) soulignent que les résultats obtenus dans leur étude comparative du MBTI et des dimensions représentées n'indiquent pas tout à fait ce que le test est censé mesurer. En effet, les auteurs de l'étude démontrent que, dans leur évaluation, les preuves d'une bipolarité extraversion-introversion sont assez minces, et qu'en plus ils n'ont pas réussi à démontrer une bipolarité dans la dimension sensation-intuition et dans la dimension pensée-sentiment. Ayant utilisé une échelle de Likert pour corroborer leurs résultats, ils estiment que le fait de forcer le choix bipolaire des sujets lors de la passation du MBTI biaise les résultats. L'échelle de Likert donne un plus grand éventail de choix et permet donc d'évaluer de façon moins dichotomique les résultats obtenus avec le MBTI.

Les auteurs de l'étude ont toutefois négligé d'explorer la quatrième dimension, soit la dimension jugement-perception. Ils croient que cette dernière ne figure pas parmi les éléments de la théorie de Jung. Toutefois, Myers et McCaulley (1985) soutiennent que la dimension jugement-perception demeure un des éléments importants de la théorie jungienne, bien que l'auteur ait négligé d'étendre son étude sur le sujet. Selon Girelli et Stake (1993), il semble que Jung, et par conséquent le MBTI, ait sous-estimé la proportion des individus qui ont développé également les deux aspects de la perception et du jugement. De plus, les corrélations entre la passation du MBTI original et celle de l'échelle de Likert montrent des taux comparables de fidélité. Les auteurs croient donc que les résultats obtenus avec l'échelle de Likert peuvent être adéquatement appliqués et comparés à ceux obtenus avec le MBTI. Les critiques soulevées par Girelli et Stake (1993) mettent en doute la méthode ipsative pour répondre au questionnaire du MBTI. La version normative du Likert-MBTI se voudrait un instrument plus précis que celui mis au point par Myers et Briggs, car elle permettrait de comparer les scores absolus (et non pas la différence entre deux pôles forcés par la dichotomie des choix du MBTI). De plus, à l'opposé du MBTI, la comparaison entre individus devient possible lors de la passation du Likert-MBTI.

Les études de validité effectuées sur les échantillons américain et français ont montré des corrélations avec d'autres tests de personnalité comme la Liste d'adjectifs de Gough, l'Inventaire de personnalité de Gordon, l'Inventaire psychologique de Californie et le 16 PF (Casas, 1990; Fleenor et Taylor, 1994; Myers et McCaulley, 1987). Une étude canadienne de Uhl et Day (1993) confirme la validité factorielle de quatre dimensions, même dans l'approche interculturelle.

Les coefficients de fidélité pour la double passation parmi des échantillons francophones avec un intervalle de quatre semaines varient de 0,75 (pensée - sentiment) à 0,90 (approche dichotomique) et, après 40 semaines, de 0,68 (extraversion-introversion) à 0,82 (approche dichotomique). L'homogénéité des scores continus est comprise entre 0,71 et 0,84 (Casas, 1990).

17.1.5   L'Inventaire de personnalité de Jackson

La stratégie conceptualiste intervient lors de l'élaboration de l'Inventaire de personnalité de Jackson avec ses cinq principes: la construction d'un instrument au regard d'une théorie de la personnalité, le soin accordé à la consistance interne, l'élaboration des échelles en fonction de la validité convergente et discriminative, la suppression des biais de réponse et la distribution normale. L'Inventaire de personnalité de Jackson (IPJ) est adapté pour une population de personnes d'intelligence moyenne ou au-dessus de la moyenne. Il peut être utilisé dans les écoles ou les universités comme aide lors de consultations, de recherches dans des milieux variés et dans des secteurs de travail.

Description

L'IPJ comprend 320 items auxquels il faut répondre par «vrai» ou «faux», 15 échelles de personnalité et 1 échelle de validité des réponses rares. La durée de passation peut varier de 40 à 50 minutes. Les scores bruts sont transférés sur un profil selon le sexe de la personne. L'étalonnage porte sur un échantillon de 2000 étudiants et 2000 étudiantes de 43 collèges et universités d'Amérique du Nord. Selon le modèle, la probabilité que la personne démontre les traits de caractère augmente proportionnellement au résultat. L'IPJ comprend plusieurs traits de personnalité relatifs à la prédiction du comportement, et ce dans des contextes variés. Des définitions de ces mêmes traits sont présentées dans le manuel. Les 16 échelles de l'IPJ sont disposées en ordre alphabétique et l'échelle de validité est placée en dernier. La méthode employée dans la construction des échelles est basée sur celle utilisée dans le questionnaire (Jackson, 1967).

Le choix d'une combinaison d'items ayant une valeur moyenne de 10 visait à éviter les biais dans l'une ou l'autre des directions extrêmes. Le motif de cet exercice était de favoriser une répartition selon une courbe normale.

Chaque échelle de l'IPJ est accompagnée de définitions des traits de personnalité et de la signification d'un score élevé ou bas. L'interprétation des échelles doit être guidée strictement par les définitions fournies; cela est dû au fait que les questions visent à mesurer des aspects particuliers. La bipolarité des échelles est respectée ainsi que le caractère numérique des items retenus (10 items du pôle positif et 10 du pôle négatif). On suppose au départ que chaque sujet possède les traits retenus. Ainsi, l'examen cherche à mesurer l'intensité du trait de personnalité et sa déviation de la norme. Un score élevé traduit donc la possibilité d'orienter son comportement relatif aux qualités mesurées. Il est important de retenir que les échelles permettent d'apprécier les traits d'une personnalité «normale» et qu'un score élevé ou bas n'indique pas nécessairement une dysfonction.

Cependant, dans un cas donné, les réactions émotives d'une personne vis-à-vis des autres peuvent devenir une information valable lors d'une entrevue. Le test porte sur les 15 traits de personnalité suivants: Adresse sociale, Affection interpersonnelle, Anxiété, Complexité, Conformisme, Estime de soi, Innovation, Étendue de l'intérêt, Niveau d'énergie, Organisation, Participation sociale, Responsabilité, Goût du risque, Tolérance et Valeurs traditionnelles. Parmi les aspects particuliers des traits de personnalité, on a retenu l'appréciation de la norme intellectuelle, le besoin d'approfondir les choses et les événements, la sensibilité et la réponse aux pressions et aux normes sociales, le mode d'interaction avec les autres, le sens des responsabilités, le goût du risque, l'estime de soi, les habiletés sociales, la tolérance vis-à-vis des coutumes, attitudes et valeurs, et l'intégration personnelle des valeurs traditionnelles et modernes.

L'IPJ paraît être assez simple à appliquer et à adapter dans les écoles, les universités et le milieu industriel. Cependant, sa faiblesse réside surtout dans le fait que les échelles sont classées par ordre alphabétique et non selon un ordre logique. Un manque d'indices de fidélité réduit ainsi le degré de confiance qu'on peut avoir dans les résultats obtenus à cette épreuve psychologique. Des éléments de fidélité tels que l'homogénéité et la stabilité ne se trouvent pas dans l'inventaire. Il est trop tôt pour affirmer que celui-ci peut être utilisé dans des situations aussi variées qu'on le prétend. La rédaction des items de l'IPJ permet de faire la discrimination entre les différents construits, et les techniques d'analyse ont permis de diminuer la corrélation entre les échelles dès l'élaboration de l'inventaire afin d'améliorer la validité discriminative. Malgré cette procédure, les corrélations entre les échelles finales ne sont pas nulles.

Les qualités métrologiques exposées dans le manuel font de cet instrument un outil valide pour la mesure de la personnalité des élèves du secondaire et du collégial et des étudiants de l'université.

17.1.6   L'Inventaire d'estime de soi de Coopersmith

Les Coopersmith Self-Esteem Inventories (SEI) comprennent trois versions différentes. Les inventaires sont adaptés aux différents groupes ethniques et à d'autres groupes sociaux. Ils sont composés d'énoncés courts auxquels le sujet doit répondre en cochant la case appropriée « me ressemble » ou « ne me ressemble pas ».

Le matériel

La première version est la forme scolaire. Elle est composée de 50 questions qui se rapportent à l'estime de soi et de 8 questions qui mesurent l'honnêteté du sujet comme l'échelle de mensonge que nous avons vue précédemment. Les résultats peuvent être divisés en quatre sous-mesures : l'estime de soi générale, l'estime de soi sociale, l'échelle familiale et l'estime de soi scolaire. Ou encore, on peut simplement totaliser les résultats et conclure que l'estime de soi est haute, moyenne ou basse. On utilise cette version chez les jeunes de 8 ans à 15 ans.

Quant à la forme scolaire abrégée, elle est semblable à la forme scolaire en ce sens que la population est la même. Cependant, contrairement à la forme scolaire, elle n'a pas de sous-mesures et ne comprend pas les huit items mesurant l'honnêteté.

Enfin, la forme adulte, composée de 58 items, est réservée aux sujets âgés de 16 ans ou plus. Elle a été modifiée afin de convenir aux adultes et comporte une échelle professionnelle au lieu d'une échelle scolaire. La composition du reste de l'échelle est identique à la forme scolaire.

On utilise l'Inventaire d'estime de soi de Coopersmith dans les évaluations individuelles et collectives afin de mieux comprendre la structure et le développement de la personnalité. On s'en sert aussi dans le milieu scolaire à des fins cliniques, dans le milieu industriel et en recherche fondamentale et appliquée.

Lors de la passation du test, il est très important que l'examinateur n'explique pas trop le questionnaire ; il doit plutôt faire une brève introduction sur les raisons pour lesquelles le sujet est venu passer le test. Il ne faut pas non plus parler de concepts tels que l'estime de soi, car cela pourrait biaiser les réponses du sujet ; le test serait alors non valide. L'examinateur doit distribuer les questionnaires et demander au sujet de donner l'information qui permettra de l'identifier. Si le temps est limité, il est préférable de recueillir cette information à l'avance.

Pour ce qui est de la forme scolaire et des sujets illettrés, on doit expliquer ce que les sujets doivent faire ; lorsqu'ils ont tous compris, ils peuvent commencer à répondre. Il est acceptable de lire à haute voix les items si certains sujets ont des difficultés en lecture.

La méthode de correction est assez simple. L'examinateur dispose d'une grille de correction, et l'évaluation s'avère rapide et efficace. Un score élevé sur l'échelle de mensonge peut indiquer que le sujet a adopté une attitude de défense ou a compris l'intention du questionnaire. Cela peut signifier qu'il a voulu répondre de la bonne façon à toutes les questions. Dans ces conditions, surtout si les observations supplémentaires indiquent une estime de soi moyenne ou basse, l'inventaire est considéré comme non valide.

L'importance d'observations supplémentaires est indiscutable. D'abord, l'estime de soi est évaluée de manière relative parce qu'on peut rencontrer dans la vie des difficultés qui sont de nature à diminuer l'estime de soi. Par ailleurs, certains sujets peuvent répondre incorrectement lorsqu'ils n'arrivent pas à se faire une idée sur l'énoncé. Enfin, certains groupes culturels ou religieux ont des valeurs différentes de celles utilisées par le test. Bref, certains groupes rendent le SEI non valide.

Les mesures supplémentaires améliorent le SEI. Si les observations additionnelles ne coïncident pas avec les résultats, cela indique qu'une évaluation plus approfondie de la situation est nécessaire.

La valeur psychométrique

La forme scolaire a été standardisée en France avec 63 filles et 47 garçons de 12 ans à 24 ans, et la forme adulte avec 225 hommes et 136 femmes. La fidélité étudiée par la méthode des moitiés pair-impair donne un coefficient de 0,90 tant pour la forme adulte que pour la forme scolaire ; cela indique une bonne consistance interne. L'étude de validité, qui repose sur l'analyse factorielle, prouve la validité de quatre facteurs dans chaque version, dont l'estime de soi familiale et l'estime de soi sociale pour deux formes, en plus de l'estime de soi scolaire pour la forme scolaire et de l'estime de soi professionnelle pour la forme adulte.

Les questionnaires de Coopersmith ont tendance à évaluer l'estime de soi, laquelle recouvre une disposition mentale et prépare l'individu à réagir selon ses attentes face au monde extérieur. On les recommande comme mesure de l'estime de soi, car ils ont prouvé leur efficacité. De plus, ils sont parmi les tests d'estime de soi les plus utilisés. Ils sont reconnus pour leur fidélité, leur stabilité et leur validité ainsi que leur relation avec le rendement scolaire (Wiggins, Schatz et West, 1994).

Comme toutes les techniques d'évaluation psychologique, le test de Coopersmith a également des désavantages. Le fait qu'il soit composé de sous-mesures prête à confusion, puisque le test est censé mesurer l'estime de soi en général. Ce concept signifierait que le questionnaire comprend toutes les sous-mesures de l'estime de soi, et non seulement celles qui sont présentées. De plus, certains énoncés requiè-rent la confirmation d'autrui, c'est-à-dire qu'on demande au sujet si telle personne le voit de telle manière ou pense telle chose de lui. Le sujet doit se contenter de supposer, puisqu'il ne sait pas ce que pensent réellement les autres. Nous ne devons pas ignorer le fait que les réponses données par le sujet peuvent exprimer un désir d'être ce qu'il n'est pas, et non ce qu'il est. Il peut répondre en fonction de ce qui serait bien vu socialement et accepté par sa famille et ses pairs.

Un autre problème qu'on trouve dans le questionnaire de Coopersmith est que les normes ne sont pas basées sur des échantillons assez spécifiques, et que le SEI n'a pas inclus dans les explications nécessaires à l'évaluation les résultats obtenus sur la mesure de l'honnêteté. Le SEI est construit selon un modèle psychométrique de la population «normale»; cependant, les normes doivent être considérées avec prudence à des fins cliniques. La recommandation selon laquelle une évaluation provenant d'une source supplémentaire devrait accompagner le SEI s'avère excel-lente parce qu'elle aurait pour effet d'augmenter la validité de ce test. De nom-breuses recherches tendent à renforcer l'opinion des cliniciens sur l'importance de l'estime de soi. Récemment, Roy, Neale et Kendler (1995) ont aussi démontré un lien entre l'estime de soi et les facteurs génétiques.

17.1.7   L'Inventaire de dépression de Beck

L'Inventaire de dépression de Beck (IDB) vise à évaluer la présence et l'intensité de la dépression chez un individu. On peut utiliser l'IDB avec des adolescents et des personnes âgées, c'est-à-dire avec des personnes dont l'âge se situe entre 13 ans et 80 ans. S'il en est capable, le sujet peut répondre lui-même aux questions; sinon, l'examinateur peut les lui soumettre verbalement. Notons qu'une passation col-lective est également possible. L'inventaire contient des items particuliers qui donnent une information précise au psychologue concernant l'expérience subjec-tive de la dépression chez un sujet. Le participant est invité à parler de ses senti-ments actuels ou de ceux de la semaine précédente.

Le texte est écrit dans un langage simple et facile à comprendre. Il est composé de 21 items et possède 4 énoncés dans la version américaine et 5 dans l'adaptation française, parmi lesquels le sujet doit faire un choix. On évalue ces énoncés en uti-lisant une échelle graduée de 4 points (0 à 3) concernant les symptômes dépressifs dans une dimension cognitive-affective et somatique. Le contenu est centré sur certains thèmes tels que le pessimisme, le sentiment de culpabilité, l'indécision, l'image corporelle, les troubles du sommeil et la perte d'intérêt pour les activités.

En général, la passation de l'épreuve peut prendre entre 5 et 15 minutes. La figure 17.1 reprend *in extenso* l'adaptation française de Gauthier et autres (1982).

FIGURE 17.1
Inventaire de Beck

Ceci est un questionnaire contenant plusieurs groupes de phrases. Pour chacun des groupes : 1) lisez attentivement toutes les phrases ; 2) placez un « X » dans la parenthèse à côté de la phrase qui décrit le mieux comment vous vous sentez dans le moment présent.

	Score[*]
1. ( ) Je ne me sens pas triste.	0
( ) Je me sens morose ou triste.	1
( ) Je suis morose ou triste tout le temps et je ne peux pas me remettre d'aplomb.	2
( ) Je suis tellement triste ou malheureux(se) que cela me fait mal.	2
( ) Je suis tellement triste ou malheureux(se) que je ne peux plus le supporter.	3
2. ( ) Je ne suis pas particulièrement pessimiste ou dérangé(e) à propos du futur.	0
( ) Je me sens découragé(e) à propos du futur.	1
( ) Je sens que je n'ai rien à attendre du futur.	2
( ) Je sens que je n'arriverai jamais à surmonter mes difficultés.	2
( ) Je sens que le futur est sans espoir et que les choses ne peuvent pas s'améliorer.	3
3. ( ) Je ne sens pas que je suis un échec.	0
( ) Je sens que j'ai échoué plus que la moyenne des gens.	1
( ) Je sens que j'ai accompli très peu de choses qui aient de la valeur ou une signification quelconque.	2
( ) Quand je pense à ma vie passée, je ne peux voir rien d'autre qu'un grand nombre d'échecs.	2
( ) Je sens que je suis un échec complet en tant que personne (parent, mari, femme).	3
4. ( ) Je ne suis pas particulièrement mécontent(e).	0
( ) Je me sens « tanné(e) » la plupart du temps.	1
( ) Je ne prends pas plaisir aux choses comme auparavant.	1
( ) Je n'obtiens plus de satisfaction de quoi que ce soit.	2
( ) Je suis mécontent(e) de tout.	3
5. ( ) Je ne me sens pas particulièrement coupable.	0
( ) Je me sens souvent mauvais(e) ou indigne.	1
( ) Je me sens plutôt coupable.	2
( ) Je me sens mauvais(e) et indigne presque tout le temps.	2
( ) Je sens que je suis très mauvais(e) ou très indigne.	3

[*]   Il s'agit ici de la clef de correction du questionnaire. Cette dernière ne doit pas apparaître sur les copies utilisées pour fins d'administration.

FIGURE 17.1
Inventaire de Beck
(suite)

6. ( ) Je n'ai pas l'impression d'être puni(e).   0
   ( ) J'ai l'impression que quelque chose de malheureux peut m'arriver.   1
   ( ) Je sens que je suis ou serai puni(e).   2
   ( ) Je sens que je mérite d'être puni(e).   3
   ( ) Je veux être puni(e).   3

7. ( ) Je ne me sens pas déçu(e) de moi-même.   0
   ( ) Je suis déçu(e) de moi-même.   1
   ( ) Je ne m'aime pas.   1
   ( ) Je suis dégoûté(e) de moi-même.   2
   ( ) Je me hais.   3

8. ( ) Je ne me sens pas pire que les autres.   0
   ( ) Je me critique pour mes faiblesses et mes erreurs.   1
   ( ) Je me blâme pour mes fautes.   2
   ( ) Je me blâme pour tout ce qui arrive de mal.   3

9. ( ) Je n'ai aucune idée de me faire du mal.   0
   ( ) J'ai des idées de me faire du mal mais je ne les mettrai pas à exécution.   1
   ( ) Je sens que je serais mieux mort(e).   2
   ( ) Je sens que ma famille serait mieux si j'étais mort(e).   2
   ( ) J'ai des plans bien définis pour un acte suicidaire.   3
   ( ) Je me tuerais si je le pouvais.   3

10. ( ) Je ne pleure pas plus que d'habitude.   0
    ( ) Je pleure plus maintenant qu'auparavant.   1
    ( ) Je pleure tout le temps, maintenant. Je ne peux pas m'arrêter.   2
    ( ) Auparavant, j'étais capable de pleurer mais maintenant je ne peux pas
        pleurer du tout, même si je le veux.   3

11. ( ) Je ne suis pas plus irrité(e) maintenant que je le suis d'habitude.   0
    ( ) Je deviens contrarié(e) ou irrité(e) plus facilement maintenant qu'en temps
        ordinaire.   1
    ( ) Je me sens irrité(e) tout le temps.   2
    ( ) Je ne me sens pas irrité(e) du tout par les choses qui m'irritent
        habituellement.   3

12. ( ) Je n'ai pas perdu intérêt aux autres.   0
    ( ) Je suis moins intéressé(e) aux autres maintenant qu'auparavant.   1
    ( ) J'ai perdu la plupart de mon intérêt pour les autres et j'ai peu de sentiment
        pour eux.   2
    ( ) J'ai perdu tout mon intérêt pour les autres et je ne me soucie pas d'eux du
        tout.   3

→

FIGURE 17.1
Inventaire de Beck
(suite)

13. ( ) Je prends des décisions aussi bien que jamais.	0
( ) J'essaie de remettre à plus tard mes décisions.	1
( ) J'ai beaucoup de difficulté à prendre des décisions.	2
( ) Je ne suis pas capable de prendre des décisions du tout.	3

14. ( ) Je n'ai pas l'impression de paraître pire qu'auparavant.	0
( ) Je m'inquiète de paraître vieux (vieille) et sans attraits.	1
( ) Je sens qu'il y a des changements permanents dans mon apparence et que ces changements me font paraître sans attraits.	2
( ) Je me sens laid(e) et répugnant(e).	3

15. ( ) Je peux travailler pratiquement aussi bien qu'avant.	0
( ) J'ai besoin de faire des efforts supplémentaires pour commencer à faire quelque chose.	1
( ) Je ne travaille pas aussi bien qu'avant.	1
( ) J'ai besoin de me pousser très fort pour faire quoi que ce soit.	2
( ) Je ne peux pas faire aucun travail.	3

16. ( ) Je peux dormir aussi bien que d'habitude.	0
( ) Je me réveille plus fatigué(e) le matin que d'habitude.	1
( ) Je me réveille 1-2 heures plus tôt que d'habitude et j'ai de la difficulté à me rendormir.	2
( ) Je me réveille tôt chaque jour et je ne peux dormir plus de 5 heures.	3

17. ( ) Je ne suis pas plus fatigué(e) que d'habitude.	0
( ) Je me fatigue plus facilement qu'avant.	1
( ) Je me fatigue à faire quoi que ce soit.	2
( ) Je suis trop fatigué(e) pour faire quoi que ce soit.	3

18. ( ) Mon appétit est aussi bon que d'habitude.	0
( ) Mon appétit n'est pas aussi bon que d'habitude.	1
( ) Mon appétit est beaucoup moins bon maintenant.	2
( ) Je n'ai plus d'appétit du tout.	3

19. ( ) Je n'ai pas perdu beaucoup de poids (si j'en ai vraiment perdu).	0
( ) J'ai perdu plus de 5 livres.	1
( ) J'ai perdu plus de 10 livres.	2
( ) J'ai perdu plus de 15 livres.	3

20. ( ) Je ne suis pas plus préoccupé(e) de ma santé que d'habitude.	0
( ) Je suis préoccupé(e) par des maux et des douleurs, ou des problèmes de digestion ou de constipation.	1
( ) Je suis tellement préoccupé(e) par ce que je ressens ou comment je me sens qu'il est difficile pour moi de penser à autre chose.	2
( ) Je pense seulement à ce que je ressens ou comment je me sens.	3

FIGURE 17.1
Inventaire de Beck
(suite)

21. ( ) Je n'ai noté aucun changement récent dans mon intérêt pour le sexe.	0
( ) Je suis moins intéressé(e) par le sexe qu'auparavant.	1
( ) Je suis beaucoup moins intéressé(e) par le sexe maintenant.	2
( ) J'ai complètement perdu mon intérêt pour le sexe.	3

Source: Gauthier et autres (1982, p. 25-27). Reproduit avec permission.

Les normes de l'adaptation française en cotes T, Z et en centiles se trouvent dans l'annexe 1. On fait aussi l'interprétation à partir du score total de l'IDB. Beck (1987) propose les catégories suivantes pour les patients en milieu clinique : de 0 à 9 : absence de dépression ; de 10 à 18 : dépression légère à modérée ; de 19 à 29 : dépression modérée à grave ; de 30 et plus : dépression très intense. En ce qui concerne la population moyenne, la dépression est représentée par un résultat de 15 ou plus.

La valeur psychométrique

Selon Beck et Steer (1984), la consistance interne de l'IDB se situe entre les coefficients de 0,79 et 0,90. Alors, on peut dire que sa fidélité est bonne. Par contre, on mentionne la difficulté à calculer les corrélations pour la double passation à cause de changements dans l'état subjectif de la dépression chez un individu. Les recherches sur la population clinique sous cet aspect montrent des coefficients de 0,49 à 0,86, tandis que pour les sujets non psychiatriques, la fidélité pour la double passation se situe entre 0,64 et 0,90 (Lightfoot et Oliver, 1985 ; Richter, Werner et Bastine, 1994 ; Zimmerman et autres, 1986). Les études concernant la validité indiquent des corrélations élevées entre l'IDB et des évaluations cliniques (Beck, 1987). Les recherches factorielles structurent les items en groupes de quatre à six facteurs (Byrne, Baron et Campbell, 1994 ; Gauthier et autres, 1982).

L'Inventaire de dépression de Beck comporte certains inconvénients. Par exemple, on peut avoir du mal à interpréter le test si le sujet a tendance à exagérer ou s'il a une manière particulière de répondre aux items, c'est-à-dire selon la désirabilité sociale. En effet, le sujet pourrait facilement manipuler ses réponses et, dans de telles situations, il faut faire preuve de prudence. Lorsqu'on utilise l'IDB pour reconnaître les personnes déprimées, on touche au problème des faux positifs, dont le résultat les inclut dans la catégorie clinique, mais qui, en réalité, ne représentent pas un cas problématique car ils sont dans la moyenne quant à leur fonctionnement. Les items inclus dans l'IDB ne correspondent pas à tous les critères du DSM-IV concernant les problèmes affectifs.

Un autre problème réside dans l'utilisation de l'IDB avec des personnes âgées. En effet, certains items et échelles peuvent être biaisés à cause du facteur âge ; c'est pourquoi on recommande de se servir d'une échelle de dépression gériatrique (Bourque, Blanchard et Vézina, 1988).

Il existe une relation entre le sexe, l'âge, la scolarisation et les résultats à l'IDB. Ainsi, les femmes semblent avoir des résultats plus élevés que les hommes, et les adolescents semblent avoir des résultats plus élevés que les adultes. Il existe une corrélation négative entre la scolarisation et les résultats à l'IDB. Beck (1987) affirme que ces indices sont significatifs.

17.1.8 L'Inventaire de personnalité pour enfants

L'Inventaire de personnalité pour enfants créé par Wirt et autres (1984) est un instrument qui fournit une description clinique de la personnalité des sujets âgés de 3 ans à 16 ans.

Le Personality Inventory for Children (PIC) contient 600 questions, auxquelles il faut répondre « vrai » ou « faux », portant sur l'opinion de l'individu et de la famille au sujet du comportement et de l'attitude de l'enfant. La durée du test est de 45 à 90 minutes environ. Dans plusieurs cas, les sujets sont les parents.

Les réponses au questionnaire peuvent ensuite être évaluées avec les grilles de correction ou à l'aide d'un logiciel sur 3 échelles de validité (Mensonge, Réponses déviantes et Attitude de défense), 12 échelles cliniques et 17 échelles expérimentales. Les échelles cliniques sont les suivantes : Adaptation, Rendement scolaire, Développement, Plaintes somatiques, Dépression, Relations familiales, Délinquance, Retrait social, Anxiété, Psychose, Hyperactivité et Habiletés sociales.

Quant aux échelles expérimentales, ce sont les suivantes : Inadaptation adolescente, Agression, Comportement asocial, Dysfonction cérébrale, Prédiction de la délinquance, Force du moi, Excitation, Extériorisation, Instabilité, Intériorisation, Introversion-extraversion, K (qui recherche les indices de dénégation), Prédiction de troubles d'apprentissage, Distorsion de la réalité, Rôle sexuel, Désirabilité sociale et Somatisation.

Il faut cependant noter que l'interprétation du PIC n'est pas accessible aux personnes qui n'ont pas suivi une formation appropriée dans le domaine de l'évaluation. Pour pouvoir interpréter les résultats, il faut d'abord connaître la méthodologie utilisée pour dériver chaque échelle. À cause de corrélations entre les échelles du test, et entre les comportements de l'enfant et des parents qui y sont associés, la tâche de la personne qui analyse le profil du PIC consiste à repérer des indices systématiquement en examinant ces interactions. En suivant l'approche interprétative par étapes, l'évaluation pourra ensuite décrire de façon adéquate et précise des comportements de l'enfant, des problèmes qu'il éprouve et des relations interpersonnelles qu'il entretient.

Les parents participent aussi à une entrevue concernant le jeune enfant. Cette entrevue permet habituellement de recueillir de l'information sur la grossesse de la mère et la naissance de l'enfant, sa croissance, de même que sur des aspects tels que la vie familiale, le rendement scolaire de l'enfant, ses relations sociales et d'autres facteurs environnementaux susceptibles d'avoir une influence sur le comportement de l'enfant. Cette information sert ensuite à formuler des conclusions diagnostiques plus précises et des recommandations.

Le PIC rassemble donc plusieurs variables de la personnalité de l'enfant cliniquement significatives; ces variables sont complétées avec l'entrevue. En plus de cela, on peut réévaluer le sujet pour déterminer les changements survenus depuis la dernière session. Le PIC est un instrument qui permet d'observer des effets du traitement avec un haut degré d'objectivité par rapport à l'évaluation formelle d'un programme ou à l'étude de l'efficacité et de la spécificité de modes d'intervention clinique.

Description

Afin de construire le PIC, Wirt et autres (1984) ont utilisé l'approche que Hathaway et McKinley ont adoptée pour l'élaboration du MMPI. Ils ont découvert que la plupart des enfants évalués par cet inventaire ne savaient pas lire; en outre, il y avait chez eux un manque de motivation à répondre efficacement aux questions ou ils ne comprenaient tout simplement pas les concepts requis. C'est à cause de cela que les auteurs du PIC ont choisi de faire appel à un participant adulte. Les recherches et l'expérience des cliniciens ont démontré que les parents connaissent bien leur enfant; ainsi, ils sont capables de rapporter raisonnablement des observations pertinentes au sujet des relations de l'enfant avec sa famille.

Les auteurs ont ensuite élaboré un inventaire de 600 questions normalisé avec un échantillon de 2390 élèves de la Minneapolis Public School de 1958 à 1962. Les années suivantes, ils ont réalisé plusieurs études par rapport à la construction d'échelles de validité et de fidélité. La version de 1984 contient certains items tels que la méthode d'élaboration des échelles, les normes, la standardisation et les interprétations de base, que l'on trouvait dans la version de 1977, sauf que la révision a changé leur ordre. Cette réorganisation de l'inventaire est à la fois cohérente et pragmatique; par exemple, les items propres aux 17 échelles supplémentaires constituent maintenant les 179 derniers énoncés (items 421 à 600). Les items sont organisés de façon que trois étapes cumulatives suivant la complexité clinique puissent être choisies avec les formes abrégée, intermédiaire et complète.

Cette réorganisation représente une nette amélioration, car le sujet n'a plus besoin de répondre aux 600 questions. Les scores sont plus faciles à calculer et le clinicien peut choisir une stratégie clinique par rapport à ses besoins et aux buts de l'évaluation du client.

En général, le PIC a contribué significativement au domaine de l'évaluation de la personnalité. Cet inventaire est facile à faire passer et à évaluer; le manuel est très clair et les auteurs semblent avoir une compréhension appropriée de la complexité et des limites de leur test. Avec cette nouvelle organisation, la passation du PIC peut être plus individualisée et tenir mieux compte des besoins d'évaluation du clinicien. Cependant, l'interprétation s'avère un peu complexe, et l'on suggère au clinicien de consulter le manuel et ses suppléments. Ainsi, les nombreux exemples d'études de cas illustrant les modèles inhabituels du PIC ainsi que toutes les références additionnelles lui permettent d'être mieux en mesure de prendre des décisions diagnostiques.

La qualité de la version révisée, tant sur le plan de son élaboration et de sa standardisation que sur celui des études psychométriques complémentaires, garantit au clinicien le bien-fondé de sa démarche diagnostique et de son interprétation.

17.2   LES QUESTIONNAIRES FACTORIELS

L'analyse factorielle est une partie des statistiques appliquées (multivariées) utilisée pour calculer les matrices de coefficients de corrélation. Souvent, les variables à analyser sont celles que mesurent les tests psychométriques de divers types. L'examen de n'importe quelle matrice de corrélations indique qu'une interprétation intuitive de l'arrangement des relations entre les variables n'est pas simple, qu'elle est même impossible la plupart du temps. La méthode de l'analyse factorielle réduit l'ensemble original de variables à un plus petit nombre de variables appelées «facteurs», qui peuvent devenir interprétables. On analyse et on synthétise les relations entre les variables pour en faciliter la compréhension. Dans l'analyse de la régression multiple, on distingue les variables dépendantes des variables indépendantes, mais dans l'analyse factorielle une telle distinction n'existe pas. On étudie alors l'interdépendance des variables et la structure de celles-ci. En psychométrie, l'analyse factorielle est utilisée dans deux sphères, soit celles de la personnalité et de l'intelligence.

Une matrice de corrélations peut être mise en facteurs de plusieurs façons (recherche de la meilleure solution). Le choix de la meilleure solution est encore aujourd'hui une question majeure. Les types de solutions préférables peuvent être déterminés selon deux principes: la **technique statistique** et la **signification psychologique**. À cause des interprétations requises et des applications diverses de ces principes, plusieurs écoles se sont formées. Ainsi, les trois approches les plus importantes dans le domaine de la personnalité sont représentées par Cattell, Guilford et Eysenck.

17.2.1   Le Questionnaire de personnalité en 16 facteurs (cinquième version)

Après plus de dix années de recherche, Cattell et son équipe ont apporté des améliorations au Questionnaire de personnalité en 16 facteurs pour produire la cinquième version internationale du 16 PF (Cattell, Cattell et Cattell, 1993; Russell et Karol, 1994). Les analyses factorielles confirment encore une fois de manière indiscutable les 16 échelles primaires et les 5 facteurs globaux.

Le questionnaire de personnalité en 16 facteurs (16 PF), conçu par Cattell sur la base d'une analyse factorielle, donne une description assez complète des traits

TABLEAU 17.1
Facteurs primaires
et facteurs globaux
du 16 PF-5

Facteurs primaires	
A Cordialité, chaleur	L Vigilance, méfiance
B Raisonnement	M Distraction, imagination
C Stabilité émotionnelle	N Réserve, circonspection
E Domination, ascendance	O Appréhension, inquiétude
F Vivacité, spontanéité	Q_1 Ouverture aux changements
G Conscience et respect des règles	Q_2 Autonomie, confiance en soi
H Assurance en société	Q_3 Perfectionnisme
I Sensibilité	Q_4 Tension

Facteurs globaux	
EX Extraversion	IN Indépendance
AX Anxiété	SC Maîtrise de soi
TM Dureté, intransigeance	

fondamentaux d'une personnalité normale. Publié initialement en 1949, il a été révisé quatre fois (en 1956, 1962, 1967-1969 et 1993) par l'Institute for Personality and Ability Testing, sous la direction de Raymond Cattell. Ce questionnaire rend compte, de façon précise et rationnelle, des principales caractéristiques qui permettent une différenciation des personnes, et ce à l'aide d'une recherche analytique des facteurs de base. Le questionnaire contient 16 facteurs qui sont généralement indépendants les uns des autres. Ces facteurs permettent de décrire tous les aspects d'une personnalité normale. L'étude des 16 traits de la personnalité vise la reconnaissance des traits fondamentaux indépendants, c'est-à-dire des traits qui influencent en grande partie la personnalité manifeste.

Le Questionnaire de personnalité en 16 facteurs (cinquième version), qui contient 185 items, peut être présenté, de manière individuelle ou collective, à des sujets âgés de 16 ans ou plus. La durée de la passation varie de 35 à 50 minutes. Le vocabulaire contenu dans le questionnaire correspond à celui de la cinquième année du primaire. Par conséquent, ce questionnaire peut être soumis à la population générale, à l'exception des groupes dont le niveau culturel est très faible. Il a fallu plusieurs années de recherche à l'aide de l'analyse factorielle pour élaborer les dimensions bipolaires de base de la personnalité qui composent le profil du 16 PF-5 (voir le tableau 17.1).

La validité des réponses est contrôlée par trois indices: Désirabilité sociale (IM), Réponses rares ou fréquence nulle (INF) et Acquiescement (ACQ). Quant aux réponses au questionnaire, elles sont évaluées selon une échelle en trois points. Il y a de 10 à 15 questions regroupées en des dimensions indépendantes l'une de l'autre. En plus des 16 facteurs primaires, on obtient les facteurs secondaires ou généraux par la formule de combinaison des dimensions primaires. Pour chacune des réponses, le sujet reçoit une cote de 2, 1 ou 0 selon que la réponse donnée est affirmative, intermédiaire ou négative, sauf pour le facteur B où il peut obtenir 1 ou 0.

Après la compilation des résultats, l'examinateur est disposé à faire l'interprétation descriptive du diagnostic.

La valeur psychométrique

La standardisation du 16 PF-5 a été réalisée sur un échantillon de 2 500 sujets, soit 1 255 femmes et 1 245 hommes. Le coefficient de fidélité dans ce questionnaire se présente sous deux formes : le coefficient de consistance interne, qui est de 0,74, et le coefficient pour la double passation après deux semaines, soit de 0,80, et après deux mois, soit de 0,70.

Ce questionnaire démontre une validité significative puisqu'il a subi avec succès trois analyses factorielles les unes à la suite des autres. Grâce à cette procédure, on a pu vérifier hors de tout doute l'existence des 16 facteurs et leur structure. De plus, la validité des questions au regard des facteurs a été vérifiée auprès de divers échantillons représentatifs de la population adulte comprenant 3 498 sujets.

La version actuelle implique les concepts de validité convergente et discriminative par rapport aux autres tests de personnalité comme l'Inventaire psychologique de Californie (CPI), l'Inventaire de types psychologiques de Myers-Briggs (MBTI), l'Inventaire de personnalité de Jackson (IPJ), le NEO Personality Inventory — Revised (NEO PI-R), l'Inventaire d'estime de soi de Coopersmith (SEI) et l'Inventaire clinique multiaxial de Millon (MCMI) (Terpylak et Schuerger, 1994).

Plusieurs auteurs reconnaissent que la théorie factorielle de Cattell a généré beaucoup de recherches, principalement parce qu'il n'existait pas auparavant de questionnaire de ce format utilisant ce type de facteurs et d'échelles. Grâce au test de Cattell, une classification des traits facilite la tâche des chercheurs en matière de personnalité. Cette classification sert de guide aux chercheurs et s'avère également utile aux personnes qui veulent mieux comprendre les comportements de la vie quotidienne.

Les résultats du 16 PF-5 doivent être interprétés avec prudence, car conformément à sa nature l'individu change constamment ; ainsi, sa personnalité peut fluctuer d'une passation à l'autre. En outre, il est fortement recommandé d'utiliser d'autres tests cliniques pour poser un diagnostic de psychopathologie précis. Mais jusqu'à ce jour, le Questionnaire de personnalité en 16 facteurs demeure un des meilleurs tests existants, surtout depuis la dernière révision.

La passation successive du Questionnaire de personnalité pour le début du primaire, de 6 ans à 8 ans (Cattell et Coan, 1960), du Questionnaire de personnalité pour enfants, de 8 ans à 12 ans (Porter et Cattell, 1964), et du Questionnaire de personnalité pour le secondaire, de 12 ans à 17 ans, compose une étude longitudinale de la personnalité se référant au même système et à la même méthodologie de l'âge de 6 ans à l'âge adulte.

17.2.2   L'Inventaire de tempérament de Guilford-Zimmerman

Avant la mise au point de l'Inventaire de tempérament de Guilford-Zimmerman en vue de donner l'image de la personnalité individuelle, les examinateurs devaient faire passer une combinaison de trois questionnaires de Guilford; cette procédure a été décrite par Gilbert (1950). Ces trois méthodes servaient à mesurer 13 facteurs. Il était donc nécessaire qu'une seule épreuve synthétise ces questionnaires tout en laissant aux résultats la même étendue.

Description

C'est à Guilford que l'on doit également ce nouvel Inventaire de tempérament qui a été construit en 1949 avec l'aide de Zimmerman. Cet inventaire mesure 10 traits de personnalité chez les personnes adultes. Le test, qui est sous forme de cahier, comprend 300 items, soit des phrases affirmatives. Il y a un choix de trois réponses, soit «oui», «non» ou «?». Le choix entre «oui» et «non» est préférable à celui entre «vrai» et «faux», car les réponses doivent être plutôt spontanées. On trouve 30 phrases reliées entre elles pour chacun des 10 traits de personnalité que cet inventaire permet d'évaluer. Selon les réponses obtenues, les qualités positives ou négatives associées à ces traits de personnalité sont attribuées aux répondants.

Des analyses factorielles ont conduit à retenir les 10 traits bipolaires suivants:

1. Activité générale (G): évalue l'allure rapide ou lente et délibérée.

2. Contrainte (R): évalue l'esprit sérieux ou insouciant.

3. Ascendance (A): évalue la tendance à diriger ou à suivre.

4. Sociabilité (S): évalue l'extraversion ou l'introversion.

5. Stabilité émotionnelle (E): évalue la tendance à l'oscillation marquée par l'euphorie et la dépression.

6. Objectivité (O): évalue l'hypersensibilité ou l'égocentrisme.

7. Bienveillance (F): évalue la tendance à endurer les actes hostiles ou à être prêt pour l'affrontement.

8. Réflexion (T): évalue la tendance à penser ou à agir.

9. Relations personnelles (P): évalue la tolérance ou la tendance à critiquer.

10. Masculinité (M): évalue les intérêts masculins ou féminins.

La passation de ce test se fait individuellement ou en petit groupe. Il faut éviter toute supposition selon laquelle le statut futur du sujet dépend des résultats. Toutefois, l'examinateur conseille au sujet d'utiliser le moins possible la réponse «?». La limite de temps pour la passation de ce test n'est pas fixée; cependant, en général, les sujets font celui-ci en 45 minutes. Le clinicien doit préciser qu'il n'y a pas de bons ou de mauvais choix. La feuille de réponses doit être corrigée à la main à l'aide de deux grilles.

En ce qui concerne l'interprétation des notes, il faut utiliser la feuille de profil. Il existe des normes précises permettant de tenir compte des différences entre les femmes et les hommes.

La valeur psychométrique

L'étalonnage français comprenait 380 femmes et 475 hommes. Les calculs de fidélité pour la double passation sur des échantillons normatifs varie de 0,75 à 0,85. Les normes américaines ont été obtenues avec un échantillon de 389 femmes et 523 hommes. Les coefficients de fidélité des deux échantillons sont semblables. Costa, McCrae et Arenberg (1980) confirment la stabilité des résultats chez 769 hommes de 17 ans à 97 ans à la suite d'études longitudinales qui comprenaient trois passations. L'inventaire mesure donc l'organisation stable de la personnalité.

La validité factorielle des notes est assurée par des études d'analyse factorielle et par des analyses d'items successifs orientés vers la cohérence interne des traits et vers leur indépendance. Chacune des mesures est suffisamment définie, de sorte que cette note représente une dimension confirmée de la personnalité, ainsi qu'une catégorie descriptive sur laquelle on peut s'appuyer. On a accumulé les corrélations entre les critères pratiques d'adaptation afin d'obtenir des preuves de la validité du test. La validité diagnostique est confirmée dans plusieurs études qui considèrent le tempérament comme une structure importante, notamment dans le domaine clinique (Couture, Pietrulewicz et Rousseau, 1992 ; Parker, Bagby et Webster, 1993).

L'Inventaire de tempérament de Guilford-Zimmerman peut être utile à la prise de décisions diagnostiques dans les domaines du counseling, de la consultation clinique et de la sélection du personnel. Le problème majeur relié à cet inventaire est que les formulations pour ce qui est du système d'interprétation sont des généralisations faites à partir de petites corrélations entre l'échelle des scores et le rendement. Ces formulations risquent parfois d'être inexactes en ce qui concerne la description de l'individu.

Pour conclure, l'Inventaire de tempérament de Guilford-Zimmerman semble encore assez efficace actuellement, mais il faut envisager une révision de ce test.

17.2.3   L'Inventaire de personnalité d'Eysenck

L'Inventaire de personnalité d'Eysenck (Eysenck Personality Inventory ou EPI) est une façon de mesurer les dimensions de la personnalité faisant suite au Maudsley Personality Inventory (MPI). L'EPI est semblable au MPI, mais s'avère plus utile en raison des perfectionnements qui y ont été apportés. Certains avantages découlent en effet de ces modifications. Ainsi, l'EPI comprend deux formes parallèles, ce qui élimine lors de la double passation les interférences des facteurs de mémoire. Les items de l'EPI ont été minutieusement reformulés pour que les sujets ayant un niveau scolaire ou intellectuel bas puissent les comprendre. Le MPI était un test trop difficile pour ces sujets. Un choix approprié des items dans l'EPI a fait disparaître la corrélation entre l'extraversion et le névrotisme qu'on trouvait dans le MMPI. L'Inventaire de personnalité d'Eysenck possède une échelle de mensonge permettant de savoir si le sujet essaie de manipuler ses réponses; cette échelle n'existait pas dans le MPI. La fidélité de l'EPI pour la double passation est un peu plus élevée que celle du MPI. Ainsi, nous avons des preuves de plus en plus nombreuses indiquant que l'EPI est valide en tant qu'instrument de mesure (Eysenck et Eysenck, 1971).

Un des postulats sur lesquels se fonde l'élaboration de l'EPI est que l'analyse factorielle constitue une méthode nécessaire mais non suffisante pour isoler les dimensions principales de la personnalité et pour construire des instruments destinés à leur mesure. D'après Eysenck et Eysenck (1971), nous devons non seulement adopter l'approche statistique, mais aussi relier les dimensions de la personnalité à la psychologie expérimentale et théorique.

Description

L'Inventaire de personnalité d'Eysenck mesure la personnalité selon deux dimensions, soit l'extraversion-introversion (E) et le névrotisme-stabilité (N). Ce questionnaire contient 24 items pour chacun des traits mesurés. Le sujet répond par « oui » ou « non » à ces questions. On y trouve également une échelle de mensonge (L) qui indique s'il y a manipulation des réponses. Il existe aussi deux versions parallèles, les formes A et B. Ces formes sont courtes, se composant de 57 items chacune. On peut utiliser chaque version séparément, car leur fidélité est suffisante. Une seule grille sert à corriger les trois échelles (E, N, L) pour les deux formes A et B.

L'extraversion consiste dans les tendances chez un sujet à l'extériorisation, à la non-inhibition, à l'impulsivité et à la sociabilité. Le névrotisme est caractérisé par l'hyperréaction émotionnelle générale et la prédisposition à la dépression nerveuse sous l'effet d'un stress. Ce sont deux dimensions indépendantes de la personnalité (Eysenck et Eysenck, 1971). Les personnes plutôt extraverties obtiennent des notes élevées sur l'échelle E par rapport à la moyenne de la population dont le sujet fait partie. D'après Eysenck, le type extraverti est plutôt sociable, impulsif et optimiste, alors que le type introverti est plutôt tranquille, passif, réservé et pessimiste. À propos des sujets qui ont des notes élevées sur l'échelle N par rapport à la moyenne, l'auteur mentionne que ces gens sont caractérisés par des traits névrotiques tels que l'anxiété, l'hystérie et l'obsession-compulsion.

Il est important d'indiquer que le dernier Questionnaire de personnalité d'Eysenck (Eysenck Personality Questionnaire ou EPQ), publié en 1986, traite les mêmes dimensions (ainsi que l'échelle de mensonge), ajoutant comme nouvelle dimension le psychotisme, qui comporte 25 items. Cette échelle (P) a été la raison d'être de ce nouveau questionnaire. Le psychotisme est une dimension indépendante de l'extraversion et du névrotisme ainsi que de l'échelle de mensonge. Eysenck décrit les gens ayant des scores élevés sur l'échelle du psychotisme comme étant égocentriques, froids, non conformistes, agressifs, impulsifs, hostiles, méfiants et antisociaux. Ceux ayant des scores faibles sont décrits comme étant empathiques, coopérants, sympathiques et sociaux. Il ajoute que les hommes tendent à obtenir des scores plus élevés que les femmes (Eysenck et autres, 1992). De même, les psychotiques reçoivent des notes plus élevées sur l'échelle P que les psychopathes et les délinquants. Le manuel du Questionnaire de personnalité d'Eysenck présente les normes pour les six groupes d'âge de 16 ans à 69 ans pour les deux sexes. L'échantillon comprend 5574 individus, ce qui représente adéquatement la population urbaine en Angleterre. Cette version n'est pas encore adaptée en français. Plusieurs auteurs mentionnent que l'EPQ est approprié et d'une passation rapide. Par contre, Van Kampen (1993) indique que l'échelle P n'est pas suffisamment fidèle ni valide (validité de construit). Il faudrait donc la réviser pour qu'elle permette d'établir des diagnostics plus adéquats.

La valeur psychométrique

Les résultats démontrent que la fidélité pour une double passation après un an est satisfaisante, les corrélations étant de 0,84 et 0,94 pour le test complet et de 0,80 et 0,97 pour les formes A et B. Les corrélations pour les deux formes combinées avec la méthode des moitiés vont de 0,74 à 0,91. Ces corrélations sont plus faibles que celles recueillies lors de la double passation (Eysenck et Eysenck, 1971). Même si la fidélité associée à chaque forme est élevée, on devra utiliser les deux formes à des fins cliniques tandis que pour des recherches, une seule forme suffira.

La validité factorielle, qui représente la corrélation entre une échelle et le facteur qu'elle prétend mesurer, confirme l'existence de facteurs d'extraversion et de névrotisme relativement indépendants.

En ce qui a trait à la validité de construit, les mesures d'extraversion et de névrotisme sont liées à une théorie selon laquelle les personnes ayant une névrose «dysthymique», telles que les personnes souffrant d'anxiété, de dépression ou de symptômes obsessionnels-compulsifs, ont des notes élevées en ce qui concerne le névrotisme et des notes basses en ce qui à trait à l'extraversion.

Pour ce qui est de la validité, les échelles E et N du MPI et de l'EPI ont une corrélation élevée avec d'autres mesures destinées à évaluer les dimensions semblables de la personnalité. Cela est dû au fait que les échelles mesurant les dimensions d'extraversion et de névrotisme déterminent des facteurs extensifs au sujet de la personnalité (Eysenck et Eysenck, 1971). Cette validité postule que les gens qui donnent l'impression aux autres qu'ils sont du type introverti ou extraverti ou qu'ils sont du type stable ou instable démontrent une constance dans leurs réponses à l'EPI.

En ce qui concerne l'échelle de mensonge (L), les études publiées à son sujet confirment la validité de cette échelle, laquelle permet de détecter les tentatives de falsification des réponses. Pour la forme A ou la forme B, un score de 4 ou 5 sur l'échelle L serait considéré comme la limite pour que les réponses au questionnaire soient acceptables.

L'étalonnage français de l'EPI s'appuie sur trois groupes de sujets, soit la population active masculine, la population active féminine et la population scolaire du secondaire, ce qui représente au total 1 297 sujets. Tout compte fait, l'EPI est une mesure simple et précise, et ses applications sont très nombreuses en psychologie clinique, expérimentale, scolaire et industrielle.

MOTS CLÉS

- Acquiescement
- Analyse factorielle
- Désirabilité sociale
- Échelle de validité
- Extraversion-introversion
- Facteurs
- Inventaire

- Personnalité
- Stratégie conceptualiste
- Stratégie empirique
- Stratégie factorielle
- Stratégie rationnelle
- Type psychologique

CHAPITRE 18

Les tests d'orientation professionnelle

OBJECTIF

Comprendre le but des principaux tests d'orientation professionnelle et les utiliser pertinemment selon les circonstances.

18.1   LA SÉLECTION DU PERSONNEL

La sélection est un processus qui consiste, pour une organisation, à choisir parmi des candidatures celle qui satisfait le mieux aux exigences du poste à combler et aux besoins des deux partenaires (employeur et candidat), compte tenu des conditions de l'environnement. Avant ou après la sélection, selon les cas, il y a l'orientation, une activité qui n'est pas toujours rigoureusement délimitée, qui consiste à choisir dans l'ensemble des professions celle qui convient le mieux à la personne en fonction de ses aptitudes (Pacaud, 1959). Le but visé est de mettre «la bonne personne à la bonne place» en discernant les caractéristiques qui permettront de prédire les conduites ultérieures dans un environnement professionnel donné.

L'organisation recourt à trois moyens principalement pour faire la sélection du personnel : elle utilise des critères pour évaluer les candidats et pour prédire lequel réussira le mieux dans un poste donné ; elle recueille tous les renseignements pertinents sur les candidats et les analyse ; et elle dépouille toute la documentation reçue lors du recrutement.

C'est pourquoi nous examinerons la sélection sous l'optique des objectifs afin de fournir à l'organisation le personnel dont elle a besoin et de placer chaque travailleur dans le poste adéquat, de façon qu'il utilise ses aptitudes, sa personnalité et ses motivations pour l'accomplissement de ses tâches. Il est évident que, dans cette perspective, il faut prendre en considération les facteurs influençant la sélection, comme les caractéristiques et les exigences du poste, le nombre de candidatures, la qualité de la méthode de sélection ainsi que le cadre des relations du travail.

Cela explique pourquoi la présélection (l'analyse des curriculum vitæ, la formation du comité d'examinateurs et la mise en place des techniques de sélection) et les méthodes de sélection doivent permettre d'établir une comparaison entre les caractéristiques de chacun des candidats et les caractéristiques du poste à combler. Il faut donc que les responsables de la sélection soumettent tous les candidats à la même évaluation, que ce soit lors de l'accueil, de l'entrevue ou de la recommandation.

On distingue deux catégories de méthodes de sélection, c'est-à-dire les méthodes structurelles et les méthodes dynamiques. Les méthodes structurelles sont basées sur un modèle de validité classique. Elles consistent à étudier la relation qui existe entre divers indicateurs (les aptitudes, la personnalité, les intérêts) et un critère de succès organisationnel. Il s'agit de l'approche traditionnelle dite des traits psychologiques, qui implique l'utilisation de tests dits abstraits (stratégie statistique).

Quant aux méthodes dynamiques, elles partent du principe selon lequel le meilleur prédicteur du rendement futur est le comportement présent dans un contexte précis d'évaluation relié au poste à combler. L'utilisation de méthodes d'évaluation de type situationnel permet d'évaluer les candidats en les plaçant dans des situations semblables à celles qu'ils devront affronter ultérieurement, d'où la mesure de leurs compétences (stratégie intuitive).

La mesure des compétences comporte les cinq caractéristiques suivantes :

1. Elle n'a pas de construit, en ce sens que ce qui importe, c'est ce que la personne sait faire dans un contexte précis d'évaluation relié au poste. Il n'est pas nécessaire d'inférer l'intelligence, les aptitudes ou les intérêts du candidat.

2. Elle suppose une connaissance approfondie du critère si l'on veut élaborer des tests situationnels qui reproduiront « en miniature » les tâches du poste à combler.

3. Elle doit rendre compte de l'amélioration du comportement évalué.

4. Elle permet de diffuser l'information relative au sujet et d'indiquer les moyens d'améliorer son rendement.

5. Elle permet d'évaluer autant les actes (la capacité à diriger) que les réponses (les connaissances reliées au poste).

Parmi les outils utilisés pour mesurer les compétences, mentionnons le centre d'évaluation (Appréciation du personnel par simulation ou APS), le panier de travail (*In-Basket* ou corbeille d'entrée), l'étude de cas, la discussion de groupe et les jeux d'entreprise.

Les trois principaux avantages des méthodes dynamiques sont les suivants :

1. Elles fournissent des échantillons plus riches d'information sur les comportements.

2. Elles démystifient le processus de mesure et le rendent à la fois acceptable à la personne qui est évaluée et utile aux personnes qui doivent choisir un candidat.

3. Elles permettent au candidat d'avoir une connaissance de lui-même plus complète puisqu'il a la chance de se comparer aux autres.

Les méthodes dynamiques comportent également certaines limites :

1. L'efficacité de l'évaluation par les méthodes dynamiques peut être réduite en raison de la présence de divers traits personnels des candidats (la résistance au

TABLEAU 18.1
Principaux aspects des
méthodes structurelles
et des méthodes
dynamiques

Méthodes structurelles	Méthodes dynamiques
• Modèle de validité classique (relation qui existe entre divers indicateurs, dont les aptitudes et la personnalité) et critère de succès organisationnel • Approche traditionnelle dite des traits psychologiques, qui implique l'utilisation de tests dits abstraits (stratégie statistique) • Information sur les aptitudes de la personne et sur son type de personnalité **Exemples:** CPI, BGTA, GZTS, 16 PF	• Mesure des compétences (le meilleur prédicteur du rendement futur étant le comportement présent dans un contexte d'évaluation relié au poste) • Représentation en miniature d'une situation de travail (stratégie intuitive) • Information sur les capacités de la personne sans inférer sur son intelligence, ses aptitudes ou ses intérêts **Exemples:** Centre d'évaluation (APS, bilan comportemental), panier de travail, mises en situation
Caractéristiques: • Tests standardisés, normalisés, validés • Tests devant être utilisés par des personnes qualifiées	**Caractéristiques:** • Absence de construit • Nécessité de bien connaître le critère afin d'élaborer des tests situationnels qui reproduiront en miniature les tâches du poste à combler
Critiques: • Méthodes souvent éloignées du but que s'était fixé leur auteur • Méthodes assez rigoureuses, «scientifiques»	**Critiques:** • Utilisation des tests plus ou moins contrôlée • Manque de rigueur (méthodes intuitives)

stress, la tendance au conformisme, etc.) qui ne font pas l'objet de l'évaluation.

2. Ces méthodes demandent du temps, car l'analyse de la fonction doit être faite chaque fois.
3. Elles sont plus accessibles à des personnes qui possèdent une faible qualification.
4. La standardisation des outils n'est pas toujours faite.

Le tableau 18.1 expose les principaux aspects des approches structurelles et des approches dynamiques.

18.2   LES INSTRUMENTS PSYCHOMÉTRIQUES

18.2.1   L'Inventaire des intérêts de Strong

Le premier test de Strong a été publié en 1927. La large utilisation de ce test a conduit son auteur à préparer trois révisions, en 1933, 1938 et 1946. Après sa mort,

Campbell et Hansen ont continué à actualiser le matériel, en 1974, 1981, 1985 et 1992. L'adaptation canadienne, en français, a été réalisée par Chevrier (1977); elle se base sur la formule T325 du test, abrégée et modifiée.

L'Inventaire des intérêts de Strong (Strong Interest Inventory ou SII) vise à favoriser le placement des candidats dans un emploi où ils peuvent trouver le plus de satisfaction. Le SII ne mesure pas les habiletés générales ou spécifiques, mais plutôt l'intérêt pour certaines occupations. Étant donné que les différents métiers exigent différents intérêts, le SII est un outil permettant de déterminer les différences d'intérêts entre les nombreuses occupations. Le rendement des gens au travail dépend de leurs habiletés et de leur motivation; le fait de rester longtemps dans leur métier sera un bon reflet de l'amour de leur travail. C'est pour cette raison que l'évaluation des intérêts est le meilleur indice de la persistance et du succès au travail (Strong, 1959).

Description

La version de 1992 du SII comprend des items entre lesquels les sujets doivent choisir concernant les diverses occupations, les matières scolaires, les activités de travail, les loisirs, les types de personnalité et les traits de caractère. Le test de Strong s'apparente aux questions d'une entrevue qui cherchent à déterminer ce que les sujets aiment et n'aiment pas, et leurs sentiments les plus profonds touchant un domaine spécifique. La typologie de Holland, avec son classement connu sous l'acronyme RIASEC (réaliste, investigateur, artistique, sociable, entreprenant, conventionnel), constitue la stratégie théorique correspondant au SII.

Les échelles fondamentales du SII, qui sont élaborées au moyen d'une variante de la stratégie rationnelle, s'avèrent relativement homogènes. Leur signification théorique est claire, puisqu'elles ne comportent que des items positifs. Les résultats obtenus dans les échelles fondamentales, suivis de ceux obtenus dans les échelles thématiques, donnent deux types d'information: d'abord les cotes T, par la comparaison avec un échantillon de 300 hommes et de 300 femmes du groupe contrôle, d'où une normalisation combinée pour les deux sexes; puis le rang centile et la représentation graphique. Dans ce dernier cas, sept qualificatifs décrivent autant de classes de centiles afin de refléter les différences entre les femmes et les hommes. Il y a donc une normalisation pour chaque sexe.

Les échelles professionnelles construites à l'aide d'une stratégie empirique double unidirectionnelle comprennent des items positifs et des items négatifs (préférences et rejets). Elles prennent en considération le groupe contrôle de 300 hommes et de 300 femmes représentatifs de la population américaine ainsi que le groupe-critère de personnes qui exercent le métier visé par l'échelle. La cote T est interprétée en fonction du groupe-critère. Le résultat est représenté visuellement sur une échelle graduée de 15 à 55 (de «très différent» à «très semblable»), qui situe le score en se référant au groupe contrôle. Une cote T de 46 ou plus entre dans la catégorie allant de «semblable» à «très semblable». Ainsi, un sujet qui obtient une cote T de 57 dans l'échelle «directeur de magasin» partage les mêmes préférences et les mêmes rejets que les directeurs de magasin. Si l'on se réfère à l'échelle graduée, on peut dire que les intérêts et les rejets de ce client sont très semblables à ceux des directeurs de magasin.

Le SII comprend aussi deux échelles spéciales d'introversion-extraversion, une échelle d'adaptation au milieu scolaire et une échelle ayant trait à la validité des résultats.

La première échelle d'introversion-extraversion construite selon la stratégie empirique double bidirectionnelle a été standardisée en cotes T avec une moyenne de 60 et un écart type de 10 sur un groupe de personnes détenant un doctorat. L'interprétation contient des indices de satisfaction, d'adaptation et d'intérêts face aux études. Cette échelle n'est pas un prédicteur du rendement scolaire. Le tableau 18.2 présente un exemple de répartition des scores en fonction de la scolarisation.

La deuxième échelle d'introversion-extraversion construite selon la stratégie empirique double bidirectionnelle a été standardisée sur divers groupes d'occupations avec une moyenne de 50 et un écart type de 10. Les personnes introverties préfèrent travailler seules; elles réalisent des projets de façon indépendante. Elles peuvent travailler avec d'autres personnes, mais elles ont besoin d'être seules pour se concentrer, pour « refaire le plein ». Quant aux personnes extraverties, elles préfèrent travailler avec des gens et choisissent les projets devant être réalisés en groupe. Elles ne recherchent pas particulièrement les situations où elles doivent travailler seules.

En ce qui concerne l'échelle d'adaptation au milieu scolaire, il s'agit d'un test d'intérêts dans lequel le score indique le milieu d'études dans lequel le sujet se sent le plus à l'aise.

La dernière échelle porte sur l'indice de validité. On établit la validité des résultats en fonction du nombre de réponses. Ainsi, si le sujet a répondu à tous les items, le chiffre 325 sera imprimé. Lorsque cet indice est inférieur à 310, il faut vérifier la feuille de réponses parce qu'il est possible que le test ne soit pas valide.

Le calcul des réponses rares (réponses non populaires) constitue un autre critère pour établir l'indice de validité. Les femmes donnent en moyenne sept réponses rares par test et les hommes, huit. Si le sujet donne plus de réponses rares que la moyenne, la valeur rapportée par l'indice sera négative.

TABLEAU 18.2
Répartition des scores en fonction de la scolarisation

Scolarisation	Score
Doctorat	56-65
Professions libérales (médecine, droit, dentisterie, etc.)	50-55
Maîtrise et baccalauréat	45-55
Formation technique (2 ans ou plus)	35-44
Secondaire (diplômés)	34 ou moins
Secondaire (décrocheurs)	20 ou moins

Par ailleurs, la distribution des réponses positives (L), neutres (I) et négatives (D) pour chaque catégorie d'items conclut l'étude de la validité.

Dans la procédure d'interprétation du SII, il faut d'abord évaluer la validité du profil, puis effectuer la codification des échelles thématiques fondamentales et d'occupations afin de déterminer le code global d'intérêts.

Hansen (1992) présente en 17 points la marche à suivre pour interpréter adéquatement ce test.

1. Réviser les buts du SII : mesurer les intérêts et non les habiletés.
2. Mettre l'accent sur le fait que le SII permet aussi d'explorer le style de vie et non seulement les intérêts professionnels. Les échelles thématiques et les échelles fondamentales sont des mesures des intérêts concernant l'occupation, les loisirs, l'environnement et les préférences pour des types de personnalité.
3. Discuter de la réaction du client face au SII.
4. Donner au client un aperçu du processus d'interprétation. Lui indiquer qu'il devra déterminer dans quelle mesure les résultats reflètent ses intérêts.
5. Expliquer brièvement la théorie de Holland (RIASEC).
6. Expliquer chaque thème et sa relation avec les échelles fondamentales en utilisant les résultats du client (les cotes T, le rang centile, etc.).
7. Présenter le code global d'intérêts.
8. S'il y a lieu, déterminer les intérêts du code qui sont diamétralement opposés, avec l'aide de la typologie de Holland, et expliquer au client les conflits possibles résultant d'intérêts qui sont en opposition. Se baser sur les caractéristiques des thèmes composant le code global d'intérêts pour établir le type d'interventions à adopter avec le client évalué.
9. Interpréter les résultats dans les échelles d'occupations et les combiner avec les résultats des échelles thématiques et des échelles fondamentales. Faire part des incohérences, s'il y a lieu, et les expliquer.
10. Analyser les résultats très faibles dans les différentes échelles afin de présenter les rejets au client.
11. Dans les échelles d'occupations, intégrer les résultats transformés à partir des normes de l'autre sexe dans le profil d'intérêts déjà établi.
12. Analyser les résultats obtenus dans l'échelle d'adaptation au milieu scolaire.
13. Analyser les résultats obtenus dans l'échelle d'introversion-extraversion.
14. Répondre aux questions du client, clarifier les malentendus et élaborer des hypothèses, s'il y a lieu.
15. Déterminer les échelles d'occupations dont le code correspond au code global d'intérêts du client.
16. Consulter les documents de référence accessibles afin de trouver d'autres possibilités d'occupations correspondant au code global d'intérêts.
17. Procéder à l'analyse des possibilités d'occupations afin d'aider le client à évaluer ses habiletés et ses connaissances sur les emplois désignés.

La valeur psychométrique

Les études démontrent une bonne stabilité du SII à court terme et à long terme, ainsi que des relations entre le score d'intérêts des gens et le choix d'une occupation jusqu'à vingt ans plus tard. La validité prédictive tend à être démontrée par le lien important existant entre la profession occupée et le score élevé à l'échelle d'occupations correspondante (Goldstein et Hersen, 1990). L'Inventaire des intérêts offre la possibilité d'ajouter de nouvelles échelles et de réviser les anciennes ; ainsi, l'œuvre de Strong garde toujours une bonne qualité diagnostique. Le désavantage du SII est qu'il requiert beaucoup de temps lorsqu'on veut obtenir l'évaluation informatisée du test. Une autre faiblesse est la facilité pour le sujet de fausser son score d'intérêts selon la désirabilité sociale, mais cet aspect semble mieux contrôlé maintenant par plusieurs indices de validité. Ce facteur n'est pas important dans le cas d'une personne qui veut être conseillée quant à son orientation professionnelle, mais il le devient à l'égard du processus de sélection pour un emploi.

18.2.2   L'Inventaire de goûts professionnels de Kuder

L'Inventaire de goûts professionnels de Kuder vise à répondre au besoin de déterminer les intérêts des adolescents et des adultes, particulièrement à partir de la sixième année. Il s'appuie pour cela sur des catégories d'intérêts relativement indépendantes à partir desquelles on peut inférer des choix d'occupations.

Le test a été construit selon la stratégie rationnelle empirique ; on y observe une consistance interne et de faibles corrélations entre les échelles. Les items sont présentés en triades et le type de réponse est à choix forcé. Dans la version française, on trouve les formes C, D et E présentées en triades, à partir desquelles dix catégories d'intérêts sont données. Ce sont Plein air, Mécanique, Chiffres, Sciences, Vente, Beaux-arts, Littérature, Musique, Travail social et Travail de bureau.

Il existe une échelle de vérification (V) qui détermine si le sujet a répondu aux questions honnêtement et avec soin. Outre les normes américaines, l'adaptation française se base sur l'échantillon stratifié proportionnel.

La passation ne comporte pas de limite de temps (la durée est en moyenne de 45 à 60 minutes). Lorsque le sujet est placé devant des séries de triades, il doit choisir les activités qu'il aime le plus et celles qu'il aime le moins. Les réponses sont interprétées en fonction des échelles spécifiques pour chaque catégorie considérée et les centiles indiquent la position des scores bruts obtenus.

Les qualités statistiques présentées dans les manuels sont acceptables, mais il nous semble qu'une nouvelle révision s'avère indispensable.

18.2.3   L'Inventaire de préférences professionnelles de Holland

L'Inventaire de préférences professionnelles (Vocational Preference Inventory ou VPI) a été élaboré par John L. Holland en 1953 selon la stratégie rationnelle empirique. Le choix des variables du test et la construction des échelles reposent sur une approche psychologique associée avec la théorie des carrières élaborée par Holland. Par la suite, on a validé les échelles obtenues auprès de différents groupes de personnes et on les a révisées en conséquence. Le fondement théorique de chaque échelle a aussi été modifié et révisé. Cette démarche a conduit à la construction de nouvelles échelles, chacune comportant un certain nombre d'anciens items, validés dans une version antérieure, et un groupe de nouveaux items obtenus à partir de la révision du fondement théorique.

La première version du VPI était composée de huit échelles : Soumission, Réalisme, Investigation, Sociabilité, Conventionnalisme, Entrepreneurship, Sens artistique et Sens de la réalité. Jusqu'en 1985, le VPI a connu huit révisions. Le test que nous utilisons actuellement possède 160 items et produit des résultats sur 11 échelles. Il existe aussi deux formes du VPI qu'on emploie uniquement en recherche. Ces tests (formes A et B) contiennent chacun 42 items.

Afin de mieux comprendre le test de Holland, voici un rappel des quatre principaux postulats de sa théorie :

1. On peut répartir les hommes et les femmes en six types de personnalité, correspondant à l'acronyme RIASEC (réaliste, investigateur, artistique, sociable, entreprenant, conventionnel).

2. Il y a six types de milieux professionnels, chacun étant dominé par un type de personnalité.

3. Chaque type de personnalité recherche un milieu qui lui permettra d'exercer ses talents.

4. Le comportement d'une personne dépend de l'action réciproque de sa personnalité et des caractéristiques de son milieu. Cette action réciproque influencera particulièrement son rendement, sa satisfaction et sa stabilité.

Ainsi, le choix d'une occupation traduit la motivation de la personne, sa connaissance de l'occupation, sa personnalité et ses habiletés.

Description

Le VPI est un inventaire d'intérêts et de personnalité composé essentiellement de noms d'occupations. Le sujet qui y répond doit indiquer les occupations qu'il aime (*Like*) ou n'aime pas (*Dislike*). À l'origine, ce test visait à évaluer la personnalité, mais il s'est avéré qu'il permettait de découvrir les intérêts professionnels.

Les 11 échelles composant le VPI sont les suivantes : Réalisme, Investigation, Sens artistique, Sociabilité, Entrepreneurship, Conventionnalisme, Maîtrise de soi, Masculinité-féminité, Statut social, Rareté et Soumission.

La passation du test, individuelle ou collective, dure de 15 à 30 minutes. Celui-ci s'adresse à des personnes de 14 ans ou plus. La correction du test se fait très rapidement avec une clé de correction. Les résultats sont reportés sur une feuille de profil, laquelle est différente pour les hommes et pour les femmes. La pondération des scores bruts est exprimée en cotes T. L'interprétation de ce test doit se faire en relation avec la vie du sujet (ses expériences, ses loisirs, ses études, etc.).

Les normes américaines ont été élaborées à partir de différents échantillons d'adolescents et d'adultes sur le marché du travail. Aucun des échantillons n'est représentatif de groupes bien définis, mais ils ont l'avantage de montrer comment les scores du VPI varient selon les groupes. Idéalement, les utilisateurs du test devraient établir leurs propres normes locales.

En général, les scores du VPI semblent se stabiliser entre 19 ans et 25 ans. Par la suite, les différences dans les moyennes sont légères et irrégulières. Le plus grand changement qu'on a constaté consiste en une augmentation de l'échelle Maîtrise de soi et une diminution de l'échelle Réalisme avec l'âge. En outre, les plus grandes différences entre les moyennes des échelles sont observées entre les hommes et les femmes, et non entre les jeunes et les gens plus âgés.

Ce test a été conçu comme un court inventaire de personnalité, un bon complément à une batterie d'inventaires de personnalité, un inventaire d'intérêts et un outil pouvant contribuer aux recherches sur la relation existant entre le comportement et la carrière.

Dans le manuel du test, on remarque que les échelles sont définies selon les types de déduction empirique, clinique et conceptuelle pour faciliter l'interprétation des résultats. Le résumé empirique donne une liste d'adjectifs et de phrases obtenus au moyen de différentes études de validité du test. Ces adjectifs sont présentés en ordre décroissant de corrélation, c'est-à-dire que ceux qui se trouvent en début de liste décrivent davantage l'échelle donnée. Ils portent sur des sujets qui obtiennent des scores élevés. Pour sa part, l'interprétation clinique est basée sur des preuves, sur les items composant chaque échelle et sur l'expérience clinique des utilisateurs du test. Enfin, la définition conceptuelle intègre l'expérience empirique et clinique et dégage une ou plusieurs variables représentées par l'échelle.

La codification de l'ensemble du profil permet de dériver un code global à partir des échelles thématiques les plus élevées pour 1 156 titres d'emplois (Holland, 1985*b*; Vincent, 1987).

La valeur psychométrique

En ce qui concerne la fidélité, les coefficients d'homogénéité obtenus indiquent que le contenu de la majorité des échelles est relativement de même nature, à l'exception des échelles Masculinité-féminité, Statut social et Rareté, qui sont composées d'occupations assez hétérogènes.

Les coefficients pour la double passation (de deux semaines à quatre ans) obtenus à partir d'échantillons d'étudiants et de femmes ayant en moyenne 40,7 ans indiquent que le VPI a une fidélité qui va de modérée à élevée.

La validité semble modérée pour prédire avec RIASEC l'appartenance à un groupe professionnel. La validité de construit a été établie à l'aide de différentes variables mises en corrélation avec les échelles du VPI. Ces variables sont la théorie des carrières de Holland, les corrélations avec différents tests de personnalité, la comparaison des échelles du VPI avec les échelles de Strong-Campbell, les corrélations avec des rapports d'évaluation des compétences d'élèves du collège et la comparaison avec des recherches sur la détermination des valeurs.

La validité prédictive et la validité concurrente du VPI ne dépassent pas la validité des autres inventaires d'intérêts (Holland, 1985). Les échelles Rareté, Maîtrise de soi, Masculinité-féminité et Statut social possèdent une validité de construit modérée, mais elles ne sont généralement pas comparables aux échelles appartenant à d'autres inventaires.

18.2.4   Le Test visuel d'intérêts de Tétreau-Trahan

Tétreau et Trahan (1984) ont construit le Test visuel d'intérêts (TVITT) avec une estimation du profil des intérêts et de la personnalité selon la typologie de Holland. Ce test non verbal peut avoir autant des fins éducatives (le stade exploratoire : mieux se connaître) que des fins prédictives (le stade de développement réaliste : établir le degré de compatibilité avec des secteurs d'études ou de travail). La construction du test repose sur la stratégie rationnelle empirique. Sa structure s'apparente à celle de l'Inventaire de préférences professionnelles de Holland (VPI). Le test est composé de 202 diapositives en couleur qui constituent une description visuelle de métiers et de professions ; il comprend 6 exemples, 90 items (15 pour chacune des 6 échelles RIASEC) et 6 items pour vérifier la constance des réponses (échelle de vérification). Il y a une représentation égale des deux sexes dans les photographies et une attention spéciale est apportée à la représentation ethnique et raciale. Pour les personnes ayant un handicap visuel, on peut faire la lecture des activités contenues dans les diapositives en se servant de la liste complète apparaissant dans le tableau 3 du manuel du test.

Le mode de réponse consiste en une échelle bipolaire en cinq points allant de « je n'aime pas beaucoup » à « j'aime beaucoup » ; c'est donc un test à libre choix orienté. La passation peut être individuelle ou collective et le test s'adresse à des sujets âgés de 10 ans à 19 ans. Le temps de passation varie de 15 à 20 minutes. Dans des situations d'exploration et de connaissance de divers environnements de travail, le temps de passation pourra varier davantage. Ce test convient à la relation d'aide individuelle et de groupe à des fins éducatives et prédictives de même qu'à la recherche (classification de sujets selon la typologie de Holland). L'autocorrection se fait par la projection des diapositives modèles (après la diapositive 102) ou à l'aide des consignes se trouvant sur les feuilles imprimées. La correction peut être faite par un spécialiste dans le cas de sujets plus limités. La validité des réponses (leur constance) peut être contrôlée par l'échelle de vérification : le score V doit être inférieur à 7. Un score V supérieur à 7 n'invalide pas nécessairement le test, mais il serait opportun d'en rechercher les causes cas par cas et de donner aux sujets la possibilité de reprendre l'épreuve, au besoin.

Le premier niveau d'interprétation des échelles est celui des conséquences au point de vue de la vie professionnelle qu'entraînent les résultats du sujet. On peut alors se servir de la partie objective des sommaires descriptifs des six types de Holland et des exemples de professions correspondantes. Le deuxième niveau d'interprétation concerne les différentes caractéristiques psychologiques associées avec chacune des orientations personnelles (les types de personnalité de Holland). On peut alors se servir de la description des échelles qui suit la partie objective des sommaires. Ces descriptions sont basées essentiellement sur les résultats de recherches empiriques qui ont vérifié l'existence des caractéristiques associées avec les types de Holland. La deuxième partie des sommaires descriptifs — la description subjective — donne une esquisse des principales perceptions partagées par les sujets de «type pur», qui appartiennent clairement à une seule catégorie de la typologie. L'interprétation du profil en scores bruts et en cotes T permet de déterminer des professions compatibles avec les cotes les plus élevées et d'attribuer les codes de Holland.

La valeur psychométrique

Les normes ont été élaborées à partir de 1 687 sujets francophones du Québec. Les scores bruts peuvent être transformés en cotes T avec neuf groupes de référence (des élèves du secondaire et du collégial).

Pour ce qui est de la fidélité, les coefficients de consistance interne alpha varient de 0,82 à 0,90 pour les six échelles (1 687 sujets francophones québécois). En ce qui concerne la stabilité, les coefficients de fidélité pour la double passation varient de 0,83 à 0,90 selon les échelles, à partir des réponses de 323 élèves du secondaire et du collégial dans un intervalle de trois semaines. Les coefficients d'homogénéité sont les plus élevés dans l'épreuve non verbale.

La validité de contenu, faite notamment au moyen d'analyses d'items et d'analyses factorielles, a permis de vérifier que les réponses des sujets d'échantillons de divers pays reproduisaient assez fidèlement les types de personnalité de Holland. La validité conceptuelle et les corrélations de l'épreuve avec d'autres mesures des intérêts (le Strong, le VPI et le Kuder) sont révélatrices de la validité conceptuelle du TVITT. Les corrélations entre les échelles du TVITT et celles de sa version verbale sont les plus élevées de toutes les corrélations. Le TVITT peut reconnaître les sujets qui expriment des préférences et des projets professionnels divergents (validité de concomitance). Ce test a été éprouvé et standardisé dans une douzaine de pays.

18.2.5   L'Inventaire de préférences professionnelles de Jackson

Jackson (1985) a élaboré un inventaire pour aider les élèves du secondaire et du collégial et les étudiants de l'université pour ce qui est de l'orientation professionnelle.

La méthode de construction de l'Inventaire de préférences professionnelles de Jackson (Jackson Vocational Interest Survey ou JVIS) est très sophistiquée en ce qui a trait au traitement des données. Le test est de type ipsatif à choix forcé normatif. Le JVIS est composé de 289 paires d'items à choix forcé avec 17 échelles bipolaires, ce qui donne 34 échelles regroupées dans deux types de dimensions : le rôle professionnel et le style de travail. Chaque item appartenant à une échelle du groupe A est assorti à un item appartenant à une échelle du groupe B, selon une séquence définie. Les échelles d'un même groupe (A ou B) ne sont jamais directement opposées entre elles. Elles sont comparées entre elles seulement en fonction de la fréquence où elles sont choisies après que leurs items ont été opposés à ceux appartenant à un autre groupe d'échelles.

L'établissement de ces dimensions s'appuie sur des recherches en psychologie du travail, sur des classifications rationnelles ou sur une analyse factorielle des items d'intérêts professionnels. On a utilisé des données descriptives des professions. Jackson s'est fondé sur des recherches démontrant que les échelles construites selon la stratégie rationnelle, par consistance interne, étaient plus stables et plus valides que les échelles construites selon la stratégie empirique.

Le rôle professionnel (26 échelles) définit ce qu'une personne fait dans un emploi. Il correspond donc aux occupations ou aux catégories d'occupations (comme l'enseignement ou l'ingénierie), de même qu'aux échelles d'intérêts fondamentaux et aux échelles d'occupations qu'on trouve dans d'autres inventaires. Le rôle professionnel mesure des intérêts spécifiques plutôt que le degré de similitude entre les intérêts du sujet et ceux des différents groupes professionnels. Un score élevé dans l'échelle Mathématiques indique que la personne aime les mathématiques, et non pas nécessairement qu'elle partage les mêmes intérêts que les mathématiciens.

Le style de travail (8 échelles) correspond aux types d'environnements de travail dans lesquels un genre de comportement est recherché (par exemple la persistance ou la sécurité d'emploi).

L'élaboration du test a nécessité plusieurs étapes, incluant des analyses statistiques successives. Après la collecte initiale de plus de 3 000 items, on a procédé à des analyses factorielles des sous-ensembles d'items pour préparer chaque échelle du test. Les biais de réponses (prédisposition générale à répondre positivement ou négativement, sans réflexion) ont été éliminés de deux façons : statistiquement et par l'utilisation du choix forcé afin de rendre les facteurs « purs ». La technique statistique utilisée a eu pour effet de réduire les corrélations entre les échelles et d'augmenter la capacité de celles-ci à représenter les dimensions qu'elles sont censées mesurer. Ensuite, on a effectué des analyses d'items pour obtenir des mesures de consistance interne et faire la sélection des items ayant une forte corrélation avec l'échelle en cause et de faibles corrélations avec les autres échelles. On a aussi adopté des mesures de « généralisabilité » afin que les items conservés soient représentatifs de l'univers décrivant chaque dimension. Par la suite, les items qui démontraient une fréquence similaire d'adoption ont été appariés par analyse informatique ; on a ainsi obtenu une forme de test à choix forcé.

L'analyse factorielle des 34 échelles fondamentales permet de dégager 10 thèmes professionnels. L'échantillon de 10 000 étudiants de l'université inscrits dans 169 domaines différents a permis de déterminer 17 sections d'études. L'analyse combinée des groupes d'hommes et des groupes de femmes, établie selon une méthode multivariée de régression multiple, donne 32 regroupements d'occupations ainsi que leurs profils correspondants, à partir du modèle de Strong.

La passation du test, individuelle ou collective, dure de 45 à 60 minutes. On peut faire une correction manuelle ou informatisée. Les scores bruts sont transformés en scores standardisés, soit en cotes T « modifiées » puisque la moyenne est de 30 et l'écart type, de 10. Il s'agit d'une norme combinée. Afin de situer le score obtenu par le sujet en se référant aux groupes normatifs séparés, soit les 500 hommes et les 500 femmes, le profil contient deux lignes horizontales pour chacune des échelles, la ligne du haut pour les hommes et la ligne du bas pour les femmes. Sur ces lignes, le point central indique où se regroupent 50 % des résultats obtenus par chaque groupe normatif. Lorsque le professionnel analyse les résultats enregistrés par un client, il doit prendre en considération les normes combinées et les normes séparées, car il existe des différences entre les résultats obtenus par les représentants de chaque sexe.

Lors de l'interprétation des 26 échelles d'occupations, il faut commencer par trouver les échelles qui ont des scores élevés et des scores faibles afin de présenter au client une vue d'ensemble de ses résultats. Comme il s'agit d'un test à choix forcé, les scores faibles sont aussi significatifs que les scores élevés, car ils indiquent que le sujet a tendance à rejeter les activités qui sont reliées à ces échelles. Il est en effet important, dans un processus de décision professionnelle, de faire prendre conscience à la personne des activités qu'elle semble vouloir éviter.

Ensuite, l'interprétation des 8 échelles relatives aux environnements de travail vient compléter celle des 26 échelles précédentes. Il s'agit de préférences pour des situations impliquant un certain type de comportements qu'il ne faut pas interpréter comme des traits de la personnalité, mais plutôt comme des intérêts pour des environnements de travail nécessitant les comportements désignés par ces échelles.

Il est possible de comparer le profil du client avec les profils de 32 groupes d'occupations qu'on trouve au chapitre 4 du manuel. Ces profils ont été générés à partir des données du test de Strong (189 groupes d'occupations masculins et 89 groupes d'occupations féminins). Avec la correction informatisée, ces renseignements sont donnés automatiquement.

Il est nécessaire de combiner les paramètres du client et les résultats obtenus dans d'autres tests (d'intelligence, de personnalité, d'aptitudes) avec les résultats obtenus dans le JVIS. Le fait que les noms d'occupations soient présentés par groupes permet de montrer au client des professions qui nécessitent de longues études.

La valeur psychométrique

Grâce aux techniques utilisées pour la construction du test, la majorité des items ont une forte corrélation avec le facteur qu'ils sont censés mesurer. Les corrélations entre l'item et le total donnent l'impression que les échelles sont indépendantes ; par ailleurs, les items retenus pour constituer chaque échelle sont associés avec un seul facteur de façon prédominante.

La fidélité pour la double passation du test (échelles fondamentales) pour 172 étudiants universitaires après une semaine va de 0,73 à 0,91 avec une médiane de 0,84. D'autre part, la double passation (thèmes professionnels) pour 54 étudiants universitaires après une semaine donne des coefficients allant de 0,82 à 0,92 et une médiane de 0,85. La stabilité du test à long terme n'est pas connue pour le moment. La consistance des réponses est stable pour des périodes dépassant six mois.

La majorité des données rapportées dans le manuel permettent d'assurer la validité de construit des échelles du JVIS, laquelle est importante pour l'interprétation des échelles. La validité des regroupements professionnels (32) et la validité concourante indiquent clairement que les travailleurs occupant diverses professions obtiennent des résultats plus élevés que ceux auxquels on se serait attendu avant l'expérimentation. Aucune étude relative à la validité prédictive n'est mentionnée jusqu'ici.

18.2.6   Autres mesures dans le domaine de l'orientation professionnelle

Pour clore ce chapitre, nous présenterons sommairement quelques autres tests d'orientation professionnelle. L'Orientation professionnelle par soi-même, un test conçu par Holland (1985), est un instrument destiné à l'auto-évaluation et à l'exploration du monde professionnel avec une autopassation, une autocorrection et une auto-interprétation pour les sujets âgés de 15 ans ou plus.

Ce test comprend une évaluation des ambitions professionnelles (8 échelles), des échelles d'activités que l'on aime ou non (6 échelles de 11 items), des échelles de compétences (6 échelles de 11 items), des échelles d'occupations (6 échelles de 14 items) et une auto-évaluation des aptitudes.

L'évaluation permet d'obtenir, en une période de 40 à 60 minutes, un code-résumé de trois lettres symbolisant les orientations les plus marquées. Elle permet aussi de consulter les Occupations Finder (1 156 occupations) ou les Codes Holland afin de trouver les professions correspondant au code obtenu. L'examen donne une meilleure compréhension de soi et peut faire ressortir des options qui n'avaient pas été considérées jusqu'alors.

Les indices de fidélité sont généralement satisfaisants avec des coefficients variant de 0,53 à 0,88. La validité de construit se base sur le modèle de Holland. Il existe peu de données sur d'autres aspects de la validité du test. L'Orientation professionnelle par soi-même ne peut être considérée comme un outil qui convient à tous, car la personne évaluée doit être capable de travailler seule. Ce test peut satisfaire les besoins de la moitié de la population. Certains clients auront besoin de rencontrer un professionnel pour l'interprétation. Il demeure tout de même une épreuve intéressante pour les adolescents et les adultes.

Le Questionnaire des valeurs professionnelles (QVP) de Super (1991) permet d'obtenir une mesure fiable et valide des valeurs fondamentales qui influencent les motivations au travail. Pour chaque item, le sujet exprime son jugement sur une échelle de 1 à 5 allant de « très important » à « peu important ». Le test permet au sujet d'indiquer son attitude par rapport aux 15 valeurs suivantes : altruisme, esthétique, créativité, stimulation intellectuelle, réalisation, indépendance, prestige, management, avantages économiques, sécurité, environnement, relations avec la hiérarchie, relations avec les collègues, style de vie et variété. Le QVP a été standardisé pour une population française adulte de 900 sujets de niveaux d'instruction différents.

L'Inventaire de développement professionnel (Career Development Inventory ou CDI) conçu aux États-Unis par Super (1991) a aussi été standardisé au Québec (Dupont et Marceau, 1982). Le CDI comporte sept échelles : Planification de la carrière, Exploration, Prise de décisions, Information professionnelle, Développement de la carrière–attitudes, Développement de la carrière–connaissances et habiletés et Total–Inventaire de développement professionnel. La standardisation pour les 3e et 4e années du secondaire se basait sur 1 408 élèves.

Parmi les autres mesures, les tests d'aptitudes et d'habiletés professionnelles donnent la possibilité de dresser un bilan plus complet pour ce qui est de l'orientation professionnelle axée sur le potentiel d'apprentissage d'une activité. On trouve aussi, en adaptation française, la Batterie générale de tests d'aptitudes (BGTA), qui comprend 9 facteurs (12 sous-tests) :

1. Aptitude générale à apprendre — G ;
2. Espace — S ;
3. Verbalisation — V (vocabulaire) ;
4. Numération — N (raisonnement arithmétique et calcul numérique) ;
5. Perception de l'écriture — Q (comparaison de mots) ;
6. Dextérité digitale — F (assemblage et démontage) ;
7. Dextérité manuelle — M (épreuves de déplacement et de retournement) ;
8. Coordination oculomotrice — K (lignes à tracer) ;
9. Perception des formes — P (outils identiques et appariement).

Le résultat final permet de commenter les secteurs les plus significatifs avec l'interprétation descriptive, prédictive et l'auto-évaluation. La valeur psychométrique de la batterie est très satisfaisante (Chevrier, 1987).

L'évaluation des aptitudes dans le domaine de l'orientation scolaire et professionnelle occupe en psychologie appliquée une place très importante. Le développement spectaculaire des laboratoires expérimentaux et psychotechniques est associé avec l'élaboration de méthodes de mesure de plus en plus perfectionnées.

MOTS CLÉS

- Coûts professionnels
- Développement professionnel
- Échelles fondamentales
- Extraversion
- Intérêts
- Introversion
- Méthodes dynamiques
- Méthodes structurelles
- Occupations
- Orientation professionnelle
- Placement
- Préférences
- Présélection
- Réponses rares
- Sélection
- Stratégies intuitives
- Stratégies statistiques
- Stratégie théorique
- Typologie
- Validité classique
- Validité concourante

PARTIE VII

L'interprétation
des résultats

CHAPITRE 19

Les résultats
et les normes

OBJECTIF

Calculer les scores dérivés et les normes, les interpréter et porter un jugement de valeur à partir des scores individuels.

Tout répondant à un test obtient un résultat, lequel est souvent exprimé en fonction du nombre de réponses qui sont conformes à celles de la grille de correction. Pour les tests de rendement et d'habileté, on considère généralement qu'il y a de bonnes et de mauvaises réponses. Pour les inventaires de personnalité et d'intérêt, il n'y a pas de mauvaise réponse: la grille de correction tient compte des choix prédominants chez les groupes-critères. Parfois aussi on s'appuie sur des scores tels que le nombre d'erreurs, le temps de réponse ou les échelles d'évaluation. Tous les scores obtenus directement d'un test sont appelés scores bruts. Un score brut n'est significatif que s'il est en relation avec le rendement d'un groupe de répondants comparables. Ainsi, le score brut «80» ne signifie rien en soi; on ne peut l'interpréter que si l'on connaît le score des autres répondants. Dans ce cas, il devient possible de ranger les scores et de les interpréter. En fait, on interprète un score brut en comparant le rendement d'un répondant à celui d'un groupe de référence appelé groupe normatif.

19.1 LES ÉLÉMENTS ESSENTIELS POUR L'INTERPRÉTATION DES RÉSULTATS

Les premiers éléments à considérer sont les **tableaux de normes**, qui indiquent le rendement d'un groupe à un test. Certains principes régissent l'utilisation des normes pour interpréter les résultats. Ainsi, le répondant dont le score est comparé à des normes doit posséder des caractéristiques semblables à celles du groupe de comparaison ou de son futur groupe d'appartenance. De plus, la mesure psychologique est essentiellement relative. Lorsque les scores n'ont de signification que s'ils sont en relation avec une hiérarchie préférentielle, comme dans les tests où le répondant doit choisir parmi diverses possibilités qui sont corrigées selon des échelles différentes, la mesure est dite ipsative. Pour effectuer des comparaisons interindividuelles, on doit comparer les scores avec ceux des autres répondants (normes de groupe); il s'agit alors d'une mesure de type normatif. Enfin, on obtient une mesure absolue dans le cas où la mesure-critère constitue un standard absolu, où un individu est comparé à lui-même (par exemple, 75 sur 100). Toutefois, la règle générale consiste à avoir des standards relatifs.

Le deuxième élément à considérer est la **validité des données**, soit l'étude de ce que le test mesure ou prédit. Trop souvent les usagers de tests supposent que les scores donnent des informations valables simplement parce que le titre du test indique ce que mesure ce dernier et du fait qu'il y a des normes. Il est hasardeux de se fier à ces deux seuls critères s'il n'y a aucune indication quant à la validité du test. Deux conditions sont donc essentielles pour une interprétation significative des tests, et toutes deux doivent être respectées, soit la présence d'indices de validité (étudiés au chapitre 12) et l'établissement de normes précises.

19.2 LES NORMES

Un groupe normatif constitue une base de comparaison valable car il indique le rendement d'un groupe standard à un test. Les données normatives sont habituellement présentées sous la forme d'un tableau, appelé tableau de normes, qui montre la proportion du groupe normatif qui obtient un score donné ou qui se situe dans une classe de scores. Avant de choisir un groupe normatif, on doit déterminer le type de répondants pour lesquels le test a été conçu. Ainsi, le groupe normatif d'un test destiné à mesurer les aptitudes requises pour être admis à l'université sera composé d'étudiants du cégep aspirant à entreprendre des études universitaires ; de même, pour un test qui mesure les caractéristiques de la personnalité des femmes dont l'âge varie entre 20 et 30 ans, le groupe normatif sera composé de femmes âgées de 20 à 30 ans ; enfin, si un test mesure le degré de préparation à l'apprentissage de la lecture chez des enfants de la maternelle, le groupe normatif sera formé d'enfants en âge d'entreprendre la maternelle. Par contre, si un test est utilisé pour mesurer un groupe particulier dans un but précis, on doit alors choisir le groupe le plus représentatif parmi les groupes normatifs ; il se peut qu'il y en ait plusieurs. Par exemple, un orienteur qui veut conseiller un cégépien désireux d'entreprendre un cours universitaire en génie doit comparer les scores d'aptitude à apprendre de l'étudiant avec :

– les résultats des autres étudiants de niveau collégial qui désirent poursuivre des études universitaires ;

– les résultats des autres étudiants de niveau collégial qui se dirigent en génie ;

– les résultats des étudiants des diverses universités où il pourra être admis ;

– les résultats des étudiants qui étudient en génie à l'université où il veut s'inscrire.

19.2.1 L'élaboration et l'évaluation des normes

Plusieurs facteurs sont à considérer lors de l'élaboration et de l'évaluation des normes. Les remarques suivantes n'en sont qu'un résumé.

1. **La nature des groupes normatifs doit être définie de façon précise, détaillée et pertinente, en fonction des buts et des usages possibles du test.**

Par exemple, dire que le groupe normatif est composé de 5 000 nouveaux étudiants de niveau universitaire constitue une définition à peine acceptable. Par contre, dire que le groupe normatif est composé de 5 000 nouveaux étudiants des deux sexes inscrits en sciences humaines à l'Université XYZ est une définition acceptable, mais il faut préciser le sens de «nouvel étudiant» et de «sciences humaines». Lorsqu'il s'agit de décrire un groupe normatif qui occupe un emploi donné, il faut préciser en quoi consiste cet emploi, l'expérience des employés, le lieu de travail, l'horaire de travail, etc. Pour ce qui est du rendement scolaire, il faut préciser le niveau de scolarité, l'âge des répondants, le type d'établissement scolaire, le quotient intellectuel moyen, etc.

Enfin, dans tous les domaines, s'il y a des sous-groupes qui affichent un rendement différent aux tests, il faut alors préparer des normes différentes pour chacun des deux sexes, ou pour les diverses catégories d'âge, ou pour les différents niveaux de scolarité, ou pour chaque classe socio-économique, ou encore pour les divers groupes ethniques, occupations, provenances, etc., selon le cas.

2. **Le groupe normatif doit constituer un échantillon représentatif de la population à l'étude.**

Si un test est conçu pour des étudiants du secondaire IV, le groupe normatif doit être représentatif de cette population. Toutes proportions gardées, il sera composé d'étudiants des milieux urbain et rural, de races et d'ethnies diverses, des différentes classes socio-économiques, etc. Si on néglige cette représentativité, on introduit alors un biais, et l'interprétation risque ainsi d'être faussée.

Supposons qu'un groupe normatif compte 5 000 étudiants de première année universitaire testés durant la première semaine de cours en septembre; de ce nombre, 150 étudiants de chaque sexe sont choisis au hasard parmi des groupes d'étudiants en orientation inscrits à quatre universités francophones. Les universités et le sexe se trouvent donc représentés. La taille de l'échantillon est moins importante que sa représentativité; cependant, plus le groupe est grand plus les résultats sont constants. La règle générale est de choisir quelques centaines de répondants pour chaque catégorie, selon le degré de précision recherché (Hays, 1973; Edwards, 1967).

3. **Il est nécessaire de procéder à une révision périodique des normes et de préciser l'échelle de grandeur à laquelle elles s'appliquent.**

Étant donné la rapidité des changements de tous ordres, il est essentiel d'actualiser les normes. Toutefois, si on ne peut faire autrement que composer avec des normes périmées, il faut les considérer avec scepticisme et les utiliser avec prudence. En outre, les normes peuvent être établies à l'échelle nationale, provinciale, régionale ou locale. Cette précision offre l'avantage de comparer un répondant avec ses proches ou ses semblables, ou encore avec l'étranger.

19.3 L'INTERPRÉTATION DES SCORES

L'interprétation des résultats se fait par étapes, dont la première, certes déterminante, consiste à transformer les résultats bruts en une échelle qui permet d'établir une base de comparaison. On peut considérer cinq catégories d'échelles ou de scores:

– les échelles de contenu,

– les centiles,

– les scores standard,

– les échelles de développement,

– les rapports et les quotients.

Une échelle varie selon les postulats sous-jacents à chaque niveau de mesure. Ainsi, les centiles sont des rangs; les scores standard sont basés sur une unité standard «Z» et constituent une échelle à intervalles égaux; le calcul des quotients n'est possible qu'à partir de l'échelle des proportions.

19.3.1 Les échelles de contenu

Les échelles de contenu permettent de comparer le rendement d'un répondant à un standard défini par le contenu du test; on compare donc un rendement individuel à un rendement idéal. Ce type d'échelle ne s'applique qu'à des tests de rendement maximal. Par exemple:

$$\frac{\text{Nombre d'items réussis}}{\text{Nombre total d'items}} \times 100\,.$$

Les scores dérivés de cette façon sont très dépendants des propriétés des items du test. Un score de 85% sera interprété différemment selon que les items du test sont faciles ou difficiles. De plus, il est possible, pour deux répondants, d'obtenir le même score en répondant correctement à des items comportant un degré de difficulté variable. Par exemple, si A et B obtiennent tous deux 70%, il se peut que A ait réussi les items faciles et que B en ait réussi des difficiles et des faciles.

Ebel (1977) suggère que l'on compare le rendement d'un répondant avec un standard défini par le contenu. Toutefois, les échelles de contenu posent certains problèmes: ainsi, la validité doit être assurée par un échantillonnage adéquat basé sur une définition précise du domaine mesuré, et l'interprétation des scores doit être fonction du contenu mesuré et des items résolus par le répondant.

L'un des **avantages** des échelles de contenu est qu'elles permettent d'interpréter les scores calculés en fonction du rendement. Ces scores indiquent le degré d'habileté que possède présentement un répondant, plutôt que sa position relative dans un groupe. Quant aux **désavantages**, mentionnons la difficulté de préciser le contenu et la nature des tâches complexes. De plus, il est difficile d'affirmer qu'un répondant maîtrise un niveau de difficulté donné, puisqu'il a probablement réussi des items faciles et des items difficiles. Enfin, l'interprétation d'un score est toujours approximative, car la notion de difficulté se rapporte davantage à un groupe qu'à un individu.

19.3.2   Les centiles

Un centile exprime le rang d'un score ; il indique donc la proportion ou le pourcentage de sujets dans le groupe normatif qui présentent un score en deçà de ce rang. Par exemple, un répondant qui obtient le centile 80 signifie que 80 % des individus dans le groupe normatif affichent un score plus faible que le sien.

Le calcul des centiles

À partir des données du tableau 19.1, voici la procédure à suivre pour calculer les centiles.

– **Étape 1.** Préparer la distribution de fréquences des résultats (scores bruts) et les transcrire dans la première colonne.
– **Étape 2.** Inscrire les fréquences (f) de chaque score.
– **Étape 3.** Dresser la colonne des fréquences cumulées (fc) en additionnant le nombre de répondants (f) qui ont obtenu moins que le score donné. Par exemple, la fréquence cumulée du score 21 est obtenue en additionnant le nombre de personnes qui ont obtenu les scores 17, 18, 19, 20, soit $1 + 0 + 3 + 5 = 9$.

TABLEAU 19.1
Transformation des scores bruts en centiles ($N = 177$)

Scores bruts	f	fc	$fcpm$	$pcpm$	Centiles
33	0	177	177,0	1,000	100
32	4	173	175,0	0,989	99
31	7	166	169,5	0,958	96
30	17	149	157,5	0,890	89
29	22	127	138,0	0,780	78
28	18	109	118,0	0,667	67
27	28	81	95,0	0,537	54
26	15	66	73,5	0,415	42
25	22	44	55,0	0,311	31
24	14	30	37,0	0,209	21
23	8	22	26,0	0,147	15
22	6	16	19,0	0,107	11
21	7	9	12,5	0,071	7
20	5	4	6,5	0,037	4
19	3	1	2,5	0,014	1
18	0	1	1,0	0,006	1
17	1	0	0,5	0,003	1

- **Étape 4.** Le centile étant la proportion de répondants qui obtiennent moins qu'un score donné et les scores étant discrets, il faut donc corriger pour discontinuité et déterminer la fréquence cumulée au point milieu ($fcpm$) de l'intervalle, du score ou de la classe en ajoutant la moitié du nombre de cette étendue à la fréquence cumulée. Par exemple, pour le score 17, $f = 1$ et $fc = 0$. On obtient donc $fcpm = 0 + 0,5f = 0,5$.

- **Étape 5.** On divise $fcpm$ par N, soit 177, ou on multiplie par $1/N$, pour obtenir les proportions cumulées au point milieu ($pcpm$), que l'on multiplie par 100. Les résultats arrondis sont les centiles cherchés. Par exemple, pour le score 29, $f = 22$, $fc = 127$ et $fcpm = 138$ (soit $127 + 11$). On divise 138 par 177, ce qui donne 0,780 (la $pcpm$), que l'on multiplie par 100. On obtient ainsi le centile 78, ou C_{78}.

Une autre méthode pour le calcul des centiles consiste à calculer les fréquences cumulées de toutes les classes (scores), puis de prendre la fréquence cumulée de la classe inférieure à celle qui nous intéresse, puis d'y ajouter la moitié des fréquences de cette classe inférieure, soit : $fc_i + (f_i/2)$. Par exemple, pour la classe 28, la classe inférieure présente 81 fréquences cumulées, auxquelles on ajoute la moitié des fréquences de la classe 27, soit 14, pour une $fcpm$ de 95, soit $81 + (28/2)$.

Les résultats sont les mêmes (tableau 19.2), mais une différence existe dans la conception des fréquences cumulées. Dans ce cas-ci, c'est la limite supérieure de la classe qui est considérée.

TABLEAU 19.2
Transformation des scores bruts en centiles selon la méthode de la classe inférieure

Scores bruts	f	fc	$fcpm$
33	0	177	177,0
32	4	177	175,0
31	7	173	169,5
30	17	166	157,5
29	22	149	138,0
28	18	127	118,0
27	28	109	95,0
26	15	81	73,5
25	22	66	55,0
24	14	44	37,0
23	8	30	26,0
22	6	22	19,0
21	7	16	12,5
20	5	9	6,5
19	3	4	2,5
18	0	1	1,0
17	1	1	0,5

Le point centile est un point sur l'échelle des scores qui correspond à une division donnée de la proportion des cas. Ainsi, le point correspondant au centile 80 est le score brut qui sépare les 20 % supérieurs des 80 % inférieurs. Supposons :

Scores bruts	*pcpm*
30	0,890
29	0,780

Par interpolation, on obtient

$$\text{Point centile}_{80} = 29 + \frac{0,800 - 0,780}{0,890 - 0,780} = 29 + \frac{0,02}{0,11} = 29 + 0,18 = 29,18 \, .$$

La figure 19.1 permet de visualiser cette situation.

Le principal avantage des centiles est qu'ils sont faciles à comprendre et à communiquer. Par contre, ils comportent deux inconvénients majeurs :

1. Les centiles étant des rangs (échelle ordinale), ils ne garantissent pas des unités égales. En conséquence, on ne peut ni les additionner, ni les soustraire, ni les multiplier, ni les diviser.

FIGURE 19.1
Méthode graphique de représentation des centiles

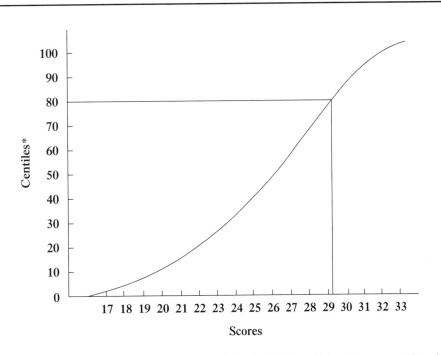

* Les centiles divisent les scores en 100 parties ; on obtient les déciles en divisant les scores en 10 parties.

2. Les centiles présentent une distribution rectangulaire, tandis que les scores sont généralement distribués normalement. Il en résulte que les unités des deux échelles ne sont pas directement comparables. En fait, de petites différences en scores bruts au centre de la distribution correspondent à de grandes différences en centiles, et, inversement, de grandes différences en scores bruts aux extrémités de la distribution produisent de petites différences en centiles.

Il est donc facile de mal interpréter les centiles du fait que de grandes différences en centiles au centre de la distribution ont tendance à être surconsidérées.

19.3.3   Les scores standard

Les scores standard sont des déviations de scores bruts de la moyenne, exprimées en unités de déviation standard :

$$Z = \frac{X - \overline{X}}{S}$$

$$ZS = X - \overline{X}$$

$$\overline{Z} = 0 \quad \text{et } S_z = 1 \, .$$

L'échelle à intervalles égaux s'applique à ces scores dont les propriétés principales sont les suivantes :

– La valeur absolue indique la distance du score par rapport à la moyenne.

– Un signe positif signifie qu'un score est au-dessus de la moyenne alors qu'un signe négatif signifie qu'un score est au-dessous de la moyenne.

– Du fait que les scores sont exprimés sur une échelle à intervalles égaux, ils peuvent être manipulés mathématiquement.

– La transformation est linéaire et la forme de la distribution est la même : si la distribution des scores bruts est asymétrique, la distribution des scores Z l'est aussi; par contre, si la distribution est normale, le score Z prend des valeurs situées généralement entre -3 et $+3$.

Le score T est un score dérivé que l'on obtient de la façon suivante :

$$T = A + BZ,$$

$$A = 50 \text{ (moyenne)},$$

$$B = 10 \text{ (écart type)}.$$

Parmi les désavantages que présente ce type de scores, il faut noter que la distribution n'est pas nécessairement normale. Et lorsqu'elle l'est, on a une échelle à intervalles égaux qu'il est permis de transformer directement en rangs centiles. En fait, si la courbe est normale, il y a une relation étroite entre les scores standard et les surfaces.

FIGURE 19.2
Relations entre divers systèmes de scores dérivés

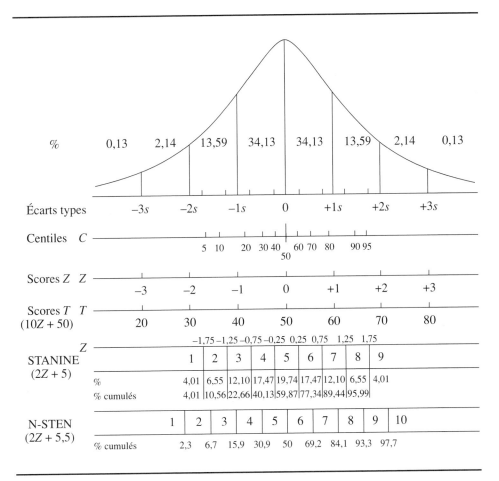

Les étapes à suivre pour procéder à une **transformation de surface** sont les suivantes :

1° trouver les proportions cumulées au point milieu ;

2° trouver les scores Z dans une table ;

3° transformer en une autre échelle (par exemple, $T = 50 + 10Z$).

Cette procédure force les scores à présenter une distribution normale. On postule alors que les scores de la caractéristique mesurée sont distribués normalement. Les scores T sont définis par rapport à un groupe normatif. Les STANINE (*standard nine*) prennent des valeurs discrètes s'échelonnant de 1 à 9 et présentent une moyenne de 5 de même qu'un écart type de 2. Le lecteur est prié de consulter le tableau des scores dérivés ; on y note, entre autres, que les STANINE ont un intervalle d'un demi-écart type. Avec ces scores, on sacrifie la précision pour la simplicité de communication et de présentation.

Les principaux avantages des scores standard sont les suivants :
- ils constituent une échelle à intervalles égaux ;
- leur manipulation mathématique est aisée ;
- ils offrent la possibilité de comparer des scores de tests différents s'ils proviennent du même groupe normatif.

Voici quelques exemples de scores standard provenant de tests connus :
- Stanford-Binet : $\overline{X} = 100$, $S = 16$;
- Wechsler Scales : $\overline{X} = 100$, $S = 15$;
- Army General Classification Test : $\overline{X} = 100$, $S = 20$;
- Wechsler (sous-tests) : $\overline{X} = 10$, $S = 3$;
- College Board Scholar Aptitude : $\overline{X} = 500$, $S = 100$;
- Graduate Record Examination : $\overline{X} = 500$, $S = 100$;
- California Entrance Examination Board : $\overline{X} = 500$, $S = 100$.

La figure 19.2 (p. 375) présente les relations entre les différents systèmes de scores dérivés.

19.3.4   Les échelles de développement

Il existe deux types d'échelles de développement : l'un est fonction de l'âge et l'autre est fonction du niveau de scolarité. Ces échelles, qui reposent sur le principe selon lequel certaines habiletés et caractéristiques se développent de façon systématique, sont utilisées pour comparer le rendement d'un sujet avec le rendement moyen d'autres sujets ayant atteint divers niveaux de développement.

Les échelles de développement selon l'âge

Pour construire une échelle en fonction de l'âge, Binet a mesuré le développement mental en comparant le rendement d'un enfant avec celui d'enfants d'âges différents. Il a donc sélectionné des tâches intellectuelles, les items, qui permettraient de discriminer des enfants de divers âges.

Ainsi, à l'item 9×9, seuls quelques enfants âgés de 7 ans pouvaient répondre correctement. Par contre, la majorité des enfants âgés de 8 ans parvenaient à résoudre ce problème. Binet en a donc conclu que cet item convenait à des enfants âgés d'au moins 8 ans. C'est ainsi qu'en rassemblant des items pour chaque âge, Binet a pu concevoir son échelle de développement mental.

Le score obtenu au test de Binet est appelé « âge mental ». Ce score est représentatif de l'âge de l'échantillon normatif. Par exemple, si un enfant peut répondre correctement aux items conçus pour des enfants âgés de 10 ans mais non aux items conçus pour ceux de 11 ans, il obtiendra le score 10, qui est son âge mental. Il est important de mentionner un postulat fondamental rattaché aux échelles de développement selon l'âge : le degré de présence de l'habileté ou de la caractéristique mesurée augmente systématiquement avec l'âge.

Si la caractéristique n'augmente pas systématiquement avec l'âge, les échelles d'âges ne sont pas pertinentes. Si le taux de changement varie d'année en année, les inégalités de grandeur d'unités compliquent alors l'interprétation. En général, le développement mental se stabilise à l'adolescence.

Les résultats obtenus aux échelles de développement sont évidemment tributaires de nombreux facteurs tels que l'éducation, le milieu socio-économique, l'influence culturelle, la stabilité émotive, etc. Ces échelles semblent donc convenir à de jeunes enfants vivant dans un milieu « typique ».

Les échelles de développement selon le niveau de scolarité

À l'aide de ces échelles, on compare le rendement d'un individu avec celui de l'étudiant moyen à divers niveaux scolaires. Ainsi, le résultat 4-6 en mathématiques signifie que le rendement du répondant est comparable à celui de l'étudiant moyen ayant atteint un niveau de scolarité de 4 années et 6 mois. Le niveau est complété par le mois car il s'agit d'une mesure continue. Comme pour les échelles de développement selon l'âge, il faut que la caractéristique mesurée varie systématiquement avec le niveau de scolarité.

On recommande souvent d'utiliser les centiles à l'intérieur des niveaux. Cette approche permet de comparer le score d'un répondant avec celui de l'étudiant moyen de chaque niveau et avec celui des autres étudiants du même niveau. Les étudiants qui accusent un retard ou une avance doivent être éliminés du groupe normatif.

Le tableau 19.3 présente les principaux avantages et inconvénients des échelles de développement. Rappelons, en terminant, qu'il faut les utiliser uniquement lorsque les avantages priment sur les inconvénients.

TABLEAU 19.3
Principaux avantages
et inconvénients
des échelles
de développement

Avantages	Inconvénients
– Les résultats sont faciles à interpréter. – Les échelles de développement permettent de comparer directement le rendement d'un répondant avec celui d'autres étudiants. – Elles constituent une base significative pour établir des comparaisons intra-individuelles et pour étudier le développement dans le temps.	– Les échelles de développement ne sont pertinentes que lorsque la caractéristique mesurée augmente systématiquement avec l'âge (leur utilisation se limite surtout aux enfants). – Leur pertinence est limitée par divers facteurs individuels. – Elles engendrent souvent des inégalités dans la grandeur des intervalles pour les divers âges. – Elles comportent un risque d'extrapolation d'un niveau scolaire à l'autre.

19.3.5   Les rapports et les quotients

Le meilleur exemple du rapport entre deux scores différents est la mesure du quotient intellectuel (QI), qui est obtenue en comparant l'âge mental à l'âge chronologique. Les spécialistes ont démontré que l'âge mental pris isolément ne donne pas un indice suffisamment précis du développement mental. Ainsi, un âge mental de 10 ans aura une signification différente s'il concerne un enfant de 8 ans plutôt qu'un enfant de 10 ans. Aussi Binet a-t-il défini le QI comme étant un indice du niveau de développement intellectuel et l'a-t-il interprété par le rapport entre l'âge mental d'un enfant et son âge chronologique à l'aide de la formule suivante :

$$ QI = \frac{\text{Âge mental}}{\text{Âge chronologique}} \times 100 \, . $$

Donc, si le développement intellectuel est moyen, l'âge mental sera égal à l'âge chronologique, et le QI égalera 100. Par contre, si le développement intellectuel est plus rapide que la moyenne, le QI sera supérieur à 100, alors que si le développement est plus lent que la moyenne, le QI sera inférieur à 100. C'est ce rapport qu'on appelle un quotient.

Cependant, en raison des problèmes associés à des écarts types non équivalents et du fait que le développement intellectuel n'a pas une relation linéaire avec l'âge, le rapport du quotient n'est plus utilisé et ne présente plus qu'un intérêt historique.

À la place du rapport de quotient on utilise des scores standard basés sur des échantillons représentatifs de la population pour chaque niveau. Ces scores, appelés QI déviés, présentent une moyenne de 100 et un écart type égal à 15 pour les échelles de Wechsler, et égal à 16 pour le test Stanford-Binet, et ce pour chaque catégorie d'âge.

Le quotient de rendement

Pour la mesure du rendement, on se sert de rapports qui indiquent le niveau de développement scolaire. Ces rapports utilisent une mesure du rendement au numérateur et l'âge chronologique au dénominateur, et permettent de comparer le rendement d'un sujet avec le rendement attendu, estimé à partir de l'âge, du niveau de scolarité, etc.

Du fait que le numérateur présente un score de niveau, le quotient va comporter tous les défauts de ce type de scores. Tous les quotients qui comparent des scores de rendement à des scores d'intelligence présentent des lacunes puisque le rapport de deux scores non précis est encore moins précis que n'importe lequel des deux, et parce que le postulat selon lequel le rendement est déterminé uniquement par l'habileté intellectuelle est peu crédible.

Ces quotients devraient être interprétés avec une extrême prudence ou même simplement ignorés.

19.4   LES MÉTHODES DE PRÉSENTATION DES NORMES

Il existe trois principales méthodes pour présenter les normes, soit les tableaux de conversion, les profils et les tableaux de scores attendus.

19.4.1   Les tableaux de conversion

Cette technique est la plus simple et la plus populaire. Les tableaux de conversion sont souvent appelés tableaux de normes. Un tableau de conversion est tout simplement un barème contenant les scores bruts et les scores dérivés équivalents (centiles, scores standard, etc.) pour un groupe normatif particulier.

Ce tableau permet de convertir un score brut en un score dérivé ou vice versa; voilà pourquoi on l'appelle «tableau de conversion». Les données essentielles de ce tableau consistent en une série de résultats bruts, la série des scores dérivés correspondants et une description du groupe normatif (tableau 19.4).

**TABLEAU 19.4
Tableau de conversion**

Facteurs	Scores-items									
	1	2	3	4	5	6	7	8	9	10
A	0	1-2	3-4	5-6	7-8	9-11	12-13	14-16	17	18-20
B	0-2	3	4	5	6	7	8	9	10	11-12
C	0-7	8-10	11-12	13-14	15-16	17-18	19-21	22-23	24	25-26
E	0-4	5	6-7	8	9-10	11-12	13-14	15-16	17-18	19-26
F	0-3	4-5	6-8	9-10	11-12	13-14	15-17	18	19-21	22-26
G	0-7	8-9	10	11-12	13-14	15-16	17	18	19	20
H	0-3	4-6	7-8	9-11	12-15	16-18	19-20	21-23	24-25	26
I	0-3	4-5	6	7-8	9	10-11	12	13-14	15	16-20
L	0-1	2-3	4	5-6	7	8-9	10	11-12	13-14	15-20
M	0-2	3-4	5	6-8	9	10-11	12-13	14-15	16-18	19-26
N	0-4	5-6	7	8-9	10	11	12-13	14	15	16-20
O	0-2	3-4	5-6	7-8	9-10	11-12	13-15	16-17	18-19	20-26
Q_1	0-4	5	6-7	8	9	10-11	12	13-14	15	16-20
Q_2	0-4	5	6-7	8	9-10	11	12-13	14	15	16-20
Q_3	0-6	7	8-9	10	11-12	13	14-15	16	17-18	19-20
Q_4	0-2	3-4	5-6	7-8	9-11	12-13	14-15	16-17	18-19	20-26

Instructions : Les valeurs apparaissant dans le corps du tableau constituent les scores bruts et ont été obtenues à l'aide de grilles de correction. Pour convertir ces scores bruts en scores-items, il s'agit de repérer le score brut pour le facteur A sur la ligne A et de lire juste au-dessus le score-item correspondant. Ce tableau s'applique pour la forme B du test pour une population générale (hommes et femmes) et il a été établi pour des répondants âgés de 35 ans ($N = 787$).

TABLEAU 19.5
**Autre forme d'un
tableau de conversion***

Scores bruts	Centiles	Scores T	CEEB
10	99	80	800
9	97	67	670
8	85	60	600
7	70	58	580
6	58	52	520
5	49	45	450
4	43	39	390
3	35	31	310
2	19	27	270
1	8	25	250
0	1	21	210

*   Les données sont fictives.

Il existe d'autres façons de présenter des normes, comme le montre le tableau 19.5. On suppose que les normes fictives de ce tableau ont été établies pour un échantillon d'une taille définie composé de répondants qui possédaient une caractéristique précise. Si un étudiant obtenait le score brut 6, son centile serait 58, son score T, 52, et son score CEEB, 520. On pourrait interpréter son score en disant que, compte tenu de son groupe normatif, il se place à 2 ou 20 points au-dessus de la moyenne et que son score est supérieur à 58 % du groupe.

Trois points importants sont à retenir :

1. Le point capital de cette interprétation est que le répondant est comparé à un groupe normatif particulier. Pour comparer son rendement avec celui d'autres groupes, il faudrait d'autres tableaux de normes.

2. Les tableaux 19.4 et 19.5 fournissent certains types de scores dérivés ; toutefois, selon les buts poursuivis, un tableau de conversion peut présenter d'autres types de scores.

3. S'il n'y a pas de preuve de la validité des scores par rapport à certains critères particuliers, les données présentées dans le tableau de normes indiquent uniquement la position ou le rang d'un répondant dans le groupe, et rien de plus. On ne peut parler de prédiction s'il n'y a pas d'études de validité prédictive ; par contre, s'il y a évidence de validité, les normes sont un excellent moyen de rendre l'interprétation des scores plus significative.

Les tableaux de conversion plus complexes

Des tableaux de conversion plus complexes que les précédents existent pour divers sous-tests. Il y a cependant une condition à leur utilisation : tous les scores des sous-tests doivent être basés sur le même groupe normatif. Ce genre de tableau de normes permet de comparer directement le rendement d'un répondant à divers sous-tests ou à divers tests d'une batterie (tableau 19.6).

Il est aussi possible d'indiquer, dans ce type de tableau, le rendement de plusieurs groupes normatifs à un même test (tableau 19.7, p. 382). Ce tableau représente les centiles équivalant aux scores obtenus à un test de français donné à des étudiants de quatre facultés d'une même université. De plus, il indique les scores dérivés pour plusieurs groupes, permettant ainsi à un utilisateur éventuel de comparer aisément les scores d'un répondant à ceux de plusieurs groupes de référence. Il est aussi possible de comparer les groupes entre eux en observant les scores dérivés correspondant à quelques scores bruts, et ainsi de noter quel groupe semble être le

TABLEAU 19.6
Tableau de normes pour divers sous-tests d'une batterie

Scores bruts	Mathématiques	Français	Géographie	Histoire	Total
25		99			
24		94			
23	99*	86			
22	96	78			99
21	85	71			96
20	83	65		99	87
19	80	59		95	82
18	78	56		89	76
17	73	52		81	70
16	69	47		73	65
15	65	44	99	64	59
14	61	39	97	56	54
13	57	31	88	50	49
12	54	27	79	47	46
11	52	25	73	40	42
10	43	21	64	35	38
9	39	19	57	29	33
8	32	16	52	26	28
7	25	12			
6	19	9			
5	10	7			
4	6	4			
3	3	2			
2	2	1			
1	1				

* Centiles.

plus fort. Par exemple, la faculté D semble être le groupe de comparaison le plus fort étant donné que n'importe quel score brut correspond à un centile plus faible dans ce groupe par rapport aux autres groupes. Par contre, le groupe B est le plus faible car les centiles sont toujours les plus élevés pour n'importe quel score brut.

On peut interpréter ces normes de la façon suivante : si l'on suppose que A est la faculté des sciences de l'éducation, que B est celle des sciences, que C est celle d'agronomie et que D est celle des lettres, un score brut de 12 correspondra aux centiles 50 en éducation, 68 en sciences, 55 en agronomie et 45 en lettres. Ce résultat est un reflet de ce qu'il semble réaliste de croire concernant les différences en français pour les étudiants de ces quatre facultés.

Considérés sous cet angle, les tableaux de normes sont utiles à plusieurs points de vue. Entre autres, ils indiquent les caractéristiques des étudiants de divers groupes normatifs. Bien entendu, les résultats doivent être obtenus dans des conditions équivalentes pour chaque groupe.

TABLEAU 19.7
Tableau de normes à un test de rendement en français pour quatre facultés universitaires

Scores	Facultés			
	A	B	C	D
20			99	
19			98	99
18	99		94	94
17	95	99	87	88
16	89	97	81	79
15	78	90	75	70
14	71	82	66	61
13	64	76	60	52
12	50	68	55	45
11	41	60	51	36
10	32	52	49	27
9	24	45	43	19
8	16	38	37	12
7	11	30	29	6
6	7	17	21	2
5	3	9	15	1
4	1	5	8	
3		2	6	
2		1	2	
1			1	
	$N = 451$	$N = 375$	$N = 212$	$N = 360$

19.4.2   Les profils

Le profil est une façon graphique de présenter des résultats à une série de tests ou de sous-tests. Il est utile lorsque l'on veut considérer plusieurs scores en même temps. Cette méthode permet de présenter en une seule image les résultats obtenus à divers tests.

Fondamentalement, on peut dire que le profil est un graphique où sont inscrits les scores selon une même échelle. L'échelle de mesure doit être la même pour tous les scores ; en fait, on utilise des normes provenant d'un même groupe. Le score d'un répondant à chaque test est indiqué à un endroit particulier du graphique. Le profil indique la configuration des scores d'un répondant à divers tests, soit la position relative de ses divers scores. Il y a plusieurs règles à suivre pour l'interprétation d'un profil, dont les suivantes :

— Le groupe normatif doit être le même pour chaque test inclus dans le profil.
— Les scores doivent être inscrits selon une même échelle (par exemple, les centiles).
— On doit introduire dans le profil un indice (marge d'erreur) basé sur l'erreur de mesure. Par exemple, avec le Differential Aptitude Test (DAT), on a construit le profil de telle sorte qu'un intervalle d'une certaine longueur, mesurable entre deux scores sur le profil, représente une différence significative. Ainsi, on peut dire rapidement quelles paires de résultats sont significativement différentes. Une autre approche consiste à construire des intervalles de scores indiqués dans le rapport psychométrique.

19.4.3   Les tableaux de scores attendus

Les tableaux de conversion et les profils présentent des données normatives, mais ils sont peu utiles dans le cas des tests prédictifs où un score élevé au prédicteur correspond généralement à un score élevé au critère.

Pour faciliter l'interprétation des scores, il faut une méthode de présentation des scores qui fasse ressortir directement les relations entre les scores au test et ceux aux critères pour le groupe normatif. Les tableaux de scores attendus remplissent cette fonction. Fondamentalement, un tel tableau montre le pourcentage de répondants ayant un score prédicteur donné (ou un intervalle) et qui obtiennent divers scores-critères.

Le tableau 19.8 (p. 384) en est un exemple. Il montre, à partir d'un score donné, les chances sur 100 qu'a un répondant d'obtenir telle ou telle moyenne trimestrielle. Supposons que l'on considère les résultats à un cours de statistiques obtenus par un groupe d'étudiants en sciences humaines, ainsi que la moyenne cumulée de ces étudiants à la fin du trimestre (cette moyenne peut prendre n'importe quelle valeur située entre 0 et 5).

Ce tableau permet de faire des prédictions sur les chances d'un répondant de se situer au-dessus et au-dessous d'une moyenne cumulée. Ainsi, on peut dire que

Résultats	Moyennes cumulées (en %)		
	≥ 4	≥ 3	< 3
90	94*	99	1
80-89	62	90	10
70-79	45	78	22
60-69	29	65	35
50-59	18	50	50
40-49	7	41	59
30-39	3	28	72

*   Ces pourcentages ont été arrondis.

45 % des répondants qui ont obtenu un score de 70 au cours de statistiques auront une moyenne cumulée au moins égale à 4, et que 78 % d'entre eux présenteront une moyenne d'au moins 3. De la même façon, ce tableau indique que seulement 3 % des répondants qui ont obtenu 30 au cours de statistiques afficheront une moyenne au moins égale à 4, et ainsi de suite. L'information que l'on peut tirer de ce tableau est certes plus riche que si l'on compare un individu à son groupe normatif afin de déterminer son centile. Ce tableau présente aussi l'avantage d'éviter d'avoir à calculer des scores dérivés tout en donnant une signification aux scores bruts.

Les tableaux de scores attendus peuvent être complexifiés, c'est-à-dire qu'on peut les construire en plusieurs dimensions. La prédiction des moyennes cumulées pourrait se faire à partir des scores obtenus par les étudiants au cours de statistiques (comme dans l'exemple précédent) concurremment avec les scores obtenus par ces mêmes étudiants à un cours de mesure et évaluation (tableau 19.9).

Cours de statistiques	Cours de mesure et évaluation				
	A ≥ 4 ≥ 3 < 3	B ≥ 4 ≥ 3 < 3	C ≥ 4 ≥ 3 < 3	D ≥ 4 ≥ 3 < 3	E ≥ 4 ≥ 3 < 3
90	92-99-1	75-88-12	70-85-15	35-71-10	12-45-20
80-89					
70-79					
60-69					
50-59					
40-49					
30-39	8-25-60	10-21-60	30-41-44	25-23-51	3-7-86

Par exemple, 75 % des répondants qui ont obtenu 90 au cours de statistiques et B au cours de mesure et évaluation ont une moyenne cumulée au moins égale à 4, tandis que 88 % d'entre eux affichent une moyenne au moins égale à 3. Les tableaux de scores attendus permettent de prédire directement, sans avoir à transformer préalablement les scores bruts. Ces tableaux sont relativement faciles à construire ; il suffit de respecter les étapes suivantes :

— former des catégories de scores prédicteurs et de scores-critères ;
— déterminer les fréquences de scores de chaque combinaison de catégories ;
— convertir ces fréquences en proportions ou en pourcentages (on utilise parfois la technique des équations de régression).

Exemple illustrant la méthode de construction d'un tableau de scores attendus

1. Supposons des scores prédicteurs à une échelle d'attitude face aux mathématiques, et des scores-critères à un examen de mesure et évaluation (tableau 19.10).

2. Il s'agit tout d'abord de former des catégories (intervalles) avec ces deux sortes de scores. Le nombre de catégories doit être assez grand pour permettre des estimations suffisamment stables. Dans cet exemple, divisons les scores-critères en trois catégories : de 75 à 100 (très bien), de 50 à 74 (bien), et moins de 50 (échec). Divisons maintenant les scores prédicteurs en cinq catégories : 2-3, 4-5, 6-7, 8-9, 10. On doit s'assurer qu'il y aura un assez grand nombre de cas dans chaque cellule. L'exemple étant fictif, supposons que l'échantillon compte 200 répondants.

3. Pour chaque catégorie de scores prédicteurs, on calcule la fréquence d'appartenance.

TABLEAU 19.10
Distribution
des pourcentages
de chaque combinaison
de scores

Scores prédicteurs	Scores-critères			
	Très bien	Bien	Échec	Σ
10	20	4	0	24
8-9	15	16	6	37
6-7	30	14	11	55
4-5	13	19	12	44
2-3	5	17	18	40
Σ	83	70	47	200

4. Il ne reste qu'à calculer les proportions ou les pourcentages correspondant à chaque combinaison de scores prédicteurs et de scores-critères. Ainsi, pour la

catégorie 2-3, 5 répondants sur 40 ou 12,5% recevront la mention «très bien», 17 sur 40 ou 42,5%, la mention «bien» et 18 sur 40 ou 45%, la mention «échec» (tableau 19.11).

5. Enfin, il s'agit de construire la forme finale du tableau de scores attendus avec les pourcentages appropriés à chaque combinaison rangée-colonne.

TABLEAU 19.11
Tableau des pourcentages de chances d'obtenir la cote «très bien», «bien» ou «échec» selon le score obtenu à une échelle d'attitude

Score à une échelle d'attitude face aux mathématiques	Cote reçue en mesure et évaluation		
	Très bien	Bien	Échec
10	83*	17	0
8-9	41	43	16
6-7	54	26	20
4-5	30	43	27
2-3	13	42	45

* Ces pourcentages sont arrondis.

L'**avantage** principal des tableaux de scores attendus vient du fait qu'ils combinent des données normatives et des informations provenant de l'étude de la validité, ce qui permet d'interpréter directement les scores en tant que prédicteurs plutôt que comme rangs dans un groupe. Cet avantage est considérable car, généralement, les répondants sont plus intéressés à connaître d'avance leurs chances d'obtenir tel ou tel score pour un cours ou un programme d'études donné, plutôt qu'à connaître leur rang dans le groupe pour un test donné.

Ces tableaux comportent aussi des **inconvénients**. Pour compléter le tableau, il faut catégoriser les variables prédictrices et les variables-critères qui sont, la plupart du temps, des variables continues; il en résulte une perte de précision ou, à tout le moins, une perte d'information. De plus, à moins que l'échantillon soit vraiment de grande taille, certaines cellules contiendront très peu de cas et constitueront ainsi des estimations instables. Il faut aussi noter que presque toute classification ou catégorisation de variables est arbitraire et peut déformer la signification des résultats. Ainsi, dans l'exemple précédent, la cote «très bien» a été choisie parce qu'une dichotomie «bien»/«échec» est peu précise; toutefois, il peut être difficile d'expliquer le sens réel de la cote «très bien». Finalement, il serait très compliqué de présenter plus de deux prédicteurs dans un même tableau.

On ne peut passer sous silence le fait que les tableaux de scores attendus posent aussi un dilemme qui tracasse les spécialistes de la mesure et évaluation, à savoir comment appliquer des données de groupe à un individu. Les données de chaque cellule d'un tableau illustrent la probabilité d'occurrence d'un certain rendement au critère en fonction de certains scores prédicteurs. Ces données sont issues du rendement d'un groupe de répondants et sont directement interprétables lorsqu'il s'agit de groupes. Par exemple, si, pour une certaine combinaison de scores, la probabilité d'obtenir du succès dans le domaine de la vente est égale à 0,70, un employeur peut s'attendre à ce que 70 % des candidats présentant cette combinaison particulière de scores réussissent s'il les engage. Cela est vrai si le critère de succès ne change pas.

À partir du moment où on essaie d'interpréter ce score pour un individu en particulier, les problèmes commencent. Les chances de succès sont de 0,70 pour le groupe mais, pour un individu, les scores possibles sont «succès» ou «échec» (1 ou 0). On ne peut dire qu'un individu a 70 % de chances de succès. Lorsqu'on interprète des données de tableaux de scores attendus pour un individu, il ne faut pas oublier que les prédictions sont des moyennes de groupe et que ces données ne fournissent qu'une estimation du succès d'un groupe de répondants ayant obtenu des scores prédicteurs semblables. C'est l'un des problèmes que pose la technique de la régression.

19.4.4   Quatre problèmes reliés aux scores

Portons maintenant notre attention sur quelques problèmes particuliers reliés aux scores normatifs et à la transformation des scores en diverses échelles.

Les sources d'erreur liée aux scores normatifs

On sait déjà que n'importe quel test contient de l'erreur de mesure ; le problème est de savoir jusqu'à quel point l'erreur peut affecter les interprétations faites à partir de données normatives. Dans cette optique, considérons trois sources d'erreur : l'erreur découlant du manque de fidélité, l'erreur engendrée par l'absence de validité et l'erreur causée par une généralisation non pertinente.

Le manque de fidélité. Étant donné que les tests ne sont jamais parfaitement fidèles, les scores devraient être traités comme des intervalles ou des étendues plutôt que comme des points précis. Les scores sont en fait la meilleure estimation que nous avons des scores vrais. Ainsi, dire qu'un certain score est équivalent au STANINE 6 ne signifie pas que 6 soit le score exact du répondant, mais plutôt qu'il constitue la meilleure estimation de son score dérivé.

Le manque de validité. Lorsqu'il n'y a pas d'indice concernant ce que le test mesure, on peut être porté à faire une prédiction à partir des scores. Pourtant, une donnée normative n'indique rien de plus que le rang relatif qu'un répondant occupe dans son groupe. À partir du moment où un test a un titre et permet d'obtenir des scores, la tentation est très forte d'interpréter les données normatives comme s'il y avait preuve de validité. Prenons par exemple un test d'aptitude aux mathématiques : il est très facile de tomber dans le piège et d'interpréter les scores du test comme s'ils permettaient de prédire le succès en mathématiques. De même, pour un test mesurant le degré d'anxiété, il est tentant de dire qu'un sujet qui obtient un score élevé au test est une personne très anxieuse. L'erreur la plus commune est de donner une qualité aux scores d'un test à partir de son titre, sans se préoccuper s'il y a eu ou non une étude de validité. Il faut garder présent à l'esprit que des données normatives ne sont pas suffisantes pour interpréter correctement des résultats à un test : il faut aussi des informations concernant la validité.

La généralisation. Il arrive souvent que les normes disponibles ne présentent pas exactement les mêmes caractéristiques que possèdent les répondants dont on a à interpréter les scores. L'étendue de la différence entre ces répondants et les groupes normatifs résulte alors en une erreur plus ou moins grande de fausse généralisation si on interprète quand même leurs scores à partir de ces normes. Une façon d'éviter ce problème consiste, pour plusieurs écoles ou groupes d'écoles, à produire des normes locales pour leur propre utilité lorsque c'est possible. Bien entendu, on ne peut estimer en qualité l'erreur de généralisation, ce qui la rend encore plus dangereuse.

La relation entre la validité et les données normatives

On ne peut interpréter un test correctement si on ne possède pas d'informations concernant sa validité. Comme on l'a vu précédemment, seuls les tableaux de scores attendus et de scores de contenu présentent des liens directs entre les scores bruts et un critère. Il vaudrait mieux qu'il en soit ainsi pour tous les types de scores, c'est-à-dire que tous permettent de traduire directement des scores bruts en catégories de critères ou en scores-critères. Ainsi, au lieu d'avoir un tableau qui permet de transformer des scores bruts en centiles, en STANINE ou en items, ce tableau devrait permettre d'interpréter directement les scores bruts en scores prédits ou attendus, qui seraient des normes-critères.

L'équivalence des scores provenant de divers tests

On est souvent confronté à ce type de problème. Supposons qu'un étudiant décide, à sa sortie du cégep, de s'inscrire à l'université ; il choisit deux universités différentes. À l'université A, on lui demande de passer un test d'aptitude X aux études universitaires. Il soumet les résultats de ce test aux deux universités mais, à l'université B, on lui demande ses résultats à un autre test, soit le test d'aptitude Y aux études universitaires.

On peut se demander pourquoi les résultats au test X ne sont pas équivalents à ceux du test Y, puisque les deux sont des tests d'aptitude aux études universitaires, et pourquoi l'un ne peut-il remplacer l'autre. On peut aussi se demander si les spécialistes de l'université B peuvent déterminer la signification des scores au test X en fonction des scores au test Y. Le problème ainsi posé est celui de l'équivalence des scores provenant de deux tests différents ; on peut résoudre ce problème en plaçant les scores sur une même échelle.

Un des premiers points à considérer est celui de l'équivalence ou simplement de la comparabilité des deux tests. Les scores à deux tests sont dits comparables s'ils représentent la même chose dans une population donnée ; autrement dit, les scores sont comparables s'ils sont basés sur le même groupe normatif. Par ailleurs, pour être considérés comme équivalents, les items aux tests doivent mesurer le même contenu (domaine), c'est-à-dire que l'on doit pouvoir utiliser indifféremment l'un ou l'autre contenu.

Les scores de gain

Nous avons déjà discuté de ce type de scores, des problèmes qu'ils soulèvent et des solutions à envisager dans le chapitre 8. Nous suggérons au lecteur de s'y référer.

MOTS CLÉS

- Centile
- Échelle de contenu
- Échelle de développement
- Généralisation
- Groupe normatif
- Normes
- Quotient

- Rapport
- Scores attendus
- Scores CEEB
- Scores standard (Z)
- Scores T
- Tableau de conversion

L'interprétation du test et la rédaction d'un rapport d'évaluation psychométrique

OBJECTIFS

Interpréter correctement, en fonction de la source de données et du type de décision, les résultats aux tests et faire l'évaluation selon le contexte. Rédiger un rapport psychométrique selon les règles.

Après la collecte et la correction des données, il faut procéder à l'interprétation du test et à la rédaction d'un rapport.

20.1 L'INTERPRÉTATION

L'interprétation d'un test peut être faite de deux façons, soir par la méthode directe et par la méthode en aveugle. Dans la méthode directe, la personne qui rencontre le sujet ou le client est celle qui interprète les résultats obtenus de diverses sources, tandis que dans la méthode en aveugle le spécialiste n'a pas de contact avec le sujet ou le client. Il interprète seulement des données qui sont en général numériques. La méthode en aveugle est souvent utilisée par Eysenck.

Selon Goldman (1971), l'interprétation comprend deux sources de données, soit le test et les autres types de données, et deux méthodes d'analyse, soit l'analyse statistique ou actuarielle et l'analyse clinique. Par ailleurs, il y a quatre types d'interprétation des tests, soit l'interprétation descriptive, historique, prédictive et évaluative. La combinaison de ces trois dimensions (les sources de données, les méthodes d'analyse et les types d'interprétation) crée 16 cellules possibles lorsqu'on les représente dans un modèle.

20.1.1 Les sources de données

La première source de données consiste dans le test, un instrument de mesure construit par des experts en évaluation. On doit faire passer le test dans des conditions prescrites et le corriger selon une façon préétablie.

L'autre source de données comprend tous les renseignements provenant des entrevues, des intérêts manifestés, des difficultés familiales exprimées, et ainsi de suite.

20.1.2   Les méthodes d'analyse

L'analyse statistique ou actuarielle indique une probabilité à partir de différents prédicteurs, comme la table actuarielle, afin d'interpréter les résultats du test. Ce type d'analyse utilise des formules et des équations développées empiriquement.

En ce qui concerne l'analyse clinique, le psychométricien travaille avec les résultats et les renseignements obtenus. Cette analyse visant à faire une prédiction s'avère plus subjective, plus vague, voire plus intuitive que l'analyse statistique ou actuarielle.

20.1.3   Les types d'interprétation

L'interprétation descriptive informe sur la personne et sur son fonctionnement actuel. On se concentre donc sur le présent en décrivant les résultats du sujet en fonction de points forts et de points faibles. Par exemple, on pourra dire au sujet : «En comparant vos résultats à ceux des autres, on s'aperçoit que les domaines dans lesquels vous êtes le plus fort sont X et Y.»

L'interprétation historique utilise les résultats du test en les comparant au passé de l'individu afin d'expliquer son développement jusqu'à maintenant. À partir du score obtenu dans un test, on infère ce qui a pu arriver dans la vie de l'individu. Il y a donc des corrélations entre certains comportements passés et les scores actuels au test.

Comme son nom l'indique, l'interprétation prédictive prédit les chances de succès ou un comportement dans un domaine donné d'après les résultats des tests. Ainsi, on pourra dire au sujet : «Il semble que vos chances de succès dans cette activité soient très bonnes.»

Enfin, l'interprétation évaluative amène à porter un jugement sur ce qu'a fait ressortir un autre type d'interprétation et qui influence la décision du sujet. Elle combine l'interprétation descriptive avec l'interprétation prédictive. Par exemple, on dira au sujet : «Il semble que ce domaine soit difficile pour vous. Vous devrez travailler fort et avoir la motivation pour y réussir.» Ce dernier type d'interprétation n'est pas associé avec un type de validité, car il conduit à faire des recommandations, donc à se prononcer davantage sur ce que le client devrait faire ou ne devrait pas faire. L'interprétation évaluative se base surtout sur le jugement et l'expérience du professionnel de même que sur sa connaissance du client. Les autres types d'interprétation demeurent sur le plan des probabilités.

Les possibilités de combinaisons des trois dimensions sont nombreuses. En voici quelques exemples : interprétation descriptive/méthode statistique/test ; interprétation descriptive/méthode clinique/test ; interprétation prédictive/méthode statistique/test ; interprétation évaluative/méthode clinique/autres types de données.

Pour réussir l'interprétation des résultats d'un ou de plusieurs tests, il est important de bien connaître le type d'interprétation qu'on adopte.

20.2   LE RAPPORT PSYCHOMÉTRIQUE

Après l'interprétation des données obtenues à partir de différentes sources, l'étape finale du processus d'évaluation est la rédaction du rapport psychométrique. Ce rapport n'est pas un simple relevé des résultats des tests qui ont été passés; c'est un composé cohérent de toutes les données relatives à l'évaluation du client. Cette information pourra servir à ce dernier pour la résolution de problèmes ou la prise de décisions.

Le rapport qu'on présentera sera axé sur un cas et une situation, c'est-à-dire sur les problèmes ou les questions spécifiques que la personne évaluée a soulevés.

Les principes de base du rapport psychométrique sont les suivants :

1. Le rapport doit être rédigé dans une perspective concrète plutôt qu'abstraite, c'est-à-dire qu'il doit relier les résultats du client à des comportements spécifiques.

2. Le rapport doit éviter de faire des commentaires sur ce qui est moyen ou «normal» chez le client pour mettre l'accent sur ce qui concerne spécifiquement celui-ci dans son environnement particulier.

3. Le rapport doit être rédigé en fonction des besoins et des caractéristiques des personnes auxquelles il est destiné.

Les styles littéraire, clinique et scientifique constituent le cadre de la description (Tallent, 1993). Le style littéraire utilise un langage courant, il est créatif et quelque peu dramatique. Cette forme est souvent imprécise et tend à recourir à l'exagération. Le style clinique met l'accent sur les dimensions pathologiques d'une personne. Une telle approche débouche souvent sur une description du «patient» plutôt que de la personne évaluée. Le style scientifique, quant à lui, se réfère à des théories, des concepts ou des données. Même si cette approche est objective et s'appuie sur des faits, elle est souvent perçue comme étant froide et distante. Il ne s'agit pas de privilégier un style en particulier, mais d'être assez flexible pour combiner ces trois styles.

Ownby (1991) parle d'un style professionnel, qui est caractérisé par des expressions courtes, qui sont d'usage courant et qui ont des significations précises. Les paragraphes doivent être condensés et porter sur un seul sujet. Le produit final devrait être un rapport clair et précis, intéressant à lire et qui intègre toute l'information nécessaire.

Les rapports peuvent être orientés vers une hypothèse, un domaine ou une analyse des résultats. L'orientation vers une hypothèse vise à répondre à des questions spécifiques posées par la personne évaluée ou par celle qui l'a adressée. Ce rapport évite donc tout ce qui ne concerne pas ces questions. Dans l'orientation vers un domaine, on discute du client selon des thèmes spécifiques tels que ses habiletés cognitives, sa personnalité ou ses relations interpersonnelles. Dans ce contexte, l'évaluation est efficace lorsqu'on explore des domaines spécifiques ayant un lien avec l'objectif de départ. Cette approche, qui est facile à comprendre, permet au lecteur de connaître la personne dans son ensemble. Enfin, dans l'analyse des résultats de tests, on présente les données de chacun des tests. Le compte rendu présente les paramètres qu'a utilisés le psychologue pour faire ses inférences. Cependant, cette orientation contribue à entretenir la croyance selon laquelle le professionnel est davantage un technicien qui fait passer des tests qu'un intervenant qui utilise diverses sources d'information pour aider les gens à résoudre des problèmes ou à répondre à certaines questions.

Dans un rapport, il est souhaitable d'inclure toute information qui sert à mieux comprendre le client. Les éléments qui seront inclus dans le rapport sont déterminés par les besoins relatifs à la situation d'évaluation, les antécédents du sujet, le but de l'évaluation, l'utilisation qui sera faite de l'information et l'importance de présenter une information décrivant les caractéristiques de la personne. Il est préférable de préciser quelle information a été obtenue des tests et de l'organiser. Cela permet au psychologue de retenir les données significatives dans l'ensemble des résultats obtenus et de systématiser ses conclusions et ses recommandations durant la rédaction du rapport.

Voici une règle importante à respecter: l'information mentionnée doit faire ressortir le fonctionnement unique du client; il faut éviter de recourir à des énoncés généraux tels que ceux-ci: «Vous avez tendance à être critique envers vous-même»; «À l'occasion, il vous arrive de vous demander si vous avez pris la bonne décision ou si vous avez fait la bonne chose».

Il est recommandé de ne pas inclure les résultats des tests dans la section relative à l'interprétation, à moins qu'ils permettent de décrire ou d'illustrer des comportements spécifiques. Lorsqu'on indique des résultats, ce ne doit pas être dans le but d'aider le lecteur à découvrir à partir de quelles données on fait des déductions ou tire des conclusions. De toute façon, l'examinateur utilise souvent une grande variété de données.

Les rapports sont considérés comme plus efficaces lorsque les renseignements sont fournis dans un langage clair. Ils doivent être compréhensibles pour toute personne possédant une intelligence moyenne. Il est suggéré de combiner toute conclusion ou généralisation avec des comportements spécifiques ou des observations. Le fait de relier des généralisations à des descriptions concrètes de comportements rend un rapport plus crédible et convaincant. Ces descriptions feront moins l'objet de mauvaises interprétations, elles seront moins ambiguës et préciseront davantage la personnalité du client. Ainsi, au lieu d'écrire «Le client est empathique», il est préférable d'écrire «Le client peut comprendre les sentiments des autres et sympathiser avec eux, puisqu'il trouve relativement facile de se mettre à leur place». De même, la phrase «Le client est hostile et résistant» peut être remplacée par une autre phrase décrivant son comportement: «Lorsque le client s'est présenté à l'entrevue, il a mentionné que c'était à cause de son père qu'il était là, et lors de la passation du test, il a fait quelques commentaires tels que "C'est une question stupide". »

Groth-Marnat (1990) propose d'insister sur l'information relative au but de l'évaluation. La responsabilité des conclusions présentées dans un rapport relève du spécialiste. Cette responsabilité ne peut être confiée aux tests seulement. Lorsqu'on sait que certaines épreuves ont une validité discutable, on comprend que les décisions prises par une personne ne peuvent reposer uniquement sur les résultats aux tests. Des phrases telles que «Les résultats aux tests indiquent que…» peuvent donner l'impression que le psychométricien ne prend pas ses responsabilités de professionnel. Lorsqu'on présente des conclusions, il est essentiel qu'elles indiquent un certain degré de certitude. Si les résultats obtenus sont peu significatifs par rapport au but de l'évaluation, il est préférable de le préciser par des expressions comme «il apparaît que…», «cela tend à montrer que…» ou «probablement». Il peut alors être utile pour l'examinateur d'indiquer que ses prédictions ne peuvent être obtenues directement des tests, mais qu'elles représentent des déductions qui se dégagent des résultats aux tests. Le psychométricien doit aussi veiller à ne pas trop insister sur certains résultats, sinon cela peut le conduire à des conclusions inexactes en raison de certains biais personnels qui l'ont amené à percevoir les résultats de façon sélective. Il faut estimer quelle quantité de renseignements un lecteur est capable d'assimiler. Si l'on présente trop de détails, l'information peut devenir vague et perdre son utilité.

Plusieurs auteurs proposent d'organiser le contenu d'un rapport psychométrique suivant un schéma (Sattler, 1992; Wolber et Carne, 1993). Indépendamment des catégories de clients évalués, ce rapport se développe selon les huit points suivants :

1° les données personnelles (nom et prénom, date de naissance, adresse, date de l'évaluation);

2° mandat (raison de l'évaluation);

3° méthodes et instruments d'évaluation (entrevue, tests, étude de dossiers);

4° présentation du sujet (statut social, relations familiales, scolarité, histoire du développement, situation actuelle, éléments les plus significatifs de la vie du client, portrait clinique);

5° observations et conditions de passation (comportements et attitudes lors de l'entrevue, coopération, motivation, motricité, empathie);

6° résultats, impressions sur le plan clinique et interprétations (inférences basées sur des variables significatives des tests et sur les observations compte tenu de l'objectif de l'évaluation; discussion sur les résultats par thèmes);

7° impression quant au diagnostic (appartenance à une catégorie psychologique ou clinique);

8° résumé et recommandations (conseils reliés au but de l'évaluation).

Afin de vérifier la qualité d'un rapport d'évaluation psychométrique, Tallent (1993) propose une série de questions qui peuvent faciliter cette démarche, dont les suivantes :

- – Est-ce que le rapport respecte les normes relatives à l'éthique et indique que le professionnel prend ses responsabilités face au client ?

- – Est-ce que les interprétations qui sont présentées ont été faites d'une façon responsable ?

- – Est-ce que les concepts trop abstraits ou trop théoriques ont été écartés ?

- – Est-ce que le rapport est organisé de façon efficace et logique ?

- – Est-ce que le rapport se contredit ?

Le manuel de Wolber et Carne (1993) donne plusieurs explications quant à l'aspect clinique et présente des recommandations spécifiques.

20.3 LE RAPPORT INFORMATISÉ

L'informatique offre beaucoup d'avantages en psychométrie. Elle permet surtout d'uniformiser les méthodes de passation, de correction et d'interprétation d'un test. Presque toutes les nouvelles mesures en psychologie sont dotées d'un logiciel grâce auquel on peut obtenir, quelques minutes après l'examen, un profil numérique ainsi qu'une interprétation qualitative. La mise au point des techniques informatiques permet d'élaborer plusieurs applications, mais celles-ci restent encore à la surface des problèmes. Les résultats positifs de l'informatique, de même que ses insuffisances et ses lacunes, ont permis à cette technologie de jouer un rôle stimulant en mettant au jour un nombre considérable de problèmes théoriques et pratiques.

D'un autre côté, les entreprises concevant des applications dites informatisées poussent comme des champignons après la pluie et sèment la confusion dans l'esprit des psychologues peu au fait de ces techniques. En effet, dès que les applications psychométriques sont apparues et jusqu'à tout récemment, l'informatique était synonyme de précision. La situation a cependant changé, et les applications informatisées conduisent quelquefois à des réalisations hâtives non contrôlables dont les visées commerciales sautent aux yeux. N'oublions pas que, même en disposant du meilleur programme, un test dont la standardisation, la fidélité et la validité sont incertaines demeure un instrument non recommandable. Ainsi, le logiciel permet seulement de réorganiser l'activité professionnelle pour la rendre plus efficace et d'obtenir davantage des échelles supplémentaires difficilement calculables. Outre l'évaluation et l'interprétation, l'ordinateur offre la possibilité de faire passer les tests à l'écran. Finalement, certains logiciels permettent de produire un rapport psychométrique qui intégrera les interprétations informatisées ainsi que les commentaires du psychologue.

Selon Graham (1993), l'interprétation informatisée ne remplacera jamais le clinicien expérimenté qui, grâce à son jugement, est capable d'intégrer d'autres données psychométriques, une histoire de cas et des observations, pour en arriver à un résultat final nettement supérieur à celui de l'ordinateur.

MOTS CLÉS

- Interprétation actuarielle
- Interprétation clinique
- Interprétation descriptive
- Interprétation évaluative
- Interprétation historique
- Interprétation prédictive
- Rapport informatisé
- Rapport psychométrique

CONCLUSION

Considérations déontologiques

Le processus d'évaluation permet de faire une appréciation des forces, des faiblesses, des particularités et des comportements de l'individu, tout en tenant compte du fait que cet outil est complexe et imparfait. Il s'agit en effet d'un processus partiellement subjectif, où nous prenons des mesures d'après nos connaissances, nos sentiments, nos observations, notre système de valeurs et notre expérience.

Par le recours aux tests standardisés, qui soumettent les individus aux mêmes séries de tâches ou de questions, on cherche à appliquer une méthode objective d'évaluation, dans des conditions prescrites, avec un système de correction normalisé, valide et fidèle. L'utilité des résultats fournis par un test objectif dépend directement de la somme de renseignements qu'il nous apporte en plus de ce que nous pouvons obtenir par l'entrevue ou l'observation.

L'accès aux tests psychologiques est contrôlé de façon à garantir que le matériel sera utilisé par une personne qualifiée. Dans le choix d'un test, une évaluation des caractéristiques techniques est essentielle. La passation et la correction doivent assurer un contrôle attentif des conditions. Conséquemment, l'interprétation nécessite une connaissance approfondie du test, du client et des conditions de l'épreuve. En empêchant la diffusion du contenu, ce qui invaliderait le résultat, le psychologue ne doit pas bloquer la communication efficace de l'information relative à un test auprès du client ou d'autres professionnels. Il doit dissiper le mystère entourant le test, familiariser le client avec lui afin d'atténuer son anxiété et révéler les caractéristiques du test.

La qualification des professionnels varie selon les types de tests, les épreuves de personnalité et d'intelligence exigeant plus de connaissances. Les caractéristiques des examinateurs bien formés sont les suivantes :

— Ils choisissent les tests qui conviennent à la fois au but visé et aux personnes qui sont évaluées.

— Ils connaissent la documentation portant sur le test choisi et les derniers développements qui le concernent.

— Ils sont capables d'évaluer les qualités techniques du test.

— Ils sont sensibles aux conditions de passation qui peuvent influencer le rendement au test.

— Ils font des conclusions ou des recommandations seulement après avoir considéré les résultats en relation avec les caractéristiques de la personne évaluée.

Les responsabilités des éditeurs de tests concernent la distribution et le marketing. L'achat de tests est limité aux personnes possédant la qualification requise pour assurer la sécurité du matériel et empêcher une mauvaise utilisation de celui-ci. Les tests ne doivent pas être offerts prématurément pour un usage général. Si un test est distribué rapidement mais dans un but de recherche seulement, il faut que cette condition soit mentionnée. Les caractéristiques techniques d'un test doivent être clairement présentées. Il ne faut pas utiliser de termes trop publicitaires qui mettent en valeur le test en taisant les renseignements essentiels à son évaluation. La passation de tests par la poste est à proscrire, parce qu'on ne peut pas contrôler les conditions de passation et qu'on n'a aucune connaissance de la personne évaluée.

Les précautions à prendre face à la protection de la vie privée sont liées aux devoirs et aux obligations envers le client. Par conséquent, toute recherche sur le comportement présente nécessairement une possibilité d'intrusion dans la vie privée, d'où l'importance de bien spécifier le but dans lequel on fait passer un test et l'utilisation qui sera faite des résultats, et de préciser que l'anonymat est préservé lorsque les tests sont employés en recherche.

Un usage acceptable et raisonnable des tests oblige le professionnel à éliminer les obstacles qui empêcheraient les individus de bien performer et rendraient la passation inéquitable. Ce serait le cas si on faisait passer un test de vitesse qui exigerait du sujet qu'il inscrive ses réponses sur une feuille où les espaces sont très limités, alors qu'il a un déficit sur le plan moteur (inéquité). En conséquence, les tests ne doivent pas fournir des avantages indus à certaines personnes.

Les tests sont parfois utilisés à des fins pour lesquelles ils ont très peu de validité, comme, au moment de la sélection, faire appel à des tests qui n'ont aucune relation avec le rendement dans un emploi pour évaluer les candidats. Une utilisation non valide d'un test peut causer du tort aux individus. Les tests peuvent aussi être utilisés à des fins qui sont fondamentalement inacceptables. Ainsi, au début du XXe siècle, des chercheurs ont recouru à des tests d'intelligence pour «prouver» leurs théories portant sur la supériorité d'une race.

Un usage adéquat des tests concerne autant le constructeur du test que l'utilisateur et le client. Si les tests sont perçus comme causant du tort aux gens, ils pourront occasionner des poursuites judiciaires. Les constructeurs de tests ne peuvent se laver les mains une fois que le test est publié et ignorer les buts du test. Certains d'entre eux, en effet, réfléchissent aux buts probables des tests seulement lorsque ceux-ci sont mis en marché et consacrent beaucoup d'efforts à minimiser les objectifs potentiellement inacceptables de ces tests.

La valeur des tests peut être fortement contestée lorsqu'ils conduisent à des interprétations qui sont hostiles à certains groupes, lorsqu'ils constituent la seule base de décision ou lorsque les conséquences reliées au fait d'obtenir de faibles résultats sont importantes. Pour réduire les critiques à l'égard des tests, il faut utiliser une procédure d'évaluation.

À partir de l'échantillon d'un comportement évalué par un test, on généralise le comportement qui se manifestera dans des situations autres que celle du test, d'où l'importance de respecter les directives pour la passation d'un test. Toutes les influences spécifiques à la situation du test entrent dans la variance d'erreur et diminuent la validité du test. L'accueil du client constitue la première étape dans le contact en vue d'un diagnostic. Le psychologue doit l'aider à se décontracter en évitant de recourir à un vocabulaire stressant ou d'adopter un ton ou des manières susceptibles d'être perçus comme étant sarcastiques. Lors de l'établissement du contact, il faut veiller à respecter l'uniformité des conditions de passation, car cela s'avère essentiel à l'utilisation des normes. Les techniques pour établir le contact varient selon le type de test et l'âge des personnes évaluées.

Les principaux facteurs à considérer sont regroupés en fonction de la catégorie de clients évalués. Les enfants d'âge préscolaire et du début du primaire peuvent manifester de la timidité ou de la distraction face à un étranger. Dans cette situation, on présente le test comme un jeu pour maintenir l'intérêt de l'enfant. Les élèves plus âgés sont souvent motivés par l'esprit de compétition et le désir de bien performer. Certains peuvent cependant présenter divers problèmes, comme une faible motivation. Il faut alors tenir compte du fait qu'ils sont différents des personnes qui composent l'échantillon de standardisation. Les personnes évaluées en institution qui ont des problèmes de motivation peuvent manifester de l'insécurité, de la peur, une indifférence teintée de cynisme ou de l'hostilité face à des tâches qui ressemblent à des tâches scolaires. Avec les adultes, on peut mettre en valeur l'objectif des tests et tenter de les convaincre qu'ils ont tout avantage à obtenir un score valide. Mais dans tous les cas, il est important de rassurer les sujets. Il faut éviter de les dérouter car cela peut provoquer de l'anxiété. Il faut les informer de ce qui va se passer. Cette attitude permet de réduire les distorsions. Dans la révision actuelle, les Standards for Educational and Psychological Testing (American Educational Research Association et autres, 1992) fournissent des normes d'utilisation des tests qui énoncent les principes relatifs à l'utilisation des tests dans diverses applications. Le code de déontologie des psychologues (Éditeur officiel du Québec, 1993) se réfère aussi à cette source. Dans la section V, intitulée Interprétation du matériel pédagogique, on trouve les quatre règles suivantes :

74. Le psychologue doit interpréter le matériel psychologique avec prudence.

75. Le psychologue ne peut remettre à autrui, sauf à un autre psychologue, les données brutes et non interprétées inhérentes à une consultation psychologique.

76. Dans tout rapport psychologique, écrit ou verbal, le psychologue doit s'en tenir à son interprétation du matériel psychologique relié à la consultation, à ses conclusions et à ses recommandations.

77. Le psychologue doit éviter toute possibilité de fausse interprétation ou d'emploi erroné des informations qu'il fournit à autrui.

Dans l'exercice de la profession, le professionnel doit tenir compte des principes scientifiques généralement reconnus en psychologie.

En ce qui concerne l'interprétation des tests, il faut tenir compte des huit principes qui suivent:

1. Les tests peuvent faciliter et améliorer la prise de décisions en fournissant une information objective, mais, en aucun cas, ils ne peuvent prédire l'avenir.

2. Les tests favorisent la culture au sein de laquelle ils ont été mis au point. Les différences et les désavantages d'ordre culturel peuvent influencer grandement les résultats et doivent être pris en considération lors de l'interprétation.

3. Plus le client ressemble à tous égards au groupe normatif, plus les comparaisons sont valables. Et inversement, moins le client ressemble à tous égards au groupe normatif, moins les comparaisons sont valables. Dans ce dernier cas, s'il s'agit seulement d'avoir un aperçu de la position relative du client, la comparaison peut être valable et utile.

4. Dans un test de rendement, lorsque le client diffère du groupe normatif sur le plan de la culture, il est inacceptable d'interpréter de telles comparaisons comme des indications de la capacité d'apprentissage.

5. Compte tenu du grand nombre de variables pouvant influencer négativement les résultats, il est essentiel de considérer et d'expliquer les scores comme un classement dans un intervalle et non comme des points précis.

6. Il y a une énorme différence entre les deux formulations suivantes:

   a) « Voilà ce qu'ont été vos résultats au test et comment vous vous comparez aux autres dans cette activité », ce qui représente tout ce que nous pouvons dire de valable, et

   b) « Voilà ce dont vous êtes capable; cela représente vos capacités », ce qui ne devrait jamais faire partie du vocabulaire d'interprétation d'un test.

7. Les scores aux tests ne sont pas une mesure directe du degré de réussite qu'un individu peut atteindre. Ils sont une mesure des réponses d'un individu à un ensemble de stimuli, à un moment donné et dans une situation particulière.

8. Il faut faire une nette distinction entre les éléments importants dans le rendement ou le profil à un test et les éléments nécessaires à un bon rendement aux études ou sur le marché du travail, par exemple.

Le tableau 1 contient les conclusions, formulées en 87 principes, sur l'utilisation compétente des tests, qui ont été proposées par Eyde et autres (1993).

TABLEAU 1 Utilisation compétente des tests	
	1. Accepter la responsabilité reliée à une utilisation compétente des tests.
	2. Avoir une bonne connaissance du code de déontologie.
	3. Faire des actions appropriées, justes, sans se soucier des pressions qui pourraient être exercées.
	4. Ne pas photocopier des documents protégés par les droits d'auteur.
	5. Connaître les standards légaux.

TABLEAU 1
**Utilisation compétente
des tests (suite)**

6. S'abstenir d'amener des individus ou des groupes à choisir certains items de tests, ce qui entraînerait une représentation faussée des habiletés et des compétences des personnes.

7. S'abstenir d'aider une personne favorisée à obtenir un bon score.

8. Fournir un entraînement approprié à tous les utilisateurs des tests (c'est-à-dire les examinateurs, le personnel des médias qui diffuse les résultats des tests, les chefs de services, les enseignants et les travailleurs sociaux aussi bien que les psychologues) et contrôler la qualité des opérations et des résultats des tests.

9. Résister aux pressions visant à attribuer des scores plus élevés que ce qu'il est possible de justifier afin que le système «paraisse bien».

10. Être vigilant envers les personnes qui passent les tests et dont la passivité ou l'agressivité démontrent une participation inadéquate.

11. Empêcher les personnes qui passent les tests de consulter ceux-ci avant la passation.

12. Conserver en lieu sûr les clefs de correction et le matériel des tests.

13. Ne pas modifier la procédure de passation prévue afin de l'adapter à des individus en particulier (c'est-à-dire lire les items du test à une personne, définir des termes spécifiques à l'intérieur d'un item ou encourager un individu à reconsidérer une réponse).

14. Évaluer les tests et détecter le matériel de promotion trompeur.

15. Veiller à ce que la passation des tests soit assurée par un personnel qualifié.

16. Choisir pour l'examen un endroit permettant l'optimisation du rendement du sujet (par exemple, un bureau).

17. Connaître le test et ses limites.

18. Prendre conscience que les scores à un test représentent seulement un point dans le temps. Ils sont sujets à changer avec l'expérience.

19. Fonder les décisions de promotion ou de rétrogradation, de catégorisation ou de classification sur une information plus vaste que les simples résultats au test.

20. Considérer les erreurs de mesure dans les résultats d'un test.

21. Reconnaître que le coefficient de fidélité s'applique à un moment donné et n'influence pas le rendement stable atteint par le sujet.

22. Être conscient de la nécessité d'avoir plusieurs sources de données convergentes.

23. Maîtriser l'habileté à établir une bonne histoire de cas pour l'intégrer aux résultats des tests.

24. Reconnaître que si certaines qualités peuvent être observées directement, les connaissances, les habiletés, les talents et les caractéristiques personnelles sont seulement inférés des résultats obtenus aux tests.

25. Comprendre les normes et leurs limites.

26. Reconnaître que le contenu du test est limité.

27. Reconnaître les répercussions de la validité d'un test.

28. Garder le contact avec son domaine d'activité et vérifier ses propres interprétations avec des confrères.

29. Appliquer les principes de la théorie des tests et les principes d'interprétation des épreuves.

→

TABLEAU 1
**Utilisation compétente
des tests (suite)**

30. Résister aux pressions du milieu visant à trop écourter la planification, le diagnostic et les processus d'interprétation.

31. Sélectionner une personne pour un emploi sur la base de ses aptitudes pour une occupation plutôt que sur les particularités de son profil.

32. Considérer l'erreur standard de mesure.

33. Prendre en considération des conditions éveillant des doutes sur la validité de l'information à propos d'une situation particulière.

34. Voir si la raison pour faire passer un test correspond au but dans lequel le test a été créé.

35. Reconnaître, dans un contexte clinique, le moment où l'état d'un patient a été mal diagnostiqué ou a changé et sélectionner des normes qui conviennent.

36. Considérer la compilation des scores basés sur la validité de données et sur le profil.

37. Dans une situation de formation, présenter clairement aux étudiants les preuves données par la recherche au sujet d'interprétations autres que celles contenues dans le manuel aussi bien que les limites que possède chaque interprétation.

38. Conserver des notes sur toutes les données du test pour un usage ultérieur, établir les tendances qui se dessinent et comprendre comment le test se comporte dans une situation locale.

39. Prévenir les examinateurs à propos des limites des normes, particulièrement dans les catégories équivalentes, pour la population d'étudiants qui diffère visiblement de l'échantillon normatif (par exemple, tenir compte de standards urbains artificiellement exagérés attribuables à une politique non discriminatoire en vue de l'égalité des chances, convertir en catégories équivalentes celles qui sont actuellement à peu près du même niveau de catégorie fonctionnelle de la plus grande partie des étudiants testés ou utiliser des moyennes de différentes écoles pour comparer le rendement sans égard aux différences dans la population d'étudiants et combiner les scores de plusieurs tests qui ont été passés).

40. S'abstenir de faire l'évaluation de tests inadéquats (par exemple faire une évaluation clinique à partir de tests non cliniques).

41. Comprendre les scores standard et les rangs centiles.

42. Comprendre la validité de construit.

43. Comprendre la relation entre validité et fidélité.

44. Comprendre l'erreur standard d'estimation et l'erreur standard de mesure.

45. Choisir un nombre suffisant de tests pour échantillonner les comportements, et ce afin d'en arriver à un objectif spécifique (comme l'évaluation neuropsychologique).

46. Interpréter correctement les résultats aux tests pour le groupe qui est examiné, et garder en mémoire les caractéristiques de ce groupe.

47. Éviter de faire une interprétation au-delà des limites du test.

48. S'abstenir d'utiliser la version de recherche d'un test qui n'a pas de normes pour un groupe qui ne parle pas français afin de prendre des décisions d'orientation pour ce groupe.

49. Faire comprendre que les scores absolus, qui sont imposés pour la sélection des surdoués en vue de placer ceux-ci dans des programmes spéciaux, sont discutables en ce sens que l'erreur standard de mesure n'est pas considérée.

→

TABLEAU 1
Utilisation compétente des tests (suite)

50. Interpréter les différences entre les scores selon le concept de l'erreur standard.

51. Se servir de l'information complémentaire aux normes publiées lorsqu'on interprète ces normes (par exemple, quand le score équivalent tend à exagérer le degré de fonctionnement).

52. Comprendre les données statistiques selon le modèle de l'évaluation.

53. Comprendre la signification des scores d'un test selon le modèle de l'évaluation.

54. En s'appuyant sur une information valide, prendre en considération les éléments d'un test qui peuvent défavoriser certains groupes.

55. Éviter les erreurs au cours de l'évaluation et de l'enregistrement.

56. Vérifier les scores avec précision.

57. Faire de fréquentes vérifications durant l'évaluation afin de découvrir les erreurs.

58. Suivre les instructions concernant l'évaluation.

59. Partir de l'idée qu'une norme pour un travail ne s'applique pas à un travail différent (et que les normes pour un groupe ne s'appliquent pas automatiquement à d'autres groupes).

60. Établir une relation avec les sujets pour faciliter la communication et une bonne compréhension en vue d'obtenir des résultats précis.

61. Veiller à ce que chaque sujet suive les indications pour que les résultats au test soient exacts.

62. S'abstenir d'employer des feuilles de réponses « maison », qui ne peuvent correspondre exactement aux grilles de correction.

63. Suivre avec précision les instructions du chronométrage, spécialement pour les tests de courte durée.

64. S'abstenir de présenter des exemples portant sur le sexe et la race en ajustant les normes correspondantes aux résultats des sous-exemples.

65. Donner de la façon prescrite les instructions standardisées.

66. Dans les réponses aux questions des sujets, s'abstenir de fournir plus de détails que ne le permet le manuel du test.

67. Choisir des tests appropriés à la fois à l'objectif de la mesure et aux personnes qui passent le test.

68. Choisir des tests qui sont le plus possible exempts de discrimination sociale par rapport à l'échantillon standardisé et à la population qui passe le test.

69. Détecter et écarter les normes non valides dans un programme informatique non autorisé d'évaluation pour un test standardisé qui comporte de nouvelles normes maison afin de contourner le problème des droits d'auteur.

70. Détecter et écarter les erreurs et les exagérations dans les versions françaises produites par des logiciels.

71. Accepter de donner des interprétations et de guider les personnes qui passent des tests dans des situations de conseil.

72. Démontrer la capacité de donner des interprétations et de guider les personnes qui passent des tests dans des situations de conseil.

73. Avoir un personnel suffisamment qualifié pour donner des conseils appropriés.

→

TABLEAU 1
Utilisation compétente
des tests (suite)

74. Accepter de coordonner des sessions de groupe visant à interpréter les tests.

75. Donner une interprétation des résultats des tests aux parents et aux professeurs au lieu de donner simplement des cotes qui peuvent étiqueter l'enfant sans tenir compte de ses forces et de son rendement scolaire actuels.

76. Dans le dossier scolaire, inscrire les descriptions qualitatives ainsi que les recommandations, et non les scores bruts obtenus dans les tests.

77. Poursuivre la recherche d'information concernant le client afin d'intégrer celle-ci aux résultats des tests. Une partie de cette information pourra servir à l'interprétation.

78. Se référer au test comme base de l'interprétation uniquement lorsqu'on a fait passer et corrigé celui-ci dans le respect des règles et lorsque l'interprétation a été bien validée.

79. Éviter de se référer à un test comme base d'interprétation, même quand il est utilisé par un bon clinicien, sans tenir compte de la validité de l'interprétation, mais s'y référer seulement dans un cycle de formation et de vérification d'une hypothèse pour une entrevue clinique et une étude de cas.

80. Utiliser un test dans un cycle d'élaboration et de vérification d'une hypothèse dans le respect d'une bonne validité de l'interprétation.

81. Ne pas croire que si une personne est en mesure de bien faire passer un test, elle est aussi capable d'interpréter les résultats.

82. Présenter les observations cliniques obtenues durant la passation du test seulement si elles sont supportées par des données et des connaissances adéquates.

83. Présenter ou rapporter des observations cliniques faites durant la passation seulement si l'utilisateur du test appuie ses observations sur des antécédents ou des connaissances adéquates.

84. Se préoccuper des différences individuelles entre les sujets plutôt que de présenter les scores obtenus dans le test à partir des descriptions du manuel ou des données informatiques.

85. Intégrer les données informatiques aux autres résultats plutôt que de présenter les données comme un rapport.

86. S'abstenir d'étiqueter les gens à l'aide de termes péjoratifs tels que «malhonnête» sur la seule base d'un score à un test dont la validité présente des lacunes.

87. S'abstenir de rapporter les scores aux examinateurs sans faire une interprétation adéquate.

Source: Eyde et autres (1993, p. 213-215); traduction des auteurs.

Les considérations déontologiques qui précèdent au sujet de l'utilisateur de tests et des résultats de tests nous amènent à tirer une conclusion. Tout au long de cet ouvrage, nous avons présenté les éléments — principes, concepts, méthodes, techniques et outils — qui constituent le bagage, pour ne pas dire l'arsenal, du psychométricien. Comme ce spécialiste intervient généralement lorsque des tests ont été, sont ou seront utilisés, nous avons orienté notre propos vers les tests et les résultats des tests. Toutefois, nous ne pouvons nous porter garants de l'usage que le psychométricien en fait.

En vertu de la déontologie, le spécialiste est le seul responsable de ses actes. À lui de prendre les dispositions pour se prévaloir de tous les moyens assurant un maximum de compétence dans l'exercice de ses fonctions. Ces fonctions l'amènent à appliquer des principes de mesure dans le choix d'une stratégie de *testing*, dans la sélection et l'utilisation d'instruments de mesure, dans l'interprétation des résultats obtenus et dans la formulation de recommandations en vue de la prise de décisions. C'est dans ce sens que nous avons intitulé cet ouvrage *La psychométrie : traité de mesure appliquée*. Nous espérons que celui-ci constituera un outil de formation et de consultation.

A N N E X E

Les éditeurs de tests

American Association of State Psychology Boards, P.O. Box 4389, 555 S. Perry Street, Montgomery, AL 36101, U.S.A.

American Association on Mental Deficiency, 5201 Connecticut Avenue, N.W., Washington, DC 20015, U.S.A.

American College Testing Program, P.O. Box 168, Iowa City, IA 52243, U.S.A.

American Guidance Service, Publishers' Building, Circle Pines, MN 55014, U.S.A.

American Orthopsychiatric Association, Inc., 49 Sheridan Avenue, Albany, NY 12210, U.S.A.

California Test Bureau (CTB), 20 Ryan Ranch Road, Monterey, CA 93940, U.S.A.

Consulting Psychologists Press, Inc., 3303 East Bayshore Road, Palo Alto, CA 94303, U.S.A.

C.P.S., Inc., P.O. Box 83, Larchmont, NY 10538, U.S.A.

DLM Teaching Resources, One DLM Park, P.O. Box 4000, Allen, TX 75002, U.S.A.

Editest, Place Van Meyel 25, 1040 Bruxelles, Belgique.

Éditions du Centre de Psychologie Appliquée, 25, rue de la Plaine, 75980 Paris, Cedex 20, France.

Educational and Industrial Testing Service (EdITS), P.O. BOX 7234, San Diego, CA 92107, U.S.A.

Educational Testing Service, Princeton, NJ 08541, U.S.A.

Educators Publishing Service, 75 Moulton Street, Cambridge, MA 02238-9101, U.S.A.

Établissements d'Applications Psychotechniques, 6 bis, rue André Chénier, 92130 Issy-les-Moulineaux, France.

Essex Corporation, Suite 227, 1040 Woodstock Road, Orlando, FL 32803, U.S.A.

General Educational Development Testing Service of the American Council on Education, One Dupont Circle, N.W., Washington, DC 20036, U.S.A.

Grune & Stratton, Inc., 6277 Sea Harbor Drive, Orlando, FL 32887, U.S.A.

Harvard University Press, 79 Garden Street, Cambridge, MA 02138, U.S.A.

Hawthorne Educational Services, Inc., 800 Gray Oak Drive, Columbia, MO 65201, U.S.A.

Hiskey, Marshal S., 5640 Baldwin, Lincoln, NE 68507, U.S.A.

Huber (Hans), Langgassstrasse 76, 3000 Berne 9, Suisse.

Human Sciences Press, Inc., 72 Fifth Avenue, New York, NY 10011, U.S.A.

Institut de recherches psychologiques, Inc., 34, rue Fleury Ouest, Montréal (Québec) H3L 1S9, Canada.

Institute of Personality and Ability Testing, Inc. (IPAT), P.O. Box 188, Champaign, IL 61820, U.S.A.

Jastak Associates, Inc., 1526 Gilpin Avenue, Wilmington, DE 19806, U.S.A.

Jossey-Bass, Inc., 615 Montgomery Street, San Francisco, CA 94111, U.S.A.

Law School Admission Council, Suite 150, 11 Dupont Circle, N.W., Washington, DC 20036, U.S.A.

Lewis (H. K.) & Co. Ltd., P.O. Box No. 66, 136 Gower Street, London, WC1E6BS, England.

Multi-Health Systems, Inc., 10 Parfield Drive, Willowdale, Ontario M2J 1B9, Canada.

National Computer Systems (NCS), P.O. Box 1416, Minneapolis, MN 55440, U.S.A.

Oxford University Press, 200 Madison Avenue, New York, NY 10016, U.S.A.

PRO-ED, 5341 Industrial Oaks Boulevard, Austin, TX 78735, U.S.A.

Psychological and Educational Publications, Inc., 1477 Rollins Road, Burlingame, CA 94010-2316, U.S.A.

Psychological Assessment Resources, Inc. (PAR), P.O. Box 998, Odessa, FL 33556, U.S.A.

The Psychological Corporation, 555 Academic Court, San Antonio, TX 78204, U.S.A.

Psychological Test Specialists, Box 9229, Missoula, MT 59807, U.S.A.

Psychometrics Canada Ltd., 7125-77 Avenue, Edmonton, Alberta T6B 0B5, Canada.

Reitan Neuropsychology Laboratories, 1338 East Edison Street, Tucson, AZ 85719, U.S.A.

Research Psychologists Press, Inc., Sigma Assessment Systems, Inc., 1110 Military Street, P.O. Box 610984, Port Huron, MI 48061-0984, U.S.A.

Riverside Publishing Co., 8420 Bryn Mawr Avenue, Chicago, IL 60631, U.S.A.

Rocky Mountain Behavioral Science Institute, Inc., P.O. Box 1066, Fort Collins, CO 80522, U.S.A.

Rosenzweig, Saul, 8029 Washington Avenue, St. Louis, MO 63114, U.S.A.

Scholastic Testing Service, Inc., 480 Meyer Road, P.O. Box 1056, Bensenville, IL 60106, U.S.A.

Science Research Associates, Inc., 155 North Wacker Drive, Chicago, IL 60606, U.S.A.

Sheridan Psychological Services, Inc., P.O. Box 6101, Orange, CA 92667, U.S.A.

SOI Institute, 343 Richmond Street, El Segundo, CA 90245, U.S.A.

Stanford University Press, Stanford, CA 94305, U.S.A.

Stoelting Co., 1350 South Kostner Avenue, Chicago, IL 60623, U.S.A.

Test Material Sales Office, Department of Psychology, University of Victoria, P.O. Box 3050, Victoria, British Columbia V8W 3P5, Canada.

Thomas (Charles C.), 301-327 East Lawrence Avenue, Springfield, IL 62717, U.S.A.

University of Illinois Press, Box 5081, Station A, Champaign, IL 61820, U.S.A.

University of Minnesota Press, 2037 University Avenue, S.E., Minneapolis, MN 55414, U.S.A.

U.S. Employment Service, Division of Program Planning and Operations, Employment and Training Administration, U.S. Department of Labor, 601 D Street, N.W., Washington, DC 20213, U.S.A.

U.S. Military Entrance Processing Command, Testing Directorate, 2500 Green Bay Road, North Chicago, IL 60064, U.S.A.

Vienna Test System, Hyrtlstrasse 45, A 2340 Moedling, Autriche.

Western Psychological Services, 12031 Wilshire Boulevard, Los Angeles, CA 90025, U.S.A.

Wonderlic (E.F.) & Associates, Inc., P.O. Box 8007, 820 Frontage Road, Northfield, IL 60093-8007, U.S.A.

BIBLIOGRAPHIE

ABRAMS, E.W. (1955). «Predictions of intelligence from certain Rorschach factors», *Journal of Clinical Psychology, 11*, 81-94.

AIKEN, L.R. (1996). *Personality Assessment. Methods and Practices* (2ᵉ éd.), Seattle – Toronto – Bern – Göttingen: Hogrefe & Huber Publishers.

AIKEN, L.R. (1987). *Assessment of Intellectual Functioning*, Newton (Mass.): Allyn & Bacon.

AIKEN, L.R. (1982). *Psychological Testing and Assessment* (4ᵉ éd.), Boston: Allyn & Bacon.

AIKEN, L.R. (1980). «Attitude measurement and research», dans D.A. Payne (sous la dir. de), *Recent Developments in Affective Measurement*, San Francisco: Jossey-Bass.

AIKMAN, K.G., BELTER, R.W. et FINCH, A.Y. (1992). «Human figure drawings: Validity in assessing intellectual level and academic achievement», *Journal of Clinical Psychology, 48*, 114-120.

AJURIAGUERRA, J. et HÉCAEN, H. (1964). *Le cortex cérébral* (2ᵉ éd.), Paris: Masson.

AKUTAGAWA, D.A. (1956). *A Study in Construct Validity of the Psychoanalytic Concept of Latent Anxiety and a Test of Projection Distance Hypothesis*, University of Pittsburgh. (Thèse de doctorat non publiée.)

ALLEN, M.J. et YEN, W.M. (1979). *Introduction to Measurement Theory*, Pacific Grove (Calif.): Brooks/ Cole Publ. Co.

AMERICAN EDUCATIONAL RESEARCH ASSOCIATION, AMERICAN PSYCHOLOGICAL ASSOCIATION et NATIONAL COUNCIL ON MEASUREMENT IN EDUCATION (1992). *Standards for Educational and Psychological Testing*, Washington (D.C.): American Psychological Association.

AMERICAN PSYCHIATRIC ASSOCIATION (1994). *Diagnostic and Statistical Manual of Mental Disorders* (4ᵉ éd.), Washington (D.C.): American Psychiatric Association.

AMERICAN PSYCHOLOGICAL ASSOCIATION (APA) (1981). «Ethical principles of psychologists», *American Psychologist, 36*, 633-638.

AMERICAN PSYCHOLOGICAL ASSOCIATION (APA) (1974). *Standards for Educational and Psychological Tests*, Washington (D.C.): American Psychological Association.

AMERICAN PSYCHOLOGICAL ASSOCIATION (APA) (1954). *Psychology and Its relations with Other Professions*, Washington (D.C.): American Psychological Association.

AMES, L.B., METRAUX, R.W. et WALKER, R.N. (1971). *Adolescent Rorschach Responses*, New York: Brunner/Mazel.

ANASTASI, A. (1994). *Introduction à la psychométrie*, Montréal: Guérin Universitaire.

ANASTASI, A. (1992). *Psychological Testing* (6ᵉ éd.). New York – London: Macmillan Publishing Company et Collier Macmillan Publishers.

ANASTASI, A. (1986). «Evolving concepts of test validation», *Annual Review of Psychology, 37*, 1- 15.

ANASTASI, A. (1984). «The K-ABC in historical and contemporary perspective, *Journal of Special Education, 18*, 357-366.

ANASTASI, A. (1972). «Review of the Goodenough-Harris drawing test», dans O.K. Buros (sous la dir. de), *The Seventh Mental Measurements Yearbook (vol. 1)*, Highland Park (N.J.): Gryphon Press.

ANDERSON, N. (1962). «Application of an attitude model to impression formation», *Science, 138*, 817-818.

ANDERSON, T.W. (1981). *An Introduction to Multivariate Statistical Analysis*, New York: Wiley.

ANDREWS, K., BROCKLEHURST, J.C., RICHARDS, B. et LAYCOOK, P.J. (1980). «The prognostic value of picture drawings by stroke patients», *Rheumatology and Rehabilitation, 19*, 180-188.

ARTHUR, G. (1959). *Échelle de performance de Grace Arthur, Forme II*, Paris : Les Éditions du Centre de psychologie appliquée.

ASSOCIATION AMÉRICAINE SUR LE RETARD MENTAL (1994). *Retard mental, définition, classification et systèmes de soutien* (9ᵉ éd.), Montréal : Edisem Maloine.

ASTIN, A.W. (1964). «Educational and psychological measurement», *Criterion – Centered Research, 24*, 807-822.

AUSTIN, J.T. (1994). «Minnesota Multiphasic Personality Inventory (MMPI-2). Special issue : The MMPI-2», *Measurement and Evaluation in Counseling and Development, 27*, 178-185.

BAEHR, M. (1987). «A review of employee evaluation procedures and a description of "high potential" executives and professionals», *Journal of Business and Psychology, 1*, 172-202.

BALTHAZAR, E.E. (1976). *Balthazar Scales of Adaptive Behavior*, Palo Alto (Calif.) : Consulting Psychologists Press.

BANDURA, A. (1992). «Exercise of personal agency through the self-efficacy mechanism», dans R. Schwarzer (sous la dir. de), «Self-efficacy : Thought control of action», Washington : Hemisphere, 3-38.

BARBADO, M. (1931). *Introduction à la psychologie expérimentale*, Paris : P. Lethielleux Libraire – Éditeur.

BARBEAU, G. et PINARD, A. (1951). *Épreuve individuelle d'intelligence générale*, Montréal : Institut de recherches psychologiques inc.

BARBIZET, J. et DUIZABO, P.H. (1985). *Abrégé de neuropsychologie* (3ᵉ éd.), Paris : Masson.

BARON, R.A. (1986). «Self-presentation in job interviews : When there can be "too much" of a good thing», *Journal of Applied Social Psychology, 16*, 16-28.

BARRETT, G.V. et DEPINET, R.L. (1991). «A reconsideration of testing for confidence rather than for intelligence», *American Psychologist, 46*, 1012-1024.

BAXTER, D.J., BARBAREE, H.E. et MARSHALL, W.L. (1986). «Sexual responses to consenting and forced sex in a large sample of rapists and nonrapists», *Behaviour Research & Therapy, 24*, 513-520.

BAYLES, K.A. (1990). «Language and Parkinson disease», *Alzheimer Disease and Associated Disorders, 4*, 171-180.

BECK, A.T. (1993). *Beck Depression Inventory*, San Antonio : The Psychological Corporation, Harcourt Brace and Company.

BECK, A.T. (1987). *Beck Depression Inventory. Manual*, New York : The Psychological Corporation.

BECK, A.T. (1967). *Depression : Clinical, Experimental, and Theoretical Aspects*, New York : Harper & Row.

BECK, A.T. et STEER, R.A. (1984). «Internal consistencies of the original and revised Beck Depression Inventory», *Journal of Clinical Psychology, 40*, 1365-1367.

BENDER, L. (1965). «On the proper use of Bender Gestalt Test», *Perceptual and Motor Skills, 20*, 189-190.

BENDER, L. (1938). *A Visual Motor Gestalt Test and Its Clinical Use*, American Orthopsychiatric Association Research Monograph, nº 3.

BENTON, A.L. (1982). *Test de rétention visuelle de Benton*, Paris : Les Éditions du Centre de psychologie appliquée.

BENTON, A.L. (1974). *Revised Visual Retention Test*, New York : The Psychological Corporation.

BEREITER, C. (1963). «Some persisting dilemmas in measurement of change», dans C.W. Harris (sous la dir. de), *Problems in Measuring Change*, Madison : University of Wisconsin Press.

BERNHEIMER, L.P. et KEOGH, B.K. (1988). «Stability of cognitive performance of children with developmental delays», *American Journal of Mental Retardation, 92*, 539-542.

BERNIER, J.-J. (1974). *Nonintellective and Intellective Predictors of Freshman Choice of Major Fields of Concentration*. Thèse de doctorat (Ph.D.), Université de l'Illinois.

BERNIER, J.-J., MORISSETTE, D. et VALIQUETTE, C. (1982). «Problèmes psychométriques, statistiques et psychologiques de la mesure du gain», *Monographie en mesure et évaluation*, Département de mesure et évaluation, Université Laval.

BINET, A. (1890a). «Perceptions d'enfants», *La Revue philosophique, 30*, 582-611.

BINET, A. (1890*b*). «Recherches sur les mouvements de quelques jeunes enfants», *La Revue philosophique*, *29*, 297-309.

BINET, A. et HENRI, V. (1896). «La psychologie individuelle», *L'Année psychologique*, *2*, 411-465.

BINET, A. et SIMON, T. (1921). *La mesure du développement de l'intelligence chez les jeunes enfants*, Paris: Armand Colin-Bourrelier.

BINET, A. et SIMON, T. (1905). «Méthodes nouvelles pour le diagnostic du niveau intellectuel des anormaux», *L'Année psychologique*, *11*, 191-244.

BLATT, S.J. (1990). «The Rorschach: A test of perception or an evaluation of representation», *Journal of Personality Assessment*, *55*, 394-416.

BLATT, S.J. (1975). «The validity of projecture techniques and their research and clinical contributions», *Journal of Personality Assessment*, *39*, 327-343.

BLOOM, B.S. (1980). «The new direction in educational research: Alterable variables», *New Directions for Testing and Measurement*, *5*, 17-30.

BOBERTAG, O. (1911). «Ueber intelligenzprüfungen nach der methode. Binet-Simon», *Zeitschrift für Angenwandte Psychologie*, *5*, 63-101.

BOEHME, M. (1973). *La détérioration mentale dans la démence sénile*, Neuchâtel: Delachaux et Niestlé.

BORELLI-PERRON, M. et OLÉRON, P. (1964). *Échelle de performance Borelli-Oléron*, Paris: Les Éditions du Centre de psychologie appliquée.

BORMAN, W.C. et HALLMAN, G.L. (1991). «Observational accuracy for assessors of work-sample performance: Consistency across task and individual differences correlate», *Journal of Applied Psychology*, *76*, 11-18.

BOURQUE, P., BLANCHARD, L. et VÉZINA, J. (1988). *Étude psychométrique de dépression gériatrique*, Halifax: Association canadienne de gérontologie.

BOWMAN, M. (1989). «Testing individual differences in ancient China», *American Psychologist*, *44*, 576-578.

BOYD, J.L. (1981). «A validity study of the Hooper Visual Organization Test», *Journal of Consulting and Clinical Psychology*, *49*, 15-19.

BOYLE, G.J. (1990). «Stanford-Binet – IV Intelligence Scale: Is its structure supported by Lisrel congeneric factor analyses?», *Personality and Individual Differences*, *11*, 1175-1181.

BOYLE, G.J. (1989). «Confirmation of the structural dimensionality of the Stanford-Binet Intelligence Scale (fourth edition)», *Personality and Individual Differences*, *10*, 709-715.

BRACKEN, B.A. (1985). «A critical review of the Kaufman Assessment Battery for Children (K-ABC)», *School Psychology Review*, *14*, 21-36.

BRAND, C.R. (1981). «General intelligence and mental speed: Their relationship and development», dans M.P. Friedman, J.P. Das et N. O'Conner (sous la dir. de), *Intelligence and Learning*, New York: Plenum.

BRIGGS, K. et MYERS, I. (1996). *Indicateur typologique de Myers-Briggs* (forme révisée), Paris: Les Éditions du Centre de psychologie appliquée.

BROGDEN, H.E. (1946). «On the interpretation of the correlation coefficient as a measure of predictive efficiency», *Journal of Educational Psychology*, *37*, 65-76.

BROWN, F.G. (1970). *Principles of Educational and Psychological Testing*, Hinsdale (Ill.): Dryden Press.

BROWN, L., SHERBENOU, L. et JOHNSEN, S.K. (1990). *Test of Nonverbal Intelligence*, Austin (Tex.): Pro-Ed.

BROWN, S.J., ROURKE, B.P. et CICCHETTI, D.V. (1989). «Reliability of tests and measures used in the neuropsychological assessment of children», *Clinical Neuropsychologist*, *3*, 353-368.

BRYSON, G.J., SILVERSTEIN, M.L., NATHAN, A. et STEPHEN, L. (1993). «Differential rate of neuropsychological dysfunction in psychiatric disorders. Comparison between the Halstead-Reitan and Luria-Nebraska batteries», *Perceptual and Motor Skills*, *76*, 305-306.

BÜHLER, C. (1927). *Inventar der Verhaltungsweisen des ersten Lebensjahres*, Jena: Gustav Fischer.

BURKE, P.J., BRYAN, M.M. et STEWARD, N. (1952). «Correction for guessing in the scoring of pre-tests: Effect upon item difficulty and item validity indices», *Educ. Psychol. Measurement*, *12*, 45-46.

BUROS, O.K. (1975*a*). *Intelligence Tests and Reviews*. Highland Park (N.J.): Gryphon Press.

BUROS, O.K. (1975*b*). *Personnality Tests and Reviews* (vol. 2), Highland Park (N.J.): Gryphon Press.

BUROS, O.K. (1975*c*). *Vocational Tests and Reviews*, Highland Park (N.J.): Gryphon Press.

BUROS, O.K. (1974). *Tests in Print II*, Highland Park (N.J.): Gryphon Press.

BUROS, O.K. (1938). *Mental Measurements Yearbook*, Highland Park (N.J.): Mental Measurements Yearbook.

BUSH, J.W. (1984). «Relative preferences versus relative frequencies in health-related quality of life evaluations», dans N.K. Wenger, M.E. Mattson, C.D. Furberg et J. Elinson (sous la dir. de), *Assessment of Quality of Life in Clinical Trials of Cardiovascular Therapies*, New York: LaJacq.

BUTCHER, J.N., DAHLSTROM, W.G., GRAHAM, J.R., TELLEGEN, A. et KAEMMER, B. (1989). *Minnesota Multiphasic Personality Inventory – 2 (MMPI-2): Manual for Administrating and Scoring*, Minneapolis: University of Minnesota Press.

BYRNE, B.M., BARON, P. et CAMPBELL, T.L. (1994). «The Beck Depression Inventory (French version): Testing for gender invariant factorial structure for nonclinical adolescents, Special Issue: Canadian research in adolescence», *Journal of Adolescent Research, 9*, 166-179.

CACIOPPO, J.T., BERNTSON, G.G. et ANDERSON, B.L. (1991). «Physiological approaches to the evaluation of psychotherapeutic process and outcome, 1991. Contributions from social psychophysiology», *Psychological Assessment: A Journal of Consulting and Clinical Psychology, 3*, 321-336.

CAMPBELL, D.P. (1977). *Manual for the Strong-Campbell Interest Inventory*, Stanford (Calif.): Stanford University Press.

CAMPBELL, D.P. (1974). *Manual for the SVIB-SCII Strong-Campbell Interest Inventory* (2e éd.), Stanford (Calif.): Stanford University Press.

CAMPBELL, D.T. et FISKE, D.W. (1959). «Convergent and discriminant validation by the multitrait-multimethod matrix», *Psychological Bulletin, 56*, 81-105.

CAMPBELL, D.T. et STANLEY, J.C. (1963). *Experimental and Quasi-Experimental Designs for Research*, Chicago: Rand McNally and Co.

CARLIN, J.B. et RUBIN, D.B. (1991). «Summarizing multiple-choice tests using three information statistics», *Psychological Bulletin, 110*, 338-349.

CARLSON, J. (1985). «Recent assessments of the Myers-Briggs Type Indicator», *Journal of Personality Assessment, 49*, 356-365.

CARVAJAL, H., HARDY, K., HARMON, K., SELLERS, T.A. et HOLMES, C.B. (1987). «Relationships among scores on the Stanford-Binet – IV, Peabody Picture Vocabulary Test-Revised, and Columbia Mental Maturity Scale», *Bulletin of the Psychonomic Society, 25*, 275-276.

CARVAJAL, H., HARDY, K., SMITH, K.L. et WEAVER, K.A. (1988). «Relationships between scores on Stanford-Binet – IV and Wechsler Preschool and Primary Scale of Intelligence», *Psychology in the Schools, 25*.

CARVAJAL, H., KARR, S.K., HARDY, K. et PALMER, B.L. (1988). «Relationships between scores on Stanford-Binet – IV and scores on McCarthy Scales of Children's Abilities», *Bulletin of the Psychonomic Society, 26*, 349.

CARVAJAL, H., PARKS, J.P., BAYS, K.J., LOGAN, R.A. et autres (1991). «Relationships between scores on Wechsler Preschool and Primary Scale of Intelligence – Revised and Stanford-Binet – IV», *Psychological Reports, 69*, 23-26.

CARVAJAL, H., PARKS, J.P., LOGAN, R.A. et PAGE, G.L. (1992). «Comparisons of the IQ and vocabulary scores on Wechsler Preschool and Primary Scale of Intelligence – Revised and Peabody Picture Vocabulary Test – Revised», *Psychology in the Schools, 29*, 22-24.

CARVAJAL, H., PARKS, C.S., PARKS, J.P. et LOGAN, R.A. (1993). «A concurrent validity study of the Wechsler Scale of Intelligence – Revised and Columbia Mental Maturity Scale», *Bulletin of the Psychonomic Society, 31*, 33-44.

CASAS, E. (1990). *Les types psychologiques jungiens*, Edmonton: Psychometrics Canada.

CASATI, I., LÉZINE, I. et PIAGET, J. (1968). *Les étapes de l'intelligence sensori-motrice*, Paris: Les Éditions du Centre de psychologie appliquée.

CASH, T.F. (1985). «The impact of grooming style on the evaluation of women in management», dans M. Salomon (sous la dir. de), *The Psychology of Fashion*, New York: Lexington Press.

CATTELL, J.M. (1930). «Psychology in America», *Scientific Monthly, 30*, 114-126.

CATTELL, J.M. (1890). «Mental tests and measurements», *Mind, 15*, 373-380.

CATTELL, P. (1940). *The Measurement of Intelligence of Infants and Young Children*, New York : Psychological Corporation.

CATTELL, R.B. (1963). « Theory of fluid and crystallized intelligence : A critical experiment », *Journal of Educational Psychology*, 54, 1-22.

CATTELL, R.B. (1957). *Personality and Motivation, Structure and Measurement*, Yonkers (N.Y.) : World Book.

CATTELL, R.B. (1949). *Manual for Forms A and B : Sixteen Personality Factors Questionnaire*, Champaign (Ill.) : Institute for Personality and Ability Testing.

CATTELL, R.B. et BELOFF, H. (1966). *Manuel d'application du H.S.P.Q. Questionnaire de personnalité pour le niveau secondaire*, Paris : Les Éditions du Centre de psychologie appliquée.

CATTELL, R.B. et BOLTON, L.S. (1969). « What pathological dimensions lie beyond the normal dimensions of the 16 PF ? A comparison of MMPI and the 16 PF factor domains », *Journal of Consulting and Clinical Psychology*, 33, 18-29.

CATTELL, R.B. et CATTELL, A.K. (1986). *Test d'intelligence de Cattell*, Paris : Les Éditions du Centre de psychologie appliquée.

CATTELL, R.B. et CATTELL, A.K. (1969). *Épreuve d'intelligence sans apport culturel*, Ottawa : Institut de recherches psychologiques inc.

CATTELL, R.B., CATTELL, A.K. et CATTELL, H. (1993). *Sixteen Personality Factors Questionnaire* (5e éd.), Champaign (Ill.) : Institute for Personality and Ability Testing.

CATTELL, R.B. et COAN, R.W. (1960). *Early School Personality Questionnaire*, Champaign (Ill.) : Institute for Personality and Ability Testing.

CATTELL, R.B., EBER, H.W. et TATSUOKA, M.M. (1970). *Handbook for the Sixteen Personality Factors Questionnaire (16 PF)*, Champaign (Ill.) : Institute for Personality and Ability Testing.

CATTELL, R.B. et SCHEIER, I.H. (1961). *The Meaning and Measurement of Neuroticism and Anxiety*, New York : Ronald Press.

CHAGNON, M. (1953). *L'Échelle d'intelligence Ottawa-Wechsler*, Ottawa : Éditions de l'Université d'Ottawa.

CHÂTEAU, J., GRATIOT-ALPHANDÉRY, H., DORON, R. et CAZAYUS, P. (1977). *Les grandes psychologies modernes. Du temps des philosophes au temps des scientifiques*, Bruxelles : Pierre Mardaga Éditeur.

CHÉNÉ, H. (1988). « Évaluation critique de la quatrième édition de l'Échelle Stanford-Binet », *Psychologie Québec*, 5, 6-7.

CHÉNÉ, H. (1955). *L'Épreuve verbale d'intelligence pour enfants*. Québec : Les Presses de l'Université Laval.

CHÉNÉ, H. et DAIGLE, G. (1985). *Examen d'habileté mentale*, Québec : Les Presses de l'Université Laval.

CHÉNÉ, H. et DAIGLE, G. (1978). « Un test pas si "culture-fair" que ça », *Les cahiers du psychologue québécois*, 1, 16-17.

CHÉNÉ, H. et DAIGLE, G. (1974). « L'influence culturelle dans le rendement aux tests d'intelligence : une étude comparative des tests Chéné-Daigle et "culture-fair" de Cattell », *Cahiers de l'Institut supérieur des sciences humaines no 4*, Québec : Université Laval.

CHEVRIER, J.M. (1986-1996). *Épreuve individuelle d'habileté mentale*, tomes I, II, III, Montréal : Institut de recherches psychologiques.

CHEVRIER, J.M. (1987). *Batterie générale de tests d'aptitudes*, Montréal : Institut de recherches psychologiques.

CHEVRIER, J.M. (1977). *Test de préférences professionnelles de Strong-Campbell*, Montréal : Institut de recherches psychologiques.

CLAPARÈDE, E. (1924). *Comment diagnostiquer les aptitudes chez les écoliers*, Paris : Flamarion Éditeur.

COHEN, R.J., MONTAGUE, P., NATHANSON, L.S. et SWERDLIK, M.E. (1988). *Psychological Testing. An Introduction to Tests and Measurement*, Mountain View (Calif.) : Mayfield Publishing Company.

COHEN, S., KANARACK, T. et MERMELSTEIN, R. (1983). « A global measure of perceived stress », *Journal of Health and Social Behavior*, 24, 385-396.

COLE, K.N., MILLS, P.E. et KELLY, D. (1994). « Agreement of assessment profiles used in cognitive referencing », *Language, Speech and Hearing Services in Schools*, 25, 25-31.

COLE, N.S. (1981). « Bias in testing », *American Psychologist*, 36, 1067-1077.

COLE, N.S. (1973). « Bias in selection », *Journal of Educational Measurement*, 10, 237-255.

COLEMAN, M., SCRIBNER, A.P., JOHNSEN, S. et EVANS, M.K. (1993). «A comparison between the Wechsler Adult Intelligence Scale-Revised and the Test of Nonverbal Intelligence-2 with Mexican-American secondary students», *Journal of Psychoeducational Assessment, 11*, 250-258.

CONOLEY, J.C. et KRAMER, J.Y. (1989). «Stanford-Binet Intelligence Scale: Fourth Edition», *The Tenth Mental Measurements Yearbook*, Lincoln (Nebr.): The Buros Institute of Mental Measurements.

COOMBS, C.H. (1964). *A Theory of Data*, New York: Wiley.

COOPERSMITH, S. (1984). *Inventaire d'estime de soi de Coopersmith*, Paris: Les Éditions du Centre de psychologie appliquée.

COSTA, P.T., MCCRAE, R.R. et ARENBERG, D. (1980). «Enduring dispositions in adult males», *Journal of Personality and Social Psychology, 38*, 793-800.

COSTELLO, J. et DICKIE, J. (1970). «Leiter and Stanford-Binet IQ's of preschool disadvantaged children», *Developmental Psychology, 2*, 314.

COURT, J.H. et RAVEN, J. (1982). *Manual for Raven's Progressive Matrices and Vacabulary Scales. Research Supplement No. 2*, London: H.V. Lewis & Co. Ltd.

COUTURE, F. (1994). *Interprétation dynamique des tests*, Québec: Université Laval.

COUTURE, M., PIETRULEWICZ, B. et ROUSSEAU, L. (1992). «La qualité du tempérament et la pédophilie», *Sexologies, 5*, 59-62.

CROCKETT, D.J. (1993). «Cross-validation of WAIS-R prototypical patterns of intellectual functionning using neuropsychological test scores», *Journal of Clinical and Experimental Neuropsychology, 15*, 903-920.

CRONBACH, L.J. (1989). «Construct validation after thirty years», dans R. Linn (sous la dir. de), *Intelligence: Measurement, Theory, and Public Policy*, Urbana: University of Illinois Press.

CRONBACH, L.J. (1980). «Validity on parole: How can we go straight?», *New Directions for Testing and Measurement, 5*, 99-108.

CRONBACH, L.J. (1975). «Five decades of public controversy over mental testing», *American Psychologist, 30*, 1-14.

CRONBACH, L.J. (1971). «Test validation», dans R.L. Thorndike (sous la dir. de), *Educational Measurement* (2e éd.), Washington (D.C.): American Council on Education.

CRONBACH, L.J. (1970). *Essentials of Psychological Testing* (3e éd.), New York: Harper & Row.

CRONBACH, L.J. (1951). «Coefficient alpha and the internal structure of tests», *Psychometrika, 16*, 297-334.

CRONBACH, L.J. et FURBY, L. (1970). «How we should measure change – Or should we?», *Psychological Bulletin, 74*, 68-80.

CRONBACH, L.J. et GLESER, G.C. (1965). *Psychological tests and personnel decisions*, Urbana: University of Illinois Press.

CRONBACH, L.J., GLESER, G.C., NANDA, H. et RAJARATNAM, N. (1972). *The Dependability of Behavioral Measurements*, New York: Wiley.

CRONBACH, L.J. et MEEHL, P.E. (1955). «Construct validity in psychological tests», *Psychological Bulletin, 52*, 281-302.

CURETON, E.E. (1966). «The correction for guessing», *Journal of Experimental Education, 34*, 44- 47.

DAHLSTROM, W.G. et WELSH, G.S. (1960). *An MMPI Handbook: A Guide to Use in Clinical Practice and Research*, Minneapolis: University of Minnesota Press.

DAHLSTROM, W.G., WELSH, G.S. et DAHLSTROM, L.E. (1975). *An MMPI Handbook. II: Research Applications* (Éd. rév.), Minneapolis: University of Minnesota Press.

DAHLSTROM, W.G., WELSH, G.S. et DAHLSTROM, L.E. (1972). *An MMPI Handbook. I: Clinical Interpretation* (Éd. rév.), Minneapolis: University of Minnesota Press.

DAVIS, C.J. (1980). *Perkins-Binet Tests of Intelligence for the Blind*, Watertown: Perkins School for the Blind.

DAVIS, E.E. et SLETTEDAHL, R.W. (1976). «Stability of the McCarthy scales over a 1-year period», *Journal of Clinical Psychology, 32*, 798-800.

DEARBORN, G. (1897). «Blots of ink in experimental psychology», *Psychological Review, 4*, 390-391.

DECROLY, O. et BUYSE, R. (1928). *La pratique des tests mentaux*, Paris: Librairie Félix Alcan.

DE LANDSHEERE, G. (1979). *Dictionnaire de l'évaluation et de la recherche en éducation*, Paris: PUF.

DICKES, P., TOURNOIS, J., FLIELLER, A. et KOP, J.L. (1994). *La psychométrie*, Paris: PUF.

DOBKO, P. et KEHOE, J.F. (1983). «On the fair use of bias: A comment on Drasgow», *Psychological Bulletin*, *93*, 604-608.

DOCTOR, R. (1972). «Review of the Porteus Maze Test», dans O.K. Buros (sous la dir. de), *The Seventh Mental Measurements Yearbook* (vol. 1), Highland Park (N.J.): Gryphon Press.

DODRILL, C.B. et WARNER, M.H. (1988). «Further studies of the Wonderlic Personnel Test as a brief measure of intelligence», *Journal of Consulting and Clinical Psychology*, *59*, 145-147.

DOLL, E.A. (1936). «Preliminary standardization of the Vineland Social Maturity Scale», *The American Journal of Orthopsychiatry*, *6*, 283-293.

DOLL, E.A. (1935*a*). «A genetic scale of social maturity», *The American Journal of Orthopsychiatry*, *5*, 180-188.

DOLL, E.A. (1935*b*). «The Vineland Social Maturity Scale: Manual of directions», *Training School Bulletin*, *32*, 1-74.

DOYLE, K.O. (1974). «Theory and practice of ability testing in ancient Greece», *Journal of the History of the Behavioral Sciences*, *10*, 202-212.

DUBOIS, P.H. (1972). «Increase in educational opportunity through measurement», *Proceedings of the 1971 Invitational Conference on Testing Problems*, Princeton (N.J.): Educational Testing Service.

DUBOIS, P.H. (1970). *A History of Psychological Testing*, Boston: Allyn & Bacon.

DUBOIS, P.H. (1966). «A test-dominated society: China 115 B.C.-1905 A.D.», dans A. Anastasi (sous la dir. de), *Testing Problems in Perspective*, Washington (D.C.): American Council on Education.

DUNN, J.A. (1972). «Review of the Goodenough-Harris Drawing Test», dans O.K. Buros (sous la dir. de), *The Seventh Mental Measurements Yearbook* (vol. 1), Highland Park (N.J.): Gryphon Press.

DUNN, L.M. et DUNN, L.M. (1981). *Peabody Picture Vocabulary Test-Revised*, Circle Pines (Min.): American Guidance Service.

DUNN, L.M., THÉRIAULT-WHALEN, C.M. et DUNN, L.M. (1997). *Échelle de vocabulaire en images Peabody (EVIP)*, Toronto: Psycan.

DUNNETTE, M.D. (1967). «The assessment of managerial talent», dans F.R. Wickert et D.E. McFarland (sous la dir. de), *Measuring Executive Effectiveness*, New York: Appleton-Century-Crofts.

DUNNETTE, M.D. et BORMAN, W.C. (1979). «Personnel selection and classification systems», *Annual Review of Psychology*, *30*, 477-525.

DUPONT, P. et MARCEAU, D. (1982). *Manuel de l'inventaire de développement professionnel*, Sherbrooke: Université de Sherbrooke.

EBEL, R.L. (1977). «Comments on some problems of employment testing», *Personnel Psychology*, *30*, 55-63.

EBEL, R.L. (1972). *Essentials of educational measurement*, Englewood Cliffs (N.J.): Prentice-Hall.

ÉDITEUR OFFICIEL DU QUÉBEC (1993). *Fonds des publications du Québec*. Québec: Bureau de l'Éditeur du Québec.

EDUCATIONAL TESTING SERVICE (1991). *Sex, Race, Ethnicity, and Performance on the GRE General Test, Graduate Record Examinations*, Princeton (N.J.): Educational Testing Service.

EDWARDS, A.L. (1967). *Statistical Methods* (2e éd.), New York: Holt, Rinehart and Winston.

EDWARDS, A.L. (1957). *Techniques of Attitude Scale Construction*, New York: Psychological Corporation.

EDWARDS, A.L. (1954). *Manual for the Edwards Personal Preference Schedule*, New York: Psychological Corporation.

EISENMAN, R. et COYLE, F.A. (1965). «Absence of false positives on the Hooper Visual Organization Test», *Psychological Reports*, *17*, 417-418.

ELLIS, T.E. (1985). «The hopelessness scale and social desirability: More data and a contribution from the Irrational Beliefs Test», *Journal of Clinical Psychology*, *41*, 634-639.

EYDE, L.D., MORELAND, K.L. et ROBERTSON, G.J. et autres (1988). *Test User Qualifications: A Data-Based Approach to Promoting Good Test Use*, Washington (D.C.): American Psychological Association.

EYDE, L.D., ROBERTSON, G.J., KRUG, S.E., MORELAND, K.L., ROBERTSON, A.G., SHEWAN, C.M. et autres (1993). *Responsible Test Use: Case Studies for Assessing Human Behavior*, Washington (D.C.): American Psychological Association.

EYSENCK, H.J. (1991). «Raising IQ through vitamin and mineral supplementation: An introduction», *Personality and Individual Differences, 12*, 329-333.

EYSENCK, H.J. (1990). «The prediction of death from cancer by means of personality stress questionnaire: Too good to be true», *Perceptual and Motor Skills, 71*, 216-218.

EYSENCK, H.J. (1986). «Cross-cultural comparisons: The validity of assessment by indices of factor comparison», *Journal of Cross Cultural Psychology, 17*, 506-515.

EYSENCK, H.J. (1967). «Intelligence assessment: A theoretical and experimental approach», *British Journal of Educational Psychology, 37*, 81-98.

EYSENCK, H.J., BARRETT, P., WILSON, G. et JACKSON, C. (1992). «Primary trait measurement of the 21 components of the P-E-N system», *European Journal of Psychological Assessment, 8*, 109-117.

EYSENCK, H.J. et EYSENCK, S.B.G. (1971). *Inventaire de personnalité d'Eysenck. Manuel*, Paris: Les Éditions du Centre de psychologie appliquée.

FELDMAN, M.J. et CORAH, N.L. (1960). «Social desirability and the forced choice method», *Journal of Consulting Psychology, 24*, 480-482.

FINN, S.E. (1986). «Structural stability of the MMPI in adult males», *Journal of Consulting and Clinical Psychology, 54*, 703-707.

FLANAGAN, J.C. (1971). «The PLAN system of individualizing education», *NCME Measurement in Education, 2*, 1-8.

FLANAGAN, J.C. (1954). «The critical incident technique», *Psychological Bulletin, 51*, 327-358.

FLAUGHER, R.L. (1978). «The many definitions of test bias», *American Psychologist, 33*, 671-679.

FLEENOR, J.W. et TAYLOR, S. (1994). «Construct validity of three self-report measures of creativity», *Educational and Psychological Measurements, 54*, 464-470.

FRANK, G. (1983). *The Wechsler Entreprise*, New York: Pergamon Press.

FREEDMAN, M., LEACH, L., KAPLAN, E., WINOCUR, G., SHULMAN, K.I. et DELIS, D.C. (1994). *Clock Drawing*, New York, Oxford: Oxford University Press.

GALKOWSKI, T. (1990). *Développement et éducation des enfants sourds et malentendants*, Paris: PUF.

GALTON, F. (1883). *Inquiries into Human Faculty and Its Development*, London: Macmillan.

GALTON, F. (1869). *Hereditary Genius: An Inquiry into Its Laws and Consequences*, London: Collins.

GARCIA, J. (1981). «The logic and limits of mental aptitude testing», *American Psychologist, 36*, 1172-1180.

GARDNER, D.B. et SWINGER, M.K. (1958). «Developmental status of two groups of infants released for adoption», *Child Development, 19*, 521-530.

GATTI, I. et TIKOTZKI, Y. (1989). «Strategies for collection and processing of occupational information in making career decisions», *Journal of Counseling Psychology, 36*, 430-439.

GAUTHIER, J., MORIN, C., THÉRIAULT, F. et LAWSON, J.S. (1982). Adaptation française d'une mesure d'auto-évaluation de l'intensité de la dépression», *Revue québécoise de psychologie, 3*(2), 13-27.

GERSON, A. (1974). «Validity and reliability of the Hooper Visual Organization Test», *Perceptual and Motor Skills, 39*, 95-100.

GESELL, A. (1961). *Instructions générales pour l'emploi de l'inventaire de développement de A. Gesell*, Paris: Centre de psychologie appliquée. (Texte original publié en 1949.)

GESELL, A. (1925). *The Mental Growth of the Pre-School Child. A System of Development Diagnosis from Birth to the Sixth Year*, New York: Macmillan.

GESELL, A. et AMATRUDA, C.S. (1964). *Developmental Diagnosis*, New York: Harper & Row.

GESELL, A. et ILG, F.L. (1949). *Child Development: An Introduction to the Study of Human Growth*, New York: Harper & Row.

GHISELLI, E.E. (1964). *Theory of Psychological Measurement*, New York: McGraw-Hill.

GILBERT, C. (1950). «The Guilford-Zimmerman Temperament Survey and certain related personality tests», *Journal of Applied Psychology, 34*, 394-396.

GILMORE, D.C., BEEHR, T.A. et LOVE, K.G. (1986). «Effects of applicant sex, applicant physical attractiveness, type of job on interview decisions», *Journal of Occupational Psychology, 59*, 103-109.

GIRELLI, S.A. et STAKE, J.F. (1993). «Bipolarity in jungian type theory and the Myers-Briggs Type Indicator», *Journal of Personality Assessment, 60*, 290-301.

GLASER, R. (1967). «Adapting the Elementary School Curriculum to Individual Performance», dans *Proceedings of the 1967 invitational Conference on Testing Problems*, Princeton (N.J.): Educational Testing Service, 3-36.

GLUTTING, J.J., MCGRATH, E.A., KAMPHAUS, R.W. et MCDERMOTT, P.A. (1992). «Taxonomy and validity of subject profiles on the Kaufman Assessment Battery for Children», *Journal of Special Education*, *26*, 85-115.

GODDARD, V. (1911). «Revision of Binet Scale», *Training School Bulletin*, *8*, 83-126.

GOLDBERG, L.R., GRENIER, J.R., GUION, R.M., SECHREST, L.B. et WING, H. (1991). *Questionnaires used in the Prediction of Trustworthiness in Pre-Employment Selection Decisions: An APA Task Force Report*, Washington, American Psychological Association, Science Directorate.

GOLDEN, C.J. (1990). *Clinical Interpretation of Objective Psychological Tests*, Boston – London – Toronto: Allyn & Bacon.

GOLDEN, C.J. (1981). «A standardized version of Luria's neuropsychological tests: Quantitative and qualitative approach in neuropsychological evaluation», dans F.E. Fiskov et T.J. Boll (sous la dir. de), *Handbook of Clinical Neuropsychology*, New York: Wiley.

GOLDMAN, L. (1971). *Using Tests in Counseling*, Santa Monica (Calif.): Goodyear Publishing Co.

GOLDMAN, R.D. (1973). «Hidden opportunities in the prediction of college grades for different subgroups», *Journal of Educational Measurement*, *10*, 205-210.

GOLDSTEIN, G. et HERSEN, M. (1990). *Handbook of Psychological Assessment* (2e éd.), New York: Pergamon Press.

GOLDSTEIN, K. (1984). *La structure de l'organisme*, Paris: Gallimard.

GOLDSTEIN, K. et SHEERER, M. (1941). *Goldstein-Sheerer Tests of Abstract and Concrete Thinking*, New York: Psychological Corporation.

GOODENOUGH, F. (1936). *Measurement of Intelligence by Drawings*, New York: Appleton-Century-Crofts.

GOTTFREDSON, G.D. et HOLLAND, J.L. (1996). *Dictionary of Holland Occupational Codes* (3e éd.), Odessa (Fla.): Psychological Assessment Resources, Inc.

GOUGH, H.G. (1994). *Inventaire psychologique de Californie, forme révisée*, Les Éditions du Centre de psychologie appliquée. (Traduction et adaptation française de M.S. Lavoëgie).

GOUGH, H.G. (1987). *California Psychological Inventory, Revised Manual*, Palo Alto (Calif.): Consulting Psychologists Press.

GOUGH, H.G. (1960). «The adjective checklist as a personality assessment research technique», *Psychological Reports*, *6*, 107-122.

GOUGH, H.G. (1957). *California Psychological Inventory Manual*, Palo Alto (Calif.): Consulting Psychologists Press.

GRAHAM, J.R. (1993). *MMPI-2 Assessing Personality and Psychopathology* (2e éd.), New York – Oxford: Oxford University Press.

GRAHAM, J.R. (1990). *MMPI-2 in Psychological Treatment*, New York: Oxford University Press.

GRANDT, I. et KAPLAN, R.M. (1988). «Statistics and experimental design», dans H.I. Kaplan et D.J. Sadock (sous la dir. de), Comprehensive Text Book of Psychiatry (5e éd.), Baltimore: Williams & Wilkins.

GREEN, D.F., Jr. et WING, H. (1988). *Analysis of Job Performance Measurement Data: Report of a Workshop*, Washington (D.C.): National Academy Press.

GREGORY, R.J. (1992). *Psychological Testing. History, Principles and Applications*, Boston – London – Toronto: Allyn & Bacon.

GRIDLEY, B.E. et MCINTOSH, D.E. (1991). «Confirmatory factor analysis of the Stanford-Binet Fourth Edition for a normal sample», *Journal of School Psychology*, *29*, 237-298.

GRIDLEY, B.E., MILLER, G., BARKE, C. et FISCHER, W. (1990). «Construct validity of the K-ABC with an at-risk preschool population», *Journal of School Psychology*, *28*, 39-49.

GRIFFITHS, R. (1976). *The Abilities of Babies: A Study in Mental Measurement*, London: University of London Press.

GROENWEG, G., CONWAY, D.G. et STAN, E.A. (1986). «Performance of adults with developmental handicaps on alternate forms of the Peabody Picture Vocabulary Test», *Journal of Speech and Hearing Disorders*, *51*, 259-263.

GROTH-MARNAT, G. (1990). *Handbook of Psychological Assessment*, New York: John Wiley and Sons.

GUERTIN, W.H., LADD, C.E., FRANK, G.H., RABIN, A.I. et HIESTER, D.S. (1971). «Research with the Wechsler Intelligence Scales for Adults: 1965-1970», *Psychological Record, 21*, 289-339.

GUILFORD, J.P. (1967). *The Nature of Human Intelligence*, New York: McGraw-Hill.

GUILFORD, J.P. (1959a). *Personality*, New York: McGraw-Hill.

GUILFORD, J.P. (1959b). *Psychometric Methods* (2e éd.), New York: McGraw-Hill.

GUILFORD, J.P. (1940). *An inventory of factors*. Beverly Hills (Calif.): Sheridan Supply.

GUILFORD, J.P. et FRUCHTER, B. (1973). *Fundamental Statistics in Psychology and Education* (5e éd.), New York: McGraw-Hill.

GUILFORD, J.P. et ZIMMERMAN, W.S. (1959). *Inventaire de tempérament de Guilford-Zimmerman*, Paris: Les Éditions du Centre de psychologie appliquée.

GUILFORD, J.P. et ZIMMERMAN, W.S. (1956). «Fourteen dimensions of temperament», *Psychological Monographs, 10*.

GUILFORD, J.P. et ZIMMERMAN, W.S. (1949). *The Guilford Temperament Survey: Manual of Instructions and Interpretations*, Beverly Hills (Calif.): Sheridan Supply.

GUILFORD, J.S., ZIMMERMAN, W.S. et GUILFORD, J.P. (1976). The Guilford-Zimmerman Temperament Survey Handbook. *Twenty-Five Years of Research and Application*, San Diego (Calif.): Edits Publishers.

GUION, R.M. et IRONSON, G.H. (1983). «Latent trait theory for organizational research», *Organizational Behavior and Human Performance, 31*, 54-87.

GULLIKSEN, H. (1950). *Theory of Mental Tests*, New York: Wiley.

GUTHRIE, R.V. (1976). *Even the Rat Was White: A Historical View of Psychology*, New York: Harper & Row.

GUTTMAN, L. (1955). «A basis for analyzing test-retest reliability», *Psychometrika, 18*, 225-239.

GUTTMAN, L. (1950). «Relation of scalogram analysis to other techniques», dans S.A. Stouffer et autres (sous la dir. de), *Measurement and Prediction*, Princeton (N.J.): Princeton University Press.

HALL, J.C. (1957). «Correlation of a modified form of Raven's Progressive Matrices (1938) with the Wechsler Adult Intelligence Scale», *Journal of Consulting Psychology, 21*, 23-26.

HALSTEAD, W.C. (1947) *Brain and Intelligence*, Chicago: University of Chicago Press.

HAMBLETON, R.K. (1980). «Validation of criterion-referenced test score interpretations and standard setting methods», dans R.A. Berk (sous la dir. de), *Criterion-Referenced Measurement: The State of the Art*, Baltimore (Md.): Johns Hopkins University Press.

HANSEN, J.I.C. (1992). «Does enough evidence exist to modify Holland's theory to accommodate the individual differences of diverse populations? Special Issue: Holland's theory», *Journal of Vocational Behavior, 40*, 188-193.

HARMAN, H.H. (1976). *Modern Factor Analysis*, Chicago: University of Chicago Press.

HATHAWAY, S.R. et McKINLEY, J.C. (1996). *Inventaire multiphasique de personnalité du Minnesota-2*, Paris: Les Éditions du Centre de psychologie appliquée.

HAYS, W.L. (1973). *Statistics for the Social Sciences*, San Francisco: Holt, Rinehart and Winston.

HEARNSHAW, L.S. (1964). *A Short History of British Psychology*, London: Methuen & Co. Ltd.

HEATON, R.K., CHELUNE, G.J., TALLEY, J.L., KAY, G.G. et CURTISS, G. (1993). *Wisconsin Card Sorting Test Manual. Revised and Expanded*, Odessa (Fla.): Psychological Assessment Resources.

HEILBRUN, A.B., Jr. (1972). «Edwards personal preference schedule», dans O.K. Buros (sous la dir. de), *The Seventh Mental Measurements Yearbook* (vol. 1), Highland Park (N.J.): Gryphon Press.

HELLER, K., DAVIS, J.D. et MEYERS, R.A. (1966). «The effects of interviewer in a standardized interview», *Journal of Consulting Psychology, 30*, 501-508.

HELTON, G.B., WORKMAN, E.A. et MATUSZEK, P.A. (1982). *Psychoeducational Assessment: Integrating Concepts and Techniques*, New York: Grune & Stratton.

HENRY, P., BRYSON, S. et HENRY, C.A. (1990). «Black student attitudes toward standardized tests», *College Student Journal, 23*, 346-354.

HERSEN, M., KAZDIN, A.E. et BELLACK, A.S. (1991). *The Clinical Psychology Handbook* (2e éd.), New York: Pergamon Press.

HINDLEY, B.C. (1960). «The Griffiths Scale of infant development: scores and predictions from 3 to 18 months», *Child Psychology and Psychiatry*, *1*, 99-112.

HOLLAND, J.L. (1985*a*). *Making Vocational Choices* (2ᵉ éd.), Englewood Cliffs (N.J.): Prentice-Hall.

HOLLAND, J.L. (1985*b*). *The Occupations Finder*, Odessa (Fla.): Psychological Assessment Resources.

HOLLAND, J.L. (1985*c*). *The Selfdirected Search, Professional Manual*, Odessa (Fla.): Psychological Assessment Resources.

HOLLAND, J.L. (1985*d*). *Vocational Preference Inventory. Professional Manual*, Odessa (Fla.): Psychological Assessment Resources.

HOLLAND, J.L. (1975). *Manual for the Vocational Preference Inventory*, Palo Alto (Calif.): Consulting Psychologists Press.

HOLLAND, J.L. et GOTTFREDSON, G.D. (1976). «Using a typology of persons and environments to explain careers: Some extensions and clarifications», *Counseling Psychologist*, *6*, 20-29.

HOLLAND, J.L. et NICHOLS, R.C. (1964). «Prediction of academic and extracurricular achievements in college», *Journal of Educational Psychology*, *55*, 55-65.

HOLLINGWORTH, H.L. (1922). *Judging Human Character*, New York: Appleton-Century-Crofts.

HOOPER, H.E. (1983). *Hooper Visual Organization Test (VOT). Manual*, Los Angeles (Calif.): Western Psychological Services.

HORST, P. (1966). *Psychological Measurement and Prediction*, Belmont (Calif.): Wadsworth.

HOWELL, K.W. (1985). «Review of the Watkins-Bender Gestalt scoring system», dans J.V. Mitchell (sous la dir. de), *The Ninth Edition Mental Measurements Yearbook* (vol. 1), Highland Park (N.J.): Gryphon Press.

HUMPHREY, J.M. et RICE, J.A. (1973). «An evaluation of several methods of predicting full scale IQ from the ITPA», *Journal of Special Education*, *7*, 133-140.

HUNTER, J.E. et HUNTER, R.F. (1984). «Validity and utility of alternative predictors of job performance», *Psychological Bulletin*, *96*, 72-98.

HUTT, M.L. (1977). *The Hutt Adaptation of the Bender-Gestalt Test*, New York: Grune & Stratton.

ISRAËL, L. (1988*a*). *Batterie de mémoire pour personnes âgées ambulatoires*, Paris: Les Éditions du Centre de psychologie appliquée.

ISRAËL, L. (1988*b*). *Batterie de vigilance pour personnes âgées en institution*, Les Éditions du Centre de psychologie appliquée.

JACKSON, D.N. (1985). *Jackson Vocational Interest Survey*, Goshen (N.Y.): Research Psychologists Press.

JACKSON, D.N. (1976*a*). *Jackson Personality Inventory*, Goshen (N.Y.): Research Psychologists Press.

JACKSON, D.N. (1976*b*). *Manual for the Jackson Personality Inventory*, Goshen (N.Y.): Research Psychologists Press.

JACKSON, D.N. (1971). «The dynamics of structured personality tests», *Psychological Review*, *78*, 229-248.

JACKSON, D.N. (1967). *Personality Research Form Manual*, Goshen (N.Y.): Research Psychologists Press.

JENKINS, S.J., STEPHENS, J.C., CHEW, A.L. et DOWNS, E. (1992). «Examination of the relationship between the Myers-Briggs Type Indicator and empathetic response», *Perceptual and Motor Skills*, *74*, 1003-1009.

JENSEN, A.R. (1980). *Bias in Mental Testing*, New York: Free Press.

JOINER, L.M. et KRANTZ, G.C. (1979). *The Assessment of Behavioral Competence of Developmentally Disabled Individuals*, Minnesota: The University of Minnesota.

JUNG, C.G. (1977). *Types psychologiques*, Genève: Librairie de l'Université, Georg et Cie. S.A.

KAMHI, A.G., MINOR, J.S. et MAUER, D. (1990). «Content analysis and intratest performance profiles on the Columbia and the TONI», *Journal of Speech and Hearing Research*, *33*, 375-379.

KAPLAN, C. (1992). «Ceiling effects in assessing high-IQ children with the WPPSI-R», *Journal of Clinical Child Psychology*, *21*, 403-406.

KAPLAN, O.J. (1979). «Psychological testing in seniles», dans O.J. Kaplan (sous la dir. de), *Psychopathology and Aging*, New York: Academic Press.

KAPLAN, R.M. (1993). *The Hippocratic Predicament*, San Diego: Academic Press.

KAPLAN, R.M. (1992). «A quality-of-life approach to health resource allocation», dans M.A. Strosberg, J.M. Wiener, R. Baker et I.A. Fein (sous la dir. de), *Rationing America's Medical Care: The Oregon Plan and Beyond*, Washington (D.C.): The Brook Institute.

KAPLAN, R.M. (1990). «Behavior as the central outcome in health care», *American Psychologist, 45*, 1211-1220.

KAPLAN, R.M. (1987). *Basic Statistics for the Behavioral Sciences*, Newton (Mass.): Allyn and Bacon.

KAPLAN, R.M. (1985). «The controversy related to the use of psychological tests», dans B.B. Wolman (sous la dir. de), *Handbook of Intelligence: Theories, Measurements, and Applications*, New York: Wiley.

KAPLAN, R.M. (1982). «Nader's raid on the Educational Testing Service: Is it in the best interest of the consumer?», *American Psychologist, 39*, 755-765.

KAPLAN, R.M. et ANDERSON, J.P. (1990). «The general health policy model: An integrated approach», dans B. Spilker (sous la dir. de), *Quality of Life Assessments in Clinical Trials*, New York: Raven Press, 131-149.

KAPLAN, R.M., ANDERSON, J.P., WU, A.Q., MATHEWS, W.C., KOZIN, F. et ORENSTEIN, D. (1989). «The quality of well-being scale: Applications in AIDS, cystic fibrosis, and arthritis», *Medical Care, 27* (suppl. 3), S27-S43.

KAPLAN, R.M., ATKINS, C.J. et TIMMS, R.M. (1984). «Validity of a quality of well-being scale as an outcome measure in chronic obstructive pulmonary disease», *Journal of Chronic Diseases, 37*, 85-95.

KAPLAN, R.M., HARTWELL, S.H., WILSON, D.K. et WALLACE, J.P. (1987). «Effects of diet and exercise interventions upon control and quality of life in non-insulin-dependent diabetes mellitus», *Journal of General Internal Medicine, 2*, 220-228.

KAPLAN, R.M. et SACCUZZO, D.P. (1993). *Psychological Testing: Principles Applications and Issues*, Pacific Grove (Calif.): Brooks/Cole Publishing Company.

KARR, S.K., CARVAJAL, H.H., ELSER, D. et BAYS, K. (1993). «Concurrent validity of the WPPSI-R and the McCarthy Scales of Children Abilities», *Psychological Reports, 72*, 940-942.

KARSON, S. et O'DELL, J.W. (1976). *A Guide to the Clinical Use of the 16PF*, Champaign (Ill.): Institute for Personality and Ability Testing.

KAUFMAN, A.S. (1992). «Evaluation of the WISC-III and WPPSI-R for gifted children», *Roeper Review, 14*, 154-158.

KAUFMAN, A.S. (1984). «K-ABC and controversy», *The Journal of Special Education, 18*, 409-444.

KAUFMAN, A.S. (1973). «Comparison of the WPPSI, Stanford-Binet, and McCarthy Scales as predictors of first-grade achievement», *Perceptual and Motor Skills, 36*, 67-73.

KAUFMAN, A.S. et KAUFMAN, N.L. (1993). *Batterie pour l'examen psychologique de l'enfant (K-ABC)*, Paris: Éditions du Centre de psychologie appliquée.

KAUFMAN, A.S. et KAUFMAN, N.L. (1983a). *K-ABC: Kaufman Assessment Battery for Children. Administration and Scoring Manual*, Circle Pines (Minn.): American Guidance Service.

KAUFMAN, A.S. et KAUFMAN, N.L. (1983b). *K-ABC: Kaufman Assessment Battery for Children. Interpretive Manual*. Circle Pines (Minn.): American Guidance Service.

KAUFMAN, A.S. et KAUFMAN, N.L. (1977). *Clinical Evaluation of Young Children with McCarthy Scales*, New York: Grune & Stratton.

KAUFMAN, A.S., KAUFMAN, R.W. et KAUFMAN, N.L. (1985). «The Kaufman Assessment Battery for Children (K-ABC)», dans C.S. Newmark (sous la dir. de), *Major Psychological Assessment Instruments*, Newton (Mass.): Allyn & Bacon.

KELLEY, E.L. (1972). «Personality Research Form», dans O.K. Buros (sous la dir. de), *The Seventh Mental Measurements Yearbook* (vol. 1), Highland Park (N.J.): Gryphon Press.

KELLEY, T.L. (1942). «The reliability coefficient», *Psychometrika, 7*, 75-83.

KELLEY, T.L. (1939) «The selection of upper and lower groups for the validation of tests items», *Journal of Educational Psychology, 30*, 17-24.

KELLEY, T.L. (1927). *Interpretation of Educational Measurement*, Yonkers (N.Y.): World Book.

KIRK, S.A. et KIRK, W.D. (1978). «Uses and abuses of the ITPA», *Journal of Speech and Hearing Disorders, 43*, 58-75.

KIRK, S.A., McCARTHY, J. et KIRK, W.D. (1968). *Illinois Test of Psycholinguistic Abilities*, Urbana: University of Illinois Press.

KLAUER, K.J. (1992). «Zum training fluider und kristallisierter intelligenzleistungen bei alteren menschen:

Konzept und erprobung zweier trainings programme», *Zeitschrift für Gerontopsychologie and Psychiatrie*, 5, 59-70.

KLINE, D.B., SNYDER, J., GUILMETTE, S. et CASTELLANOS, M. (1993). «External validity of the profile variability index for the K-ABC, Stanford-Binet and WISC-R: Another cul-de-sac», *Journal of Learning Disabilities*, 26, 557-567.

KLINE, R.B. (1989). «Is the Fourth Edition Stanford-Binet a four-factor test? Confirmatory factor analyses of alternative methods for ages 2 through 23», *Journal of Psychoeducational Assessment*, 7, 4-13.

KNOBLOCH, H. et PASMANICK, B. (1960). «An evaluation of the consistency and predictive value of the 40 weeks. Gesell Development Schedule», *Child Development and Child Psychiatry Research Reports*, 13, 10-31.

KOPPITZ, E.M. (1964). *The Bender Gestalt Test for Young Children*, New York: Grune & Stratton.

KOPPITZ, E.M. (1975). *The Bender Gestalt Test for Young Children. Vol. 2: Research and Application, 1963-1973*, New York: Grune & Stratton.

KOWALL, M.A., WATSON, G.M. et MADAK, P.R. (1990). «Concurrent validity of the Test of Nonverbal Intelligence with referred suburban and Canadian native children», *Journal of Clinical Psychology*, 46, 632-636.

KRUG, S. (1988). *Interpreting 16 PF Profile Patterns*, Champaign (Ill.): Institute for Personality and Ability Testing.

KUDER, G.F. (1975). *L'inventaire des goûts professionnels Kuder Formule E-F*, Québec: Les Presses de l'Université Laval. (Traduit et adapté par H. Chéné et G. Daigle.)

KUDER, G.F. et RICHARDSON, M.W. (1937). «Theory of the education in test reliability», *Psychometrika*, 2, 151-160.

KUHLMAN, F.A. (1912). «Revision of the Binet-Simon system for measuring the intelligence of children», *Journal of Psychoastenics*, 1, 16-49.

LACKS, P. (1984). *Bender Gestalt Screening for Brain Dysfunction*, New York – Chichaster – Brisbane – Toronto – Singapour: John Wiley and Sons.

LAMBERT, N.M., WINDMILLER, M., THARINGER, D. et COLE, L.J. (1981). *AAMD Adaptive Behavior Scale – School Edition*, Monterey (Calif.): CTB/McGraw-Hill.

L'ARCHEVÊQUE, P. (1944). *Épreuve collective d'habileté mentale générale*, Montréal: Le Centre de psychologie et de pédagogie.

LAURENT, J., SWERDLIK, M., et RYBURN, M. (1992). «Review of validity research on the Stanford-Binet Intelligence Scale: Fourth Edition», *Psychological Assessment*, 4, 102-112.

LAWSHE, C.L. (1985). «Inferences from personnel tests and their validities», *Journal of Applied Psychology*, 70, 237-238.

LEFEBVRE DE BELLEFEUILLE, G. (1933). *Manuel de technique psychométrique*, Montréal: Éditions Beauchemin.

LÉGÉ, Y. et DAGUE, P. (1976). *Test de vocabulaire en images*, Paris: Les Éditions du Centre de psychologie appliquée.

LEGENDRE, R. (1993). *Dictionnaire actuel de l'éducation* (2e éd.), Montréal: Guérin, éditeur.

LEITER, R.G. (1952). *The Leiter International Performance Scale*, Chicago: C.H. Stoelting Co.

LEONARD, F.C. (1991). «Using Wechsler data to predict success for learning disabled college students», *Learning Disabilities Research and Practice*, 6, 17-24.

LÉVESQUE, M. (1982). *Relation entre la pédagogie pour la maîtrise de l'apprentissage (PMA) et le concept de soi scolaire chez des élèves de première secondaire*, thèse de doctorat non publiée, Université Laval.

LEVINSON, E.M. et FOLINO, L. (1994). «Correlations of scores on the gifted Evaluation Scale with those on WISC-III and Kaufman Brief Intelligence Test for students referred for gifted evaluation», *Psychological Reports*, 74, 419-424.

LEWIS, R.D., HUTCHENS, T.A. et GARLAND, B.L. (1993). «Cross-validation of the discriminative effectiveness of the Luria-Nebraska Neuropsychological Battery for learning disabled adolescents», *Archives of Clinical Neuropsychology*, 8, 437-447.

LEZAK, M.D. (1983). *Neuropsychological assessment* (2e éd.), New York: Oxford University Press.

LIGHTFOOT, S.L. et OLIVER, J.M. (1985). «The Beck Inventory: Psychometric properties in university students», *Journal of Personality Assessment*, 49, 434-436.

LINN, R.L. et SLINDE, J.A. (1977). «The determination of the significance of chance between pre – and post testing periods», *Review of Educational Research*, 47, 121-150.

LoBELLO, S.G. (1991). «Subject scatter as an indicator of the inaccuracy of short-form estimates of IQ», *Psychological Reports*, *68*, 1115-1118.

LOEVINGER, J. (1954). «The attenuation paradox in test theory», *Psychological Bulletin*, *51*, 493- 504.

LORD, F.M. (1974). «Significance test for a partial correlation corrected for attenuation», *Educational and Psychological Measurement*, *34*, 211-220.

LORD, F.M. (1970). «Problems arising from the unreliability of the measuring research strategies for evaluating training», dans P.H. DuBois et G.D. Mayo, (sous la dir. de), *AERA Monograph Series on Curriculum Evaluation*, Chicago: Rand McNally, 79-93.

LORD, F.M. (1969). «Statistical adjustments when comparing pre-existing groups», *Psychological Bulletin*, *72*, 336-337.

LORD, F.M. (1967). «A paradox in the interpretation of group comparisons», *Psychological Bulletin*, *68*, 304-305.

LORD, F.M. (1956). «The Measurement of Growth», *Educational and Psychological Measurement*, *16*, 421-437.

LORD, F.M. (1953). «An application of confidence intervals and maximum likelihood to the estimation of an examiner's ability», *Psychometrika*, *18*, 57-76.

LORD, F.M. et NOVICK, M.R. (1968). *Statistical Theories of Mental Test Scores*, Reading (Mass.): Addison-Wesley.

LOVE, H.G.I. (1970). «Validation of the Hooper Visual Organization Test on a New-Zealand psychiatric hospital population», *Psychological Reports*, *27*, 915-917.

LOWMAN, R.L. (1991). *The Clinical Practice of Career Assessment*, Washington (D.C.): American Psychological Association.

LUBIN, B., LARSEN, R.M., MATARAZZO, J.D. et SEEVER, M. (1985). «Psychological test usage patterns in five professional settings», *American Psychologist*, *40*, 857-861.

LUBIN, B. et SANDS, E.W. (1992). «Bibliography of the psychometric properties of the Bender Visual-Motor Gestalt Test», *Perceptual and Motor Skills*, *75*, 385-386.

LYNN, R. et PAGLIARI, C. (1994). «The intelligence of american children is still rising», *Journal of Biosocial Science*, *26*, 65-67.

MAGNUSSON, D. (1967). *Test Theory*, London: Addison-Wesley.

MASSON, E.M. (1992). «Percent of agreement among raters and rater reliability of the copying subject of the Stanford-Binet Intelligence Scale: Fourth Edition», *Perceptual and Motor Skills*, *74*, 347-353.

MASTERS, B.N. (1988). «Item discrimination: One more is worse», *Journal of Educational Measurement 25*, 15-29.

MATAZOW, G.S., KAMPHAUS, R.W., STANTON, H.C. et REYNOLDS, C.R. (1991). «Reliability of the Kaufman Assessment Battery for Children for black and white students», *Journal of School Psychology*, *29*, 37-41.

MATIAS, R. et TURNER, S.M. (1986). «Concordance and discordance in speech anxiety assessment. The effects of demand characteristics on the tripartite assessment method», *Behavior Research & Therapy*, *24*, 537-545.

MAXWELL, S.E. et HOWARD, G.S. (1981). «Change scores – Necessarily anathema?», *Educational and Psychological Measurement*, *41*, 747-756.

McCARTHY, D. (1972). *Manual for the McCarthy Scales of Children's Abilities*, New York: Psychological Corporation.

McGHEE, R.M. et LIEBERMAN, L.R. (1990). «Test – retest reliability of the Test of Nonverbal Intelligence», *Journal of School Psychology*, *28*, 351-353.

McGIVERN, R.F., BERKA, C., LANGLAIS, M.L. et CHAPMAN, S. (1991). «Detection of deficits in temporal pattern discrimination using the seashore rhythm test in young children with reading impairments», *Journal of Learning Disabilities*, *24*, 58-62.

McLARTY, J.R., NOBLE, A.C. et HUNTLEY, R.M. (1989). «Effects of item wording on sex bias», *Journal of Educational Measurement*, *26*, 285-293.

McNEMAR, Q. (1969). *Psychological Statistics* (4e éd.), New York: Wiley.

McNEMAR, Q. (1942). *The Revision of the Stanford-Binet Scale*, Boston: Houghton Mifflin.

MEEHL, P.E. (1956). «Wanted – A good cookbook», *American Psychologist*, *11*, 263-272.

MEEHL, P.E. (1954). *Clinical Versus Statistical Prediction: A Theoretical Analysis and a Review of the Evidence*, Minneapolis: University of Minnesota Press.

MEEHL, P.E. (1951). *Research Results for Counselors.* St.Paul (Minn.): State Department of Education.

MEEHL, P.E. et ROSEN, A. (1955). «Antecedent probability and the efficiency of psychometric signs, patterns or cutting scores», *Psychological Bulletin, 52,* 194-216.

MEGARGEE, E.I. (1972). *The California Psychological Inventory Handbook,* San Francisco: Jossey-Bass.

MEHRENS, W.A. et LEHMANN, I.J. (1980). *Standardized Tests in Education* (3ᵉ éd.), New York: Holt, Rinehart and Winston, 333.

MERCIER, D. (1897). *Les origines de la psychologie contemporaine,* Louvain: Institut supérieur de philosophie.

MESSICK, S. (1988). «Validity», dans R.L. Linn (sous la dir. de), *Educational Measurement,* New York: Macmillan.

MESSICK, S. et JUNGEBLUT, A. (1981). «Time and method in coaching for the SAT», *Psychological Bulletin, 89,* 191-216.

MILLER, L.T. et LEE, C.J. (1993). «Construct validation of the Peabody Picture Vocabulary Test-Revised: A structure equation model of the acquisition order of words», *Psychological Assessment, 5,* 438-441.

MILLMAN, J. (1979). «Reliability and validity of criterion-referenced test scores», *New Directions in Testing and Measurement, 1,* 75-92.

MILLMAN, J. (1974). «Criterion-referenced measurement», dans W.J. Popham (sous la dir. de), *Evaluation and Education,* Berkeley (Calif.): McCutchan.

MILLON, T. (1994). *Millon Clinical Multiaxial Inventory-III,* Minneapolis (Minn.): Dicandrien.

MILROD, R.J. et RESCORLA, L. (1991). «A comparison of the WPPSI-R and WPPSI with high-IQ children. Special issue: Wechsler Preschool and Primary Scale of Intelligence (WPPSI-R)», *Journal of Psychoeducational Assessment, 9,* 255-262.

MIRANDA, A. et MUNOZ, C. (1990). «La posibilidad de predecir las dificultades iniciales en la lectoescritura: un estudio empirico», *Revista de Psychologia de la Education, 2,* 83-97.

MORISSETTE, D. (1979). *Les examens de rendement scolaire: comment les préparer et comment les administrer,* Québec: Les Presses de l'Université Laval, 390.

MOSES, J.A. et MARUISH, M.E. (1990). «A critical review of the Luria-Nebraska Neuropsychological Battery: New developments», *International Journal of Clinical Neuropsychology, 12,* 191-205.

MURPHY, K.R. et DAVIDSHOFER, C.O. (1994). *Psychological Testing. Principles and Applications,* Englewood Cliffs (N.J.): Prentice-Hall.

MURPHY, K.R. et DAVIDSHOFER, C.O. (1944). *Psychological Testing: Principles and Applications,* (3ᵉ éd.), Englewood Cliffs (N.J.): Prentice Hall.

MURRAY, J.B. (1990). «Review of research on the Myers-Briggs Type Indicator», *Perceptual and Motor Skills, 70,* 1187-1202.

MYERS, I.B. (1977). *The Myers-Briggs Type Indicator: Supplementary Manual,* Palo Alto (Calif.): Consulting Psychologists Press.

MYERS, I.B. et BRIGGS, K.C. (1943, 1962). The Myers-Briggs Type Indicator, Palo Alto (Calif.): Consulting Psychologists Press.

MYERS, I.B. et MCCAULLEY, M.H. (1987). *Inventaire typologique de Myers-Briggs,* Paris: Éditions du Centre de psychologie appliquée.

MYERS, I.B. et MCCAULLEY, M.H. (1985). *Manual: A Guide to the Development and Use of the Myers-Briggs Type Indicator,* Palo Alto (Calif.): Consulting Psychologists Press.

MYERS, J.E. et MYERS, K.R. (1995). *Rey Complex Figure Test and Recognition Trial,* Odessa (Fla.): Psychological Assessment Resources.

NAGLE, R.Y. et BELL, N.L. (1995). «Validation of an item reduction short form of the Stanford-Binet Intelligence Scale: Fourth Edition. With college students», *Journal of Clinical Psychology, 51,* 63-70.

NAGLE, R.Y. et BELL, N.L. (1993). «Validation of Stanford-Binet Intelligence Scale Fourth Edition Abbreviated Batteries with college students», *Psychology in the Schools, 30,* 227-231.

NATIONAL COMMISSION ON TESTING AND PUBLIC POLICY (1990). *From Gatekeeper to Gateway: Transforming Testing in America,* Chestnut Hill (Mass.): National Computer Systems, Boston College.

NETER, J. et WASSERMAN, W. (1974). *Applied Linear Statistical Models,* Irwin (Ill.): Richard D. Irwin.

NEWLAND, T.E. (1971). *Blind Learning Aptitude Test,* Champaign (Ill.) – Washington (D.C.): University of Illinois Press – U.S. Department of Education.

NIHIRA, K., FOSTER, R., SHELLHAAS, M. et LELAND, H. (1974). *AAMD Adaptive Behavior Scale*, Washington (D.C.): American Association on Mental Deficiency.

NUNNALLY, J.C. (1982). *Psychometric Theory* (3e éd.), New York, McGraw-Hill.

OHWAKI, Y. (1960). *Manual of the Ohwaki-Kohs Tactile Block Design Intelligence Test for the Blind*, Sendai (Japon): The Ohwaki Institute of Child Psychology.

OSIPOW, S.H. (1987). «Counselling psychology: Theory, research, and practice in career counselling», *Annual Reviews of Psychology*, 38, 257-278.

OSIPOW, S.H. (1983). *Theories of Career Development* (3e éd.), Englewood Cliffs (N.J.): Prentice-Hall.

OSTERLIND, S.J. (1983). *Test Item Bias*, Beverly Hills: Sage Publications.

OSTERRIETH, P.A. (1945). «Le test de copie d'une figure complexe», *Archives de psychologie*, 30, 205-353.

OUELLET, L. (1986). *La réponse des personnes psychiatrisées au Test d'organisation visuelle Hooper*, Québec: Université Laval.

OVERALL, J.A. et WOODWARD, J.A. (1975). «Unreliability of difference scores: A paradox for measurement of change», *Psychological Bulletin*, 82, 85-86.

OWNBY, R.L. (1991). *Psychological Reports: A Guide to Report Writing in Professional Psychology*, Brandon (Va.): Clinical Psychology Publishing Co.

PACAUD, S. (1959). *La sélection professionnelle*, Paris: PUF.

PARKER, J.D.A., BAGBY, R.M. et WEBSTER, C.D. (1993). «Domains of the impulsivity construct: A factor analytic investigation», *Personality and Individual Differences*, 15, 267-274.

PEARSON, K. (1896). «Mathematical contributions to the theory of evolution. III: Regression, heredity and panmixia», *Philosophical Transactions, A, 187*, 253-318.

PEOPLES, V.Y. (1975). «Measuring the vocational interest of women», dans S.H. Osipow (sous la dir. de), *Emerging Women: Career Analysis and Outlooks*, Columbus (OH): Merrill.

PIAGET, J. (1963a). *La naissance de l'intelligence chez l'enfant*, Neuchâtel: Delachaux & Niestlé.

PIAGET, J. (1963b). *La construction du réel chez l'enfant*, Neuchâtel: Delachaux & Niestlé.

PIERON, H. (1963). *Examens de docimologie*, Paris: PUF, 190.

PIETRULEWICZ, B. (1983). «The development of certain forms of reasoning by analogy in blind children», *Polish Psychological Bulletin*, 14, 15-24.

PILON, W. et ARSENAULT, R. (sous presse). *Système d'information sur les individus ayant des incapacités dues à leur développement (SINFOID)*, Beauport: Centre de recherche Université Laval Robert-Giffard.

PILON, W., LACHANCE, R. et CÔTÉ, J. (1989). *La fidélité et la validité de plusieurs instruments d'observation des bénéficiaires, des intervenants et des milieux de vie en intégration sociale*, Beauport: Centre de recherche Université Laval Robert-Giffard.

PINTNER, R. et PATERSON, D.G. (1915). «The Binet scale and the deaf child», *Journal of Educational Psychology*, 6, 201-210.

PINTNER, R. et PATERSON, D.G. (1917). *A scale of performance tests*, New York: Appleton.

PIOTROWSKA, A. (1988). «Two types of general intelligence and measured methods», *Psychologia Wychowawcza*, 31, 347-356.

PIOTROWSKI, C. (1984). «The status of projective techniques: Or "wishing won't make it go away"», *Journal of Clinical Psychology*, 40, 1495-1499.

PIOTROWSKI, C., SHERRY, D. et KELLER, J.W. (1985). «Psychodiagnostic test usage: Survey of the society for personality assessment», *Journal of Personality Assessment*, 49, 115-119.

POHLMANN, J.R. et BEGGS, D.L. (1974). «A study of the validity of self reported measures of academic growth», *Journal of Educational Measurement*, 11, 115-119.

PONS, L. (1989). «Effects of age and sex upon availability of responses on a word-association test», *Perceptual and Motor Skills*, 68, 85-86.

POPHAM, W.J. (1981). *Modern Educational Measurement*, Englewood Cliffs: Prentice-Hall.

PORTER, R.B. et CATTELL, R.B. (1964). *Questionnaire de personnalité pour enfants*, Paris: Les Éditions du Centre de psychologie appliquée.

PREVETT, P.N. (1992). «Short forms of the Stanford-Binet Intelligence Scale: Fourth Edition», *Journal of Psychoeducational Assessment*, 10, 257-264.

PREVETT, P.N. et MATAVICH, M.A. (1994). « A comparison of referred student's performance on the WISC-III and the Stanford-Binet Intelligence Scale : Fourth Edition », *Journal of Psychoeducational Assessment*, *12*, 42-48.

PRIGATANO, G.P. (1978). « Wechsler Memory Scale : A selective review of the literature », *Journal of Clinical Psychology, 34*, 816-832.

RALSTON, S.M. (1988). « The effect of applicant race upon personnel selection decisions : A review with recommendations », *Employee Responsibilities and Rights Journal, 1*, 215-226.

RAVEN, J. (1990). *Raven Manual Research Supplement 3 : American and International Norms*, London : Oxford Psychologists Press.

RAVEN, J. (1960). *Guide to the Standard Progressive Matrices*, London : H.K. Lewis & Co.

RAVEN, J. (1938). *Progressive Matrices, Sets A, B, C, D, and E*, London : H.K. Lewis & Co.

RAVEN, J., SUMMERS, B., BIRCHFIELD, M. et autres (1986). *Manual for Raven's Progressive Matrices and Vocabulary Scales. Research supplement No. 3*, London : H.K. Lewis & Co.

REID, D.B. et KELLY, M.P. (1993). « Wechsler Memory Scale-Revised in closed head injury », *Journal of Clinical Psychology, 49*, 245-254.

REITAN, R.M. (1955). « An investigation of the validity of Halstead's measures of biological intelligence », *Archives of Neurology and Psychiatry, 42*, 615-625.

REITAN, R.M. et WOLFSON, D. (1985). *The Halstead-Reitan Neuropsychological Test Battery : Theory and Clinical Interpretation*, Tucson (Ariz.) : Neuropsychology Press.

RETZLAFF, P. (1996). « MCMI-III Diagnostic validity : bad test or bad validity study », *Journal of Personality Assessment, 66*, 431-437.

REY, A., (1960). *Test de la Figure complexe de Rey*, Paris : Les Éditions du Centre de psychologie appliquée.

REY, A. (1959). *Test de copie et de reproduction de mémoire de figures géométriques complexes*, Paris : Les Éditions du Centre de psychologie appliquée.

REY, A. (1958). *L'examen clinique en psychologie*, Paris : PUF.

REY, A. (1941). « L'examen psychologique dans les cas d'encéphalopathie traumatique », Genève : *Archives de psychologie, 112*, 286-340.

RICHTER, P., WERNER, J. et BASTINE, R. (1994). « Psychometrische Eingenschaften das Beck-Depressions Inventars (BDI) », *Zeitschrift für Klinische Psychologie, 23*, 3-19.

ROGERS, C.R. (1980). *A Way of Being*, Boston : Houghton Mifflin.

ROGERS, C.R. (1959*a*). « A tentative scale for the measurement of process in psychotherapy », dans E.A. Rubinstein et M.B. Parloff (sous la dir. de), *Research in Psychotherapy*, Washington (D.C.) : American Psychological Association.

ROGERS, C.R. (1959*b*). « A theory of therapy, personality, and interpersonal relationships, as developed in the client-centered framework », dans S. Koch (sous la dir. de), *Psychology : A Study of Science* (vol. 3), New York : McGraw-Hill.

ROJDEV, R., NELSON, W.M., HART, K.J. et FERCHE, M.C. (1994). « Criterion-related validity and stability : Equivalence of the MMPI and the MMPI-2 », *Journal of Clinical Psychology, 50*, 361-367.

RORSCHACH, H. (1921). *Psychodiagnostik*, Berne : Bircher. (Traduction de Hans Huber Verlag, 1942.)

ROSENTHAL, R. et FODE, K.L. (1963). « The effects of experimenter bias on the performance of the albino rat », *Behavioral Science, 8*, 183-189.

ROSSOLIMO, I. (1911). « Die psychologischen profile », *Zeitschrift für Angenwandte Psychologie, 5*, 132-138.

ROTHKE, S.E., FRIEDMAN, A.F. et DAHLSTROM, W.G. (1994). « The MMPI-2 normative data for the F-K index : Implications for clinical, neuropsychological and forensic practice », *Assessment, 1*, 1-15.

ROUTHIER, G. et DUBÉ, S. (1991). « Au sujet de l'Épreuve individuelle d'habileté mentale (Chevrier) », *Psychologie Québec, 8*, 8-9.

ROY, M.A., NEALE, M.C. et KENDLER, K.S. (1995). « The genetic epidemiology of self-esteem », *British Journal of Psychiatry, 166*, 813-820.

RUCH, F.L. (1970). « Measuring gain from a common point of mastery. Research strategies for evaluating training », dans P.H. DuBois et G.D. Mayo (sous la dir. de), *AERA Monograph Series on Curriculum Evaluation*, Chicago : Rand McNally, 94-99.

RULON, P.J. (1939). « A simplified procedure for determining the reliability of a test by split halves », *Harvard Educational Review, 9*, 99-103.

RUSSELL, M. et KAROL, D. (1994). *The 16 PF Fifth Edition Administrator's Manual*, Champaign (Ill.): Institute for Personality and Ability Testing.

RYTTING, M., WARE, R. et PRINCE, R.A. (1994). «Bimodal distributions in a sample of CEOS: Validating evidence for the MBTI», *Journal of Psychological Type, 31*, 16-23.

SACCUZZO, D.P. et KAPLAN, R.M. (1984). *Clinical Psychology*, Boston: Allyn & Bacon.

SACCUZZO, D.P., LARSON, G.E. et RIMLAND, B. (1986). «Visual, auditory and reaction time approaches to the measurement of speed of information-processing and individual differences in intelligence», *Personality and Individual Differences, 2*, 659-668.

SACCUZZO, D.P. et MICHAEL, B. (1984). «Speed of information-processing and structural limitations in retarded and dual diagnosis retarded-schizophrenic persons», *American Journal of Mental Deficiency, 89*, 187-194.

SALVIA, J. et YSSELDYKE, J.E. (1991). *Assessment* (5e éd.), Boston: Houghton Mifflin Co.

SATTLER J.M. (1992). *Assessment of children.* (3e éd. révisée et mise à jour), San Diego: Jerome M. Sattler, Publisher.

SATTLER, J.M. (1980). «Intelligence tests on trial: An interview with Judges Robert F. Peckham and John F. Grady», *APA Monitor* (novembre), 7-8.

SAUNDERS, D.R. (1956). «Moderator variables in prediction, *Educational and Psychological Measurement, 16*, 209-222.

SAX, G. (1980). *Principles of Educational and Psychological Measurement and Evaluation* (2e éd.), Wadsworth.

SCALLON, G. (1988*a*). *L'évaluation formative des apprentissages, Vol. 1: La réflexion*, Québec: Presses de l'Université Laval.

SCALLON, G. (1988*b*). *L'évaluation formative des apprentissages, Vol. 2: L'instrumentation*, Québec: Presses de l'Université Laval.

SCALLON, G. (1982). «La construction d'un test diagnostique selon des facettes (partie II)», *Monographies en mesure et évaluation*, Université Laval.

SCALLON, G. (1981). «La construction d'un test diagnostique selon des facettes (partie I)», *Monographies en mesure et évaluation*, Université Laval.

SCALLON, G. (1974). «La mesure et l'évaluation: notions de base», *Prospective*, 363-369.

SCHEUNEMAN, J.D. (1987). «An experimental, exploratory study of causes of bias in test items», *Journal of Educational Measurement, 24*, 97-118.

SCHULTZ, D. (1981). *A History of Modern Psychology*, New York – London – Toronto – Sydney: Academic Press.

SECHREST, L. (1963). «Incremental validity: A recommendation», *Educational and Psychological Measurement, 23*, 153-158.

SELLTIZ, C., WRIGHTSMAN, L.S. et COOK, S.W. (1977). *Les méthodes de recherche en sciences sociales*, Montréal: HRW.

SHUKLA, V., TRIPATHI, R.R. et DHAR, N.K. (1987). «Validation of Piotrowski's Rorschach signs of "organicity" against Bender Visual-Motor Gestalt Test», *Indian Journal of Clinical Psychology, 14*, 84-86.

SHURRAGER, H.C. et SHURRAGER, P.S. (1964). *Haptic Intelligence Scale for the Blind*, Chicago: Psychology Research.

SIEGEL, S. (1980). *Nonparametrics Statistics for the Behavioral Sciences*, New York: McGraw-Hill.

SIMON, A.J. et BASS, L.G. (1956). «Toward a validation of infant testing», *American Journal of Orthopsychiatry, 26*, 340-350.

SINCLAIR, H., STAMBAK, M., LEZINE, I., RAYNA, S. et VERBA, M. (1982). *Les bébés et les choses*, Paris: PUF.

SONG, A., JONES, S., LIPPERT, J., METZGEN, K., MILLER, J. et BORRECA, C. (1984). «Wisconsin Behavior Rating Scale: Measure of adaptive behavior for the delevopmental levels of 0 to 3 years», *American Journal of Mental Deficiency, 88*, 401-410.

SPARROW, S.S., BALLA, D.A. et CICCHETTI, D.V. (1984). *Vineland Adaptive Behavior Scales*, Circle Pines (Minn.): American Guidance Service.

SPEARMAN, C.E. (1904*a*). «General intelligence objectively determined and measured», *American Journal of Psychology, 15*, 201-293.

SPEARMAN, C.E. (1904*b*). «The proof and measurement of association between two things», *American Journal of Psychology, 15*, 72-101.

SPREEN, O. et STRAUSS, E. (1991). *A Compendium of Neuropsychological Tests. Administration, Norms and Commentary*, New York – Oxford: Oxford University Press.

STAMBAK, M. (1963). *Tonus et psychomotricité dans la première enfance*, Paris: Delachaux et Niestlé.

STANLEY, J.C. et HOPKINS, K.D. (1972). *Educational and Psychological Measurement and Evaluation*, Englewood Cliffs (N.J.): Prentice-Hall.

STASSEN, M. (1993). «Un nouveau test individuel d'intelligence: le K-ABC», *Bulletin de psychologie scolaire et d'orientation*, *42*, 169-175.

STERN, W. (1914). *The Psychological Method of Testing Intelligence*, Baltimore: Worwick & York. (Original publié en 1912.)

STERNE, D.M. (1973). «The Hooper Visual Organization Test and the Trail Making Tests as discriminants of brain injury», *Journal of Clinical Psychology*, *29*, 212-213.

STEVENS, S.S. (1951). *Mathematics, Measurement and Psychophysics, Handbook of Experimental Psychology*, New York: Wiley.

STONE, B.J., GRIDLEY, B.E. et GYURKE, J.S. (1991). «Confirmatory factor analysis of the WPPSI-R at the extreme end of the age range», *Journal of Psychoeducational Assessment*, *9*, 263-270.

STRONG, E.K. (1959). *Manual for the Strong Vocational Interest Blank for Men and Women*, Palo Alto: Consulting Psychologists Press.

STROOP, J.R. (1935). «Studies of interference in serial verbal reaction», *Journal of Experimental Psychology*, *18*, 643-662.

SUINN, R.M. et DAUTERMAN, W.L. (1966). *Stanford-Ohwaki-Kohs Block Design Intelligence Test for the Blind*, Los Angeles: Western Psychological Services.

SUPER, D.E. (1991). *Questionnaire des valeurs professionnelles*, Paris: Les Éditions du Centre de psychologie appliquée.

SUPER, D.E. (1953). «A theory of vocational development, *American Psychologist*, *8*, 185-190.

SUPER, D.E., THOMPSON, A.S., LINDEMAN, R.H., JORDOAN, J.P. et MYERS, R.A. (1981). *Career Development Inventory, Technical Manual*, Palo Alto (Calif.): Consulting Psychologists Press.

SUTCLIFFE, J.P. (1980). «A probability model for errors of classification I: General considerations», *Psychometrika*, *65*, 73-96.

TALLENT, N. (1993). *Psychological Report Writing*, Englewood Cliffs (N.J.): Prentice-Hall.

TALLENT, N. (1992). *The Practice of Psychological Assessment*, Englewood Cliffs (N.J.): Prentice-Hall.

TATSUOKA, M.M. (1971). *Multivariate Analysis*, New York: Wiley.

TATSUOKA, M.M. (1968-1972). *Selected Topics in Advanced Statistics*, (n°s 1 à 8), Champaign (Ill.): Institute for Personality and Ability Testing.

TAYLOR, H.C. et RUSSELL, J.T. (1939). «The relationship of validity coefficients to the practical effectiveness of tests in selection: Discussion and tables», *Journal of Applied Psychology*, *23*, 565-578.

TELLEGEN, P. et LAROS, J. (1993). «The construction and validation of a nonverbal test of intelligence: The revision of the Snÿders-Oomen Tests», *European Journal of Psychological Assessment*, *9*, 147-157.

TERMAN, L.M. (1916). *The Measurement of Intelligence*, Boston: Houghton Mifflin.

TERMAN, L.M. et CHILDS, H.G. (1912). «A tentative revision and extension of the Binet-Simon measuring scale of intelligence», *Journal of Educational Psychology*, *3*, 61-74, 133-143, 198- 208, 277-298.

TERPYLAK, O. et SCHUERGER, J.M. (1994). «Broad factor scales of the 16 PF. Fifth Edition and Millon Personality Disorder Scales: A replication», *Psychological Reports*, *74*, 124-126.

TÉTREAU, B. et TRAHAN, M. (1984). *Test visuel d'intérêts Tétreau-Trahan*, Montréal: Secorep Inc.

THOMPSON, A.P. et MOLLY, K. (1993). «The stability of WAIS-R IQ for 16-year old students retested after 3 and 8 months», *Journal of Clinical Psychology*, *49*, 891-898.

THOMSON, G.H. (1924). «A formula to correct for the effect of errors of measurement on the correlation of initial values with gains», *Journal of Experimental Psychology*, *7*, 321-324.

THORNDIKE, R.L. (1971). «Reliability», dans E.F. Lindguist (sous la dir. de), *Educational Measurement*, Washington (D.C.): American Council on Education, 560-620.

THORNDIKE, R.L. (1949). *Personnel Selection*, New York: Wiley.

THORNDIKE, R.L. (1927). *The Measurement of Intelligence*, New York: Bureau of Publications, Teachers College, Columbia University.

THORNDIKE, R.L. et HAGEN, E.P. (1977). *Measurement and Evaluation in Psychology and Education* (4ᵉ éd.), New York: John Wiley.

THORNDIKE, R.L., HAGEN, E.P. et SATTLER, J.M. (1986). *Échelle d'intelligence Stanford-Binet: quatrième édition. Guide d'administration et de dépouillement*, Montréal: Institut de recherches psychologiques. (Traduction de J.M. Chevrier.)

THORNDIKE, R.M. (1990). «Origins of intelligence and its measurement», *Journal of Psychoeducational Assessment*, 8, 223-230.

THORNDIKE, R.M., CUNNINGHAM, G.K., THORNDIKE, R.L. et HAGEN, E.P. (1991). *Measurement and Evaluation in Psychology and Education*, New York – Toronto: Macmillan Publishing Co.

THORNDIKE, R.M., et LOHMAN, D.F. (1990). *A Century of Ability Testing*, Chicago: The Riverside Publishing Company.

THURSTONE, L.L. (1978). «Primary Mental Ability», *Psychometrika*, monographie nº 1.

THURSTONE, L.L. (1936). «A new concept of intelligence and a new method of measuring primary abilities», *Educational Record, 17* (Suppl. 10), 124-138.

TILTON, J.W. (1937). «The measurement of overlapping», *Journal of Educational Psychology, 28*, 656-662.

TISCHLER, L. (1996). «Comparing person-organization personality fit to work success», *Journal of Psychological Type, 38*, 34-43.

TUKEY, J.W. (1977). *Exploratory Data Analysis*, Reading (Mass.): Addison-Wesley.

TYLER, L.E. et WALSH, W.B. (1979). *Tests and Measurements* (3ᵉ éd.), Englewood Cliffs (N.J.): Prentice-Hall.

UHL, N. et DAY, D. (1993). «A cross-cultural comparison of MBTI factor structures», *Journal of Psychological Type, 27*, 3-10.

UNIVERSITÉ DE L'ILLINOIS (1972). *Nonintellective Inventory for College Students*. (Utilisation en recherche seulement. Validé en français par J.-J. Bernier.)

VALIQUETTE, C. (1981). «L'analyse exploratoire des données.», *Lettres statistiques*, Trois-Rivières: U.Q.T.R., *6*, 1-14.

VAN KAMPEN, D. (1993). «A critical evaluation of Eysenck's psycholicism model», *European Journal of Personality*, 7, 65-105.

VINCENT, K.R. (1987). *Full Battery Codebook*, New Jersey: Alex Publishing Corporation.

WAINER, H. et THISSEN, D. (1981). «Graphical Data Analysis», *Annual Review of Psychology*, 32, 191-241.

WALLBROWN, F.H. et JONES, J.A. (1992). «Reevaluating the factor structure of the revised California Psychological Inventory», *Educational and Psychological Measurement*, 52, 379-386.

WANG, P.L. (1977). «Visual organization ability in brain-dammaged adults», *Perceptual and Motor Skills*, 45, 723-728.

WARD, M.E. et GENSHAFT, J. (1983). «The Perkins-Binet Tests: A critique and recommendations for administration», *Exceptional children*, 49, 450-452.

WATSON, C.W. et KLETT, W.G. (1975). «The Henmon-Nelson, Cardall-Miles, Slosson, and Wuick Tests as predicators of NAIS IQ», *Journal of Clinical Psychology, 31*, 310-313.

WEBB, J.T., McNAMARA, K.M. et RODGERS, D.A. (1981). *Configural Interpretations of the MMPI and CPI*, Columbus (OH): Psychology Publishing.

WECHSLER, D. (1997). *Wechsler Memory Scale – Third Edition*, New York: The Psychological Corporation.

WECHSLER, D. (1995). *Échelle de Wechsler pour la période préscolaire et primaire. Forme révisée*, Paris: Les Éditions du Centre de psychologie appliquée.

WECHSLER, D. (1991). *Manual for the Wechsler Intelligence Scale for Children* (3ᵉ éd.), San Antonio: The Psychological Corporation.

WECHSLER, D. (1989a). *Wechsler Preschool and Primary Scale of Intelligence-Revised*, San Antonio: The Psychological Corporation.

WECHSLER, D. (1989b). *Échelle d'intelligence de Wechsler pour adultes (forme révisée)*, Paris: Les Éditions du Centre de psychologie appliquée.

WECHSLER, D. (1987). *Wechsler Memory Scale-Revised*, New York: The Psychological Corporation.

WECHSLER, D. (1981). *Manual for the Wechsler Adult Intelligence Scale-Revised*, New York: The Psychological Corporation.

WECHSLER, D. (1974). *Manual for the Wechsler Intelligence Scale for Children – Revised*, New York: The Psychological Corporation.

WECHSLER, D. (1967). *Manual for the Wechsler Preschool and Primary Scale of Intelligence*, New York: The Psychological Corporation.

WECHSLER, D. (1955). *Manual for the Wechsler Adult Intelligence Scale*, New York: The Psychological Corporation.

WECHSLER, D. (1949). *Manual for the Wechsler Intelligence Scale for Children*, New York: The Psychological Corporation.

WECHSLER, D. (1943). « Non-intellective factors in general intelligence », *Journal of Abnormal and Social Psychology*, *38*, 101-103.

WECHSLER, D. (1939). *The measurement of adult intelligence*, Baltimore (Md): Williams and Wilkins.

WHITTEN, J., SLATE, J.R., JONES, C.H. et SHINE, A.E. (1994). « Examiner errors in administrating and scoring the WPPSI-R », *Journal of Psychoeducational Assessment*, *12*, 49-54.

WICKHAM, T. (1978). *WISC Patterns in Acting-Out Delinquents, Poor Readers, and Normal Controls*, United States International University. (Thèse de doctorat non publiée.)

WIGGINS, J.D., SCHATZ, E.L. et WEST, R.W. (1994). « The relationship of self-esteem to grades, achievement scores, and other factors critical to school success », *School Counselor*, *41*, 239-244.

WIGGINS, J.S. (1974). *Personality and Prediction, Principles of Personality Assessment*, Reading (Mass.): Addison-Wesley.

WIGGINS, N. et KOHEN, E.S. (1971). « Man versus model of man revisited: The forecasting graduate school success », *Journal of Personality and Social Psychology*, *19*, 100-106.

WILSON, W.M. (1992). « The Stanford-Binet: Fourth Edition and Form L-M in assessment of young children with mental retardation », *Mental Retardation*, *30*, 81-84.

WIRT, R.D., LAHAR, D., KLINEDINST, J.K. et SEAT, P.D. (1984). *Multidimensional Description of Child Personality: A Manual for the Personality Inventory for Children*, Los Angeles: Western Psychological Services.

WODARD, J.L. (1993). « Confirmatory factor analysis of the Wechsler Memory Scale-Revised in a clinical mixed population », *Journal of Clinical and Experimental Neuropsychology*, *15*, 968-973.

WOLBER, G.J. et CARNE, W.F. (1993). *Writing Psychological Reports: A Guide for Clinicians*. Petersburg (Va.): Professional Resources Press.

WOLFF, C. (1732). *Psychologia Empirica*, Francfurt – Leipzig: Officina Libraria Regeneriana.

WOODWORTH, R.S. (1920). *Personal Data Sheet*, Chicago: Stoelting.

WRIGHT, T.L. et TEDESCHI, R.G. (1975). « Factor analysis of the interpersonal trust scale », *Journal of Counsulting and Clinical Psychology*, *43*, 470-477.

YOAKUM, C.S. et YERKES, R.M. (1920). *Army Mental Tests*, New York: Holt.

ZAZZO, R., GALIFRET-GRANJON, N., HURTIG, M.C., MATHON, T., PÊCHEUX, M.G., SANTUCCI, H. et STAMBAK, M., (1969). *Manuel pour l'examen psychologique de l'enfant*, Neuchâtel: Delachaux & Niestlé.

ZEDECK, S., TZINER, A. et MIDDLESTADT, S.E. (1983). « Interviewer validity and reliability: An individual analysis approach », *Personnel Psychology*, *36*, 355-370.

ZIMMERMAN, I.L., COVIN, T.M. et WOO-SAM, J.M. (1986). « A Longitudinal Comparison of the WISC-R and WAIS-R », *Psychology in the Schools*, *23*, 148-151.

ZURFLUH, J. (1976). *Les tests mentaux*, Paris: Jean-Pierre Delarge Éditeur.

INDEX DES AUTEURS

INDEX DES SUJETS